酒店营销管理

JIUDIAN YINGXIAO GUANLI

◎ 编著 胡宇橙 李 烨

重庆大学出版社

内容提要

本书主要包括 11 章内容。第 1 章至第 4 章分别是酒店市场营销概述、酒店市场营销环境分析、酒店营销信息管理以及酒店消费者行为分析等酒店营销的基础内容，使读者从酒店生存和发展所依托的环境和根本的视角整体上对酒店营销活动有一个认知和了解。第 5 章阐述了酒店 STP 营销战略，分析了酒店战略营销活动中的市场细分、目标市场的选择和市场定位，为酒店营销组合确立了方向。第 6 章至第 9 章介绍了酒店市场营销组合内容，分别从酒店产品策略、酒店价格策略、酒店营销渠道策略和酒店促销策略阐述了酒店营销组合的具体内容。第 10 章是酒店信息化营销，介绍和阐述了在信息化背景下酒店的信息化营销发展。第 11 章是酒店营销部门的设置及运营，介绍了酒店营销部门的设置，以及基于系统化的酒店营销工作的运营和开展。

本书是高等学校酒店管理和旅游管理专业的学生教材，也可供酒店行业从业人员培训使用。

图书在版编目(CIP)数据

酒店营销管理 / 胡宇橙,李烨编著.—重庆:重庆大学
出版社,2015.11(2020.1 重印)
高等学校酒店管理专业本科系列规划教材
ISBN 978-7-5624-9525-3

Ⅰ.①酒⋯ Ⅱ.①胡⋯②李⋯ Ⅲ.①饭店—营销管理—高等
学校—教材 Ⅳ.①F719.2

中国版本图书馆 CIP 数据核字(2015)第 249613 号

高等学校酒店管理专业本科系列规划教材

酒店营销管理

胡宇橙 李 烨 编著

责任编辑:尚东亮 版式设计:尚东亮
责任校对:秦巴达 责任印制:张 策

*

重庆大学出版社出版发行
出版人:饶帮华
社址:重庆市沙坪坝区大学城西路 21 号
邮编:401331
电话:(023)88617190 88617185(中小学)
传真:(023)88617186 88617166
网址:http://www.cqup.com.cn
邮箱:fxk@ cqup.com.cn(营销中心)
全国新华书店经销
重庆俊蒲印务有限公司印刷

*

开本:787mm×1092mm 1/16 印张:22 字数:508 千
2016 年 1 月第 1 版 2020 年 1 月第 2 次印刷
ISBN 978-7-5624-9525-3 定价:43.00 元

编 委 会

主　任

　　马　勇

委　员（以姓氏笔画为序）

策划编辑

　　马　宁　　尚东亮

总 序

　　旅游业已经发展成为全球市场经济中产业规模最大、发展势头最强的产业,其强劲的产业带动力受到全球众多国家的高度重视,促使众多区域将旅游业作为发展当地经济的支柱产业和先导产业。酒店业作为旅游业的三大支柱产业之一,在良好的旅游转型升级发展背景下,需要我们抓住旅游新常态机遇应对激烈的市场挑战。分析2000—2014年15年间的中国酒店统计数据,中国星级酒店客房总量以每年8.5%的复合年均增长率发展。酒店业在国际竞争国内化、国内竞争国际化的强竞争环境中,已从酒店间的竞争发展到酒店产业链与产业链之间、一个地区和另一个地区之间的线面竞争,酒店业发展总体呈现出酒店数量增长快,酒店主题多元化发展,酒店国际化程度高和融入科技元素实现智慧酒店的四大特征。为了更好地满足大众化酒店消费时代下的个性化需求,酒店集团开始转变酒店层次布局,更加注重差异化产品和独特品位酒店产品打造,转型升级酒店产品以应对市场化竞争。因此,酒店业发展应充分结合市场需求,实现新时代下酒店业的完美转型升级。

　　面对酒店业良好的发展态势,酒店人才的需求与培育已成为酒店业界和高校教育界亟待解决的问题,酒店人才培养成为高等院校的核心重点。从酒店管理本科人才培养情况来看,自2007年全国本科院校首次开设酒店管理专业,相对于旅游管理专业的开办而言起步较晚,但在这8年的发展中,特别是2012年教育部首次将酒店管理本科专业列入《普通高等学校本科专业目录(2012年)》以来,酒店管理本科教育得到快速发展,截至2014年全国开设酒店管理专业(不包含仅开设酒店管理专业方向)的本科院校就从2007年的4所上升到130所,人才培养规模紧跟行业发展速度。正是在我国酒店业逐步实现稳步转型发展和对酒店应用型人才需求的背景下,整合酒店教育资源,积极反映近几年来酒店管理本科教育教学与改革的新变化、新发展和新成果,为我国酒店业发展提供供需匹配的酒店人才支持,促进我国酒店管理教育进入稳定发展阶段。如此,规划出版一套具有前瞻性和新颖性的"高等学校酒店管理专业本科系列规划教材"成为全国高等院校酒店教育的迫切需要和历史必然。

　　本套教材由教育部高等学校旅游管理类专业教学指导委员会副主任、国家"万人计划"教学名师、湖北大学旅游发展研究院马勇教授组织策划,担任编委会主任,自2012年启动选题调研与组织编写,历时3年多,汇聚全国一批知名酒店院校,定位于酒店产业发展人才需求层次较高的本科教育,根据教育部《旅游管理类本科专业(酒店管理专业)教学质量国家标准》,在对我国酒店教育人才培养方向、培养目标和教育特色等方面的把握以及对酒店发达国家酒店教育学习借鉴的基础上精心编撰而成的,具有较强的前瞻性、系统性和完整性。本套教材主要体现在以下四大特色:

　　第一,体系完整科学。本套教材围绕"融前沿、成体系、出精品"的核心理念展开,将酒店行业的新动态、新业态及管理职能、关系管理等都融于教材之中,将理论与实践相结合,实现

多角度、多模块组合,形成完整的教材体系,出版精品之作。

第二,内容新颖前沿。本套教材尽可能地将当前国内外酒店产业发展的前沿理论和热点、焦点问题吸收进来以适应酒店业的现实发展需要,并突出酒店教育的中国特色。

第三,引用交叉融合。本套教材在保持本学科基本内容的基础上,注重处理好与相邻及交叉学科的关系,有重点、有关联地恰当引用其他相关学科的理论知识,以更广阔的视野来构建本学科的知识体系。

第四,作者队伍水平高。本套教材的作者很多都是中国酒店教育的知名专家,学历层次高、涉及领域广,包括诸多具有博士学位的经济学、管理学和工程学等多方面的专家和学者,并且还有酒店行业高水平的业界精英人士。我们力求通过邀请优秀知名的专业作者来保证所出教材拥有较高的水平。

在酒店教育新背景、新形势和新需求下,编写一套有特色、高质量的酒店管理专业教材是一项复杂的系统工程,需要专家学者、业界、出版社等的广泛支持与集思广益。本套教材在组织策划和编写出版过程中,得到了酒店业内专家、学者以及业界精英的广泛支持与积极参与,在此一并表示衷心的感谢!希望这套教材能够满足酒店本科教育新形势下的新要求,能够为中国酒店教育及教材建设的开拓创新贡献力量。

编委会

2015 年 3 月 5 日

前　言

营销管理是现代酒店经营管理的重要内容之一,其活动贯穿于酒店管理的全过程,营销管理工作的好坏决定了酒店的竞争能力。改革开放至今,我国旅游产业已经走过了30多年的历程,曾经作为我国改革开放的最早领域的酒店业,经历由国际合作到自主发展的历程,为国家经济的发展和我国旅游业的发展作出了贡献。随着我国经济、社会和科技的发展,尤其是近些年来在以下几方面的发展变化,对酒店业的经营和发展提出了挑战和新的要求。一是对酒店需求的多样化和高要求。这方面的变化直接体现在对酒店业市场需求满足的掌控能力和酒店产品定位与设计提出挑战,要求酒店在市场分析和产品设计方面适应这一市场需求的变化。二是酒店行业竞争程度的加剧。通过越来越多的合资、参股、联盟、并购、合作,形成多个实力相当的酒店集团,在价格、市场、产品创新等方面展开激烈的竞争,为酒店的发展增添了不少变数。三是信息技术的快速发展以及在酒店领域更深入的应用。信息技术的发展及其应用对酒店业的影响是革命性的:一方面,作为酒店重要销售平台的在线旅行代理商(OTA)之间的价格战所引发的对酒店成本的增加;另一方面,移动终端的普及,促使旅游者在出行信息获取、酒店预订、酒店服务等方面提出了更高的要求,对酒店在经营、服务提供方面智能化提出了挑战。

本书的编著正是基于对上述问题思考和研究的基础上,以旅游学理论和知识为指导和依据,借鉴国内外相关领域不同学者的研究成果,结合自身这些年在教学和研究实践的基础上编写而成,力求体现在新的行业发展背景下酒店营销活动中最新的管理理念、管理方法和管理发展趋势。

本书主要包括11章内容。第1章至第4章分别是酒店市场营销概述、酒店市场营销环境分析、酒店营销信息管理以及酒店消费者行为分析等酒店营销的基础内容,通过对酒店营销概念的介绍,酒店营销本质的剖析,以及酒店营销活动中必须进行的营销环境分析、营销信息的获取和消费者行为分析等基础性工作的开展,使读者从酒店生存和发展所依托的环境和根本的视角整体上对酒店营销活动有一个认知和了解。第5章阐述了酒店STP营销战略,分析了酒店战略营销活动中的市场细分、目标市场的选择和市场定位,为酒店营销组合确立了方向。第6章至第9章介绍了酒店市场营销组合内容,分别从酒店产品策略、酒店价格策略、酒店营销渠道策略和酒店促销策略阐述了酒店营销组合的具体内容。第10章是酒店信息化营销,介绍和阐述了在信息化背景下酒店的信息化营销发展。第11章是酒店营销部门的设置及运营,介绍了酒店营销部门的设置,以及基于系统化的酒店营销工作的运营和开展。

本书体现了以下几个特点:第一,知识系统化。本书以酒店营销管理的基本业务为主线,系统阐述了酒店营销的发展演变和相关知识、理论和方法。第二,理论与实践相结合。

本书在培养学生掌握基础理论的同时,针对酒店面临的各种实际问题,从手段、方法、模式等方面进行探讨,注重对学生实践能力的培养。第三,关注前沿问题。本书在编著过程中,结合当前酒店业发展中的市场发展趋势、信息化发展趋势等前沿问题进行阐述,引导读者对酒店营销未来趋势加以把握。第四,适于教学。本书在编写过程中,在体例、内容编排方面充分考虑到本科教学使用,形式多样灵活。每章包括:主要内容提要、学习要点、案例引导、实例解析、拓展阅读、本章小结、案例讨论以及思考练习等,便于教学中灵活使用。第五,适用对象明确。本书主要针对中国普通高校本科和高职院校旅游管理专业、酒店管理专业和酒店业领域的从业人员之用。

本书由天津商业大学商学院胡宇橙负责设计内容框架,提出各章主要内容和观点。天津商业大学商学院李烨参加编著。本书的作者长期从事高校旅游管理的教学和科研工作,主编和参与过多部旅游管理相关教材的编写,具有扎实的理论基础和丰富的实践经验,使得本书充分体现了理论与实践的结合。本书编著具体分工是胡宇橙(第1章、第3章、第5章至第11章),李烨(第2章、第4章)。

在本书的编写过程中,作者参考了许多前辈和同仁的研究成果,在参考文献中加以列出,在此表示感谢。

许多同事、朋友对本书的设计、编著工作给予了很大的帮助,这里要感谢天津商业大学商学院王庆生教授、天津商业大学李志刚副教授,在本书的编著过程中给予的帮助和建议。

由于作者水平有限,本书难免存在不足之处,恳请广大读者和各界朋友不吝赐教。

胡宇橙

2015 年 9 月于天商小白楼

目 录

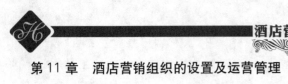

第1章　酒店市场营销概述

【主要内容】
　　◇酒店市场营销概念
　　◇酒店市场营销管理
　　◇酒店市场营销管理观念的演进
　　◇酒店市场营销面临的挑战
　　◇酒店市场营销的发展趋势
【学习要点】
　　◇掌握酒店市场营销的基本概念
　　◇了解酒店市场营销管理及其功能和作用
　　◇了解酒店市场营销管理观念的演进过程及其主要内容
　　◇了解当今酒店市场营销所面临的挑战及未来的发展方向

【案例引导】

锦江之星经济型酒店的核心竞争力

　　在欧美国家,经济型酒店(Economic Hotel)是指相对于中高档酒店的全套服务(Full Service),将市场定位于中低档消费者,而只提供有限服务(Limited Service)的酒店。中低档消费者主要包括商务人士、自驾车旅游者等,经济型酒店只向他们提供 B(Bed)+B(Breakfast),其规模和硬件设施低于商务酒店,并且其房价相对低廉,但是这并不等于在服务上打折扣。经济型酒店的特点之一是功能简化,它把服务功能集中在住宿上,力求在该核心服务上精益求精,而把餐饮、购物、娱乐功能大大压缩、简化,甚至不设,使投入的运营成本大幅降低。

　　1996 年,锦江国际集团高层认为,随着经济的发展,中国会在几年内步入大众旅游时代,必将对旅游配套产品提出新的要求。然而现实却是,大多数普通游客以及中小企业的商务人员在出行时都遭遇了"高档酒店太贵,一般酒店太差"的尴尬局面。锦江国际集团领导层决定引进国外"经济型酒店"的经营和管理模式,打造中国自己的经济型酒店。1997 年,锦江之星梅陇店正式对外营业,3 个月后,入住率就达到了 90%。而当时的星级酒店入住率尚不及 45%,锦江之星一举成名。"锦江之星"的发展,大体可以分为 3 个阶段。第一阶段:1997—1999 年,为初创基础阶段,2 年间仅仅开业了 5 家连锁店。这个阶段,锦江之星的主要任务是打好基础,建立模式,初步形成了"锦江之星"投资建造、设备用品、服务操作、经营管理等一系列标准和规范。第二阶段:2000—2003 年 6 月 9 日,锦江国际集团重组,为稳步发展阶段。锦江之星引入连锁概念,其内部的连锁管理模式也日趋成熟,以上海为中心,向江浙地区逐步发展,经营管理形式从"自营"扩大到"加盟"和"委托管理",连锁店从 5 家发展到 15 家。第三阶段:2003 年 6 月 9 日至今,为锦江之星的迅速发展阶段,已开业的连锁店从 15 家发展到 45 家,已签约和筹建的项目达到 80 家(其中自营的有 39 家,委托管理的有17 家,加盟的有 24 家),锦江之星从"长三角"地区开始向全国拓展。

资料来源:王楠.经济型酒店核心竞争力分析——以锦江之星为例[J].中国市场,2009(9).

延伸阅读:锦江之星网站[EB/OL].(2014-12-07)[2014-12-07].http://www.jinjianginns.com.

锦江之星是我国最早介入经济型酒店领域的国内知名酒店品牌,其进行连锁化经营,获得成功的秘诀正是在我国大众旅游市场快速发展的背景下,抓住了中低档酒店消费者的需求,提供了满足其需求的服务,并获得市场的认可,取得成功。本章将围绕市场需求展开论述。

酒店市场营销学是一门研究酒店市场营销活动及其规律的应用学科。而酒店市场营销活动是在一定经营观念指导下进行的,因此,准确把握市场营销的核心概念,正确认识市场营销管理的实质与任务,全面理解市场营销观念的内涵,对于酒店搞好市场营销,加强管理,提高经济效益具有重要意义。

1.1 酒店市场营销概念

1.1.1 市场营销概念

市场营销,是指企业在市场环境中从事的一种经营活动,是在市场营销观念指导下产生的一种现代企业行为。对于这种行为活动的确切含义,国外市场学界作过多种不同的解释和表述。这些论述反映了在不同时期人们对市场营销的认识和发展过程。

早期的认识是比较肤浅的,正如美国市场学家史丹顿(W. T. Stanton)所指出的:"一个推销员或销售经理谈到市场营销,他真正讲到的可能是销售;一个广告客户业务员所说的市场营销,可能就是广告活动;百货公司部门经理谈到的可能是零售商品计划。"显然,在上述片面认识的基础上,很难形成较为完整的市场营销定义。

1960 年,美国市场营销协会(AMA)定义委员会给市场营销下过如下定义:市场营销是引导产品及劳务从生产者到达消费者或使用者手中的一切企业经营活动。十分明显,这一定义以产品制成后作为市场营销的起点,以送达消费者手中为终点,把市场营销仅仅看作是沟通生产环节与消费环节的商业活动过程,因而也存在明显的局限性。

英国市场学协会曾指出:一个企业如果要生存、发展和盈利,就必须有意识地根据用户和消费者的需要来安排生产。这一论述把市场营销与生产经营决策直接联系起来,对以往的认识有了明显的突破。

日本有关学者认为:市场营销是在满足消费者利益的基础上,适应市场的需要而提供商品和服务的整个企业活动。美国市场营销学家菲利普·科特勒(Philip Kotler)教授则进一步指出:市场营销是个人和集体通过创造,提供出售,并同别人交换产品和价值,以满足其需要和欲望的社会过程和管理过程。上述定义从活动基础和最终目的层面对市场营销的含义作了更深刻的揭示。

美国哈佛大学教授马尔康·麦克纳尔(Malcolm McNair)提出了独到的见解:市场营销是创造和传递新的生活标准给社会。这一定义从社会功效的角度表达了市场营销活动的深层内涵和追求的理想境界。

市场营销的含义不是固定不变的,它随着企业市场营销实践的发展而发展。美国市场营销协会(AMA)1985年将其定义为:市场营销是关于构思、货物和服务的设计、定价、促销和分销的规划与实施过程,目的是创造能实现个人和组织目标的交换。在交换双方中,如果一方比另一方更主动、更积极地寻求交换,则前者称为市场营销者,后者称为潜在顾客。

由以上列举的定义可以看到,随着社会经济的发展和人们认识的深化,市场营销的内涵和外延已经极大地丰富和扩展,其过程向前延伸到生产领域和产前的各种活动,向后延伸到流通过程结束后的消费环节;其内容扩大到市场需求调研、市场细分、产品开发、制定价格、选择分销渠道、广告、促销、售后服务、信息反馈等诸多方面;其目的上升为保证消费者需要得到全部和真正满足,并为社会创造更高的生活标准;其运行表现为在现代市场营销观念指导下有计划、有组织地自觉加以调节和控制的理性活动。

1.1.2 酒店市场营销概念

根据现代市场营销的发展,可以给出如下酒店市场营销的定义:酒店市场营销是酒店在不断变化的市场环境中,为满足顾客需要和实现酒店目标,综合运用各种营销手段,把酒店产品和服务整体地销售给顾客的一系列市场经营活动与过程。由此可以看出,酒店市场营销具有下列要点。

1)酒店市场营销是涉及一系列经营管理活动的过程

(1)酒店营销战略决策

主要是解决制定或调整经营方向、进行经营规模的合理优化、选择有利的经营时机、评价营销战略方案的经济效益等重大战略问题。营销战略决定着酒店市场营销活动的方向和效果。为保证战略决策的科学正确,必须进行科学的市场调查和预测,在市场细分的基础上选定目标市场,根据目标市场的需求决定酒店的经营方向和经营规模,制定相应的营销战略方案。因此,顾客需求是酒店开展营销活动的起点和制定营销战略的根本依据。

(2)酒店产品、服务的设计与生产

这一阶段的重点是根据市场分析与预测的结果,确定酒店产品品种组合决策,制订酒店

新产品开发计划,注重酒店生产和经营的数量、质量、品牌、形象等的设计与实施。同时加强经营过程中的各项管理,降低成本和经营费用,为提高酒店的市场竞争力和酒店经济效益奠定坚实基础。

（3）酒店产品、服务的销售

这一阶段主要在销售领域完成,同时向消费领域延伸。在激烈竞争的市场环境中,产品能否销售出去,直接决定酒店营销活动的成效与经济效益。为此,在这一阶段需要综合运用价格、促销、渠道、广告、服务等各种营销手段和策略,在全面满足顾客需要的基础上,促成酒店产品和服务的最终销售。

以上3个阶段在时间上继起,在空间上并存,既紧密联系,又相互制约,从而实现和保证营销过程的循环往复,连续不断。

2）酒店市场营销是以酒店顾客需求为核心的经营行为

与传统的经营活动相比,现代市场营销的一个显著特点是以顾客需求为中心,需求成为左右酒店一切经营活动的出发点。酒店市场营销活动是以营利为基本目标的,但这一目标的实现,必须以满足酒店顾客需求为基础,获取利润的手段必须有利于酒店顾客消费需求的满足。因此,在营销活动中,酒店追求的首先是产品或服务对满足酒店顾客消费需求的功效,然后根据需求的被满足程度来确定酒店的盈利。

事实上,满足需求与获取盈利并非相互对立,而是彼此依存、相辅相成的。顾客需求被满足的程度越高,酒店的盈利随之越多。基于上述认识,酒店在市场营销中,无论从事市场调研、产品开发,或是制定产品价格、广告宣传都强调以酒店顾客的需求为出发点,不仅满足已有的现实需求,还要激发、转化各种潜在需求,进而引导和创造新的需求;不仅满足顾客的近期、个别需求,还要顾及顾客的长远需求,维护社会公众的整体利益。

3）酒店市场营销是以整体营销组合作为运行手段和方法的有机系统

在传统的经营活动中,酒店往往集中运用一种或几种经营手段达成预定目标。例如,仅借助产品本身来扩大市场,只依靠推销手段来促进销售。与传统方式不同,市场营销不主张采用单一手段从事经营活动,而应在产品设计、品牌形象、商标、定价、财务、销售、服务、公关、分销渠道等各个环节和方面都要制定相应的营销策略,以综合性的策略组合进行整体营销。这些策略和手段又归结为几个方面,即产品策略、定价策略、分销渠道策略、促销策略,以及公共关系策略、财务控制策略、服务营销策略、信息化营销策略等,整体营销组合即由这些策略结合而成。

不仅如此,在每种策略中又包含了一系列具体手段。如产品策略中包含产品组合、产品生命周期、新产品开发等手段;定价策略中包含成本核算、价格构成、定价技巧等手段;分销渠道策略中包含销售地点、销售渠道、网络销售等手段;促销策略中包含广告、人员推销、营业推广等手段;公共关系策略中包含政府关系、新闻界关系、社区关系、顾客关系、经销商关系等。这些具体手段又构成该策略的下一层次的组合。整体营销组合与各个策略组合相互联系,共同作用,构成市场营销手段和方法的完整系统。

■拓展材料阅读1.1

酒店市场营销与顾客关系管理

酒店的生存与发展依赖于顾客,酒店市场营销是通过让顾客了解、认知酒店产品,进而消费酒店产品,从而实现酒店经营目标而开展的一系列有计划、有步骤、有组织的活动,是从顾客需求到酒店经营收入的关键"一跳"。顾客的需求是营销的基础,酒店与顾客之间进行价值交换是实现营销目标的手段,酒店市场营销的核心就是顾客需求管理和价值交换过程的管理。

当前,酒店行业市场竞争日益激烈,顾客的要求越来越高,顾客的可选择性越来越强,这就要求酒店营销不仅仅是简单的推销,而是比推销更为高端的市场营销策划与实施活动,涉及营销战略、市场调查、市场分析、市场定位、营销策划、营销推广、销售渠道管理、销售管理过程、品牌建设、营销团队管理、顾客关系管理等一系列活动。

顾客是酒店最重要的外部资源,顾客是酒店一切活动的中心!赢得顾客=赢得市场=酒店成功。由于开发一个新顾客的成本远远比留住一个老顾客的成本高,顾客对于酒店的价值是顾客长期甚至于终身使用酒店产品或服务的价值,酒店仅停留在追逐新顾客的层面上已经不是明智的策略了,积极开展各种行之有效的顾客关系管理活动,提供优良的产品和服务,使顾客满意,从而减少顾客流失,培养忠诚顾客才是上策。因此,酒店建立并实施市场营销与顾客关系管理体系(英文是 Marketing & Customer Relationship Management System,缩写为 MCRM),是酒店赢得顾客的青睐和信任、站稳市场、获得长期收益的最佳选择。

资料来源:酒店市场营销与顾客关系管理[EB/OL]. (2014-12-09)[2014-12-09]. http://setinns. cn/list/xwzx/hyxw/info_736. html.

1.2 酒店市场营销管理及其过程

1.2.1 酒店市场营销管理的实质与任务

酒店市场营销管理是指为了实现酒店目标,创造、建立和保持与酒店顾客之间的互利交换和关系,而对酒店市场营销活动的分析、计划、执行和控制。市场营销管理的基础是交换,目的是满足各方需要。

酒店市场营销管理的主要任务是刺激顾客对酒店产品和服务的需求,但不能局限于此。它还帮助酒店在实现其营销目标的过程中,影响需求水平、需求时间和需求构成。因此,酒店市场营销管理的任务是刺激、创造、适应及影响顾客的需求。从此意义上说,酒店市场营销管理的本质是需求管理。酒店在开展市场营销的过程中,一般要设定一个在目标市场上预期要实现的交易水平,然而,实际需求水平可能低于、等于或高于这个预期的需求水平。

换言之,在目标市场上,可能没有需求、需求很小或超量需求。市场营销管理就是要对付这些不同的需求情况,围绕酒店不同的市场需求情况所进行的对市场需求的理解和确定、制定基于市场需求的营销战略、设计营销计划和方案、进行客户关系的管理和维护,进而实现酒店的经营目标。

■拓展材料阅读1.2

市场需求的不同状态及其营销任务

任何市场均可能存在不同的需求状况,根据需求水平、时间和性质的不同,可归纳出8种不同的需求状况。在不同的需求状况下,市场营销管理的任务有所不同,要求通过不同的市场营销策略来解决,如表1.1所示。

表1.1　需求状态与酒店营销任务

需求状态	营销任务
负需求:不喜欢某种产品或服务	转变需求
无需求:对产品不感兴趣或漠不关心	创造需求
潜在需求:现有的产品或服务不能满足顾客的强烈需求	开发需求
下降需求:目标市场顾客对产品或服务的需求出现下降趋势	活跃需求
不规则需求:因季节、月份、周、日、时而对产品或服务需求的变化	平衡需求
充分需求:产品或服务目前的需求水平和时间等于期望的需求	维持需求
过度需求:对产品的需求超过了企业供应能力	降低需求
有害需求:危害顾客利益和社会利益的需求	消除需求

资料来源:胡宇橙,王文君.饭店市场营销管理[M].北京:中国旅游出版社,2004.

1.2.2　酒店市场营销管理的功能

市场营销作为一种活动,有如下4项基本功能。

1)发现和了解酒店顾客的需求

现代市场营销观念强调市场营销应以顾客为中心,酒店也只有通过满足顾客的需求才可能实现酒店的目标。因此,发现和了解顾客的需求是酒店市场营销的首要功能。

2)指导酒店进行决策

酒店决策正确与否是其成败的关键,酒店要谋得生存和发展,要重视做好经营决策。酒店通过市场营销活动,分析外部环境的动向,了解顾客的需求和欲望,了解竞争者的现状和发展趋势,结合自身的资源条件,指导酒店在产品、定价、分销、促销和服务等方面做出相应的、科学的决策。

3）开拓酒店市场

酒店市场营销活动的另一个功能就是通过对顾客现在需求和潜在需求的调查、了解与分析，充分把握和捕捉市场机会，积极开发产品，建立更多的分销渠道及采用更多的促销形式，开拓市场，增加销量。

4）满足酒店顾客的需要

满足顾客的需求是酒店市场营销管理的出发点和中心，也是市场营销的基本功能。酒店通过市场营销活动从顾客的需求出发，并根据不同的目标市场，采取不同的市场营销策略，合理地组织酒店的人力、财力、物力等资源，为顾客提供适销对路的产品，搞好售后服务，让顾客满意。

1.2.3 酒店市场营销管理过程

酒店是在复杂、不断变化着的市场环境中从事营销活动。为了有效地适应市场环境的变化，充分利用营销机会，搞好营销管理工作，酒店必须有良好的市场营销管理程序。

所谓酒店市场营销管理过程，就是识别、分析、选择与发掘市场营销机会，以实现酒店任务和目标的管理过程，以及酒店与最佳市场机会相适应的全过程。这一过程包括以下5个步骤，如图1.1所示。

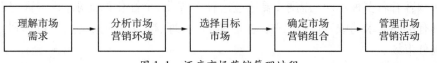

图1.1 酒店市场营销管理过程

1）理解市场需求

要理解市场需求，首先要理解和掌握需要、欲望和需求3个概念以及相互之间的关系。人们对酒店产品的需要和欲望是酒店营销活动的出发点。需要、欲望和需求是3个密切联系而又相互区别的概念。需要是指人们没有得到某些基本满足的感受状态。例如，人们在旅游中由于饥饿感或劳累感而产生的用餐与住宿的需要，而不同类型的企业每年都在寻找适合其组织会议的场所等。因此，在酒店产品开发与生产过程中，房务产品、餐饮产品和会展产品是酒店满足顾客基本需要的产品。欲望是指顾客对能满足其更深层次需要的产品愿望。例如，普通出差的顾客对房务产品的欲望是经济型酒店或普通房务产品，而一些世界知名企业的高层管理人员对房务产品的欲望可能是四星或五星级商务酒店的普通套房或豪华套房等。从这种视角分析，顾客的需要是有限的，而欲望是无止境的，并且顾客对酒店产品的欲望出于主观意识并受社会环境等各种因素的影响。因此，酒店营销人员可以影响顾客对酒店产品的欲望。需求是指有支付能力的顾客对酒店产品的具体需要和欲望，是酒店市场营销活动的出发点。所以，酒店营销人员不仅要了解市场对酒店产品的需求并要适应这种需求，而且必须使用各种营销策略与手段影响市场需求。

2）酒店市场营销环境分析

酒店市场营销管理过程的第二步是对酒店营销环境进行分析。只有对酒店环境进行正确的分析，才能发现市场营销机会，制订可行的酒店市场营销计划。市场营销环境分为宏观环境和微观环境。宏观环境是指对酒店产生较大影响的因素,包括政治、经济、文化、人口、法律、技术等因素,比如我国实行的黄金周制度以及近些年对休假制度的调整,就对我国酒店业产生了不同的影响,热点地区的酒店黄金周期间人满为患,造成过度需求,而其他地区的酒店则生意冷淡,出现需求不足。微观环境指直接影响酒店经营、管理和服务的因素,包括酒店的产品的供应商、旅行社等销售渠道、顾客、竞争、社会公众以及酒店自身的文化、资源和组织等。

3)选择酒店目标市场

在发现酒店市场营销机会和明确酒店应向市场提供的产品和服务之后,酒店应进一步了解顾客的需要和愿望以及其所在的地区,他们的购买方式和行为等,然后分析市场规模和结构,选定最适合酒店发展的目标市场。选择目标市场包括下列步骤:

(1)预测市场需求

对酒店所选择的市场机会,必须对其现有和未来的市场容量做出客观的分析、预测,其中包括当前其他酒店的销量,酒店产品可达到的市场份额等。由于未来的市场增长与经济发展、收入水平、人口等宏观因素有着密切的关系,所以还要分析这些因素是否具有发展前途,最后再决定是否进入这一市场。

(2)细分市场

酒店顾客有着多种不同的需求,要适应这种多样化、个性化的需求,酒店管理人员就必须辨别具有不同需求的顾客群体,根据地理、人口、心理、行为等因素将整个市场划分成不同类别的细分市场。

(3)选择目标市场

一般说来,酒店是无法同时满足整个市场的需求的。因此,酒店经营管理者应在市场细分的基础上,根据各细分市场的吸引力,评估酒店的营销机会,从中选定一个或几个细分市场作为自己的目标市场,然后制定适当的市场营销策略,尽全力满足目标市场的独特需求。

(4)市场定位

市场定位就是根据竞争者现有的产品在市场上所处的位置,针对顾客对该产品某种属性的重视程度,塑造出酒店产品与众不同的、个性鲜明的、符合顾客需求的市场形象。酒店的市场定位策略可以强调产品特征方面的差别,如酒店的地理位置、餐饮设施、酒店规模;也可以强调服务对象、服务水平、价格、价值等方面的差别,以便顾客将本酒店的产品与竞争对手区别开来。

4)确定酒店市场营销组合

市场营销组合,就是为了满足目标市场的需求,酒店对自己可以控制的市场营销因素进行优化组合,以完成酒店经营目标。

酒店可以控制的市场因素是多种多样的,包括产品、价格、销售渠道和促销等。市场营销组合是一个变量组合,构成营销组合的各因素就是各个自变量,是决定市场营销效益的决定性因素,而营销组合的最终结果都是这些变量的函数,即因变量。从这个关系上看,市场营销组合是一个动态组合。只要改变其中一个因素,就会出现一个新的组合,产生不同的营销效果。

市场营销组合发挥的是整体协同作用。酒店必须在准确地分析、判断所处的特定的市场营销环境、酒店资源及目标市场需求特点的基础上,才能制定出最佳的营销组合策略,所以,最佳市场营销组合的作用,绝不是产品、价格、销售渠道和促销等营销因素的简单数字相加,而是使它产生一种整体协同的作用,成为酒店市场营销战略。

5)管理酒店市场营销活动

酒店市场营销管理的最后一个程序是对市场营销活动的管理。因为分析市场营销环境,选择目标市场,确定和实施营销组合等活动在实际的操作与运行中都离不开营销管理支持系统的支持。对酒店市场营销活动来说,需要有4个管理系统的支持。

(1)酒店市场营销信息系统

酒店市场营销信息系统是计划、组织和控制系统的基础,酒店如不能及时准确地获取有关的市场信息,就不可能制订正确的计划,更谈不上计划的执行与控制。市场营销信息系统是指这样一些机构:从事收集、整理、分析和评估有关的市场信息,实时准确地提供给营销决策者,以便改善市场营销计划的制订、执行和控制。营销信息系统包括内部报告系统、营销情报系统、营销调研系统和营销分析系统等4个子系统。通过4个子系统的操作与运行,实现信息系统在市场营销管理工作中的作用与职能。

(2)酒店市场营销计划系统

现代酒店管理计划系统的内容有两方面,既要在战略的指导下制定长远规划,决定发展方向和目标,又要有较为具体的市场营销计划管理来具体实施战略计划目标。因此,酒店应依靠两个计划系统的支持,即战略和市场营销计划系统的支持。

(3)酒店市场营销组织系统

计划制订以后,需要有一个强有力的营销组织系统来执行市场营销计划。酒店的规模大小不同,营销组织系统可由几个或几个层次的若干专业人员来组成。市场营销的效率,不仅取决于它的组织机构,而且取决于对营销人员的挑选、培训、激励和评估等一系列的营销组织的内部管理。

(4)酒店市场营销控制系统

在营销计划实施过程中,可能遭遇许多意想不到的问题,所以需要一个控制系统来保证市场营销目标的实现。营销控制系统包括年度计划控制、盈利控制和战略控制。

总之,市场营销管理的4个系统是相互联系、相互制约的。营销信息是制订营销计划的依据,营销组织负责实施营销计划,而实施的结果又被考察与控制。这4个系统构成了完整的酒店市场营销管理体系。本书的编写实际上也是以这4个系统为基础进行的。

1.3 酒店市场营销观念的演进

酒店市场营销管理是为了在目标市场上达到预期的交换目的而做出的努力。那么,这些营销活动的指导思想是什么? 如何摆正酒店与顾客、社会三者之间不断变化有时甚至是相互冲突的利益关系呢? 显然,酒店市场营销活动应该在某种思想的指导下进行,这种指导

思想便是酒店的市场营销观念。

现代酒店的市场营销管理观念可归纳为 5 种,即生产观念、产品观念、推销观念、市场营销观念和社会市场营销观念。

1.3.1　生产观念

生产观念是指导企业行为的最古老的观念之一,从传统企业管理的发展看,这种观念产生于 20 世纪 20 年代前。那时企业经营观念不是从顾客需求出发,而是从企业生产出发。

生产观念在酒店业的经营中主要表现为"我的酒店能提供什么,就销售什么"。持有生产观念的酒店认为,顾客喜欢那些大众化的而且价格低廉的酒店,酒店应致力于提高效率,扩大酒店规模,降低成本以扩展市场。显然,生产观念是一种重生产、轻市场营销的商业观念。

生产观念是在卖方市场条件下产生的。酒店业发展早期,酒店产品和服务供不应求在许多地方普遍存在。酒店设施简陋,服务项目单一,服务水平低下,但前来投宿的顾客却源源不断,尤其在旅游旺季,形成严重的供不应求。由于客房不足,凡能找到下榻之处,顾客便心满意足。至于酒店的设施、服务只能退而求其次。于是酒店只需关心如何增加酒店的床位和餐位,无须考虑改善设施、增加服务项目和提高服务质量等。形成了酒店能提供什么,顾客便购买什么,顾客的需求完全被忽略。

1978 年我国实行对外开放政策后,外国旅游者大量涌入,主要旅游目的地都出现了酒店供不应求的现象。除了淡季之外,酒店几乎从来不为客源发愁,从而使酒店管理不自觉地进入生产观念阶段。

随着市场供求形势的变化,生产观念的适用范围必然受到极大的限制,由于对市场需求和变化缺乏应变能力,因而缺乏市场竞争力,这种陈旧的观念最终将使酒店失去属于自己的客源市场。但是,在我国还有相当一批酒店持有生产观念这一落后的经营思想,所以转变观念,加强培训和不断学习,始终是酒店管理者的长期任务。

1.3.2　产品观念

产品观念也是一种较早的企业经营观念。产品观念认为,顾客最喜欢高质量、多功能和具有某种特色的酒店,酒店应致力于提供良好的设施和优质的服务,并不断加以改进。与生产观念相比,产品观念无疑是一种进步。就客人而言,他们下榻酒店能保证其获得最基本的需求满足。酒店若能提供良好的设施和优质的服务,客人一般来说会感到满意。

然而,产品观念的最大不足之处是容易导致"市场营销近视症",即不适当地把注意力放在酒店产品和服务上,而不是放在顾客需求上,在市场营销管理中缺乏远见,只看到自己的产品质量好,看不到市场需求在变化,致使酒店经营陷入困境。"酒香不怕巷子深"便是产品观念的集中体现。实际上,顾客来自不同地域,他们的需求千差万别并且不断变化。酒店的设施与服务再好,若不考虑客人的需求及其变化,也是得不到市场认可的。产品观念在现代市场营销中是难以立足的。在激烈竞争的买方市场环境下,忽视对市场需求的研究和其他营销手段的配合,酒店产品在市场竞争中很难获得成功。

1.3.3 推销观念

推销观念(或称销售观念)认为,顾客通常表现出一种购买惰性或抗衡心理,如果听其自然的话,顾客一般不会足量购买酒店的产品,因此,酒店在增加设施、改进服务的同时,必须积极推销和大力促销,以刺激顾客大量购买酒店产品,并在竞争中战胜对手。

推销观念的产生一是由于技术的进步、设施改善,再则由于酒店数量增加、竞争加剧。此时,供不应求的局面已不复存在。相反,供大于求迫使酒店把经营重点从生产转向销售。只是这种销售的努力主要是出于酒店自身利益的考虑,并没有把顾客的需求放在最重要的位置上。销售人员四处奔走,但是他们并没有做过周密的市场调研,不了解顾客的真实需求,因此他们的努力并不能保证给酒店带来更多的客源与利润。

这种观念虽然比前两种观念前进了一步,开始重视酒店广告及推销,但其实质仍然是以生产为中心的,所以它仍然是一种传统的市场营销观念。

1.3.4 市场营销观念

市场营销观念是作为对上述诸观念的挑战而出现的一种新型的企业经营观念。这种观念是以满足顾客需求为出发点的,即"顾客需要什么,就生产销售什么"。市场营销观念认为,实现企业各项目标的关键,在于正确确定目标市场的需要和欲望,并且比竞争者更有效地传送目标市场所期望的物品或服务,进而比竞争者更有效地满足目标市场的需要和欲望。酒店首先考虑的不是酒店有什么可提供销售,而是客人对酒店有哪些需求。了解了顾客的需求,努力满足这些需求,酒店才能创造利润,才能在激烈的市场竞争中获得发展。

市场营销观念是在酒店市场供过于求的情况下出现的。随着酒店业的迅速发展,市场趋势表现为供过于求的买方市场,同时顾客收入迅速提高,有可能对酒店进行选择,酒店之间为实现产品销售的竞争加剧,许多酒店开始认识到,必须转变经营观念,才能求得生存和发展。

市场营销观念的出现,使酒店经营观念发生了根本性变化。市场营销观念同推销观念相比具有重大差别。推销观念注重酒店需求;市场营销观念则注重顾客需求。推销观念以酒店需求为出发点,考虑如何把酒店产品变成现金;而市场营销观念则考虑如何通过生产、提供产品和服务以及与最终消费产品与服务有关的所有事物,来满足顾客的需求。可见,市场营销观念的4个支柱是:以市场为中心、顾客导向、协调的市场营销和利润。推销观念的4个支柱是:酒店、产品导向、推销和赢利。从本质上说,市场营销观念是一种以顾客需要和欲望为导向的哲学,是消费者主权论在酒店市场营销管理中的体现。

许多优秀的酒店都是奉行市场营销观念的。如希尔顿国际酒店公司认为:"顾客的需求便是我们的经营、服务方向"。希尔顿曾经说过:"我们的旅馆向什么方向发展,我们不能边走边看,而要先听听旅客们的意见。他们最明白自己需要什么样的消费。"希尔顿自己不仅时常找顾客聊天,了解他们的消费倾向,而且也要求店员们在不影响不干涉顾客私生活时,向他们了解酒店服务方面的细节,听取顾客的意见。希尔顿国际酒店集团正是由于奉行"顾客就是上帝"的经营信条,根据顾客的需求,不断变换、更新服务内容和方式,才建立了庞大的连锁式全球旅游网络系统。

1.3.5 社会市场营销观念

社会市场营销观念认为,酒店在确定顾客的需求,实现酒店赢利的过程之中,不能孤立地追求一己私利,而必须使自己的行为符合整个社会与经济发展的需求,以保护或提高顾客和社会利益的方式,比竞争者更有效、更有利地向顾客提供能够满足其需求的产品或服务。

社会市场营销观念是对市场营销观念的修改和补充。它产生于 20 世纪 70 年代西方社会出现能源短缺、通货膨胀、失业增加、环境污染严重、消费者保护运动盛行的新形势下。因为市场营销观念回避了顾客需要、顾客利益和长期社会利益之间隐含着冲突的现实。社会市场营销观念要求市场营销者在制定市场营销策略时,要统筹兼顾 3 方面的利益,即企业利润、顾客需求的满足和社会利益。

一些国际酒店集团在这方面已经开始做出值得赞赏的努力。如为了节约纸张而减少森林砍伐,他们提供的卫生纸是用再生纸做的;办公室的一些非正式文件使用电传纸的反面;在客房里放置小册子,宣传保护环境与资源的日常方法,如为节约水资源而减少棉织品的洗涤次数,取消一次性牙具等;组织员工参加植树活动;等等。世界旅游组织为了鼓励酒店业参与环境保护,曾在 1990 年表彰了在这方面做出成绩的美国华美达(Ramada)酒店集团。许多国际酒店集团积极开展 ISO-14000 环保认证,以期提升其在环境管理方面的水平。目前,"绿色营销"已成为国际酒店业的一种潮流。

上述 5 种酒店营销观念,其产生和存在都有其历史背景和必然性,都是与一定的条件相联系、相适应的。当前,西方大部分酒店已经完成了从生产型向经营型或经营服务型转变,在其经营与发展中树立了具有现代意识的市场营销观念、社会市场营销观念。但是,必须指出的是,由于诸多因素的制约,当今世界上的酒店不是都树立了与之相适应市场营销观念和社会市场营销观念。事实上,还有许多酒店仍然以产品观念及推销观念为导向。

目前我国由于各地经济发展水平不平衡,酒店需求市场供求状况不同,对营销的认识处于不同的阶段,导致了我国酒店经营观念仍处于多种观念并存的阶段。

1.4 酒店市场营销面临的挑战与发展趋势

市场营销是在一个动态的全球环境中进行的。每一个历史阶段都需要营销管理人员以一种崭新的思路去思考营销的目标和实践。迅速的变化会很快使昨天的制胜战略过时。目前,酒店在市场营销中面临下列主要挑战。

1.4.1 全球化的挑战

随着交通和通信技术的发展,各国之间交往日益频繁,世界经济社会一体化趋势进一步加强,各国市场之间的需求也越来越具有相似性。就某些产品和服务而言,各国市场之间的差异性甚至将完全消失。企业要想在激烈的优胜劣汰竞争中赢得生存发展,就必须以世界市场为导向,采取全球化市场营销战略。

1）市场的全球化

随着苏联的解体、东欧剧变以及中国的改革开放,市场经济体制已为世界上各主要国家所接受。市场开放程度不断加大,各国政府对外国产品进口及外国公司直接投资的限制逐渐放宽,国际贸易迅猛发展。随着中国加入世界贸易组织,我国同世界各国之间的贸易往来将更加频繁。国际金融市场也已全球化,各国货币先后可自由兑换,欧盟、北美自由贸易区、亚太经合组织的出现及发展在经济上淡化了国界,走向区域经济一体化。此外,随着世界贸易组织及其他国际组织成员国的不断增加,越来越多的国家的经济政策将受到国际法规与条约的约束。这一切都使得世界经济、政治、法律环境的差异性减少,使得酒店在开展营销活动时,逐渐模糊了国界的概念。

2）顾客的全球化

一方面,世界各国消费者的需求日益趋同。有调查发现,许多国家青少年一代的消费具有惊人的相似性。他们都喝可口可乐、吃麦当劳、穿牛仔裤、听摇滚乐……卫星电视、国际互联网使得各国消费者不出国门也能了解到异域风情,各种流行时尚能够迅速风靡全球。另一方面,国际商务旅行和旅游度假活动也日益增多,旅行者希望在世界各地都能买到他们熟悉的值得信赖的品牌的产品,享受到标准化服务。这使得酒店市场营销人员能够更多地考虑各国消费者需求的共同点而非不同点,更加注重全球产品、价格、广告、服务的标准化而非差异化。当然,全球营销者也不能完全忽视需求的差异性。

3）竞争的全球化

开放就意味着酒店要承受外来竞争的压力,要与外国的跨国酒店集团竞争。产业、市场、顾客的全球化使酒店面临的不是要不要全球经营的问题,而是如何全球经营的问题。酒店要在所面临的全球竞争中获得较低的成本或其他明显的优势才能够生存下去,否则在竞争中势必会处于劣势,甚至威胁到自身的生存。因此,竞争的全球化是越来越多的酒店开展全球营销的又一动因。

1.4.2 环境要求和社会责任营销的挑战

酒店具有双重身份,当作为独立自主、自负盈亏的商品生产者和经营者时,它具有自己独特的经济利益,其经济利益在于追求利润的最大化,从此意义而言,酒店是"经济人"。作为经济人的企业,势必以追求利润为标准衡量自己的经营成果及决定自身的价值取向。同时,酒店又是社会经济细胞,是社会财富最基本的创造者,酒店的这种社会性决定了它是"社会人"。酒店的生存与发展所需的各种资源(包括人、财、物等)及酒店所生产的产品的实现条件都有赖于社会提供,因而酒店应当承担一定的社会责任,其经营行为应当受到约束和限制。

有关酒店社会责任的看法众说纷纭,可概括为3大类:保护消费者权益、保护社会的利益和发展、保护社会自然环境。

1）保护消费者权益

保护消费者权益是酒店的主要社会责任。具体来说,要求酒店为广大消费者提供优质的产品和服务,以满足其各种不同的需求。为此,要求酒店要树立起以顾客为导向的经营哲学,并根据市场需求的变化,不断调整市场营销策略,以适应消费者不断变化的需求。

2)保护社会利益及社会的发展

保护社会利益及社会发展是酒店义不容辞的社会责任。酒店从事生产经营活动,一方面,为社会创造日益丰富的物质财富,以保证社会各经济部门及国民经济的正常运转;另一方面,酒店为国家及各级政府提供一定的税收,即从价值形态上为国家作贡献,以增加国家积累资金,促进国家建设事业迅速发展。此外,酒店还应当对社会公益事业进行支持和捐赠,帮助教育、娱乐、社会贫困地区的发展,这是近年来酒店社会责任的延伸。

3)保护自然环境及生态平衡

保护社会自然环境免遭污染,实现生态平衡是酒店重要的社会责任。随着商品经济的发展,酒店在为社会创造巨大财富、给广大消费者提供物质福利的同时,却在一定程度上破坏自然生态平衡,污染了环境,并造成恶劣的社会环境。因此保护自然环境,治理环境污染,解决恶劣的社会环境,实施社会可持续发展战略势在必行。通过绿色营销从微观方面实施可持续发展战略是酒店的社会责任,通过绿色营销来保证消费者的绿色消费亦成为酒店的社会责任。

1.4.3　数字化时代的挑战

近年来科技进步创造了一个数字化的新时代。计算机、通信、信息、互联网技术的迅速发展,对酒店为顾客传递价值以及提供服务的方式产生了巨大的影响。尤其随着互联网技术和无线信息技术的迅速发展以及在社会生活领域的广泛应用,给市场营销带来更广泛和更深刻的变革,酒店面临着网络和无线信息技术带来的无限商机和激烈的挑战。因此,谁能领先一步认识、发掘与利用互联网络,谁就将在市场营销和竞争中获得主动权,从而创造出全新的市场和机会,为市场营销带来崭新的格局。

1.4.4　酒店市场营销的发展趋势

1)强调顾客价值导向的营销理念

随着旅游业的快速发展,酒店市场逐步成熟和多样化,顾客不再是产品和服务的被动接受者,他们比以往掌握更多的知识、信息与技能,在日趋宽泛的产品选择中享有主动权。酒店顾客需求及期望值越来越高,价格不能作为购买决策的首要因素,顾客会对产品能否满足需求作出整体性的评估,因此考虑更多的是通过购买获得的利益和价值。因此,酒店顾客价值导向的营销战略选择成为必然趋势。酒店只有在设计、生产和提供产品时,以顾客价值为导向,为顾客提供超越竞争对手的价值,才能够争取顾客,维系顾客,才能够获取持久的竞争优势,在激烈的市场竞争中立于不败之地。

彼得·德鲁克提出企业存在的真正意义和价值是为顾客创造价值。根据顾客价值理论,酒店顾客价值就是顾客对其所得利益(包括住宿体验、愉悦情绪以及餐饮美食等)与所付成本(包括精力、体力和时间等)进行比较的结果。顾客价值导向就是向顾客提供超越顾客心理期望值的、超越竞争对手的全方位服务,通过增加顾客价值来创造出新的竞争优势。

（1）顾客需求是最大化顾客价值的根本

与有形商品不同,酒店顾客价值是顾客对住店体验和经历的个人感知和评价,带有很强的主观性。不同酒店的顾客需求差异很大,其评价标准和关注因素各有不同,消费者毫无疑问会追求给他们带来更多利益的高价值,而不是追求低价格形式的高价值。因此,要求酒店营销者必须了解服务对象,明确目标市场,提供合适的酒店产品和服务,保证顾客利益和价值最大化。例如,经济型酒店和青年旅舍之所以能够快速发展,就是向顾客提供了符合需求的住宿产品和服务,实现了顾客价值的最大化。

（2）酒店顾客价值层次的递进

顾客价值是顾客感知价值,从产品属性、属性效用、期望价值到目标实现,具有层次性。对酒店顾客价值进行层次分析,有助于酒店营销活动中精准、有效地传递顾客价值,实现预期目标。顾客住店体验和经历的感知是酒店顾客价值的核心,主要体现在两个层次:过程价值(如何传递和提供酒店产品和服务)和结果价值(顾客体验和感受)。过程价值是酒店的提供物及其传递过程,包括产品价值(硬件环境、实物产品、服务项目及其标准等);结果价值是酒店顾客价值的核心,即顾客在接触或者使用产品后获得的个人体验价值,包括服务价值(特色服务、附加服务等)、人员价值(业务能力、综合素质、应变沟通能力等)、形象价值(企业文化、战略目标、品牌效应等)和关系价值(主客互动、客户关系管理、社会网络覆盖等)。

（3）酒店顾客忠诚度与关系营销

顾客价值导向的核心思想是企业在保证顾客价值最大化的基础上持续盈利。在市场多变和科技进步的今天,酒店不仅要开发新顾客,更要关注忠诚顾客的长期价值。对企业产生依赖、认可及信任的忠诚顾客是关键和重点客户,是酒店长期稳定盈利的重要保证。因此,酒店必须充分了解客源群体,识别和培养忠诚顾客,寻求建立顾客关系的途径,实施关系营销。

关系营销是建立、维持和发展与各种利益集团的紧密联系的企业活动,包括对顾客、股东、供应商、经销商及其他相关群体的关系管理。酒店关系价值就是通过关系营销创造和提升的。关系价值是酒店在与顾客长期往来中获取收益和顾客从酒店得到的增值服务,以建立起互利互惠的伙伴关系,不仅提升了顾客对企业的信任和忠诚,同时能够为顾客提供更加个性化的服务,增加情感价值和心理价值,从而获得更高的顾客价值。因此。顾客价值导向的酒店必须实施客户关系管理(CRM)战略,建立顾客资料数据库,注重服务营销和关系营销的有效结合,同时审视自己的经营流程,为顾客提供增值服务,从而将顾客满意转化为顾客忠诚,实现企业战略目标。

（4）酒店"顾客"的重新认识

传统营销认为,顾客就是购买和使用企业产品或服务的消费者。顾客满意是企业生存和发展的根本保证。与制造企业不同,酒店服务具有生产与消费同时性特点,顾客感知的体验和经历主要是通过酒店员工服务过程以及主客间互动关系而获得的,员工在服务中的技能、态度、情绪以及沟通互动能力等因素都直接影响着顾客价值感知,员工在顾客价值传递中扮演着非常重要的角色。酒店必须认识到只有满意的员工才有满意的顾客。因此,酒店

"顾客"不仅仅指外部顾客,还包括服务传递过程中的各种群体,如员工、供应商、经销商等内部顾客。

著名管理专家科特勒说:"在这个新的变化的世界里,企业唯一可以持续的竞争优势是它与消费者、商业伙伴及公司员工保持良好关系。"在激烈竞争的酒店市场中,真正体现酒店差异的是服务中人的因素,即高素质的员工队伍。内部营销则是针对酒店内部顾客,即员工的营销,就是使工作满足员工的需求,并使员工满意,以此吸引、获得、激励并留住优秀的员工,从而影响外部顾客获得利润。内部营销是企业以人为本,在保证员工了解企业的整体目标以及对于外部顾客所采取的服务定位的基础上,激励员工以顾客价值为导向,发挥员工的创造性与开拓精神,以"内部顾客"素质提升赢得更多的"外部顾客"。酒店企业在运行机制上重视"内部顾客",创造更加良好的环境,不断提升员工的满意度;创建特色企业文化,吸引和留住优秀员工,为酒店顾客提供持续稳定的优质服务,树立良好市场形象;使酒店内部形成良好的人际关系,犹如给一台高速运转的机器上了"润滑剂",有利于提高员工士气和发挥员工潜能,从根本上提高企业的核心竞争力。

2)体现时代特征的新的营销方式

(1)基于信息技术和互联网的网络营销

新技术的出现给酒店带来的影响比近年来其他任何外部因素都大,新技术改变了传统的生产方式和沟通方式。酒店能否与消费者、合作伙伴有效互动将决定其成功与否。传统将技术被看作是提高生产力的手段,而互联网技术对酒店业的影响不仅在于技术本身,还在于创造性地利用新技术,把它们当作独特的、实用的战略资源,从而进行网络营销。网络营销是以互联网为媒体,以新的方式、方法和理念实施营销活动,利用信息技术去创造、宣传、传递客户价值,并且针对客户关系进行管理,以实现企业预期目标。多样化的合作网络和客户关系网的发展使传统的高情感化的酒店交流概念越来越高科技化。尽管互联网已经成为酒店与顾客交流沟通的最有效的手段,但是与传统交流方式相比,缺乏人情味。因此,为保证个性化特点,酒店在提供服务时,应该兼顾"高情感"与"高科技"策略,才能保证网络营销的有效开展。

①定制营销。互联网定制化营销的重大变革,改变了人们的生活方式和消费行为,也改变了消费者市场与企业之间的互动关系。传统的营销模式已经无法满足顾客的需求,酒店需要根据不同目标市场的需求,充分利用互联网技术和平台,提供个性化产品和服务以及加强顾客关系管理,进行定制化营销。

定制营销是指市场细分到顾客个人,酒店根据顾客要求与偏好设计酒店营销组合,提供个性化的消费方案,满足每一位顾客的个性化需求,即"一对一营销"。与传统营销方式不同,定制营销是一种以顾客需求为中心的服务营销模式。定制营销中,酒店鼓励顾客充分参与并设计产品,体现个性化的愿望;同时,营销部门更注重为顾客提供整体的服务方案,而不是单一的产品或服务,并有效传递。互联网为酒店定制化营销提供了有利的条件,客户关系管理、客户档案数据库、营销信息系统以及新媒体技术手段的不断发展,为酒店和顾客提供了越来越多的进行"一对一"互动沟通的选择。因此,定制化营销是一种以互联网技术为平台,将定制营销观念和互联网技术结合起来,满足旅游者个性化需求的现代营销方式。

②新媒体营销。随着新技术的广泛应用,传统的电视、报纸、杂志等媒体的地位正被全

新的媒体环境和消费决策方式所改变,媒体将从大众媒体发展到智能媒体的新阶段。智能媒体,即新媒体,是利用互联网、移动电视、无线移动终端等一系列在高新科技承载下展现出来的媒体形态,具有明显的社交属性,也称为社会化媒体。新媒体为酒店企业使命营销、企业文化宣传、客户服务和管理提供了新的渠道和平台,同时也为各种消费经历和体验的感知价值交流、互动、分享与散发提供了场所,有效进行口碑营销和精准营销。新媒体营销已经逐渐成为现代营销模式中最重要的部分。

新媒体营销是基于特定产品的概念诉求与问题分析,对消费者进行针对性心理引导的一种营销模式,从本质上来说,它是企业软性渗透的商业策略在新媒体形式上的实现,通常借助媒体表达与舆论传播使消费者认同某种概念、观点和分析思路,从而达到企业品牌宣传、产品销售的目的。新媒体营销的渠道主要包括门户、搜索引擎、微博、博客、BBS、移动设备、APP 等。新媒体营销并不是单一地通过上面渠道中的一种进行营销,而是需要多种渠道整合营销,甚至在营销资金充裕的情况下,可以与传统媒介营销相结合,形成全方位立体式营销。新媒体营销的跨时空性、多媒体性、交互性、整合性等多种特点使得消费者可以直接参与到企业活动中来,压缩了流通环节,网上直销成为可能,提供了更大的顾客价值。

（2）体现以人为本的体验营销

体验营销是伴随着体验经济发展而产生的新营销方式。在信息技术迅速发展和物质日益丰富的今天,消费者在企业营销模式中的角色已经变被动为主动（生产型消费者）,渴望的不仅仅是产品有形要素的功能配置,而更关注整体产品感知和体验,开始追求人生意义、快乐和精神的实现,更希望发现一种可以满足内心需要和体验的商业模式。酒店面对新的市场挑战,必须改变传统的营销模式,采取体验营销策略,创造更大的顾客价值。所谓体验营销,就是企业以满足消费者追求美好体验的需求为目标,以服务产品为舞台,以有形产品为载体,为他们提供高品质体验产品的一切活动的总称。

酒店出售的是"完整的经历",即从酒店产品设计、组合、销售到售后服务,它所提供的是顾客消费前、消费中和消费后的全面顾客体验,因此,酒店产品价值的评价是基于顾客对酒店服务过程的感受和体验。酒店体验营销观念的核心就是"体验"设计,让顾客获得完美的体验从而留下美好的回忆,正符合酒店行业运行的特点及要求。可以说,体验营销是酒店营销未来发展的主要趋势。

酒店应在把握顾客需求的基础上,制定相应的体验营销策略,并通过多种途径向顾客提供体验。第一,明确酒店市场需求特征,建立完善的顾客体验数据库,深入分析影响体验需求的因素,为体验主题设计奠定基础;第二,利用酒店优势资源,创建特色的主题文化和体验模式,并设计酒店主题服务流程和服务情景,通过影响顾客感受来介入其行为过程,塑造感官体验及思维认同,形成良性互动,从而影响其消费决策;第三,通过立体化媒体渠道传播酒店体验,充分利用互联网即时性、交互性以及传播速度快等特点,让顾客的体验和感受"口碑相传"。

（3）实现合作共赢的合作营销

酒店是旅游产业链中的支柱产业之一,与其他行业及部门之间关联性极强,这些特性决定了酒店通过合作营销实现目标具有天然的优势。随着网络技术的快速发展和酒店市场竞争的加剧,资源的稀缺性和顾客价值导向促使酒店必须转变营销观念,从"竞争"到"合作",企业资源互补和协作,通过合作联盟取得竞争优势,降低竞争风险。在这一市场背景下,合作营销逐渐进入酒店的营销战略视野,并成为酒店增强市场竞争能力、拓展市场份额的重要手段。

合作营销是酒店提高市场竞争力的有效方式。合作营销有利于酒店建立长期稳定的合作关系,使其从传统营销中对立型竞争转变为利益共享的合作型竞争;有利于巩固已有市场地位,增强企业核心竞争力;有效降低营销成本,扩大企业宣传效果,创造"1+1>2"的整合效应;避免为争夺客源不断升级的价格战,减少无益的竞争;有利于进入新市场,规避经营风险,更好地适应不断变化的外部环境。

3)酒店的社会责任营销

酒店和旅游业快速发展的同时,也带来一系列的社会问题,如诚信缺失、虚假宣传、网络欺诈和侵权、生态失衡和环境恶化等,严重影响社会的可持续发展和人类的和谐进步,社会责任日益成为企业和公众关注的焦点。伴随着消费者对企业社会责任和诚信道德需求的不断增长,社会责任被迅速列入酒店和旅游企业的重要议程。酒店和旅游业与自然、社会环境之间不可避免的互动和联系表明,其生存和发展不仅要追求利益最大化,而且要保证对环境和社会负面影响最小化,从而提升顾客价值,实现酒店和旅游业可持续发展。因此,减少负面影响,自觉担当社会责任,是增强酒店企业核心竞争力、提升企业形象和信誉度的迫切要求。

企业社会责任是指企业在创造利润、对股东负责的同时,还要承担起对企业利益相关者的责任,保护其权益,以获得在经济、社会、环境等多个领域的可持续发展能力。企业社会责任超越了以往企业只对股东负责的范畴,强调对包括股东、员工、消费者、社区、政府等在内的利益相关者的社会责任。

酒店开展社会责任营销,实现企业的价值主张,对企业的生存和发展有着重要的战略意义。酒店社会责任营销是酒店将履行社会责任作为宣传推介自身的营销资源,在承担和履行一定的社会责任(法律道德、伦理规则、环境保护、慈善捐赠、关爱公平等)的同时,借助新闻舆论影响和广告宣传,以改善酒店的市场形象,提升品牌知名度,提高顾客忠诚度,最终实现预期的战略目标。因此,社会责任营销的核心就是信任营销,强调在经营过程的各环节,履行社会责任,更好地建立和维护与各种利益相关者的信任关系,增强酒店抵抗风险的能力,获取社会资本,从而增强酒店的竞争能力。

(1)基于消费者权益的酒店营销道德

消费者对于企业来说,是其最直接、最关键的利益相关者,所以企业尊重和保护消费者权益,承担消费者的社会责任也是极其重要的。区别于制造企业,酒店服务性特点使得企业、员工和顾客3个主体都可能成为营销不道德的因素。因此,酒店营销活动更易出现违反法律、道德缺失的问题,涉及酒店市场调研、市场分析、营销组合手段的利用和实施等诸方面,包括酒店利用信息不对称区别对待顾客、进行虚假广告促销和宣传、提供问题产品和缩水服务、设置霸王条款和价格陷阱、泄露个人隐私等现象;也包括消费者方面非理性购买所引发的不道德行为,如不能真实客观地提供市场调研相关信息、不能公正评价和反馈服务质量以及违反社会公德等表现。这些道德失范行为都严重影响到酒店行业的社会公信力,也极大地损害了顾客的消费信心和权益,因此,酒店企业研究适应行业特征的营销道德标准尤为重要。

酒店应该从以下几个方面加强营销道德建设：

①强化行业自律。一方面是对国家和行业内部法律法规政策的贯彻和遵守，另一方面是企业主动承担社会责任，自我约束经营行为。

②建立企业"诚信"文化。企业应树立社会市场营销观念，从市场、企业和社会三方利益出发，营造以"诚实守信"为导向的企业文化，构建营销道德标准。酒店应该以 ISO 26000 提出的消费者责任标准为参考依据，积极参与社会责任方面的审核和认证，以此规范产品开发和经营行为。

③正确引导理性消费。酒店要进行合理的市场细分，有效满足顾客差异化需求，提高顾客满意度和忠诚度；科学合理地制定产品价格，引导和约束消费观念、消费预期和消费行为；酒店应保证服务信息公开透明，保证顾客的知情权和消费权，避免误导和欺骗等现象的发生；完善规范购买合同，合理维护消费者权益。

④加强政府及相关组织的指导和监管。加强政府的调控作用，建立和完善相关道德规范体系，通过竞争机制过滤和规范企业的非道德营销行为；发挥地方旅游组织和压力集团的约束和监督作用，促进道德环境的建设；通过全社会的舆论宣传，提升公民的道德意识，完善信息服务体系，增强消费者维权意识和抵制不良营销行为的能力，以此约束企业行为。

（2）低碳经济环境下的酒店绿色营销

低碳经济是高效能、低能耗、低污染的可持续发展的绿色经济。在低碳经济的发展模式下，消费者更加倾向于适度、无污染和保护环境的消费模式，绿色需求与消费意愿逐渐形成，成为绿色营销产生和发展的主要驱动力。绿色营销是基于可持续发展思想的新型营销观念，也是现代企业社会责任感的具体表现。酒店行业营销方式向低碳绿色营销模式转变，既是顺应时代发展的需要，也是出于外在经济环境压力和产业自身发展诉求的必然结果。低碳条件下的绿色营销模式要求酒店在营销观念、营销内容以及营销方式上发生相应的转变，实现酒店同社会资源、环境的和谐发展。

20 世纪 60 年代末，绿色营销观念萌发于社会对可持续发展观念和责任伦理的普遍认同，以及市场绿色消费意识和企业营销思想的驱动。70 年代，社会市场营销观念逐步形成并付诸实践，开始明确提出绿色营销和可持续发展观念。90 年代以后，绿色营销理论研究已经成为营销学理论研究的重要方向，被称为 21 世纪营销的主流。绿色营销就是以社会市场营销观念为基础，以可持续发展观为导向，企业将社会责任和环境友好的经营理念纳入到整体营销活动中，引导消费者绿色生活方式和消费行为，以此促进旅游经济和生态环境的协调发展，实现企业利益、消费者利益、社会及生态环境利益的统一新型营销观念。

酒店绿色营销的核心是为宾客提供舒适、安全、有利于人体健康要求的绿色客房、餐饮产品及其服务，并且在经营过程中加强对环境的保护和资源的合理利用。酒店绿色营销主要包括以下几个方面：一是企业要在理念上引导消费者转变消费观念，通过促销宣传各种途径培养人们的绿色意识、倡导消费者崇尚自然、追求健康、选择未被污染或有助于公众健康的绿色产品；引导消费者注重环保、节能减排环境保护意识和行为。二是企业在生产过程中根据消费者的绿色需求，严格管理与控制，确保产品的安全、卫生和方便，保证产品和服务的质量；注意废弃物排放和处置，减少环境污染，优化服务环境。三是加强产品的绿色审核。绿色审核主要是指对绿色酒店环境的监测、酒店服务人员及顾客行为调查、酒店服务组合各要素的绿色评价、建立"绿色供应链"等,以确保酒店产品及其服务的绿色化程度。绿色营销策略是一项长期的、全方位的、全人员的、全过程的旅游业系统工程建筑,需要各部门、各行业、各层次人员的配合和支持,特别是应充分发挥政府的推动和支持作用,才能保证旅游业的持续发展。

【本章小结】

本章共分为 4 节。第一节对酒店市场营销的概念进行界定;第二节分析了酒店市场营销管理的实质、任务、功能和酒店市场营销管理的过程;第三节介绍了指导酒店市场营销活动的哲学——市场营销观念,同时回顾了酒店市场营销观念的演进过程;第四节就当前酒店市场营销最新的发展趋势及挑战进行分析。

【复习思考题】

1. 什么是酒店市场营销?
2. 酒店市场营销管理的实质及其内容是什么?
3. 简述酒店市场营销管理的任务。
4. 酒店市场营销管理的功能是什么?
5. 现代酒店的市场营销观念是如何演进的?
6. 酒店市场营销管理面临哪些挑战?

【案例分析】

宾至如归——希尔顿酒店独特的营销文化理念

"一块价值 5 元的生铁,铸成马蹄铁后可值 10.5 元;如果制成工业上的磁针之类可值 3 000 多元;如果制成手表发条,价值就是 25 万元,人们都应该对自己抱最大的希望,发现自己的最大价值。"

——唐纳德·希尔顿

一个人的成功往往是偶然中存在着必然的因素。1907 年,希尔顿一家因为生活窘迫开设了一家旅馆,家人十分辛劳。希尔顿说:"当时我真恨透办旅店这个行当,真希望那个破旅馆早点关门。"他当时并没有想到,以后他会在全世界拥有 200 多座酒店,成为酒店大王。这一切似乎是上帝的巧妙安排。从 10 多岁开始工作算起,唐纳德·希尔顿差不多用了整整 20 年的时间在发展自己,塑造自己,在探寻自己的成功之路。他的美梦曾一个接一个地破灭,但靠着执着、热忱的精神和把握机会的能力,他没有被打倒,他的美梦反而越来越真切,步履越来越坚定,发掘出自己独到的才智,最终创造了自己的王国,并形成了独树一帜的管理经验和弥足珍贵的精神财富。

1. 装箱技巧

希尔顿曾经梦想当一名银行家,但他的希望落空了。无奈之余,希尔顿在得克萨斯买下了属于自己的第一家旅店——毛比来旅店。由于这里发现了石油,人们蜂拥而至,扑向石油开采业。希尔顿的旅店占尽了天时、地利、人和的有利条件,毛比来旅店人满为患。为了解决床位紧张问题,希尔顿绞尽脑汁。他先是把餐厅隔成许多只够容纳一张床铺和一张桌子的小房间,而后又把大厅的柜台截去一半,剩下的空间做成一个卖香烟、报纸的摊位,还把大厅的一角腾出来开了一个小小的杂货铺。这几项措施为希尔顿增加了一笔可观的收入。从此,把浪费的空间利用起来,"使每一块地方都产生出金子来"就成为希尔顿经营旅店的重要原则。这就是希尔顿所津津乐道的"装箱技巧"。后来希尔顿拥有了"最大的酒店"——华尔道夫-莱斯陀利亚大酒店,他发现大厅里4根巨大的圆柱只纯粹为了装饰,于是他下令拆去圆柱,改装成许多小型玻璃橱窗,展示各种珍宝及化妆品,这4根圆柱变成了4条财路。

2. 团队精神

第一次世界大战中断了希尔顿的事业,短暂的军旅生涯却给了他一个宝贵的启示,那便是军队协同作战的团队精神。他认为,团队精神就是荣誉加奖励,就是集体荣誉感鼓舞下的团结和努力,因此单靠薪水是不能提高店员热情的,唯有提升店员的团队精神才能极大地鼓舞士气,获得效益。团队精神大大激发了员工的工作热情,所有的店员都像换了一个人似的,团队精神成为希尔顿成功的又一法宝。随着希尔顿事业的发展,他在银行界建立了信誉,身边有一批忠实的朋友。在他事业生涯的任何一个阶段,他身边总是聚拢着一批优秀的人才。他们中的许多人既是希尔顿帝国的高级管理人员,又是希尔顿本人的亲密朋友。希尔顿认为我的福气就来自他们。即便是对待一般工作人员,他也非常尊重,对于提升的每一个人他都很信任,放手让他们在职责范围内发挥聪明才智,大胆负责地工作,但是他对得罪顾客的服务员还是很严厉的。希尔顿很少以貌取人,对同僚、下属,他都尽可能透彻地了解他们个人的卓越之处。这种团结协作、充分信任下属的作风,为他酒店帝国的成功增加了关键的得分。

3. 微笑服务

企业员工是企业整体中的一分子,顾客对企业员工印象好坏直接反射到对企业整体形象的评价上,而在员工自我形象的塑造中,企业的一贯礼仪又直接影响员工形象的塑造效果。作为一个优秀的经营者,希尔顿深知企业礼仪的重要价值,因此他十分注重员工的礼仪教育,积极倡导富有特色的企业礼仪——微笑服务。

在50多年的时间里,希尔顿不断到他分设在各国的希尔顿酒店、旅馆观察业务,他向各级人员问得最多的一句话必定是"你今天对客人微笑了没有"。因此,无论你在哪里,只要你走进希尔顿的旅馆,迎接你的永远是灿烂的笑脸。即便是在美国经济最为萧条、希尔顿的旅馆一家接一家地亏损的年代里,希尔顿的服务员的脸上也依旧挂满灿烂的笑容,给客人带来无限的温馨和慰藉、希望和信心。希尔顿曾讲过一段有名的话:"如果旅馆里只有第一流设备而没有第一流服务员的微笑,那些旅客会认为我们供应了他们全部喜欢的东西吗? 如果缺少服务员的美好微笑,正好比花园里失去了春天的太阳和春风。假如我是旅客,我宁愿住进虽然只有残旧地毯,却处处见到微笑的旅馆,也不愿走进只有一流设备而不见微笑的地方……"由于希尔顿对企业礼仪的重视和教育,他的员工很好地理解了企业的礼仪——微笑服务,并把贯彻执行企业礼仪变成他们自觉的行为,凭着微笑的利剑,希尔顿的酒店征服了客人,征服了世界。

4. 收购扩张

希尔顿把酒店当作"产业"来经营,虽然他努力要求酒店做到宾至如归,但他更重视不断扩大实力,只要有机会便以最低的价格收购即将倒闭的酒店,再把建筑物整修一番,经营上重新布置,使业务向上发展。有时,又另觅机会以高出买价数倍的价格把它卖出去,以扩展资本。达拉斯的希尔顿酒店的落成,是他平生第一次冒险获得成功。于是,他更专注于旅店经营事业,思考新的冒险,追求更大的成就。他要以得克萨斯为基地,每年增加一家旅店,向各地扩散,逐渐建立起一个地区网络分布系统,最后形成一个酒店王国。希尔顿脚踏实地一步步朝着自己的梦想努力着。希尔顿成功建立了一家家旅馆,并成立了希尔顿帝国酒店。这时他渴望成为酒店大王的愿望越来越坚定,越来越明确了。他最终得到了世界上最有名、最豪华的华尔道夫-莱斯陀利亚大酒店,尽管成功完成这一计划共花费了他 18 年的时间。希尔顿亲口说过:"谈到人的欲望,的确是无底深渊,不管怎样,我的欲望是站在时代前沿,做酒店大王。我之所以收买华尔道夫的目的就在于此,总之登上酒店业的王座,才是我的战略目标。"

20 世纪 60 年代,希尔顿敏锐地意识到美国国内酒店已基本饱和,酒店利润日渐缩小。因此,在第73家酒店的落成典礼上,他宣布"到此为止不在国内建造酒店了"。他采取"避实击虚,投资海外"的经营战略,施展他的资本运用理论和实践能力,实施向海外拓展的战略,使其无往不胜。他说:"希尔顿国际企业的经营,是依据独特的哲学发展而成的。我们向海外发展,并非为美国向国外吸收利益,而是要和海外的企业家携手合作,共存共荣。自然在海外经营酒店,是替国内的股东谋取利益,不过,倘若目的仅仅在此,那就不必在海外发展任何事业,因为在国内同样可以达到这个目的。"为了满足其资本运营的需要,希尔顿大力开发海外酒店和市场。在美国本土以外,希尔顿酒店一座座建立起来。在英国,希尔顿酒店建在了白金汉宫的旁边,而且还可以从酒店的楼上一览无余地眺望白金汉宫的庭院。尽管当时在英国引起了轩然大波,但却满足了人们对王室的好奇心,酒店入住率高居不下。希尔顿正是凭借着其独特的经营眼光,在世界各大洲(除南极洲以外)建立了希尔顿酒店。

5. 把握时机

成功的收购不仅扩张了希尔顿的事业,而且让他懂得了酒店经营必须与时俱进的道理,产生了新的经营哲学。在收购的过程中他认识到,在交通便利、发达的时代,地球已经变成一个小小的村落,朝发夕至已不再是一个梦想。这种时代背景下,酒店的功能已不仅是为旅客提供住宿,而且发展成为大公司的新闻发布、新产品的推介或大企业集会的舞台。针对这种变化,希尔顿在酒店构造及格局上进行了调整和改革。希尔顿认为像华尔道夫那样豪华奢侈超大型建筑已不合潮流,便在国内建酒店时减小房间面积,提供更舒适、温馨的小房间,同时更注重酒店的舒适服务。落成的斯塔拉尔希尔顿等酒店都以小巧、新颖、舒适和设施齐全的特点,受到旅客的喜爱。他还在内部推行了互助预订房间的办法,客人住进一家希尔顿酒店之后,就可预订别的城市或国家的希尔顿酒店的房间,大大方便了旅客。希尔顿公司每月接受的预订房间数目达到3.5万间。这种网络化的经营方式给希尔顿带来了极大的经济效益,使当时希尔顿酒店的股票价格大幅上涨。

希尔顿看到逐渐富裕起来的中产阶级热衷于国外的游览旅行,便针对他们的需求,在国外的主要城市,建设美国式豪华酒店,让他们享受一下上层阶级所享受的气氛。这些人只要住进希尔顿酒店,便可以达到内心的希求,告慰自己——上层阶级的享受不过如此。希尔顿很早就着手布置海外酒店网,订下了从酒店之间便利旅客来往的航空路线,使得在国内已无发展余地的酒店业,找到更广大的出路,在国外求得发展。当有人问希尔顿把握经营尖端的诀窍是什么时,希尔顿露出所向无敌的微笑,意味深长地说:"站在时代的前沿,这就是我的诀窍。"

希尔顿从5 000美元起家,在不到60年的时间里,酒店扩展到200家,除了南极洲以外,几乎各地都有,一个跨国越界、举世无双的旅店王国在地球上高高耸立,希尔顿的旗帜在直插云霄的200多座高楼大厦上骄傲地飘扬!

希尔顿的一生轰轰烈烈,时至今日,他所创造的经营哲学和生活哲学仍让人们津津乐道,给后人无数启迪。

(资料来源:中外企业文化,2001.2)

【案例思考题】

1.希尔顿酒店在发展过程中的不同阶段,其市场营销观念有何变化? 具体表现在哪些方面? 试分析其发生变化的原因?

2.根据希尔顿酒店的发展历史及经营理念,分析酒店顾客的需求变化?

3.希尔顿酒店的成功经验给我们哪些启示?

第 2 章 酒店市场营销环境分析

【主要内容】
◇酒店市场营销环境的概念与特点
◇酒店宏观营销环境
◇酒店行业竞争环境
◇酒店内部组织环境
◇酒店营销环境分析方法

【学习要点】
◇掌握酒店市场营销环境的概念与特点
◇理解宏观营销环境因素及对酒店营销工作的影响
◇理解行业竞争环境因素及对酒店营销工作的影响
◇理解内部组织环境因素及对酒店营销工作的影响
◇了解营销环境分析的主要方法

【案例引导】

地中海俱乐部

地中海俱乐部(Club Med)是在法国注册的国际度假酒店集团,力求以不同类别和等级的度假住宿设施来满足全球范围内更多的细分市场。

作为一个世界著名的国际酒店联号,地中海俱乐部有其鲜明的特色。它从一个简单的帐篷营地发展成一个遍及全球各地的跨国公司,旗下的度假酒店分布在全球数十个国家和地区。在世界旅游业中,特别是在那些以阳光、沙滩与海洋为主要资源的国家的旅游业发展中,发挥着重要作用。地中海俱乐部之所以成功,主要在于下列几个方面的战略选择:

1. 始终以大众市场为基础

地中海俱乐部从问世起,始终以一般大众市场为基础,从设施的建设、活动的内容到经营方式,都充分地考虑了大众市场的兴趣、爱好与经济水平。它的成功首先是由于其收费低廉,一般公众可以负担得起,其设施讲求实用、舒适,风格独特,而不是奢侈豪华。虽然地中海俱乐部最近一些年来也搞起了一些高档的度假村，供那些"只要玩得痛快，花钱不论多少"的人享用，但那不是其主体。地中海俱乐部之所以能保持比较低廉的价格，是因为它的固定资产投资较少，经营成本低；多用季节工，节约工作人员工资开支；有充裕的客源，在固定的季节，旅游者可以得到优惠的机（车、船）票。另外，在度假村中，尽量创造一种"人人平等"的气氛。在度假村中，旅游者的收入差异并不必然反映在他们的享受水平上。由于采取"大包干"的收费办法，大家自由自在地选择活动项目，随意使用各种设施与器械，在餐厅里，人人选择自己喜爱的食品，不用担心价格的贵贱，也不用操心如何付小费，使人们感到像在家里一样，亲切温暖，无拘无束。人们不必去关心谁是日本大公司的经理，谁是英国政府的官员，谁是美国的巨富。这也正是一般大众所追求的。地中海俱乐部的这种大众化其客源充裕，收入稳定。

2. 掌握市场动向，善于随机应变

地中海俱乐部的产生与发展顺应了时代的要求，而它根据市场的变化和消费者的愿望不断推出新产品，又使它保持了领先地位。开拓新思路，开发新产品，采取新态势，赢得新顾客是地中海俱乐部的一贯战略。

为了取悦家庭旅游者，俱乐部的许多度假村里下设"迷你俱乐部"，针对家长教育子女的愿望和儿童求知、求新的心理，这些"迷你"俱乐部为孩子提供多种多样的教育服务项目。当父母在海滩或酒吧享乐时，他们的孩子在老师的指导下学习法语和其他技巧，各得其所，各得其乐。

地中海俱乐部注意到外出度假的人中，单身者越来越多，于是，在其度假村的旅馆中虽然多是双人间设备，却也尽力为单身游客提供单人房间，餐馆里多设 2 人座位的小餐桌，满足单身游客的要求。

地中海俱乐部意识到，目前人们的度假时间、自由时间与学习时间互相侵占甚至相互兼容的现象越来越严重，于是，及时推出了一种多功能的、离市区比较近的度假村，以满足随着这种度假模式的变化而出现的新需求。维也纳城市俱乐部就是这种新型度假村。另外，还在巴黎城外的荣纳区（Yonne region）建成了一个大型的多功能中心，它有 1 000 多个床位，有一个 45 洞的高尔夫球场和其他许多体育设施，还有会议室、工作室以及技术训练中心。

由于人们用于消遣的时间越来越多，俱乐部决定更加积极地投入游乐园业。它经营着法国的第一个游乐园——巴黎地区的米拉帕里斯（Mirapolis）游乐园，还经营着英国伦敦附近的科比奇观世界（Kebi Wonder World）。为了扩大业务范围，地中海俱乐部还大胆地进入游船市场，利用帆船，开辟客运班轮。帆船冬天游弋在加勒比海，夏天巡游在地中海，供度假者享用。

1981 年，法国为了削减巨额的国际收支逆差，决定"每个法国游客不得携带 400 美元以上的货币出境"，以此限制法国人出国旅游的消费。因此，不少以接待法国游客为主的旅行社、酒店、度假村与游览景点一时生意大减。但是，地中海俱乐部却生意异常兴隆，被传为佳话。

3. 因地制宜，将度假村办成综合性的旅游企业

根据当地条件，利用周围环境，把度假村建成一个旅游综合体以广泛地吸引宾客是地中海俱乐部经营的一大特点。它的这一方针曾在欧洲各国、墨西哥与埃及等国获得成功。在

泰国,它同时在曼谷、普吉与清迈3个著名的旅游地建造了度假村,这些休养地不仅仅吸引着喜爱阳光、沙滩与海洋的度假者,还诱使那些喜爱运动、野生动物和历史文化古迹的人来旅游。曼谷的度假村靠近寺庙与其他文化遗址,交通发达;普吉则是典型的3S中心;清迈是个古都,历史遗迹颇多。为了扩大收入,地中海俱乐部组织了包价旅游团、周末旅游团和各种会议。自1971年以来,地中海俱乐部专门设立了一个公司销售与奖励旅游部,负责开发公务旅游与奖励旅游,每年接待来自800家公司78 000多人度假,而且客人重访率很高。为了取悦经理与其他专业人员,俱乐部还搞起了一个叫Micro cool的微电脑教育活动,十分受欢迎。度假村把旅游者的休息、娱乐、健身与增长知识紧密地结合在一起。

地中海俱乐部早已冲出了地中海的范围,它要在每一个海中都有自己的俱乐部,让俱乐部的形式、度假村的精神遍及世界各地。地中海俱乐部从帐篷起家,发展到平房旅馆、草房村、高级的多功能度假中心,虽然设施、设备发生了巨大变化,但它所追逐的目标、经营的方式没有多大变化。它一直坚持重独特求标新立异,重质量求永葆盛誉,重大众求创造幸福。在地中海俱乐部的词汇表中对"幸福"作出了这样的解释:

"尽管不是地中海俱乐部创造了这个字眼,但它一直把幸福当作自己存在的核心。"地中海俱乐部在其对外散发的出版物与宣传品的封面上醒目地印着这样一条标语:我们的天职是创造幸福。

2010年,Club Med来到了亚布力,推出了中国首座顶级国际冰雪度假村,从此,为中国以及世界各地的客人带来了全新的冰雪体验。Club Med先锋性地首创"一价全包的奢华假期",即为客人提供一价全包的假日服务,包括为4岁以上的滑雪者提供滑雪学校、教练、高级滑雪设备、儿童俱乐部设施,以及五花八门的美食和令人身心放松的环境。来自世界一百多个国家的拥有独特专长的G.O(相当于服务员)可以让客人们虽然身处异地度假,但可以感觉到母语的亲切,步入无忧的假期。

2010年6月14日,复星与法国著名旅游度假品牌地中海俱乐部集团联合发布公告称,已收购地中海俱乐部7.1%股权,从而成为该企业最大的战略投资者之一。与此同时,双方宣布将签署关于建立战略伙伴关系的合作备忘录,并在中国高端度假村建设运营及全球业务协同方面展开深入合作。

中国市场成为地中海俱乐部的重要发展动力。多项数据表明,中国旅游业正在经历快速增长。随着全球经济进入调整期,中国经济增长方式的转变正引起全球的关注。以中国国内消费升级为重要动力的经济增长将为世界带来新一轮的商机。分析人士表示,2009年,中国国内出游人数已达19亿人次,中国国内旅游收入超过1万亿元,并预计在未来继续保持两位数高增长。不仅如此,中国居民因私出境人数已突破4 000万人次,这其中的度假休闲需求将能为地中海俱乐部遍布世界的网点带来机会。

资料来源:笔者根据相关资料改编. 刘叶飙. 酒店营销学[M]. 北京:高等教育出版社,2004:85.

延伸阅读:地中海俱乐部[EB/OL]. (2014-12-21)[2014-12-21]. http://baike.baidu. com/link? url = yhoHUuh5E-Zi4 _J1xJpopQ7lM57 _5 W 6ocI0pYLvpISsIPqcUdAho8-ycxxDbWT z4EgsxnLh1vVLtyUrR3jmPwa.

地中海俱乐部如何通过环境分析,发现市场需求和变化,最终将目标市场定位于大众市场,能够针对不同的目标市场,发现市场空当,及时推出新产品,动静结合,并在其"创造幸福"的理念指导下,获得了成功? 通过本章学习,你将找到答案。

2.1 酒店市场营销环境

2.1.1 酒店市场营销环境的概念

美国著名市场学家菲利普·科特勒(Philip Kotler)认为市场营销环境是指影响企业的市场和营销活动的不可控制的参与者和影响力。具体地说就是影响企业的市场营销管理能力,使其能否卓有成效地发展和维持与其目标顾客交易及关系的外在参与者和影响力。因此,酒店市场营销环境是指推动或影响酒店营销管理的各种内部和外部因素组成的酒店生态系统,酒店营销环境是一切影响、制约酒店经营活动最普遍的因素。

酒店市场营销环境的内容既广泛又复杂,酒店要生存和发展,必须首先对自己所处的环境有充分的认识和了解。不同的因素对市场营销活动各个方面的影响和制约也不尽相同,同样的环境因素对不同的酒店所产生的影响和形成的制约也会大小不一。总体而言,酒店营销环境由两大部分组成,即外部环境和内部环境。酒店的外部环境又进一步地可分成酒店宏观行业环境和微观竞争环境。酒店外部宏观行业环境即影响酒店微观环境的巨大社会力量,包括人口、自然资源、政治、文化、经济、技术、法律、国际关系、教育及社会变化等,这些因素都是酒店经营者和管理人员所无法控制的;酒店外部微观竞争环境即指与酒店紧密相连,直接影响其市场营销能力的各种参与者,这些参与者包括酒店消费者、市场、酒店竞争者、原材料供应商、酒店投资者、酒店销售代理商、酒店外部的调研机构、公关机构和广告机构。微观竞争环境直接影响和制约酒店的市场营销活动,而宏观行业环境主要以微观营销环境为媒介间接影响和制约酒店的市场营销活动。酒店的内部组织环境包括酒店的目标与使命、酒店的组织机构、酒店文化和酒店的各种资源。

外部宏观行业环境、微观竞争环境和内部组织环境3个环境系统无时无刻地以不同程度影响着酒店营销环境。酒店如果无法适应这3个环境的变化,营销活动就会出现问题,酒店的生存也会受到威胁。这就是为什么许多酒店营销工作需要市场调研观察环境变化和发展趋势,以便更有效地利用酒店资源的主要原因。酒店的许多经营决策,也常常围绕营销环境所提供的机会或面临的威胁而作出。

■拓展材料阅读2.1

菲利普·科特勒

菲利普·科特勒(1931—)是现代营销集大成者,被誉为"现代营销学之父",任美国西北大学凯洛格管理学院终身教授,是美国西北大学凯洛格管理学院国际市场学 S.C. 强生荣誉教授。美国管理科学联合市场营销学会主席，美国市场营销协会理事，营销科学学会托管人，管理分析中心主任，杨克罗维奇咨询委员会成员，哥白尼咨询委员会成员，中国 GMC 制造商联盟国际营销专家顾问。

菲利普·科特勒作为现代营销学之父，具有芝加哥大学经济学硕士和麻省理工学院的经济学博士、哈佛大学博士后及苏黎世大学等其他 8 所大学的荣誉博士学位。同时也是许多美国和外国大公司在营销战略和计划、营销组织、整合营销上的顾问。这些企业包括：IBM、通用电气(General Electric)、AT & T、默克(Merck)、霍尼韦尔(Honeywell)、美洲银行(Bank of America)、北欧航空(SAS Airline)、米其林(Michelin)、环球市场集团(GMC)等等。此外，他还曾担任美国管理学院主席、美国营销协会董事长和项目主席以及彼得·德鲁克基金会顾问。同时他还是将近 20 本著作的作者，为《哈佛商业评论》《加州管理杂志》《管理科学》等第一流杂志撰写了 100 多篇论文。

菲利普·科特勒晚年的事业重点是在中国，他每年来华六七次，为平安保险、TCL、创维、云南药业集团、中国网通等公司作咨询。他的理论深受全世界总裁、营销、经济、管理、教育等各界人士推崇，演讲场面震撼，座无虚席。

菲利普·科特勒本人，也非常重视中国市场的研究。相对于经济平稳发展的欧美国家，中国充满机会。1999 年年底，有着近 30 年历史的科特勒咨询集团(KMG)在中国设立了分部，为中国企业提供企业战略、营销战略和业绩提升咨询服务。自 2010 年其弟弟米尔顿来华参加 GMC 总裁论坛后，菲利普·科特勒这位世界级营销学泰斗也表示希望来华与中国企业总裁进行交流。2011 年 3 月，GMC 制造商联盟正式邀请菲利普·科特勒来华巡讲，得到菲利普·科特勒的热情回应，"中国 GMC 总裁论坛菲利普·科特勒专场"已于 2011 年 6 月初在广州、杭州、宁波举办，现场座无虚席，吸引了大量媒体。

菲利普·科特勒多次获得美国国家级勋章和褒奖，包括"保尔·康弗斯奖""斯图尔特·亨特森·布赖特奖""杰出的营销学教育工作者奖""营销卓越贡献奖""查尔斯·库利奇奖"。他是美国营销协会(AMA)第一届"营销教育者奖"的获得者，也是唯一三次获得过《营销杂志》年度最佳论文奖——阿尔法·卡帕·普西奖(Alpha Kappa Psi Award)的得主。1995 年，菲利普·科特勒获得国际销售和营销管理者组织颁发的"营销教育者奖"。

他的《营销管理》(Marketing Management：Application, Planning, Implementation and Control)不断再版已是第 14 次再版，是世界范围内使用最广泛的营销学教科书，该书成为现代营销学的奠基之作，被选为全球最佳的 50 本商业书籍之一，许多海外学者把该书誉为市场营销学的"圣经"。在大多数学校的 MBA 项目中，这本著作是市场营销学的核心教材，它改变了以推销、广告和市场研究为主的营销概念，扩充了营销的内涵，将营销上升为科学。

其他也被经常采用为教科书的还有：《科特勒营销新论》《非营利机构营销学》《新竞争与高瞻远瞩》《国际营销》《营销典范》《营销原理》《社会营销》《旅游市场营销》《市场专业服务》及《教育机构营销学》。

资料来源：菲利普·科特勒. 百度百科[EB/OL]. (2014-12-14) [2014-12-14]. http://baike. baidu. com/view/175448. htm? fromtitle = % E8% 8F% B2% E5% 88% A9% E6% 99% AE% E7% A7%91% E7% 89% B9% E5%8B%92 & fromid = 1346680 & type = syn.

2.1.2　酒店市场营销环境分析的目的

　　酒店营销人员以及酒店高层决策人员应每年或定期对所面临的营销环境作出快速的回顾和总结,以便认清形势,适应环境的变化,从而随着营销环境的变化而灵活地调整酒店的经营策略。酒店营销环境分析还能够帮助酒店认清自身的优势和劣势,寻找营销机会等目的。

　　1)认清酒店的优势和劣势

　　通过对酒店内部组织环境的分析,可使酒店认清自身的优势和存在的劣势。如酒店的建筑和装潢新颖独特,服务质量在竞争对手中属第一,酒店决策人员经营思想先进等,这些都构成酒店的优势,而酒店管理系统混乱,服务质量低劣等则是酒店的劣势。

　　2)注意市场营销环境的变化,加强适应性

　　市场营销环境内涵丰富、不断变化,具有不可预测性。酒店作为社会经济活动中的一分子,不可能去改变环境。酒店应密切注意营销环境的细微变化,并制定与之相配合的策略,才能运转顺畅,掌握经营活动的主动权,达到既定的经营目标。相反,如果缺乏对营销环境的调查分析和预测研究,或故步自封,或踩不准节拍,则无法适应环境,很有可能惨淡经营甚至倒闭破产。

　　3)有利于酒店寻找营销机会和避免环境威胁

　　对于市场营销环境的变化,尤其是外部环境的复杂多变,酒店并非一筹莫展,要发挥主观能动性,在适应环境的同时,进一步寻找良好可行的营销机会和主动避免环境有可能带来的负面影响。酒店营销机会指那些有利于酒店营销活动的环境因素变化。比如,酒店经营的市场需求量逐年增加,竞争对手越来越不受顾客的青睐等,这些都可看作酒店可能的营销机会。营销机会是酒店争取大量客源,获得较好效益的机会,是取得竞争优势的关键因素之一。酒店营销环境的变化不是都有利于酒店的,有些因素的变化使酒店面临严峻的形势。我们把不利于酒店经营的营销环境因素的变化称为酒店营销威胁。例如,酒店竞争对手不断出现且它们的竞争实力越来越大,或者酒店的原材料供应商供货的数量和质量不能保证,价格逐年提高等,这些都构成了对酒店的威胁,都可看作酒店的营销威胁。机会与风险并存,怎么规避风险,抓住机会,是摆在酒店经营者面前的一个重大课题。通过对市场营销环境的预测分析,认清形势,寻找机会,主动出击,获得成功,同时,发现有可能导致酒店威胁的因素,及时采取措施,尽量避免不利情况的发生。

2.1.3　酒店市场营销环境的特点

　　社会中的任何事物,都是运动着的、互相联系的,酒店的市场营销活动亦如此。酒店营销活动是在一定的动态环境中进行的,绝不可能脱离环境。构成环境的诸多因素,都是变化着的,会在不同条件下形成多种多样的组合,从而使环境变得错综复杂。酒店市场营销环境具有客观性、差异性、相关性、动态性和可影响性等特点。

1）客观性

酒店总是在特定的社会经济和其他外界环境条件下生存、发展的。其市场营销活动受到其周边客观环境因素的影响,酒店的市场营销环境客观存在,且无法控制。对于酒店而言,环境尤其是宏观行业环境将会发生怎样的变化及对酒店营销有何影响,都是难以预料的。

2）差异性

市场营销环境的差异性不仅表现在不同的酒店受不同环境的影响,而且同样一种环境因素的变化对不同酒店的影响也不相同。例如,不同的国家、民族、地区之间在人口、经济、社会文化、政治、法律、自然地理等各方面存在着广泛的差异性。这些差异对酒店营销活动的影响显然是不相同的。由于外界环境因素的差异性,酒店必须采取不同的营销策略才能应付和适应这种情况。

3）相关性

市场营销环境是一个系统,在这个系统中,各个影响因素相互依存、相互作用和相互制约。这是由于社会经济现象的出现,往往不是由某一单一的因素所能决定的,而是受到一系列相关因素影响的结果。例如,酒店开发新产品时,不仅要受到经济因素的影响和制约,更要受到社会文化因素的影响和制约。

4）动态性

营销环境是酒店营销活动的基础和条件,这并不意味着营销环境是静止、一成不变的。例如,改革开放30多年,中国酒店业所处的宏观行业环境发生了很大的变化,国家产业政策明显从过去的重点放在重工业上,调整为向轻工业、服务业倾斜,这种产业结构的变化对酒店的营销活动带来了决定性的影响。再如我国消费者的消费倾向已从追求物质的数量化为主流正在向追求物质的质量及个性化转变,消费者的消费心理正趋于成熟。这无疑会对酒店的市场营销行为产生最直接的影响。因此,酒店的市场营销活动必须适应环境的变化,不断地调整和修正自己的市场营销策略,以免丧失市场机会。

5）可影响性

酒店可以通过对内部环境要素的调整与控制,对外部环境施加一定的影响,最终促使某些环境要素向预期的方向转化。酒店经营成败的关键,在于酒店能否适应不断变化着的市场营销环境。强调酒店对所处环境的反应和适应,并不意味着酒店对于环境是无能为力或束手无策的,而是应从积极主动的角度出发,去适应营销环境。运用自己的经营资源去影响和改变营销环境,为酒店创造一个更有利的活动空间,然后再使营销活动与营销环境得以有效适应。美国著名市场学者菲力普·科特勒正是针对该种情况,提出了"大市场营销"理论。认为企业为了成功地进入特定市场或者在特定市场经营,应用经济的、心理的、政治的和公共关系技能,影响造成营销障碍的人或组织,争取有关方面的支持,使之改变做法,从而改变营销环境。

2.2 酒店外部宏观行业环境

酒店营销活动所处的外部宏观行业环境包括政治法律环境、经济环境、社会文化环境、人口环境、自然环境和科技环境等方面。

2.2.1 政治法律环境

政治与法律是影响酒店营销的重要的外部宏观行业环境因素。政治因素像一只有形之手,调节着酒店营销活动的方向,法律则为酒店规定经营活动行为准则。政治与法律相互联系,共同对酒店的市场营销活动发挥影响和作用。

1)政治环境

政治环境指能够给酒店市场营销活动带来或者可能带来影响的外部政治形势和状况以及国家方针政策的变化。政治因素对酒店业的影响是多方面的,即酒店市场营销既受本国政治的影响,也受到客源国政治的影响。在任何社会制度下,政治是企业营销活动最重要的影响因素,酒店营销工作受到政治局势、政策法律等因素的影响。政治局势包括国内政治局势和国际政治局势。政治局势关系到社会稳定。一个国家的政局稳定与否会给企业营销活动带来重大的影响,不仅会影响经济发展和人民的购买力,而且对酒店的营销心理也有重大影响。因此,社会是否安定对酒店的市场营销关系极大,特别是在对外营销活动中,一定要考虑东道国政局变动和社会稳定情况可能造成的影响。各个国家在不同时期,根据不同需要颁布一些经济政策,制定经济发展方针,这些方针、政策不仅要影响本国企业的营销活动,而且还要影响外国企业在本国市场的营销活动。

2)法律环境

对酒店来说,法律是评判酒店营销活动的准则,只有依法进行的各种营销活动,才能受到国家法律的有效保护。因此,酒店开展市场营销活动,必须了解并遵守国家或政府颁布的有关经营、贸易、投资等方面的法律、法规。如果从事国际营销活动,酒店就既要遵守本国的法律制度,还要了解和遵守客源国的法律制度和有关的国际法规、国际惯例和准则。这方面因素对国际化酒店的营销活动有深刻影响。政策法律中与酒店业发展关系较大的有治安管理条例和食品卫生法等。这些政策法律都具有强制性,约束着酒店和消费者的行为,酒店营销部门不仅要了解这些法律法规,而且要自觉遵守,并接受有关部门及公众的监督。

实例解析 2.1

成都酒店业竞争加剧

随着国家西部大开发战略的不断深入推进,成都作为西部地区的交通枢纽和最具发展潜力的中心城市,其核心地位日益凸显,加上成都旅游业和会展业的快速发展,使成都市场颇受世界知名品牌酒店青睐,纷纷进驻成都。从 2008 年开始,成都的酒店业竞争就不断加剧,发展至今,激烈的竞争态势仍是有增无减。

现状:市场潜力巨大

第十二届西博会在成都举办。博览会前后的半个多月里,成都的各大酒店,尤其是五星级酒店呈现了"一房难求"的情况。

成都每年都要举办很多次像西博会这样大型的高规格的会展活动。糖酒会、房交会、车展等固定的展会自不必说,国际、国内的各种临时性政务和商务活动更是多如牛毛。"一月一大展"已成为目前成都会展业的真实写照。

成都市有五星级酒店 11 家,除本土的锦江宾馆、岷山酒店等,还有喜来登、索菲特、凯宾斯基、香格里拉洲际等国际知名品牌。这些酒店日常的平均入住率为 70%～80%,旅游旺季或遇会展活动时可达 100%。

2011 年,据相关的统计数据显示,四川五星级酒店的平均房价为 806.63 元每天,同比增长 14.23%,出租率达到 62.88%,同比增长 6.96%。而绝大多数五星级酒店都集中在成都,其房价、出租率、增幅都远高于全省平均数。

2010 年年底,四川省商业连锁协会的行业研究显示,成都有意向、立项、开工的五星级酒店项目达 35 家左右;2015 年,成都全市预计将有 50 家五星级规范酒店开业运营,数量是现在的 3 倍以上,位居西部第一。

国家级星评员、四川盛嘉酒店管理有限公司总经理鲍小伟认为,综合考虑成都的会展和旅游业的快速发展、世界 500 强企业的大量进驻、商贸流通业的极大繁荣等因素,成都的五星级酒店市场确实存在很大的发展空间。但是看好发展前景的同时也要提醒业主们注意理性投资。虽然现在成都的五星级酒店数量还没达到临界点,但是几年后发展到四五十家,那时将是什么情况谁也不好说。

四川省旅游协会旅游酒店分会会长、四川锦江宾馆总经理曹兰剑表示:外来品牌,尤其是国际知名品牌的大量进入,肯定使酒店业竞争加剧;但同时也必将促进各家酒店不断优化产品、提升服务质量,对行业发展是有益处的。如果成都的经济依照现在态势健康发展,数年后容纳几十家五星级酒店并不夸张。

五星级酒店是一个城市经济发展的风向标,四川岷山酒店总经理邹敏认为。多家五星级酒店进驻成都,说明成都的经济发展和城市地位受到业界的认可。

邹敏认为,对未来市场的竞争各企业将主要集中在人才和客源市场的争夺方面。那么多高星级酒店要实现长效运营,肯定需要大量的专业人才,这势必给当前相对稳定的酒店人才市场带来冲击;另外,任何市场都有一个"饱和度",超饱和就会发生一些负面影响。只有细分客源市场,不断提升服务质量形成自身的特色和优势,才能在激烈的竞争中立于不败之地。

四川省旅游局质量规范管理处处长姚界平指出,成都市高星级酒店的竞争确有愈演愈烈之势。这样的情况下,管理部门必须严格规范管理,管理部门必须严把质量关,严格依照国家相关规定加强对酒店行业的管理,同时以标准化的手段来规范四川酒店业的发展。

2012 年 4 月,在全国星评委组织的暗访检查中,成都的加州花园酒店因必备项目缺失、服务设施严重交叉和设施设备老旧而被取消了五星级酒店的资格,成为四川省第一家被摘星的五星级酒店。

为了切实维护星级旅游酒店良好的品牌形象。四川省2014年6月初正式出台实施了《四川省不达标旅游星级酒店监管退出试行方法》(以下简称《方法》),加大了不合格旅游星级酒店的退出力度。《方法》出台,说明四川省正通过建立健全不达标旅游星级酒店的退出机制,从旅游管理机制上,用标准化的手段来规范旅游酒店的发展。

四川省还依据2010版《旅游酒店星级的划分与评定》相关要求制定出台了《四川省旅游酒店星级评定操作指南》。该指南对星级酒店评定的前期指导、评定前访查和正式评定都提出了明确的要求。

资料来源:作者根据网络资料整理.赢商网〔EB/OL〕.(2012-07-07)〔2014-12-21〕. http://www.winshang.com.

2.2.2 经济环境

经济环境指对酒店营销活动产生直接或间接影响的外部社会经济条件、运行状况及发展趋势。宏观经济环境中有些因素直接影响酒店营销活动,如消费者收入水平、消费支出和消费结构、消费储蓄与信贷情况等,有些则间接地影响酒店营销活动,如经济发展水平、地区或行业发展状况以及城市化程度等。

1)直接影响酒店营销活动的经济环境因素

购买力水平是酒店营销活动的直接经济环境影响因素,因为购买水平是市场形成并影响其规模大小的决定因素。主要包括:

(1)消费者收入水平

消费者的收入水平决定消费者的购买力,对酒店营销活动有重要影响。但消费者并不是把全部收入都用来消费的,购买力只是收入的一部分。因此,在研究消费收入时,还要注意分析国民生产总值、人均国民收入、个人可支配收入、个人可支配收入、家庭收入等影响实际消费能力的经济指标。需要注意的是,酒店营销人员在分析消费者收入时,还要区分"货币收入"和"实际收入",因为只有"实际收入"才影响"实际购买力"。

(2)消费者支出模式和消费结构

随着消费者收入的变化,消费者支出模式会发生相应变化,继而使一个国家或地区的消费结构发生变化。西方一些经济学家常用恩格尔系数来反映这种变化。食物开支占总消费量的比重越大,恩格尔系数越高,生活水平越低;反之,食物开支所占比重越小,恩格尔系数越小,生活水平越高。这种消费支出模式不仅与消费者收入有关,而且还受到家庭生命周期处于不同阶段和家庭所在地点的影响。

(3)消费者储蓄和信贷情况

消费者的购买力还要受储蓄和信贷的直接影响。当收入一定时,储蓄越多,现实消费量就越小,但潜在消费量越大;反之,储蓄越少,现实消费量就越大,但潜在消费量越小。酒店营销人员应当全面了解消费者的储蓄情况,尤其是要了解消费者储蓄目的的差异。储蓄目的不同,往往影响到潜在需求量、消费模式、消费内容、消费发展方向的不同。这就要求酒店营销人员在调查、了解储蓄动机与目的的基础上,制定不同的营销策略,为消费者提供有效的产品和服务。

消费者信贷是消费者凭信用先取得商品使用权,然后按期归还贷款,以购买商品。这实际上就是消费者提前支取未来的收入,提前消费。消费者信贷主要方式有短期赊销、购房贷款、昂贵的消费品分期付款、信用卡信贷等几类。信贷消费允许人们购买超过自己现实购买力的商品,从而创造了更多的就业机会、更多的收入以及更多的需求;同时,消费者信贷还是一种经济杠杆,它可以调节积累与消费、供给与需求的矛盾。当市场供大于求时,可以发放消费信贷,刺激需求;当市场供不应求时,必须收缩信贷,适当抑制、减少需求。酒店营销活动需了解消费信贷政策,并据此制定相应的营销策略,以刺激消费,增加营业收入。

2)间接影响营销活动的经济环境因素

除了上述因素直接影响酒店的市场营销活动外,还有一些经济环境因素也间接地对酒店的营销活动产生各种影响。

(1)经济发展水平

经济发展水平是企业经营和发展最直接的因素,酒店的市场营销活动受到一个国家或地区的整体经济发展水平的制约。与经济发展水平相关的经济变量包括国民生产总值(GNP)、汇率、税率、失业率、通货膨胀率等。经济发展阶段不同,居民的收入水平不同,消费者对产品的需求也不一样,从而会在一定程度上影响酒店的营销。因此,对于不同经济发展水平的地区,酒店应采取不同的市场营销策略。我国目前正处于经济起飞前的准备阶段,酒店应当注意经济发展水平的变化,把握时机,主动迎接市场的挑战。

(2)地区与行业发展状况

我国地区经济发展很不均衡,逐步形成了东部、中部、西部三大地带和东高西低的发展格局。同时在各个地区的不同省市,还呈现出多极化发展趋势。这种地区经济发展的不均衡,对酒店的投资方向、目标市场以及营销战略的制订等都会带来巨大影响。

我国行业与部门的发展也有差异,商业、交通、通信、金融等行业和部门的快速发展给酒店市场营销带来一系列影响。因此,酒店一方面要处理好与有关部门的关系,加强联系;另一方面,要根据与酒店联系紧密的行业或部门的发展状况,制订切实可行的营销措施。

(3)城市化程度

城市化程度是指城市人口占全国总人口的百分比,它是一个国家或地区经济活动的重要特征之一。目前我国大多数农村居民消费的自给自足程度相对较高,而城市居民则主要通过货币交换来满足需求。此外,城市居民一般受教育较多,思想较开放,容易接受新生事物,而农村相对闭塞,农民的消费观念较为保守,故而一些新产品、新技术往往首先被城市所接受。改革开放30多年,我国城市化进程不断加快,城市化水平越来越高,酒店在开展营销活动时,要充分注意到这些消费行为方面的城乡差别,相应地调整营销策略。

实例解析 2.2

金融危机对酒店业的影响

据《波士顿邮报》报道,美国的经济危机对欧洲影响非常大,金融动荡已经严重影响到旅游市场,酒店已经开始加强推广工作。

从 2011 年 8 月份起,各地很多酒店在房价上都给出了相应的折扣,像波士顿的一家五星级酒店就别出心裁地推出了"牛市与熊市"的打包套餐。如果熊市跌落,客人可以在当天最低房价上打 20% 折扣,如果涨了,就打 10% 的折扣,而且这个房价含有早餐、免费上网和停车。

在金融危机的影响下,欧美、亚太的旅游业和酒店业都受到了不同程度的影响,我国酒店业也不能独善其身。酒店业是一个弹性需求较高的行业,经济发展的减速,居民消费支出和公司商务成本的缩减,势必对酒店企业造成不利影响。

境外游客的减少导致以境外客人为主的高星级酒店的出租率明显下降,这促使一些高星级酒店调低房价来接待国内游客。而近年来国内质优价廉、运营成本低的经济型连锁酒店迅速发展,于是酒店业争夺客户资源的竞争愈演愈烈。酒店和旅行社签署相关合作协议,将酒店和旅游线路捆绑销售来吸引客户,这不失为一种办法。

2009 年对酒店行业来说,既有挑战,也有机遇。无论是经济型酒店还是高星级酒店,我们都可以在政府部门一系列的经济刺激方案下,来共同抵御这场金融危机。

资料来源:作者根据网络资料整理. 金融危机给酒店带来的影响如何应对. 搜狐旅游［EB/OL］.（2009-04-20）［2014-12-21］. http://travel. sohu. com/20090420/n263496135. shtml.

延伸阅读:美国金融危机. 百度百科［EB/OL］.（2014-12-23）［2014-12-23］. http://baike. baidu. com/view/1903335. htm.

2.2.3 社会与文化环境

社会文化环境是指受社会地位和社会文化长期熏陶而形成的生活方式、价值观和行为标准。社会文化是一种抽象的精神,渗透在社会生活的各个领域,具有很强的持续性,是在一种社会形态下已经形成的信息、价值、观念、宗教信仰、道德规范、审美观念以及世代相传的风俗习惯等被社会所公认的各种行为规范。酒店消费者都生长在一定的社会文化环境中,并在一定的社会文化环境中生活和工作,思想和行为必定要受到这种社会文化的影响和制约。酒店的市场营销人员应分析、研究和了解社会文化环境,针对不同的文化环境制定不同的营销策略。同时,在研究社会文化环境时,还要重视亚文化群对消费需求的影响。每一种社会文化的内部都包含若干亚文化群。酒店市场营销人员在进行社会文化环境分析时,可以把每一个亚文化群视为一个细分市场,提供符合顾客需求的产品和服务,满足顾客需求。

1）教育水平与文化素养

教育水平与文化素养主要指人们的语言文字和受教育水平,它集中反映了一个国家或地区的文明程度。语言文字是人们进行沟通交流的重要手段,是民族文化继承延续的基石。受教育程度的高低,直接关系到一个人的修养、思想素质和购买行为。一般来说,受教育程度较高,人们对新产品鉴别能力强,对商品质量要求高,购买时更为理性。一个国家或地区教育水平与文化素养会从多个方面影响酒店营销。处于不同教育水平的国家或地区,对酒店产品和服务的需求不同。通常文化素质高的地区或顾客要求酒店典雅华贵,对附加功能也有一定要求。酒店的产品、服务的设计与提供要考虑目标市场的教育水平和文化素养。

2）宗教信仰

宗教信仰是因信奉和崇拜超自然的神灵而产生的一种社会意识形态。全世界有多种类宗教信仰，如基督教、伊斯兰教、佛教、印度教、犹太教等，其中每种宗教又包含了不同的教派。各种宗教、教派均有其教义教规、典章制度。纵观历史上各民族的消费习惯的产生和发展，可以发现宗教是影响人们消费行为的重要因素之一。宗教信仰的不同，造成了人们喜好、禁忌的巨大差异。某些国家和地区的宗教组织对教徒购买决策也有重大影响。一种新产品出现，宗教组织有时会提出限制，禁止使用，认为该产品或服务与宗教信仰相冲突。酒店在进行营销活动时，应了解各派宗教的基本特点，尤其是禁忌方面，尊重他人的宗教信仰，避免因在这些问题上处理不当而失去客源。另外，可以把影响大的宗教组织作为酒店的重要公关对象，在营销活动中也要针对宗教组织设计适当方案，以避免由于矛盾和冲突给酒店营销活动带来损失。

3）价值观念

价值观念是人们对社会生活中各种事物的态度和看法。价值观念是一种意识形态，存在于个体之中，由文化因素决定。不同的文化背景下，人们的价值观念相差很大，消费者对商品的需求和购买行为深受其价值观念的影响。如中国人聚餐时，往往由一方付账，而西方则习惯于 AA 制。酒店可通过各国人民的文化传统和价值观，以了解他们对于事物的评判标准和爱好追求，酒店营销活动应针对不同的价值观念，采取不同的营销策略。

4）风俗习惯

风俗习惯主要指一个国家或民族的生活习惯方式和民族传统，表现在衣、食、住、行、社会交往等多个方面。仅就中国而言，56 个民族风俗习惯各具特色。而东、西方国家风俗习惯的差别就更大了，如中国人欢度春节，西方人重视圣诞。另外，每个国家都有自己的禁忌。如日本人忌荷花与绿色，喜菊花与黄色；中国人视红色为吉祥，忌白花；墨西哥人视黄花为死亡，红花为晦气，而喜爱白花；意大利人则认为玫瑰象征幸福，菊花象征不祥。不同的风俗习惯，具有不同的需要，研究风俗习惯，尤其是消费习俗，不但有利于酒店组织好产品和服务的生产与销售，而且有利于正确、主动地引导健康的消费。了解目标市场消费者的禁忌、习俗、避讳、信仰、伦理等是酒店进行市场营销的重要前提。

5）审美观念

人们在进行消费的过程，实际上也是一次审美活动。近年来，随着物质生活水平的提高，我国居民审美水平也发生了明显的变化。酒店营销人员应注意人们审美观的变化，把顾客对酒店的评价作为重要的反馈信息，使酒店的艺术功能与经营场所的美化效果融为一体，以更好地满足消费者的审美要求。

2.2.4　人口环境

人口与酒店市场营销的关系是十分密切的，因为人是市场的主体，是社会生活中最活跃的要素。市场是由那些想购买商品同时又具有购买能力的人构成的。因此，人口的多少直接决定市场的潜在容量，人口越多，市场规模就越大。而人口的年龄结构、地理分布、婚姻状况、出生率、死亡率、人口密度、人口流动性以及文化教育等人口特性,均会对市场格局产生深刻影响,并直接影响酒店的市场营销活动和酒店的经营管理。酒店必须重视对人口环境的研究,密切注视人口特性及其发展动向,不失时机抓住市场机会,当出现威胁时,及时、果断地调整营销策略以适应人口环境的变化。

2.2.5 自然环境

自然环境是指自然界提供给人类的各种形式的物质财富,包括自然资源环境和物质资源环境。

1)自然资源环境

对旅游观光度假型酒店而言,自然资源的优劣是对酒店成功经营起决定作用的因素之一。自然资源好的地区,也是旅游度假型酒店建设发展的首选区域。例如,由于受北大西洋暖流的影响,北欧和东欧的许多国家和地区,冬季阴冷潮湿,白天较短,多在昏暗中度日,其余的季节又总是阴雨连绵。对温暖和煦阳光的渴望、对辽阔金色沙滩的向往,使数以千万计的欧洲游客在每年夏季涌向地中海地区。在每年的这个时候,意大利的数千家酒店都被预订一空。可见,地中海地区优越的自然环境条件,是该地区酒店业兴旺发达的支柱力量。

2)物质资源环境

地球上的物质资源可分为三类:无限供给资源(如空气等)、有限可再生资源(如森林、农产品等)、有限不可再生资源(如煤、石油及一些矿物质等)。酒店的生产运营离不开水、电、煤等能源。餐饮食品依靠农产品,客房设备涉及木材、棉织品等。一旦日常必需的某类物质资源发生短缺,就会给酒店经营带来影响。

近年来,自然环境对酒店营销的影响表现在4个主要的方面:一是日益逼近的某些原料短缺;二是能源成本的增加;三是污染的增加;四是政府对自然资源管理方面有力的干预。这些变化均要求酒店树立社会营销观念,在经营中注意节约能源,实施绿色营销,处理好酒店、顾客和社会三者之间的关系。

2.2.6 科技环境

科学技术是社会生产力中最活跃的因素。作为营销环境的一部分,科技环境不仅直接影响酒店内部的生产和经营,还同时与其他环境因素相互依赖、相互作用,特别是与经济环境、文化环境的关系更紧密,尤其是新技术革命,给酒店市场营销既造就了机会,又带来了威胁。现代科学技术的飞速发展,已使我们迈进了知识经济时代,给旅游业带来了广阔的发展空间,科技的进步令酒店业的变化日新月异,为酒店市场营销创造了更先进、更现代化的管理手段。酒店的机会在于寻找或利用新的技术,满足新的需求。同时酒店也面临着科技进步带来的相应的威胁,包括新技术的突然出现,使酒店现有产品变得陈旧,以及新技术改革了酒店人员原有的价值观。

1)新技术引起的酒店市场营销策略的变化

新技术给酒店带来巨大的压力,同时也改变了酒店生产经营的内外部环境因素,使酒店的产品、促销、分销以及价格等市场营销策略均发生变化。

（1）产品策略

由于科学技术的迅速发展,新技术应用于新产品开发的周期大大缩短,产品更新换代速度加快。在世界市场的形成和竞争日趋剧烈的今天,开发新产品成了酒店开拓新市场和赖以生存发展的根本条件。因此,酒店营销人员需不断地寻找新市场,预测新技术,时刻注意新技术在产品开发中的应用,从而使新开发的产品和服务能够满足消费者的需求,给消费者带来更多的便利。

（2）分销策略

新技术的不断应用和技术环境的不断变化,引起人们的工作及生活方式的巨大变化。尤其是互联网技术的发展及应用,使得酒店在分销方面发生了革命性的变化,通过互联网可以在瞬间将自己的客房销售给位于世界各个地方的顾客,以往预订系统和预订服务的盈利模式受到挑战,更多的顾客选择网络直销渠道。这些变化均给酒店的分销策略的制定带来影响。

（3）价格策略

科学技术的发展及应用,可使成本降低,并进一步降低产品价格,同时使酒店通过信息技术,加强信息反馈,正确应用价值规律、供求规律、竞争规律来制定和修改价格策略。

（4）促销策略

科学技术的应用引起促销手段的多样化,尤其是广告媒体的多样化,广告宣传方式的复杂化。信息沟通的效率、促销组合的效果、促销成本的降低、新的广告手段及方式是当前酒店促销研究的主要内容。

2）新技术引起的酒店经营管理的变化

技术革命是管理改革或管理革命的动力,它向管理提出了新课题、新要求,又为酒店改善经营管理、提高管理效率提供了物质基础。计算机系统和互联网的广泛应用,给酒店经营管理的方方面面都带来了革命性的变化,对于改善企业经营管理,提高企业经营效益起了很大作用。

3）新技术对购买习惯的影响

科技进步,尤其是国际互联网技术在酒店营销领域中的应用,使得消费者的购买习惯也发生了变化,电脑、平板以及手机 APP 等网络预订方式,使消费者在预订时能够掌握更多的信息,极大地提高消费者在购买过程中的自觉性,正在赶超电话预订,成为酒店预订的主流方式。

实例解析 2.3

移动互联网营销时代来临　酒店行业面临改革

酒店行业在传统行业中一直是营销点子玩得风生水起的一个行业,在电视广告、街头广告、纸媒广告等方面都曾有着不俗的表现,在前几年的搜索引擎营销中也表现抢眼。在如今移动互联网来临的时代,酒店的营销面临着改革,必须投身到移动互联网营销当中不可了!

2011年中国移动互联网市场产值达389.7亿元,2012年产值达710.4亿元,到2013年产值超过1 000亿元。另有数据显示,截至2012年6月,我国手机网民规模达到3.88亿,网民中用手机接入互联网的用户占比已达到72.2%,手机首次超过台式电脑,成为我国网民的第一大上网终端,移动互联网成为新的掘金地。

现代都市人紧凑的生活节奏使得碎片化时间的利用价值不容忽视,手机的便携性和移动性恰好能让移动中的人随时随地获取想要的信息。而酒店的需求主体正是移动的人群——旅行者。现代人已经习惯将出行问题抛给手机去解决,酒店订房、交通导引等智能手机上的功能成为酒店吸引客流的重要手段。酒店经营者不得不把注意力和预算更多地放在移动营销上。

移动互联网时代,移动互联网营销不是万能的,但是不做移动互联网营销是万万不能的。选择工具很重要,需要根据酒店的产品属性、档次定位、地域特性来选择适合的工具。

中国高档酒店业泡沫初显,进入优胜劣汰局面。中档市场重组"声声急",掀起争夺潮和并购潮。微信、微博等新媒体不断兴起,颠覆了酒店的营销渠道和商业模式。"国八条"之后,新媒体浪潮之初,酒店面临巨大挑战,再不转型就要被淘汰了。

此刻的酒店人必须丢掉幻想,加快转型,而第一个要转型的就是"营销"。这个世界技术在变,客户的消费模式在变,酒店的营销模式就必须得变。未来社会的主流消费人群是"80""90"后,是在新技术变革中长大的新一代。面对这样的客户群体,营销模式必须出"新"。

营销模式和时代一样在不断地变化和发展当中,移动互联网时代的来临标志着移动互联网营销必将是最抢眼的营销方式之一,对于这样新兴营销方式的崛起,如果酒店行业不抓住机会,那么酒店行业这个永远需要年轻消费者的行业必定会面临沉重的打击。

资料来源:移动互联网营销时代来临,酒店行业面临改革.网时代微新营销平台[EB/OL].(2014-12-21)[2014-12-21].http://www.wangshidai.com/zixun/201404/00000320.html.

延伸阅读:张燕燕.酒店网络营销研究[J].市场论坛,2008(3):36-37.

问题:技术环境对酒店营销工作有哪些影响?

2.3 酒店外部微观竞争环境

酒店的外部微观竞争环境主要由酒店的竞争者、供应商、营销中间商、顾客、竞争对手、劳动力市场以及社会公众等组成。

2.3.1 竞争者

竞争是商品经济的必然产物。今天的酒店行业,产品供大于求,属于典型的买方市场,消费者掌握了挑选酒店的主动权,在此背景下,酒店面对各种各样、为数众多的竞争者,想要成功必须能够比竞争者更好地满足目标市场的需求。

酒店所面临的竞争,既包括同行业竞争,也包括与其他行业的竞争。

1）酒店同行业之间的竞争

酒店同行业之间的竞争是指不同酒店为顾客提供不同的服务项目,满足相同需要而展开的竞争。同行竞争既包括与现有竞争对手的竞争,也包括与潜在竞争对手的竞争。我国酒店业自改革开放以来经历了 30 多年的发展,已呈现供过于求的局面,竞争十分激烈,酒店不仅要针对目标顾客的需求适时做出调整,而且还要针对同一市场上竞争对手的营销战略来做出相应的调整,因此应对竞争对手有充分了解,包括:

（1）竞争者的基本信息

包括竞争者的名称、经济性质;竞争者所占的市场份额;竞争者的地理位置;主要客源市场等。

（2）竞争者的产品

包括竞争者所提供的有形设施设备情况,即客房、餐厅、康乐以及其他服务设施设备及其特色;无形服务情况,即为顾客提供了哪些高质量的服务,有何独特之处;竞争者所提供的产品有哪些优势和劣势;竞争者的产品价格,主要了解竞争者包括房价、餐饮价格、康乐项目价格、商场价格等在内的主要价格表,并及时准确地了解他们推出的优惠价格和特别价格。

（3）竞争者的营销策略

主要了解竞争者的营销方针、推销技术以及各种促销策略,如广告促销、公共关系促销、人员促销等。

酒店在分析掌握了市场上同行业竞争者的资料后,应根据自己的情况做出相应的对策,争取以优取胜、以新取胜、以快取胜、以廉取胜,在知己知彼的前提下,发挥优势,突出更能吸引顾客的有竞争优势的产品和服务。

2）酒店业与其他行业之间的竞争

酒店业与其他行业之间也存在着争夺客源的竞争,如洗浴中心、娱乐中心等,这种竞争表现在如何使自己比其他行业更具吸引力。随着人民生活水平的提高,消费结构也随之改变。酒店应不断调整经营策略,在营销工作中加强宣传,引导消费者更新消费观念,将更多的消费支出投向酒店。

需要指出的是,没有哪个单一的竞争性营销策略能适合所有酒店的需要。每一家酒店都要分析自身的状况,比较它与竞争对手的相对产业地位。在酒店业中占有显要位置的大酒店集团所能应用的某些战略,对一些小酒店而言可能望尘莫及。但小酒店可以选择一些能形成某些竞争优势的战略。酒店在制定营销策略时必须时刻考虑客户（Customers）、销售渠道（Channels）、竞争（Competition）和作为酒店（Company）自身的特点 4 个基本方面,即酒店市场定位的 4C 策略。成功的营销实际上就是有效地安排好酒店与顾客、销售渠道及竞争对手间的关系位置。

2.3.2　供应商

酒店的供应商是指向酒店及其竞争者提供生产产品和服务所需资源的企业或个人,供应商是影响酒店市场营销的微观环境的重要因素之一。酒店供应商所提供的资源主要包括客房消耗品(卫生纸、牙刷、牙膏、香皂、洗发液、信笺等)、棉织品(床单、毛巾、浴巾、窗帘等)、消卫用品(洗涤剂、消毒液等);餐厅中食品原材料、调味品、酒水等各类商品;各类设施设备及办公用品;以及其他各类设备和能源等。

供应商对酒店营销活动的影响主要表现在以下几个方面:

1)供货的稳定性与及时性

原材料、能源及设备等货源的保证,是酒店市场营销活动顺利进行的前提。酒店的日常经营活动需要外界许多供货商提供原材料和各种产品,只有这些原材料和产品及时、顺利、保质保量的供应,才能使酒店的生产、服务活动正常开展。供应量不足,供应短缺,都可影响酒店对客服务以及酒店的经营活动。

2)供货的价格变动

供货价格直接影响酒店成本。如果供应商提高原材料价格,酒店亦将被迫提高其产品和服务价格,由此可能影响到酒店的销售量和利润。

3)供货的质量水平

供应货物的质量直接影响到酒店产品和服务的质量。

因此,酒店在选择供应商时,要充分考虑到所供应的物品的规格、价格、质量、供货时间及供应商的信誉等因素,做到货比三家,选择物美价廉质优的酒店用品,把好酒店物品的"进口"关。要特别注意以下3点:

第一,酒店必须充分考虑供应商的资信状况。要选择那些能够提供品质优良、价格合理、交货及时、信用良好、质量和效率方面都信得过的供应商,并且要与主要供应商建立长期稳定的合作关系,保证酒店生产资源供应的稳定性。

第二,酒店必须使自己的供应商多样化。酒店过分依赖一家或少数几家供应商,会增加其受到供应变化的影响和打击。为了减少供应商因素对酒店的影响和制约,酒店应尽可能多地联系供货人,向多个供应商采购,尽量注意避免过于依靠单一的供应商,以免当与供应商的关系发生变化时,酒店陷入困境。

第三,酒店供应商选择应尽量本地化。考虑到节省运输费用和减少储存空间等因素,酒店应尽可能挑选当地的商品供应商。

2.3.3　营销中间商

营销中间商是协助酒店推广、销售和分配产品服务给最终顾客的企业,包括销售中间商、市场营销服务机构和金融机构等。

1)销售中间商

销售中间商是协助酒店寻找顾客或直接与顾客进行交易的商业企业。销售中间商对酒店产品从生产领域流向消费领域具有极其重要的影响。销售中间商又进一步的分为销售代理商和销售经销商两类。

(1)销售代理商

销售代理商专门介绍客户或与客户磋商交易合同,但并不拥有产品的持有权。销售代理商的市场作用巨大,许多酒店的客源依靠销售代理商提供。

（2）销售经销商

如批发商、零售商，销售经销商先拥有了产品持有权，再售出产品。

酒店在选择销售中间商时，要考虑中间商的种类、声誉及其对酒店贡献的大小。在进行酒店销售渠道组合时，营销人员可以开辟新的销售渠道，也可以通过广泛地与销售渠道成员签订合同来牵制销售代理商，阻止他们选用竞争对手的产品。酒店在与中间商建立合作关系后，要随时了解和掌握其经营活动，并可采取一些激励性合作措施，推动其业务活动的开展，而一旦中间商不能履行其职责或市场环境变化时，酒店应及时解除与中间商的关系。

2）市场营销服务机构

市场营销服务机构指市场调研公司、广告公司、各种广告媒介及市场营销咨询公司，他们协助酒店选择最恰当的市场，并帮助酒店向选定的市场推销产品和服务。一旦酒店决定委托专业公司办理某些事务时，需要谨慎地选择市场营销服务公司，因为各个公司都各有自己的特色，所提供的服务内容不同，服务质量不同，价格也不同。酒店还要定期检查他们的工作，倘若发现某个专业公司不能胜任，则需另找其他专业公司来代替。

3）金融机构

金融机构包括银行、信贷公司、保险公司以及其他对货物购销提供融资或保险的各种公司。酒店的营销活动会因贷款成本的上升或信贷来源的限制而受到严重的影响。

实例解析 2.4

携程为何封杀格林豪泰？

2008 年末，格林豪泰连锁酒店宣布，于当年 12 月至次年 2 月，推出 4 周年庆的"8 000 万元回馈会员酬宾活动"，向其注册会员提供一定数量的现金消费券，还有会员积分兑换券等系列优惠。

当时为格林豪泰提供网络中介服务的携程获悉上述优惠活动后，要求格林豪泰停止活动，或给予携程会员同样的优惠，并要求格林豪泰在两日内予以答复。格林豪泰表示，因格林豪泰提供给携程客源的预订价，包含了后者的佣金，因此，"上述优惠活动无法直接提供给携程会员客人"。

格林豪泰拒绝了携程要求之后，携程则于 2009 年 1 月 16 日，下线了所有与其合作的格林豪泰酒店。而其原因，是后者的"价格体系混乱不仅损害了携程会员的利益，同时也破坏了双方合作的基础"。

资料来源：携程为何封杀格林豪泰？品牌互动网［EB/OL］.（2009-12-20）［2014-12-21］. http://www.pinpaihudong.com/greentreeinn/news51639.html.

延伸阅读：格林豪泰管理集团. 格林豪泰管理集团官方网站［EB/OL］.（2014-12-12）［2014-12-12］. http://www.998.com/shtml/99/zh/index.html.

2.3.4 消费者

消费者是酒店产品的最终购买者和使用者,消费者的消费行为直接影响到酒店的经营成果。酒店与供应商和中间商保持密切关系的目的是为了有效地向目标市场,即消费者提供产品与服务。根据年龄、性别、经济条件、文化程度、职业性格、住宿目的等,可将消费者划分成许多类别,不同类别的消费者购买使用酒店产品的方式与要求也不同。

酒店应根据酒店自身的情况和特点来分析本酒店所提供的产品和服务最适合于哪一种消费者类型,分析消费者特征、购买行为以及消费方式,搞好市场定位,确定主要的客源市场。

2.3.5 劳动力市场

劳动力市场是指为酒店提供劳动力的市场。我国的旅游管理和酒店管理高等教育、职业教育发展若干年,向酒店行业输送了大量的服务人员和管理人员,但近些年,酒店业自身由于薪酬、职业地位等因素对劳动力市场的吸引力减弱,经过专门培训,具有专门技术的劳动力对于高速增长的酒店供给而言,出现严重不足。酒店想要经营成功,一个很重要的先决条件就是要有充足的、有能力的劳动力供应。而劳动力是从劳务市场中得到,酒店应该分析劳动力供应可能存在的问题以及对酒店生产和营销的影响。

2.3.6 公 众

公众就是对一个组织完成其目标的能力有着实际或潜在兴趣或影响的群体。酒店的公众一般包括金融界、媒介、政府机构、公民行动团体、地方公众、一般公众和内部公众等。公众的力量可能有助于酒店实现自己目标,也可能妨碍酒店实现目标。鉴于公众对酒店运营产生巨大的影响,大多数酒店都会建立公共关系部门,专门筹划与各类公众的建设性关系。公共关系部门负责收集与酒店有关的公众的意见和态度,发布消息、沟通信息,以建立信誉。如果出现不利于酒店的反面言论,公共关系部门就会成为排解纠纷者。实际上,对一家酒店来说,公共关系事务不能完全交给公共关系部门处理,酒店的全部雇员,从负责接待公众的高级职员到向财界发表讲话的财务副总经理,到走访客户的销售代表都应该参与公共关系的事务,唯此才能成功地处理与社会公众的关系,为企业树立良好的形象。

2.4 酒店内部组织环境

酒店内部组织环境是酒店营销的内部环境,是指酒店自身对市场营销起重要作用的各种因素的总和。酒店内部组织环境的好坏,决定了酒店营销活动及其他经营活动能够顺利开展。良好的内部环境系统对酒店营销活动的展开具有积极的推动作用,而恶劣内部环境系统则对酒店营销起到阻碍作用。酒店内部组织环境是由酒店的使命与目标、酒店组织结构、酒店文化及酒店资源所组成的一个系统。酒店使命是酒店存在的理由或目的,酒店目标是酒店使命的具体化;酒店文化是一个整体性概念,是酒店所有员工所共有的信念、期望和价值观念的表达形式;酒店资源是酒店人力、物力、财力和酒店各种管理技术与管理能力所组成的综合体。酒店的内部组织环境的好坏直接影响着酒店每个工作人员的成绩,影响着每个部门的工作成绩,同时还影响着整个酒店的经济效益和酒店的生存和发展。下面围绕酒店内部组织环境的4个重要组成内容作进一步的说明。

2.4.1　酒店的使命和目标

酒店的使命和目标是决定酒店营销运作的导向性力量。酒店使命是酒店存在的理由或目的,决定了酒店的经营目的和应承担的社会责任,如盈利、提高社会地位、促进社会精神文明建设等。酒店目标是酒店使命的具体化,将酒店使命分解成若干个具体可行的、阶段性的目标,可为市场营销奠定工作基础。准确而有远见的酒店使命和目标将对酒店营销产生巨大的推动力。

2.4.2　酒店组织结构

酒店组织结构是指酒店管理系统和运作系统的具体组成形式,包括酒店职能部门和业务部门、各部门的管理人员和服务人员、管理人员和服务人员的职权范围,以及员工之间正式和非正式的关系网络。

酒店的组织结构是否合理,对酒店的营销活动影响很大。生产导向经营指导思想的酒店,经营者认为酒店的生产比任何其他工作更重要。因此,在酒店中只设一些与生产有关的职能部门,如营业部、客房部、餐饮部、宴会部等,这些部门都以抓酒店内部的管理工作为主。以这种形式设置部门的酒店,在卖方市场中才有可能行得通,然而在竞争激烈的买方市场中,生产导向的酒店竞争能力是很差的,其重要原因之一就是酒店的部门组织设置不合理。以营销导向作为指导思想的酒店,才能够充分认识到酒店顾客的重要性。为了使顾客对酒店的消费经历感到满意,酒店经营者与管理者十分重视市场调研,广泛地搜集有关市场、竞争、顾客及酒店本身等方面的信息。同时,不断地发挥酒店工作人员的想象力和积极性,为酒店的产品和服务创造一个良好的市场形象,提供比竞争对手更有特色,更能吸引顾客的产品和服务。因此,以生产为导向的酒店的组织结构与以营销为导向的酒店的组织结构存在着很大差别。显然,后者更有利于酒店营销活动的开展。

另外,酒店营销部门的设置也直接影响着营销活动的开展。一般的,酒店的市场营销活动是由市场营销部和销售部管理的,由品牌经理、市场营销研究人员、广告及促销人员、销售经理及销售代表等组成。市场营销部负责制定现有各个产品、各个品牌及新产品、新品牌的研究开发的营销计划。在制订营销计划时,必须考虑到与酒店其他部门的协调,如与最高管理部门、财务部门、研究开发部门、采购部门、生产部门等的协调,因为正是这些部门构成了营销活动的酒店内部微观环境。

2.4.3　酒店文化

文化是一种创造,酒店文化是一个整体性概念。它是酒店员工所共有的信念、期望和价值观念的表达形式。酒店内部组织环境的好坏直接影响着酒店每个工作人员的成绩,影响着每个部门的工作成绩,同时还影响着整个酒店的经济效益和酒店的生存和发展。国内外许多经营成功的酒店,如香格里拉酒店、假日酒店等,从建筑外表看,与高耸林立的其他众多酒店相比,没什么特殊之处。但是这些成功的酒店,渗透着一种无形的凝聚力,散发着一股强烈的感召力,体现为一种崇高的价值观,给员工以充分的信心,让员工发自内心地热爱这个"家外之家",令顾客有宾至如归之感,这就是创造成功的酒店文化。

酒店文化具体表现为精神文化、技术文化和物质文化3个层次:

1)精神文化

精神文化是酒店文化的核心,主要内容包括:员工的进取意识、敬业精神、协作精神;酒店的发展意识;积极有效的激励原则;义不容辞的社会责任感;崇高而现实的价值观;科学的方法论等。精神文化是无形的,体现了酒店的意识风范。

2)技术文化

酒店的技术文化主要指:酒店员工的个人基本素质和专业素质、服务技巧和操作技能;各级管理人员的管理方式和管理水平,各部门的服务规范和服务流程。技术文化决定酒店的服务风格和特色,是决定一家酒店软件水平的关键。

3)物质文化

物质文化是指酒店的资金、硬件、规模设计和其他物品所体现的文化特色和品位。需要指出的是,酒店豪华的物质条件并不能代表高层次的物质文化,更不能代表高层次的酒店文化。近年来,不少酒店进行建设和改造时,在设计方案和思路的确立上,一味地模仿与追求硬件的高档,却缺乏创意,品位不高,体现不出酒店的文化个性。

酒店的精神文化、物质文化和技术文化相互作用,共同影响着酒店营销活动的顺利开展。

2.4.4 酒店资源

酒店资源是指酒店人力、物力、财力和酒店各种管理技术与管理能力所组成的综合体。酒店资源是酒店资金实力、员工素质和设施设备先进水平、区位优势与管理经营能力的综合体现,对酒店营销工作有重大的影响作用和制约作用。一家酒店如果没有足够的专门管理人员和熟悉业务的服务人员,没有足够的资金或充足的设施场地,就难以搞好经营和管理。在分析酒店的组织环境时,对酒店的资源进行分析十分必要。当酒店营销调研发现外部市场存在机会时,酒店必须将自身资源与机会相协调,把握住发挥酒店资源的机会。

2.5 酒店市场营销环境分析方法

2.5.1 酒店市场营销环境分析方法

市场营销环境分析常用的方法为 SWOT 分析法,即对酒店的优势(Strength)、劣势(Weak)、机会(Opportunity)和威胁(Threaten)进行分析。其中,优势和劣势是针对酒店的内部环境分析,机会和威胁是针对酒店的外部环境的分析。

1)外部环境分析(机会与威胁)

环境机会的实质是要指出市场上存在的"未满足的需求"。它既可能来源于宏观行业环境,也可能来源于微观竞争环境。随着顾客需求不断变化和产品生命周期的缩短,老的产品不断被淘汰,新产品被要求开发出来以满足顾客的需求,从而市场上出现了许多新的机会。

环境机会对不同酒店是不同的,同一个环境机会对于某些酒店可能成为有利的机会,而对另一些酒店可能就成为了威胁。环境机会能否成为酒店可把握的机会,要看此环境机会是否与酒店目标、资源及任务相一致,酒店利用此环境机会能否获得比其竞争者更大的利益。

环境威胁是指对酒店营销活动不利或限制酒店营销活动发展的因素。这种环境威胁,主要来自两方面:其一,是环境因素直接威胁着酒店的营销活动,如政府颁布某种法律,如《环境保护法》对造成环境污染的酒店来说,就构成了巨大的威胁;其二,酒店的目标、任务及资源同环境机会相矛盾。

2)内部环境分析(优势与劣势)

对外部环境机会识别很重要,但更重要的是拥有抓住机会、获取成功所必需的竞争能力。因此,酒店要定期审视自身的优势与劣势,检查所具备的竞争能力。可通过"营销备忘录:优势/劣势绩效分析检查表"(见表2.1)的方式进行。

表2.1　酒店优势/劣势分析检查表

	类　型	现　状	对　策
概况	位置类型: 　城市　　　　　乡村 　　城市中心　　临湖 　　高速公路　　滑雪场 　　机场　　　　公园附近 　　工业区　　　河边 　　郊区　　　　风景区 　　其他　　　　其他	位置优势、劣势:＿＿＿＿＿ ＿＿＿＿＿＿＿＿＿＿＿＿＿＿ 存在的问题:＿＿＿＿＿＿＿ ＿＿＿＿＿＿＿＿＿＿＿＿＿＿ 位置相关经营机会:＿＿＿＿	
	酒店发展历史: 　建筑开工年＿＿＿＿＿ 　其他建设　　　1＿＿＿＿ 　　　　　　　　2＿＿＿＿ 　　　　　　　　3＿＿＿＿ 　　　　　　　　4＿＿＿＿ 　主要更新改造　1＿＿＿＿ 　　　　　　　　2＿＿＿＿ 　　　　　　　　3＿＿＿＿ 　　　　　　　　4＿＿＿＿	设施状况:＿＿＿＿＿＿＿＿ ＿＿＿＿＿＿＿＿＿＿＿＿＿＿ ＿＿＿＿＿＿＿＿＿＿＿＿＿＿	
	所有权更迭史: 　现有所有权年限＿＿＿＿＿ 　先前拥有者数量＿＿＿＿＿ 　现有管理公司的年限＿＿＿	管理优势、劣势:＿＿＿＿＿ ＿＿＿＿＿＿＿＿＿＿＿＿＿＿	

续表

类 型		现 状	对 策
酒店设施	酒店客房数： 单 人 间＿＿＿＿＿＿＿ 双 人 间＿＿＿＿＿＿＿ 套 间＿＿＿＿＿＿＿ 豪华套间＿＿＿＿＿＿＿ 其 他＿＿＿＿＿＿＿	优势：＿＿＿＿＿＿＿＿ 劣势：＿＿＿＿＿＿＿＿	
	餐饮设施 餐位数＿＿＿＿＿＿＿ 餐 厅＿＿＿＿＿＿＿ 咖啡厅＿＿＿＿＿＿＿ 快餐厅＿＿＿＿＿＿＿ 酒 吧＿＿＿＿＿＿＿ 其 他＿＿＿＿＿＿＿	优势：＿＿＿＿＿＿＿＿ 劣势：＿＿＿＿＿＿＿＿	
	会议及宴会设施 数量＿＿＿＿＿＿＿ 容量＿＿＿＿＿＿＿ 特色＿＿＿＿＿＿＿ 服务＿＿＿＿＿＿＿	优势：＿＿＿＿＿＿＿＿ 劣势：＿＿＿＿＿＿＿＿	
辅助设施	音响系统 白板 屏幕 幻灯机 投影仪 计算机系统 录像机 卫星会议设施 国际互联网接口 同声翻译系统	需额外增加的设施： 1＿＿＿＿＿＿＿＿ 2＿＿＿＿＿＿＿＿ 3＿＿＿＿＿＿＿＿ 4＿＿＿＿＿＿＿＿	

实例解析2.5

7天连锁酒店集团的 SWOT 分析

7天连锁酒店简介

7天连锁酒店集团(7 Days Group Holdings Limited)创立于2005年,2009年11月20日在美国纽约证券交易所上市(股票代码:SVN)。作为第一家登陆纽交所的中国酒店集团,

7天连锁酒店秉承让顾客"天天睡好觉"的愿景,致力为注重价值的商旅客人提供干净、环保、舒适、安全的住宿服务,满足客户核心的住宿需求。

7天连锁酒店现已拥有分店超过400家,覆盖全国近30个省和直辖市共59个主要城市,业已建成经济型连锁酒店全国网络体系。

7天连锁酒店建立的"7天会"拥有会员超过1 300万,是中国经济型酒店中规模最大的会员体系之一。

深谙企业运营之道的7天连锁酒店,凭借"7天会"庞大的会员体系,通过科技和服务的持续创新,结合充满活力的7天企业文化,已成为中国经济型酒店行业的领先品牌。

SWOT 分析

一、内部环境因素

(一)优势分析

1. 理念创新

在Web 2.0时代,"我"成为服务的核心,在经济型连锁酒店模型基础上,除了提供环保、健康的硬件环境,7天连锁酒店还倡导"快乐自主,我的生活"的品牌理念,在产品及服务流程的设计上不断整合创新,提供更具人性化、便捷的优质酒店及会员服务。

2. 技术领先

利用IT技术进行整合管理是7天连锁酒店核心优势之一。领先的IT技术系统包括:

——中央预订系统

——网络即时预订/确认/支付系统

——短信即时预订/确认系统

——WAP即时预订/确认系统

——手机客户端

通过全球智能手机主流平台Android开发的7天手机客户端,其功能目前主要包括酒店预订和周边咨询,由于7天手机客户端采用APK文件方式,简单易用且能自动更新,并通过全触屏及人性化界面设计,充分体现了实时、高效、方便、稳定的特点。

基于行业领先的IT技术系统平台,7天已成为中国酒店业第一电子商务平台。

3. 体系完善

拥有一整套基于先进IT技术的运营管理体系是7天连锁酒店的核心优势之二。

标准变化运营体系包括:

——标准化人力资源管理体系

——标准化店务质量控制体系

——标准化财务流动管理体系

——标准化开发评估推进体系

——标准化工程以及采购体系

7天对旗下所有连锁分店实行统一的品牌形象、统一服务质量、统一运作标准、统一市场营销、统一信息管理的连锁化经营管理,为客户提供标准统一、质量保证的优质酒店及会员服务。

4.绿色环保酒店新模式

7天的环保努力主要体现在设计简洁、装修简单,不将钱浪费在大堂外观,却投入重金在核心产品上,包括五星级的知名品牌护脊大床、高低荞麦枕头、十秒热速节水淋浴、封包浴巾等等方面。值得一提的是,7天今年率先走出低碳道路,将一次性酒店用品从房价中剥离,代之以高品质酒店用品,实行会员自主选择,做到了"自选我所需、房价更经济",并由于杜绝了一次性用品浪费,7天得以将节省下来的成本以更优惠的房价、更高品质的服务形式返还给消费者。

5.用"放羊理论"坚守直营

上级对权力进行适当放宽,有些决定分店甚至于不需要向总部汇报,使分店的单独作战转换成团队合作精神。

6.创建国内首个经济型连锁酒店跨区域联盟"星月联盟"

让区域性中小规模经济型酒店获得更大的发展空间,也让目前国内排名第三的7天酒店实现快速、低成本扩张。

(二)劣势分析

①目前7天酒店自身,包括星月联盟酒店覆盖到的城市、地段均有限,因此无法满足用户的多样需求,进而降低了用户的预订概率。

②经营形式单一,面向的市场以普通消费群体为主,走经济路线。

二、外部环境因素

(一)机会分析

好的市场机会和环境、优秀的团队以及充足的资金,这三者是7天发展迅速的关键。按外界的说法,7天的核心班子没有一个是酒店管理方面的专业人才。虽然起初团队中几乎都是非科班出身,"但这样也促成大家更好地去研究市场,了解百姓的需求,而非用一些固有的条条框框限制了思维和视野。当初用人,首先本着德才兼备的原则,其次就是学习力和适应变化的能力要强,认同7天的理念和价值观,在这样前提下,可自由发挥每个人的潜力"。郑南雁认为正是外行,才成就了7天的成功。

①7天不把自己定位在以商务为主的经济型酒店,而是提倡"像麦当劳一样的"与百姓日常生活相关的住宿消费理念。

②完全用互联网的思维做酒店,从预订环节就体现出7天与其他连锁酒店的差异化。

7天是目前业界少数将网站和酒店数据库完全对接的,如果在网上查没有房间就一定没有,价格也只有会员价和门市价两种。在互联网时代,顾客会轻易地找到各种价格差异。

(二)威胁分析

①酒店在线预订行业增长速度放缓的现实。艾瑞咨询的统计数据显示,在中国的在线旅行预订市场上,在线订房市场的成长速度远不及在线订票市场,因此对于在线酒店预订市场的开拓更需要运营商的努力和恰当的开拓方式。而7天发展网络直销,还需要面临其在线分销商,比如携程、艺龙的竞争压力。

②行业内的竞争压力,比如"如家"等经济型酒店。

资料来源:7天连锁酒店集团的SWOT分析与五力模型.百度文库[EB/OL].(2009-12-20)[2014-12-21]. http://wenku.baidu.com/view/410ff62eb4daa58da0114a2b.html.

延伸阅读:7天连锁酒店集团.7天连锁酒店集团官网[EB/OL].(2013-01-01)[2014-03-15]. http://www.7daysinn.cn.

2.5.2 酒店市场机会分析

市场机会是指在某种特定的营销环境条件下,酒店可以通过一定的市场营销活动创造利益。市场机会的产生来自营销环境的变化,如新市场的开发、竞争对手的失误以及新产品新工艺的采用等,都可能产生新的待满足的需求,从而为酒店提供市场机会。

了解市场机会的特点,分析市场机会的价值,有效地识别市场机会,对于避免环境威胁及确定酒店市场营销战略具有重要的意义。

1)市场机会的特点

市场机会作为特定的市场条件,具有其针对性、利益性、时效性、公开性4个特征。

(1)针对性

特定的营销环境条件只对于那些具有相应内部条件的酒店来说是市场机会。因此,市场机会是具体酒店的机会,市场机会的分析与识别必须与酒店具体条件结合起来进行。确定某种环境条件是不是酒店的市场机会,需要考虑酒店业及酒店在行业中的地位与经营特色,包括酒店的产品类别、价格水平、销售形式和对外声誉等。

(2)利益性

市场机会的利益性是指市场机会可以为酒店带来经济效益或社会效益。市场机会的利益性意味着酒店在确定市场机会时,必须分析该机会是否能为酒店真正带来利益、能带来什么样的利益以及多少利益。

(3)时效性

对现代酒店而言,由于其营销环境的发展变化越来越快,它的市场机会从产生到消失的过程通常也是很短暂的,酒店的市场机会往往稍纵即逝。同时,环境条件与酒店自身条件最为适合的状况也不会维持很长时间,在市场机会从产生到消失这一短暂的时间里,市场机会的价值也快速经历了一个价值逐渐增加、再逐渐减少的过程。市场机会的这种价值与时而变的特点,便是市场机会时效性的体现。

(4)公开性

市场机会是某种客观的、现实存在的或即将发生的营销环境状况,是每家酒店都可以去发现和共享的。与酒店的特有技术、专利不同,市场机会是公开化的,是可以为整个营销环境中所有酒店所共用的。市场机会的公开化特性要求酒店尽早地发现那些潜在的市场机会。

在市场机会的分析和把握过程中,酒店必须结合自身的内部、外部环境的具体条件,发挥竞争优势,适时、迅速地做出反应,以争取使市场机会为酒店带来的利益达到最大。

2）市场机会的价值分析

不同的市场机会可以为酒店带来的利益大小也不一样，即不同市场机会的价值具有差异性。为了在千变万化的营销环境中找出价值最大的市场机会，酒店需要对市场机会的价值进行更为详细具体的分析。

（1）市场机会的价值因素

市场机会的价值大小由市场机会的吸引力和可行性两方面因素决定。

①市场机会的吸引力

市场机会对酒店的吸引力是指酒店利用该市场机会可能创造的最大利益。它表明了酒店在理想条件下充分利用该市场机会的最大极限。反映市场机会吸引力的指标主要有市场需求规模、利润率、发展潜力。

市场需求规模表明市场机会当前所提供的待满足的市场需求总量的大小，通常用产品销售数量或销售金额来表示。事实上，由于市场机会的公开性，市场机会提供的需求总量往往由多家酒店共享，特定酒店只能拥有该市场需求规模的一部分，因此，这一指标可以由酒店在该市场需求规模中当前可能达到的最大市场份额代替。尽管如此，若提供的市场需求规模大，则该市场机会使每家酒店获得更大需求份额的可能性也大一些。因此，该市场机会对这些酒店的吸引力也更大一些。

利润率是反映酒店经济收益的重要经济指标之一，不同经营现状的酒店其利润率是不一样的。利润率反映了市场机会所提供的市场需求在利益方面的特性。它和市场需求规模一起决定了酒店当前利用该市场机会可创造的最高利益。

发展潜力反映市场机会为酒店提供的市场需求规模、利润率的发展趋势及其速度情况。发展潜力同样也是确定市场机会吸引力大小的重要依据。即使酒店当前面临的某一市场机会所提供的市场需求规模很小或利润率很低，但由于整个市场规模或该酒店的市场份额或利润率有迅速增大的趋势，则该市场机会对酒店来说仍可能具有相当大的吸引力。

②市场机会的可行性

市场机会的可行性是指酒店把握住市场机会并将其转化为具体利益的可能性。对于酒店而言，具有吸引力的市场机会并不一定能成为该酒店实际的发展良机，具有较大吸引力的市场机会必须同时具有较强的可行性才是酒店高价值的市场机会。市场机会的可行性是由酒店内部环境条件、外部环境状况两方面决定的。

酒店内部环境条件是能否把握市场机会的主要决定因素。它对市场机会可行性的决定作用表现在3个方面。首先，市场机会只有适合酒店的经营目标、经营规模与资源状况时才会具有较大的可行性。同时，市场机会对经营规模大、实力强的酒店与对经营规模小、实力弱的酒店的可行性也不一样。一个吸引力很大的市场机会很可能会导致激烈的竞争，所以，它对实力较弱的酒店来说，可行性可能并不大。其次，市场机会必须有利于酒店内部比较优势的发挥才具有较大的可行性。所谓酒店的内部比较优势，是指酒店比市场中其他酒店更优越的内部条件，通常是先进的管理、强大的规模、良好的声誉等。酒店应对自身的优势和弱点进行正确分析，了解自身的内部比较优势所在，并据此分析市场机会的可行性大小。此外，酒店还可以有针对性地改进自身的内部条件，创造新的比较优势。最后，酒店内部的协调程度也影响着市场机会可行性的大小。对市场机会的把握程度是由酒店的整体能力决定的。针对某一市场机会，只有酒店的组织结构及所有各部门的经营能力都与之相匹配时，该市场机会对酒店才会有较大的可行性。

酒店的外部环境客观上决定着市场机会对酒店可行性的大小。外部环境中每一个宏观、微观环境要素的变化都可能使市场机会的可行性发生很大的变化。

(2)市场机会价值的评估

确定了市场机会的吸引力与可行性，就可以综合这两方面对市场机会进行评估。按吸引力大小和可行性强弱组合可构造市场机会的价值评估矩阵，如图2.1所示。

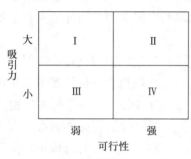

图2.1　市场机会价值评估矩阵图

根据图2.1，区域Ⅰ为吸引力大、可行性弱的市场机会。一般来说，该市场机会的价值不会很大。除了少数冒风险的酒店，一般酒店不会将主要精力放在此类市场机会上。但是，酒店应时刻注意决定其可行性大小的内、外部环境条件的变动情况，并做好当其可行性变大进入区域Ⅱ迅速反应的准备。

区域Ⅱ为吸引力、可行性俱佳的市场机会，该类市场机会的价值最大。通常，此类市场机会既稀缺又不稳定。酒店市场营销人员的一个重要任务就是要及时、准确地发现有哪些市场机会进入或退出了该区域。该区域的市场机会是酒店营销活动最理想的经营内容。

区域Ⅲ为吸引力、可行性皆差的市场机会。通常酒店不会去注意该类价值最低的市场机会。该类市场机会不大可能直接跃居到区域Ⅱ中，它们通常需经由区域Ⅰ、Ⅳ才能向区域Ⅱ转变。当然，有可能在极特殊的情况下，该区域的市场机会的可行性、吸引力突然同时大幅度增加。酒店对这种现象的发生也应有一定的准备。

区域Ⅳ为吸引力小、可行性大的市场机会。该类市场机会的风险低，获利能力也小，通常稳定型和实力薄弱的酒店以该类市场机会作为其常规市场营销活动的主要目标。对该区域的市场机会，酒店应注意其市场需求规模、发展速度、利润率等方面的变化情况，以便在该类市场机会进入区域Ⅱ时可以立即有效地予以把握。

市场机会价值评估矩阵是针对特定酒店制定的，不同的酒店的评估矩阵差异很大。这是因为对不同经营环境和条件的酒店，市场机会的利润率、发展潜力等影响吸引力大小的因素状况以及可行性均会有所不同。

【本章小结】

酒店的一切营销活动总要受到各种环境因素的影响，本章首先对酒店营销环境的概念和内涵进行了介绍，提出酒店营销环境分析有利于酒店认清酒店的优势和劣势，注意市场营销环境的变化，加强适应性，寻找营销机会和避免环境威胁，并对酒店营销环境的特点进行阐述。其次，本章从外部宏观营销环境、微观竞争环境、内部组织环境3个方面对酒店的营销环境因素及其对酒店营销活动的影响进行详细地分析。外部宏观环境具体包括政治法律环境、经济环境、社会文化环境、人口环境、自然环境和科技环境，行业竞争环境包括竞争者、供应商、营销中间商、消费者、劳动力市场和公众。内部组织环境包括酒店的使命与目标、酒店组织结构、酒店文化和酒店资源。最后,本章介绍了酒店市场营销方法以及市场营销机会分析。酒店应持久地研究酒店市场营销环境特征及其变化,从而寻求和把握市场机会,避免环境威胁,制定有效的市场营销战略,扬长避短,在市场竞争中取得有利地位,更好地满足市场需求,实现酒店目标。

【案例讨论】

1. 结合案例引导,分析中国的市场环境,考虑地中海俱乐部在中国的进一步扩张与发展。

2. 实例解析2.1中,成都酒店业所面临的营销环境发生了哪些变化,对于这些不可控的外部环境变化,酒店应该如何应对?

3. 结合实例解析2.2,讨论外部宏观行业环境对酒店营销的影响,酒店管理者应如何应对?

4. 实例解析2.3中移动互联网应用技术如何影响酒店营销实践,作为酒店管理者,如何通过移动互联网营销提高酒店收益,并请结合该案例,讨论新技术对消费者的购买习惯什么影响。

5. 结合实例解析2.3,讨论酒店与中间商的关系是如何影响酒店营销工作的。

【复习思考题】

1. 什么是酒店市场营销环境?

2. 酒店市场营销环境具有哪些特点?

3. 酒店的微观营销环境因素有哪些? 它们是如何影响酒店市场营销活动的?

4. 酒店的宏观营销环境因素有哪些? 它们是如何影响酒店市场营销活动的?

5. 酒店的内部组织环境因素有哪些? 它们是如何影响酒店市场营销活动的?

6. 酒店可采用什么方法进行营销环境分析? 如何进行?

7. 酒店如何进行市场机会分析?

【案例分析】

广州花园酒店——以"变"应变的全方位营销战略

目标市场、市场定位和竞争战略,都是在企业总体战略目标的指导下,根据不断变化的营销环境确定的。花园酒店1995年7月实行自己管理后,根据对营销环境的分析,明确了市场定位和目标市场,确立了新的竞争战略,调整了营销策略组合,实现了营销科学化、系统化,经营业绩稳步增长。

经营环境,急剧变化

20世纪90年代,随着科技、政治、社会和经济的发展,酒店业经营环境发生了深刻的变化,主要来自3个方面:一是以信息技术为核心的技术革命;二是经济全球化浪潮;三是国内经济社会的急剧转型。

现代科技的发展使客户数据库建立成为现实,营销管理由原来的主要依赖于市场调研信息向数据库信息转变。信息技术还使企业与客户建立一对一关系成为可能,因而营销由原来的注重交易实现向注重关系维持转变。传媒技术的发展,还使企业能够迅速获得客户的信息,并提供相应的服务和产品,改变了营销决策依据。

科技变化从另一个方面改变着经营环境,那就是以互联网为核心的无国界数字化空间开始全面铺开,人的活动半径迅速扩大,全球化进程加快。

在经济全球化和科技进步的推动下,世界经济呈现出快速增长的态势,国际经济贸易迅速发展。中国市场成为世界各跨国公司关注的焦点,并争先恐后抢滩中国,伴随而来的是各种规模、各种档次的国际年会、研讨会、博览会、展示会频频举行,商务客、会议客、观光客显著增加。

然而,形势并非一片大好。1997 年亚洲爆发了金融危机,泰国、韩国、马来西亚、日本等国相继陷入经济危机,给刚刚接手、目标市场仍没有得到很好调整的花园酒店的经营者提出了严重挑战。

在技术革命和经济全球化的同时,中国国内的经济环境也发生了显著的变化。到 20 世纪 90 年代后期,中国国民经济进入了转型期,供给不足已成为过去,有效需求对经济发展的作用显著增强。

就我国饭店业而言,20 世纪 80 和 90 年代初期发展异常迅速,到 90 年代中后期,饭店行业基本饱和。到 1997 年,我国旅游饭店的亏损面近 60%,利润率只有 1%。

广州市的旅游饭店情况也一样。广州市酒店出租率 1996 年为 63.43%,1999 年为 61.67%。接待能力利用率不到其接待能力的 2/3。且竞争越来越激烈,出租率呈下降趋势。

20 世纪 90 年代后期,花园酒店面临的经营环境呈现出以下特点:

①行业"生产能力"过剩,竞争加剧,预示着数量竞争时代已基本结束,价格、质量竞争已经到来,品牌将成为竞争的武器。

②合作竞争出现,战略联盟开始成为竞争的基本手段,世界各大酒店都已经在市场销售、预订和购买合同方面与其他组织合作,建立战略联盟,或加入一些组织或集团,形成战略伙伴关系,展开协作竞争。

③饭店市场发生了变化。在商务客增多的同时,观光客也以较快的速度增长,回头客增加,培育顾客忠诚度成为关键。

④随着国内经济的发展,各地间的经济联系加强,国内商务客和旅游客都显著增加。

⑤现代科技的发展,酒店与客人的联系将逐渐由单向联系向双向沟通转变,客人的需求也从大众化向个性化转变。

以上这些变化,要求酒店业,尤其是大型高级酒店对其营销战略进行全面的调整。

经营战略,适时调整

为了提高花园酒店的竞争力,经营管理者对酒店市场营销工作进行了全面的反思,根据经营环境的变化,适时调整了经营战略。

为确定科学的经营战略,花园酒店经营者应用 SWOT 分析法,对其经营环境进行了系统分析。如表 2.2 所示。

表 2.2 花园酒店 SWOT 分析表

内部环境分析			外部环境分析		
因 素	优 势	劣 势	因 素	机 会	威 胁
获利能力	—	需要提高	当前顾客	呈增长趋势	—
营销网络	—	没有建立	潜在顾客	很多	—
服务质量	较好	—	市场竞争	—	白热化
工作效率	较高	—	行业规模	—	严重过剩
财政实力	—	一般	技术能力	高速发展	—
财务管理	健全	—	政治气候	有利	—
业务运行	—	不畅	政府管理	一般	—
生产分配	—	成本高	法律环境	趋向规范	—
员工发展	—	机会少	经济环境	—	紧缩
社会声誉	较好	—	行业前景	广阔	—
地理位置	较好	—	国际环境	开放度扩大	—
员工积极性	—	低、散			
硬件设施	较好齐全	但较旧			

根据上述分析,得出花园酒店的竞争优势在于有较好的硬件设施和良好的社会声誉;地处繁华的闹市区,交通十分便利;酒店服务水平较高,设备齐全,快捷方便,能较好地满足商务客从事商务、公务或贸易洽谈等业务活动的需要。面临的机遇是中国进一步走向开放,有望在未来的一段时间加入 WTO,行业前景好。面临的威胁和劣势主要是产品和市场定位不明,营销网络没有建立,竞争对手强大,员工积极性不高。花园酒店经营者根据这一分析结果,认为酒店业的经营形势不如从前,行业行为越来越规范,竞争日益白热化,必须重新调整竞争战略,扬长避短,发挥优势。

根据上述分析,花园酒店实行自己管理后,决定对营销战略进行全面调整。

首先,花园酒店对市场进行了细分,重新选择了目标市场。花园酒店按照顾客的旅游目的,把顾客分成商务客、会务客和观光客,并认真分析了各细分市场的特征。

商务客特点:规模较大,对酒店要求高,消费水平高,价格弹性小,回头率高。

会务客特点:服务要求高,一般要求有相应的会议厅及有关设施。具有商务和公务双重性质。消费全面,集中化、集团化和规模大。

观光客特点:对价格敏感,对服务效率要求高。

因此,花园酒店在营销环境和市场细分的基础上,根据自身特点,确定目标市场选择标准:一是市场规模;二是一定开发潜力;三是在该市场具有竞争实力、能力和优势。

根据上述标准,花园酒店经营者首先改变了半岛时期目标市场放在欧美,利园时期目标市场发在东南亚的笼而统之、片面的做法,其次根据餐饮、写字楼、公寓和客房经营环境的不同而各自选择不同的目标市场。

其次,对花园酒店重新进行了市场定位。为了给目标市场一个鲜明的形象特征,提高自身的竞争力,花园酒店在选择目标市场的基础上,重新进行了市场定位。在半岛时期,酒店定位明确;利园时期,由于当时经济环境的变化,半岛时期明确的市场定位被淡化,导致花园酒店市场形象不清。为此,1995年后,花园酒店的经营者根据所选择的目标市场,重新对酒店市场形象进行定位,从而把花园酒店与其他酒店有效地区别开来。

合理的目标市场、准确的市场定位,使花园酒店的市场营销有了针对性和主动性。

最后,确定了新的竞争战略。为了实现花园酒店的经营战略,在市场定位的指导下,根据目标市场的特点,花园酒店确立了"品牌运营,以质取胜"的竞争战略。即在提供高品格服务的前提下,以品牌为旗帜,促进销售和市场占有率的提高。这一战略的提出,不仅反映了时代的要求,更具有长远的发展意义。

第一,强化了领导的"以质取胜"的意识。

第二,完善硬件设施。硬件设施是服务质量的重要内容,是优质服务的基础。1994年,花园酒店投入4亿元人民币,对酒店进行全面的装修和改造,增设了高级店铺和日本餐厅。同时建成3层地下停车场,增设了写字楼会议室、公寓常住客活动室,使花园酒店的特色更加突出。为了突出时代特色,花园酒店还建成远程电话会议系统和电子商务网络,方便国内外客商的商务活动。

第三,提高服务质量,争创一流服务。花园酒店的一切服务都是从客人出发,以客人为中心。

通过领导的重视、硬件的改进、服务质量的提高,花园酒店取得了显著的成果,入住率提高、价格回升、回头客增加,取得好的经济效益。

(资料来源:廖鸣华.走自己的路——广州花园酒店管理模式探索与发展[M].北京:中国旅游出版社,2001.)

【案例思考题】

1. 花园酒店在经营中遇到了什么样的环境变化? 这些变化对花园酒店的经营产生什么样的影响?

2. 花园酒店的管理者是如何认识这些因素的变化的? 又是如何应对这些变化的?

3. 如果你是花园酒店的经营者,你将采取什么对策?

4. 根据本章案例,讨论面对不可控制的外部营销环境的不利变化,酒店应该如何应对?

第3章　酒店营销信息管理

【主要内容】

　　◇酒店市场营销信息系统

　　◇酒店市场营销信息的开发

　　◇酒店市场预测

【学习要点】

　　◇了解酒店市场营销信息系统的概念

　　◇掌握酒店市场营销调研的过程

　　◇掌握酒店第二手资料和原始资料的收集方法

　　◇识别酒店可能要用到的不同类型的信息

　　◇比较不同的信息收集方法的优缺点

　　◇了解酒店市场预测及其方法

【案例引导】

在线声誉管理满足客户关系管理：酒店运用
评论实现个性化客户体验

　　似乎很久以前，酒店管理者对在线旅游评论的印象，主要是感觉它们会开放不公正批评。随后，产业转移并开始使用此反馈，在客人评论的基础上来让客人体验更好的服务和设施。不久之后，酒店开始在自己的网站上发表评论：相信透明度。现在随着在线声誉管理（ORM）的兴起，客户关系管理（CRM）理念形成，酒店要真正拥有在线旅游评论的可能性已经具备，在线关系管理与最高水平的宾客服务成为同义词。

　　林德纳酒店集团拥有 34 家酒店，分布在欧洲 7 个国家，是第一个整合在线声誉管理数据与 Serenata（他们的客户关系管理提供商）的集团。这种集成将顾客服务带到一个全新的高度。通过整合 TrustYou 网络调查数据到林德纳客户关系管理和物业管理系统（PMS），酒店集团能够建立详细的客户档案和 VIP 的报告。这意味着，在入住时，酒店就已有一个关于顾客的完整的报告，这个报告详细记录了客人过去在林德纳酒店入住时所发表的评论。宾客服务部可以随后感谢客人的反馈,并处理之前可能会出现的担忧。

林德纳酒店集团董事贡纳·哈根说:"有了这个新的整合,我们能够真正为顾客在他们反馈意见的基础上,定制他们的客房。我们的在线声誉管理是直接向我们的客户沟通,这意味着,尤其是贵宾,我们可以回顾他们过去的评论,并在他们到来之前更改他们的客房体验或注意他们喜好的服务风格。这使我们能够提供客人期望的服务,并提供更多的服务。"

人们很容易地认为,这种整合是一个数字化数据的解决方案,但它基本上是一种真正的个性化顾客服务的方式。酒店的工作人员可以退出一刀切的服务解决方案,并相反地开始完全根据客户的表达欲望提供定制服务。

TrustYou 的首席执行官和合伙人本杰明说:"大多数客人希望自己反馈的声音被重视。这种新技术允许客人不仅通过调查感觉到自己的反馈被重视,而且后来还有人将你的反馈当面验证,反映在客房和之后的服务上,它提供了一个更流畅的客户体验。"

资料来源:在线声誉管理满足客户关系管理:酒店运用评论实现个性化客户体验[J].饭店现代化,2014(12).

对酒店相关营销信息的掌握是酒店营销管理的基础,在信息技术快速发展的背景下,了解酒店客户信息的途径和方法也随之多样化,借助于互联网、移动终端等现代化的信息手段获取客户的相关信息将成为酒店信息化营销管理的常态。本章将围绕市场营销信息化管理展开论述。

在现代市场营销观念下,酒店市场营销管理的任务就是在满足顾客需求和欲望的前提下达成酒店利润目标的实现。酒店市场营销管理人员为完成上述任务,需要对酒店可控制的因素即产品、价格、分销和促销策略进行综合运用以制订有效的市场营销策略,而后者必须建立在全面而可靠的市场信息基础之上,因此,经常开展市场营销调研,建立酒店的市场营销信息系统,对酒店的信息资源进行全面、科学的管理是酒店制定市场营销决策的前提与基础。酒店必须重视对营销调研的管理和研究,与通常所说的市场调研不同,完整的酒店市场营销调研系统应该包括 3 方面的内容,即市场营销信息系统、市场营销调研和市场预测。

3.1　酒店市场营销信息系统

前面已经强调了监察市场营销环境的重要性。然而,酒店怎样察觉不断变化的顾客需求、新的竞争者介入、新的分销模式等市场营销环境因素的变化呢? 答案是明显的,酒店必须开发和管理市场营销信息。现在,有 3 种发展趋势使酒店对营销信息的需要比过去任何时候都更为强烈。

1)从地方营销发展到全国营销和国际营销

当酒店扩大它们地理空间上的市场覆盖面时,就需要比从前更多的市场营销信息。

2）从满足顾客的需要发展到满足顾客的欲望

由于人们收入的增加,对酒店产品和服务变得更加挑剔。酒店发现在预料顾客对酒店产品和服务的特点、形式和属性等方面的需求更难了,因此,酒店转向建立正式的市场营销调研系统。

3）从价格竞争发展到非价格竞争

酒店加强对品牌、产品差异化、广告和促销等竞争工具的应用时也需要更多的市场营销信息。

这些急剧增加的对信息的需要依靠新的信息技术可得到解决。从市场营销管理部门与市场营销调查的角度出发,一种非常重要的技术,即计算机数据获取系统已经问世了。有些酒店已建立了先进的市场营销信息系统,向酒店管理者提供最新的关于顾客的需求信息。然而,许多酒店的信息处理还不够精细,还没有市场营销研究部门,或者只有非常小的市场营销研究部门,其工作也只限于例行的预测、销售分析和非经常性的调查。另外,许多经理对可利用的市场信息感到不满意,不了解重要的信息在酒店哪里;不能利用的信息太多而真正需要的信息太少;重要的信息来得太迟;很难估计收到的信息的准确性。

当今是以信息为基础的社会,开发好信息工作能使酒店超越其竞争对手。当酒店进行了市场营销调研并获得了其所需要的市场信息时,就能仔细地评价其市场机会和选择目标市场,以使利润最大化。

3.1.1 酒店市场营销信息

酒店市场营销信息是反映酒店内、外部市场营销环境要素特征及发展变化的各种消息、资料、数据、情报等的统称,市场营销信息具有广泛性、资源性、时效性、连续性、公用性等特征。

1）市场营销信息在酒店市场营销中的作用

市场营销信息的重要作用贯穿整个酒店市场营销活动过程,具体体现在市场营销活动的4个主要环节中。

（1）市场营销信息是酒店市场营销环境分析目的的对象和依据

酒店市场营销环境分析,实际上是一个根据所掌握的、反映市场营销环境过去情况的市场信息,去获取新的、反映市场营销环境现状的市场信息,以对比分析环境的发展变化及趋势的过程。它为市场营销活动的进一步展开提供必要的信息。而一定量的市场营销环境信息也是市场营销环境分析本身得以顺利进行的保证。

（2）市场营销信息是酒店市场机会分析的必备条件

酒店在识别市场机会的价值及其发展变化以及在确定市场需求时,都必须拥有足够的市场信息的支持才能做出正确的判断。

（3）市场信息是制定酒店市场营销策略的依据

酒店只有依靠反映市场营销环境实际发展变化情况的市场信息来制定市场营销策略,才会有的放矢,切实可行。

（4）市场信息是酒店市场营销管理的主要根据和重要手段

酒店对其市场营销活动进行计划、组织和控制的具体管理过程，主要是根据酒店市场营销目标、组织结构、自身的优势和劣势、外部环境发展状况等信息，制定市场营销战略战术，协调各职能机构，再根据市场营销战略战术的执行进展情况的反馈信息，对市场营销的管理实施发出指令以进行调整。可见，市场信息既是酒店市场营销管理活动的根据，也是一种市场营销管理的手段。所以，合理有效地利用市场信息可以提高市场营销管理的绩效。

2）酒店市场营销信息的基本管理方法

市场信息管理操作的基本方法包括信息的收集、分类、分析、编码、数据统计与模型化、传输、排序、检索、贮存等。

收集信息是信息管理的基础和前提；信息分类是信息加工、处理的开端；信息分析是解决信息管理质量问题和信息管理本身的关键；信息的编码、统计、图表化和模型化是信息管理的有效方式；信息传输是信息管理的必要步骤；信息排序、贮存、检索是信息管理的必要条件；信息的控制及反馈是提高信息管理水平的重要手段及检验标准。

上述市场信息的基本管理方法是建立和维护市场营销信息管理系统的基本手段。

3.1.2　酒店市场营销信息系统

每一家酒店必须为其市场营销经理组织市场营销信息流。许多酒店在研究其市场营销经理所需要的信息和设计市场营销信息系统（Marketing Information System，MIS），以满足市场销经理对市场营销信息的需要。对市场营销信息系统作如下定义：市场营销信息系统是指由人、机器和程序组成，它为市场营销决策者收集、挑选、分析、评估和分配及时准确的信息。

市场营销信息系统的概念可用图 3.1 说明。虽然市场营销信息系统从市场营销经理开始，又终止于市场营销经理，但整个酒店的管理人员都要介入到市场营销信息系统当中。首先，它与管理人员在评估信息需要这一层面上发生互动。其次，它通过各种酒店内部记录、市场营销情报活动、市场营销调研过程发掘所需要的信息。信息分析专家对这些信息进行处理使之更符合需要。最后，市场营销信息系统在适当的时间将信息传递给各个管理人员，帮助市场营销计划、执行、控制过程的顺利进行。

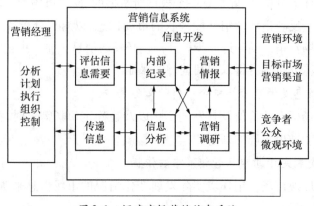

图 3.1　酒店市场营销信息系统

1）内部记录系统

内部记录系统亦称内部会计系统，它是酒店市场营销管理者经常要使用的最基本的信息系统。内部记录系统的主要功能是向市场营销管理人员及时提供有关预订数量、销售额、产品成本、客房出租率、现金余额、应收账款、应付账款等各种反映酒店经营状况的信息。通过对这些信息的分析，市场营销管理人员能够发现市场机会、找出管理中的问题，同时可以比较实际状况与预期水准之间的差异。其中预订、销售、开出收款账单这一循环是内部报告系统的核心，销售报告是市场营销管理人员最迫切需要的信息。

2）市场营销情报系统

市场营销情报系统是指市场营销管理人员用以获得有关酒店外部市场营销环境发展趋势信息的一整套程序和来源。它的任务是利用各种方法收集、监察和提供酒店市场营销环境最新发展的信息。市场营销情报系统与内部记录系统的主要区别在于后者为市场营销管理人员提供事件发生以后的结果数据，而前者为市场营销管理人员提供正在发生和变化中的数据。

3）市场营销调研系统

上述两个子系统的功能都是收集、传递和报告有关日常的和经常性的情报信息，但是酒店有时还需要经常对市场营销活动中出现的某些特定的问题进行研究。比如酒店希望测定某一产品广告的效果。市场营销调研系统的任务就是系统地、客观地识别、收集、分析和传递有关市场营销活动方面的信息，提出与酒店所面临的特定的市场营销问题有关的研究报告，以帮助营销管理者制定有效的市场营销决策。市场营销调研系统不同于市场营销信息系统，它主要侧重于酒店市场营销活动中某些特定问题的解决。

4）市场营销分析系统

市场营销分析系统也称市场营销科学管理系统，它通过对复杂现象的统计分析、建立数学模型，帮助市场营销管理人员分析复杂的市场营销问题，做出最佳的市场营销决策。市场营销分析系统由两部分组成，一个是统计库，另一个是模型库。其中统计库的功能是采用各种统计分析技术从大量数据中提取有意义的信息。模型库包含了由管理科学家建立的解决各种市场营销决策问题的数学模型，如新产品销售预测模型、广告预算模型、经营场所选择模型、竞争策略模型、产品定价模型以及最佳市场营销组合模型等。

3.2　酒店市场营销信息的开发

市场营销管理人员所需要的信息可以从酒店内部记录、市场营销情报机构和市场营销调研机构获得。信息分析系统以一种对管理人员有用的形式来处理和呈报这些信息。

3.2.1　内部资料

内部资料是指来自酒店经营过程中所产生的反映酒店经营状况的资料。内部资料可分为顾客记录、销售记录和其他各类报告 3 部分。

1）顾客纪录

（1）酒店总台登记

包括：顾客姓名、地址、到离店时间、停留天数、证件号码、团队人数等。

（2）顾客预订要求

包括顾客特殊需要、预订方式、预订方法、顾客类型、价格要求或特殊包价等。

（3）顾客主要档案材料

包括顾客的姓名、年龄、地址、职业、联系方式、偏好、使用酒店次数、长包顾客的抱怨或个人要求等。

酒店总台登记能提供多种重要信息，但应该做好重要信息的归类工作，否则总台登记信息会显得错综复杂，杂乱无章，对市场营销调研用处不大。总台登记可以按地理因素（如国家）来归类，可以按时间顺序归类，或二者结合起来。

2）酒店销售记录

①顾客支付费用、支付方式等。

②收取费用的预订单。

③酒店每天、每月的销售总结。

④酒店每周、每月、每季的出租情况，年平均出租率等。

3）酒店的其他记录

①放置在客房内的调查表。

②酒店各部门汇报材料。

③顾客的来信、投诉等。

3.2.2　营销情报

营销情报是有关市场营销环境变化的日常信息，这些信息帮助管理人员制定和调整市场营销计划以及短期营销策略。营销情报系统决定哪些情报是必需的，然后以某种有用的形式收集这些情报并提供给市场营销管理人员。

1）营销情报的内部来源

营销情报可以由酒店的工作人员如前台员工、服务人员、采购人员或推销人员来收集。不过，由于酒店的员工往往太忙以致不能提供重要的信息，所以，酒店必须向员工宣传他们在收集信息方面的重要性，训练他们善于捕捉和汇报新情况的能力。管理人员应该经常听取员工的汇报。

2）营销情报的外部来源

酒店必须鼓励供应商、会议和旅游主管部门、旅行社等向酒店提供重要的情报。外部营销情报有 3 种：宏观市场信息、竞争信息、新技术和新的发展趋势。

3）竞争情报来源

竞争情报可以从竞争者的年度报告、发表在专业杂志上的文章、讲话文稿、出版物、宣传小册子和广告当中获得。酒店的管理人员也应该定期访问竞争对手的经营场所。

4）营销情报的商业来源

酒店也可以从外部供应者那里购买情报。比如酒店协会或旅行社协会定期地向其成员征集资料,加以汇总,成员酒店只要交付较低的费用就可以利用这些资料。

3.2.3　市场营销调研

酒店管理人员不能总是等待来自营销情报系统的信息,对于一些特殊情况,应该进行专门的市场营销调研。

简单地说,市场调研是指对与市场营销决策相关的数据进行计划、收集和分析并将分析结果向管理者沟通的过程。

市场营销调研在营销系统中扮演着两种重要角色。首先,它是市场情报反馈过程的一部分,向决策者提供关于当前营销组合有效性的信息和进行必要调整的线索;其次,它是探索新的市场机会的基本工具。市场细分调研和产品调研都有助于营销经理识别最有利可图的市场机会。

1）市场营销调研对酒店管理的重要性

市场营销调研具有3种功能:描述、诊断和预测。它的描述功能是指收集并陈述事实。例如,行业的历史销售趋势是什么样的? 顾客对酒店产品及其广告的态度如何? 营销调研的第二种功能是诊断功能,指解释信息或活动。例如,为了更好地服务顾客,酒店应该如何对产品、服务、提供物进行调整? 最后一种功能是预测功能。例如,酒店如何更好地利用持续变化的市场中出现的机会? 它的重要性表现在下列方面:

（1）有利于实现酒店对质量和顾客满意度的不懈追求

质量和顾客满意已成为酒店关键的竞争武器。在当今的环境中,若不重视质量、不提高顾客满意度,酒店很难取得成功。西方酒店已普遍实施了质量改进和顾客满意计划,以期降低成本、留住顾客、增加市场份额和改善盈利状况。

但是,酒店对质量的追求常常是产品导向的,这对于顾客毫无意义。对顾客没有意义的高质量通常并不能带来销售额、利润或份额的增长,只是浪费精力和金钱。今天的新观念是强调质量回报,质量回报有两层含义。第一,酒店所提供的高质量是目标市场所需要的;第二,质量改进必须对获利性产生积极的影响。

获得质量回报的关键是开展市场营销调研,因为它有助于酒店确定哪些类型和形式的质量对顾客是重要的,有时也可以促使酒店放弃一些他们自己所偏爱的想法。

（2）有利于留住现有顾客

顾客满意与顾客忠诚之间存在一种必然的联系。长期的关系不是自然产生的,它植根于酒店传递的服务和价值。留住顾客可以给酒店带来丰厚的回报。重复购买和顾客的推荐可以提高酒店的收入和市场份额。由于酒店可以不必花更多的资金和精力去争夺新顾客,因而成本可以下降。稳定的顾客更容易服务,因为他们已经熟悉酒店的习惯,相应要求员工投入的时间较少。不断提高的顾客保留率也给员工带来了工作上的满足感和成就感,从而可以导致更高的员工保留率。员工在酒店工作时间越长,获得的知识越多,这样又可以导致生产效率的提高。留住顾客的能力建立在酒店对顾客需求详细了解的基础上,这种了解主要来自市场调研。

（3）有利于管理人员了解持续变化的市场

市场调研有助于酒店管理者了解市场状况以及利用市场机会。例如，酒店营销经理可能会考虑推出淡季客房促销优惠券。优惠券可能会与电视广告一起被用来引导人们尝试这种优惠的消费。这样就产生了一个新的问题，谁应该接受这种优惠券呢？优惠券大量使用者与少量使用者之间是否存在可识别的人口统计特征？这就需借助于营销调研。

2）营销调研的程序

营销调研过程包括6个步骤：确定问题和研究目标、制订第二手资料收集计划、进行原始资料的收集、提出调研计划、实施调研计划、撰写营销调研报告。

（1）确定问题和研究目标

调研过程的开始首先是识别营销问题和研究目标。随着酒店外部环境的变化，营销经理会面临这样一些问题："我们应该改变现行的营销策略吗?"如果是，那么如何改变？市场调研可以用来评估产品、促销、分销或定价的选择。另外，也可以用于发现和评估新的市场机会。

营销调研问题是信息导向的，它涉及确定需要什么信息以及如何有效和高效地获取信息。营销调研的目标是提供有用的决策信息，需要回答与营销调研问题有关的一些具体信息。酒店管理者必须将这些信息同自己的经验和其他信息相结合，才能做出正确的决策。

假设问题已经确定，接下来管理人员和研究人员就要确定研究的目标。营销调研的目标有3种。探测性的目标：旨在收集一些基本信息，以便于定义问题和建立假设；描述性的目标：旨在描述市场的规模和结构；分析性的目标：旨在检验各种因果关系假设。管理人员通常是从探测性目标开始，然后顺序进行描述性和分析性调研。

（2）制订第二手资料收集计划

营销调研的第二步是决定应该收集哪些信息，并制订信息收集的计划。

①明确所需要的信息

营销调研目标必须转化成具体的信息需要。例如，假日酒店集团决定要研究一个新的低价位酒店系统时，它给自己定了两个具体目标，把顾客从竞争者那里吸引过来，并且最大限度地避免对集团现有酒店的冲击。于是，这项研究就可能需要以下特殊的信息：酒店应该具有什么样的特色，新酒店应该如何定价，这些酒店应该坐落在什么地方，销售额和利润额应该达到什么水平等。

②收集第二手资料

酒店的市场营销资料包括第一手资料（原始资料）和第二手资料（次级资料）。第一手资料指的是研究者基于某个特别的研究项目而亲自收集的资料。第二手资料指的是那些并非为正在进行的营销调研而是为其他目的已经收集起来的信息资料。或者说，第二手资料是由他人收集并整理的现成资料。

调研人员通常是先收集第二手资料，使用第二手资料有4个主要优点。第一，它能被快速获得。第二，比起收集原始资料，它的成本要低许多。第三，通常情况下，它较为容易获得。第四，它能辅助现有的原始资料。第二手资料研究能使研究者熟悉行业状态，确定概念、术语和数据,这在对原始资料进行研究时将是很有用的。

尽管第二手资料的优点证明了这种信息的查找是有用的,但是第二手资料还是存在一些缺点。其中的问题包括测量单位的不一致、对数据进行分类的标准不同、第二手资料的更新、缺乏评估第二手资料的可信度的信息。调研者必须在使用第二手资料前确定这些问题的程度。这个任务必须通过评价第二手资料来完成。

基于以上第二手资料的优缺点,在收集第二手资料时应注意以下要求。第一,真实性。所获取的第二手资料,要进行认真鉴别和筛选,坚持实事求是,避免个人偏见和主观臆断。第二,及时性。营销调研人员必须及时收集市场变化的数据资料,分析市场变化的最新趋势。第三,同质性。围绕特定的营销问题所获取的资料必须同质、相关并可比,对同一问题还要明确统一的定义标准和统计计量单位。第四,完整性。指收集的资料要力求全面系统地反映市场行情的来龙去脉,所获取的同类数据在时间上应当是连续的,形成一定的序列,能够反映各时期情况及其发展趋势。第五,经济性。这是指资料的收集、处理、传递方式必须符合经济利益的要求,通过资料的使用,必须使酒店在经济上有所收益,没有经济效益的资料是没有任何意义的。第六,针对性。资料的收集必须有确定的指向和目标,避免无的放矢,而且应为酒店的市场营销决策提供实际的效用。

在收集第二手资料的过程中,可通过下列途径收集,内部第二手资料和外部第二手资料。

• 内部第二手资料

内部资料是指来自酒店内部的资料。如果它们是以其他一些目的而收集的,就是内部第二手资料。内部第二手资料可分为会计账目、销售记录和其他各类报告3部分。例如,销售记录、采购要求、财务报告、产品设计与技术资料、市场环境资料等。在正常的会计核算中所编制的销售与成本资料,是能为许多市场调研提供帮助的内部第二手资料,尤其在评价过去的市场营销战略或评价本酒店在同行业竞争中所处的地位方面更是如此。产品设计与技术信息等资料能为酒店评价某一新产品或一次新的广告活动等,提供有用帮助。现在,内部资料的一个主要来源是那些包含有关顾客、销售、供应商和竞争酒店等内容的数据库。所有酒店的内部资料,都可为市场调研计划的设定提供依据。

• 外部第二手资料

包括出版物、商业性资料和电子数据库。

出版物包括:政府出版物,例如各类年鉴、统计、公报等;报纸杂志,例如中国旅游报、商业研究、旅游学刊等。

商业性资料指从一些专业性的咨询机构或公司所购买来的资料。

电子数据库指的是利用计算机技术按照一定要求收集且具有内部相关性的数据的集合体。

(3)进行原始资料的收集

原始资料是市场调研人员通过实地调查获取的第一手资料,具有直观、具体、零碎等特点,是直接感受和接触的对象。原始资料的收集是市场调研中一项复杂、辛苦的工作。一般来说,为取得原始资料,需要完成下列几项决策,确定调研方法、接触方式、制订抽样计划、选择调研工具。

①调研方法

调研方法一般包括以下3种:观察法、访问法和实验法。

● 观察法

观察法是指调研者凭借自己的眼睛或摄像录音器材等设备,在调查现场进行实地考察,记录正在发生的市场行为或状况,以获取各种原始资料的一种非介入调研方法。这种方法的主要特点是,调研者同被调查者不发生直接接触,而是由调研者从侧面直接地或间接地借助仪器把被调查者的活动按实际情况记录下来,避免让被调查者感觉到正在被调查,从而提高调查结果的真实性和可靠性,使取得的资料更加贴近实际。但它也有一些缺点。观察法仅是取得表面性资料,无法深入探究其原因、态度和动机等问题;另外由于受时空等条件的限制,观察法只能观察到正在发生的动作和现象,而对已经发生的或将要发生的事情却无法得知;要求较高的调研费用和较长的观察时间等。在现代市场调查中,观察法常用于顾客购买行为的调查。

● 访问法

访问法是通过询问的方式向被调查者了解市场情况,获取原始资料的一种方法。采用访问法进行调查,对所要调查了解的问题,一般都事先陈列在调查表中,按照调查表的要求询问,所以又称调查表法。根据调研人员与被调查者接触方式的不同,又可将访问法分为人员访问、电话访问、邮寄访问和网上访问等。酒店最常用的方法是在客房放置一张顾客意见征询表,可以较全面了解顾客对酒店的满意度和建议,如表3.1所示。

表3.1 ××酒店的顾客意见调查表

尊敬的女士/先生:

为了使您得到更加满意的服务,希望您能协助我们回答下列问题。

1.您入住本酒店的理由是

□公司生意 □培训 □会议 □销售 □其他

2.您是自己选择的酒店,还是其他人为您预订的? 若是其他人,那么是谁?

_____

3.您是第一次下榻本酒店吗?

□是 □不是

4.您如何评价酒店的总体印象?

□很好 □好 □一般 □差

5.您是如何评价前台登记服务的?

□很好 □好 □一般 □差

6.客房服务的质量如何?

□很好 □好 □一般 □差

7.居住期间您用过餐吗?

□用过 □没有用过

您的评价如何?

中 餐 厅 □很好 □好 □一般 □差

西 餐 厅 □很好 □好 □一般 □差

酒 吧 □很好 □好 □一般 □差

送餐服务 □很好 □好 □一般 □差

您的建议是＿＿＿＿＿＿＿＿＿＿＿＿＿＿＿＿＿＿＿＿＿＿＿＿＿＿＿

8．您了解酒店以下的特别服务吗？

游 泳 池 □了解 □不了解 □需要问询

俱 乐 部 □了解 □不了解 □需要问询

健 身 房 □了解 □不了解 □需要问询

网 球 场 □了解 □不了解 □需要问询

会 议 厅 □了解 □不了解 □需要问询

儿 童 护 照 □了解 □不了解 □需要问询

室内保险箱 □了解 □不了解 □需要问询

9．您需要或使用周围环境的信息吗？

□需要 □不需要

10．喜欢酒店提供以下服务吗？

图 书 室 □提供 □不提供

步 行 机 □提供 □不提供

有线电视 □提供 □不提供

地 秤 □提供 □不提供

11．您多久来酒店一次？

□每月 1 次

□每季度 1 次

□每半年 1 次

□第一次

12．您每次居住多长时间？

□1 □2 □3 □4 □5 □5 天以上

13．您下次还会选择本酒店吗？

□会 □不会

为了表示对您的谢意，我们将给您提供一张免费自助早餐券。再次谢谢您的合作！

• 实验法

运用实验法进行市场调查，关键在于实验设计。实验设计有两种，非正规设计和正规设计。其中，非正规设计又包括无控制组的事后设计、有控制组的事后设计、无控制组的事前设计和有控制组的事前设计4种。正规设计又包括完全随机设计、分组随机设计、拉丁方格设计和复合因素设计等。每一项实验完成以后都要检测其有效性，既包括检测其内部有效性，又包括检测其外部有效性，只有当内部和外部同时有效时，实验结果才能推广到总体。

②接触方式

收集信息的方式可以是利用人员访问、电话访问、邮寄访问和网上访问等。

• 人员访问

人员访问是通过调研者与被调查者面对面交谈以获取市场信息的一种调查方法。询问时可按事先拟订的提纲顺序进行，也可采取自由交谈方式。由于人员访问是在调研者与被调查者的人际沟通中实现的，所以使用此种方法需要掌握一定的技巧和方法，同样的调研内容,同样的成本支出,同样的被调查者,方法技巧不同,调研结果可能大不一样,这就需要调研者悉心研究、妥善处理。另外,由于人员访问采取面对面的交谈方式,也使人员访问具有以下独特的优点。第一,人员访问具有很大的灵活性。由于调研者与被调研者双方面对面交流、交谈的主题可以突破时间限制;同时对于一些新发现的问题,尤其是那些争议较大的问题,调研者可以采取灵活委婉的方式,迂回提问,逐层深入。当被调研者对某一问题误解或不理解时,调研者可以当面予以解释说明,有利于资料收集工作的顺利进行。第二,拒答率较低。与其他方式相比,人员访问容易得到较高的回答率,这也可以说是人员访问最为突出的优点之一。第三,调研资料的质量较好。在访问过程中由于调研者在场,因而既可以对访问的环境和被调研者的表情、态度进行观察,又可以对被调研者回答问题的质量加以控制,从而使得调研资料的准确性和真实性大大提高。第四,调研对象的适用范围广。由于人员访问主要依赖于口头语言,因此,它适用的调研对象范围十分广泛,既可以用于文化水平较高的调研对象,也可以用于文化水平较低的调研对象。同时,人员访问也具有下列缺点。第一,调研费用较高。主要表现为调研者的培训费、交通费、工资以及问卷及调研提纲的制作成本费等。第二,对调研者的要求较高。可以说,调研结果的质量很大程度上取决于调研者本人的访问技巧和应变能力。第三,匿名性较差。因而对于一些敏感性问题,往往难以用个人访问来收集资料。第四,访问调研周期较长,因而在大规模的市场调研中,这种收集资料的方式较少见。

• 电话访问

电话访问是通过电话中介与选定的被调查者交谈以获取信息的一种方法。由于彼此不直接接触,而是借助电话这一中介工具进行,因而是一种间接的调查方法。电话访问自身特点决定了要成功地进行访问,必须首先解决好以下几个方面的问题。第一,设计好问卷调查表。这种问卷调查表不同于普通问卷调查表,由于受通话时间和记忆规律的约束,大多采用两项选择法向被调查者进行访问。第二,挑选和培训好调查员。电话访问对调查员的要求主要是口齿清楚、语气亲切、语调平和。第三,调查样本的抽取及访问时间的选择问题。由于电话访问的结果只能推论到有电话的对象这一群体,因此必然存在先天性母体不完整的缺陷;同时电话访问又很容易导致无反应问题,如白天上班不在家,周末团聚拒答率高等。所以电话访问对于调查样本的抽取及访问时间的选择问题就显得尤为重要。通常的做法是随机抽取几本电话号码簿,再从每本电话号码簿中随机抽取一组电话号码,作为正式抽中的被调查者。至于访问时间的选择,一要根据调查内容而定,比如访问年轻人有关消费者偏好问题,最好选择在工作日的晚上,而对老年人购买习惯的访问,则可以选择白天。二要考虑被调查者的生活习惯等问题。电话访问的突出优点是信息反馈快、费用低、辐射范围广。其局限性主要表现在以下几个方面。第一,由于电话访问调查的项目过于简单明确,而且受通话时间的限制,因而调查内容的深度远不及其他调查方法。第二,电话访问的结果只能推论到有电话的对象这一总体,因而先天存在着母体不完整的缺陷,不利于资料收集的全面性和完整性。第三,不能使用视觉的帮助。有一些调查项目需要得到被调查者对一些图片、广告或设计等反应,电话访问无法达到这些效果。当然可以提前把类似的资料寄给被调查者。第四,由于电话访问是通过电话进行的,调查者不在现场,因而很难判断所获信息的准确性和有效性。尽管电话访问存在着诸多缺陷,但对那些调查项目单一,问题相对简单明确,并需及时得到调查结果的调查项目而言,仍不失为一种最理想的访问方式。

● 邮寄访问

邮寄访问是市场调查中一种比较特殊的资料收集方法,它是一种将事先设计好的调查问卷邮寄给被调查者,由被调查者根据要求填写后寄回的一种调查方法。邮寄访问的突出优点主要表现在以下几个方面。第一,调查的空间范围广,邮寄访问可以不受被调查者所在地域的限制,只要是通邮地区都可以被选为被调查对象。第二,费用低。与其他访问方法相比,邮寄访问可以说是市场调查中一种最为便宜、最为方便、代价最小的资料收集方法。第三,邮寄访问可以给予被调查者更加宽裕的时间回答,便于被调查者深入思考或从他人那里寻求帮助,而且可以避免面访调查中可能受到的调查人员的倾向性意见的影响。第四,邮寄访问的匿名性较好,所以对于一些人们不愿公开讨论而市场决策又很需要的敏感性问题,邮寄访问无疑是一种上选方式。邮寄访问也有许多自身无法避免的缺点。其中最大的缺点是问卷回收率低,因而容易影响样本的代表性。除回收率低以外,邮寄访问的另一大缺陷是问卷回收期长,时效性差。由于各种主客观原因,问卷滞留在被调查者手中的时间较长,当问卷回收以后,往往已经失去其分析研究的价值了。酒店可以采取以下一些方法提高邮寄访问问卷回收率。第一,不要问卷发出去就撒手不管了,试着做些事后性的工作,比如说发封跟踪信、打个跟踪电话,寄张明信片等,也许会收到一些意想不到的效果。有调查学者研究表明,跟踪提醒一般可将问卷回收率提高大约20个百分点。第二,附加一点实惠的东西,比如说给予一定的中奖机会,赠送一些购物优惠券,享受会员待遇等,有时候也许比打100个跟踪电话更有效。第三,预先通知一下,这也许并不会花费你太多的时间和精力,却能在一定程度上满足被调查者的情感需求,激发其合作热情,提高问卷作答质量和问卷回收率。第四,请权威机构主办,市场调查由受人尊重的权威机构主办将大大提高问卷的回收率。在国内,由政府机构主办和支持的市场调查受到"礼遇"的可能性和收集资料的容易程度大大高于其他机构。此外,附上回邮信封和邮票等小小的细节问题也被认为是提高回收率的有效方法。

● 网上访问

网上访问是一种随着网络事业发展而兴起的最新的一种访问方式。主要是市场调查者将需要调查的问题系统制作,通过互联网收集资料的一种调查方法。网上访问同其他访问方式相比具有明显的优点。首先表现在其辐射范围上。其次,网上访问速度快,信息反馈及时。第三,匿名性很好,所以对于一些人们不愿在公开场合讨论的敏感性问题,在网上将是一方畅所欲言的乐土。第四,费用低廉。以上4种访问方式比较起来,网上访问的费用将是最低的。当然,网上访问也有缺点。其中最主要的缺点是样本对象的局限性,也就是说网上访问仅局限于网民,这就可能造成因样本对象的阶层性或局限性问题带来调查误差。其次是所获信息的准确性和真实性程度难以判断。第三,网上访问需要一定的网页制作水平。但不管怎样,随着网络事业的迅猛发展和网民比例的不断上升,网上访问不仅代表着一种趋势,也代表着一种潮流,其作用将愈来愈凸显。

③制订抽样计划

大多数的市场调查是抽样调查,即从调查对象总体中选取具有代表性的部分个体或样本进行调查,并根据样本的调查结果去推断总体。抽样方法按照是否遵循随机原则分为随机抽样和非随机抽样。

● 随机抽样方法

随机抽样就是按照随机原则进行抽样,即调查总体中每一个个体被抽到的可能性都是一样的,是一种客观的抽样方法。随机抽样方法主要有简单随机抽样、等距抽样、分层抽样和分群抽样。

● 非随机抽样方法

常用的非随机抽样主要有任意抽样、判断抽样和配额抽样。任意抽样也称便利抽样,这是纯粹以便利为基础的一种抽样方法。街头访问是这种抽样最普遍的应用。这种方法抽样偏差很大,结果极不可靠。一般用于准备性调查,在正式调查阶段很少采用。判断抽样是根据要求样本设计者的判断进行抽样的一种方法,它要求设计者对母体有关特征有相当的了解。在利用判断抽样选取样本时,应避免抽取"极端"类型,而应选择"普通型"或"平均型"的个体作为样本,以增加样本的代表性。配额抽样与分层抽样法类似,要先把总体按特征分类,根据每一类的大小规定样本的配额,然后由调查人员在每一类中进行非随机的抽样。这种方法比较简单,又可以保证各类样本的比例,比任意抽样和判断抽样样本的代表性都强,因此实际上应用较多。

④调研工具选择

在收集原始信息时,有访谈、机械工具和结构模型几种主要的调研工具可供营销调研人员选择,结构性访谈要使用调查表。

调查问卷是市场营销调研的重要工具之一。在大多数市场调查中,研究者都要依据研究的目的设计某种形式的问卷。问卷设计没有统一固定的格式和程序,一般说来有以下几个步骤。

第一,确定需要的信息。在问卷设计之初,研究者首先要考虑的就是要达到研究目的、检验研究假设所需要的信息,从而在问卷中提出一些必要的问题以获取这些信息。

第二,确定问题的内容。确定了需要的信息之后,就要确定在问卷中要提出哪些问题或包含哪些调查项目。在保证能够获取所需信息的前提下,要尽量减少问题的数量,降低回答问题的难度。

第三,确定问题的类型。问题的类型一般分为以下3类。

● 自由问题

这种回答问题的方式可以获得较多的较真实的信息。但是被调查人因受不同因素的影响,各抒己见,使资料难以整理。

● 多项选择题

这种问题应答者回答简单,资料和结果也便于整理。需要注意的问题是选择题既要包含所有可能的答案,又要避免过多和重复。

● 二分问题

二分问题回答简单也易于整理,但有时可能不能完全表达出应答者的意见。

第四,确定问题的用词。问题的词句或字眼对应答者的影响很大,有些表面上看差异不大的问题,由于用词不同应答者就会做出不同的反应。因此问题的用词必须斟酌使用,以免引起不正确的回答。

第五,确定问题的顺序。问题的顺序会对应答者产生影响,因此,在问卷设计时问题的顺序也必须加以考虑。原则上开始的问题应该容易回答并具有趣味性,以提高应答者的兴趣。涉及应答者个人资料的问题则应最后提出。

第六,问卷的试答。一般在正式调查之前,设计好的问卷应该选择小样本进行预试,其目的是发现问卷的缺点,改善提高问卷的质量。

(4)提出调研计划

在这个阶段,营销调研人员应以书面建议的形式针对计划加以概括。当调研项目规模大而且较复杂时,或者当外部企业参与到调查过程当中时,形成书面建议就非常重要。该建议应该包括所提出的管理问题和调研目标、要获得的信息、二手资料的来源或收集原始资料的方法,以及研究结果对管理决策所起的作用。建议中还应该包括调研预算。一份书面调研计划可以确保营销管理人员和调研人员考虑到调研中的所有重要方面,并保证他们能对调研的意义和方式有一致的看法。在批准调研项目之前,管理人员还要仔细地对调研计划进行审批。

(5)实施调研计划

营销调研计划实施过程包括资料的收集、处理和分析。收集资料的工作可以由酒店的营销调研人员来做,也可以由外部专业机构来做,前者可以使酒店更好地控制信息收集的程序和质量,而后者可以降低资料收集的成本,提高资料收集的速度。

营销调研的资料收集阶段通常是花费最多和最容易出错的阶段。调查者应密切关注现场调查工作以确保计划的正确执行,还应避免在以下方面出现问题,接触被调查者的方式、被调查者拒绝合作或提供有偏见或不诚实的答案、调查者犯错误或想走捷径。

被收集上来的资料必须经过处理和分析,从中提炼出重要的信息和结论。对问卷当中所填列的资料要进行审核,确保其准确和完整。然后,要对资料进行编码,以便于计算机分析处理。调研人员应用标准的计算机程序对结果做表格化处理,并计算各主要变量的平均值和其他统计指标。

(6)撰写营销调研报告

在市场营销调研项目基本完成以后,调研人员应当考虑撰写市场营销调研报告。提供一份完善的市场营销调研报告既是一个营销调研项目的顶点,也是市场营销调研的终点。调研报告是整个市场营销调研过程的最重要部分,因为调研报告通常是评价整个调研过程工作好坏的唯一标准。不管调研过程中其他各步骤的工作如何成功,如果调研报告失败,则意味着整个调研失败,因为决策者或调研委托者只对反映调研结果的调研报告感兴趣,他们往往通过调研报告来判断整个市场调研工作的优劣。因此,调研人员在完成前面的市场营销调研工作以后,必须写出准确无误、优质的调研报告。

①市场营销调研报告应符合下列写作标准

- 完整性
- 准确性
- 明确性
- 简洁性

②市场营销研究报告的基本结构

一份完整的调研报告可分为前文、正文和结尾。

• 前文

前文包括标题页和标题扉页、授权信、提交信、目录、图表目录和摘要。标题页包括的内容有报告的题目,报告的提供对象,报告的撰写者和发布(提供)日期。特别正规的调研报告,在标题页之前还安排标题扉页,此页只写调研报告标题。授权信是由调研项目执行部门的上司给该执行部门的信,表示批准这一项目,授权给某人对项目负责,并指明可用于项目开展的资源情况。提交信是以调研报告撰写者个人名义向报告提供对象个人写的一封信,表示前者将报告提交给后者的意思。除了只有几页纸的调研报告之外,一般的调研报告都应该编写目录,以便读者查阅特定内容。目录包含报告所分章节及其相应的起始页码。如果报告含有图表,那么需要在目录中包含一个图表目录,目的是为了帮助读者很快找到对一些信息的形象解释。摘要须写明为何要开展此项调研,其中考虑到该问题的哪些方面,有何结果,建议要怎么做。

• 正文

征文包括引言、研究目的、调研方法、结果、局限性、结论和建议。引言对为何开展此项调研和它旨在发现什么做出解释。引言中包括基本的授权内容和相关的背景材料。调研方法部分要阐明以下 5 个方面:调研设计、资料采集方法、抽样方法、实地工作和分析。结果在正文中占较大篇幅,这部分报告应按照某种逻辑顺序提出紧扣调研目的的一系列项目发现。调研报告正文的最后部分是有关结论和建议。结论是基于调研结果的意见,而建议是提议应采取的应对措施。正文中对结论和建议的阐述应该比提要更为详细,而且要辅以必要的论证。

• 附录

任何一份太具技术性或太详细的材料都不应出现在正文部分,而应编入附录。

3.2.4 资料分析

由酒店的营销情报系统和营销调研系统收集起来的信息资料可以进一步加以分析,这通常会带来很多好处。这些分析包括旨在进一步发掘数据资料内在关系的高级统计分析。做这样的分析,就不仅仅是计算平均数和标准差的问题了。它能回答诸如下列的问题,影响销售额的变量主要有哪些? 每个变量的重要性如何? 如果价格提高 10%,销售额会发生什么变化? 对市场进行细分使用什么变量最好? 有多少细分市场? 等等。

数学模型对营销人员做好决策也会有所帮助。每一个模型代表一个实在的系统、过程或结果。在过去 20 年当中,营销学家们已经开发了很多模型,用来帮助营销管理人员更好地进行营销组合决策、选择人员推销区域、制订人员推销计划、选择零售网点位置、制订最佳广告组合策略以及预测新产品的销售前景。

3.2.5 信息传递

营销信息如果不能帮助管理人员改进决策质量就一文不值。收集到的信息必须及时到达适当的营销管理人员那里。大公司拥有自己的中央营销信息系统,能定期向管理人员提供业绩报告、更新情报并汇报研究结果。管理人员利用这些日常报告来做出计划、执行或控制决策。但是,营销管理人员也需要一些非常规性的信息,供他们在特殊场合或现场进行决策。在拥有中央信息系统的公司里,管理人员必须从管理信息系统的职员那里索取信息,而且常常要耐心等待,一般情况下信息都来得太晚,以致没有什么用处。

最近在信息传播手段上的发展给信息传递带来了革命性的变化。随着微机、软件和通信技术的发展,酒店可以为营销信息系统设置更多的终端设备,从而使管理人员得以直接进入存储信息的中央系统。营销管理人员可以利用桌面终端设备、移动终端设备等连接到酒店的信息网络上去。不用离开办公桌,他们就可以从内部记录或外部信息服务等途径获得信息,并能对信息进行分析,撰写报告,通过网络与其他人沟通。国际互联网是很好的营销信息来源。这些系统的未来发展前景非常令人振奋。他们使酒店管理人员能够更直接和更快捷地获取所需要的信息,并根据需要对信息进行处理。随着越来越多的管理人员使用这些系统,随着技术发展所带来的成本的降低,酒店将越来越多地使用这种分散化的营销信息系统。

■拓展材料阅读3.1

酒店集团为何要开发独立的顾客点评系统?

酒店可以通过自身会员所分享的点评信息,获得第一手资料以便改善服务。此外,更可以深入挖掘评论及评论周边数据而形成顾客画像。

对于那些拥有忠诚会员的酒店集团来说,使用独立的评论系统除了显得更专业以外,更大的价值体现在能更便捷地获取会员相关数据信息并从中发现更多的"秘密"。

独立的会员点评系统

互联网上从来不会缺乏酒店顾客点评,无论使用何种语言,在哪个城市,住什么酒店。无论是携程、去哪儿还是TripAdvisor的国内版到到网,都为顾客选择酒店并最终完成预订提供了极大的帮助。对于酒店来说,关注这些网站并管理好自己酒店的在线声誉显得尤为重要。

在此之外,极个别的酒店集团,已经开始建立并运营属于自己的会员点评系统,并且获取了大量基础信息之外的数据。

独立的会员点评系统:区别于OTA网站和其他点评网站,由酒店或酒店集团独自建立并运营的点评系统。该系统可供通过官方渠道预订的顾客和会员直接发表住宿及体验评论,不引用和展示任何来自第三方渠道的评论。酒店可通过该系统直接获取关于顾客的第一手资讯。

我们通过相关调研获知,洲际酒店集团和喜达屋酒店集团已经使用并运营自己的独立点评系统。而其他酒店集团,如雅高、希尔顿则使用TripAdvisor的评论系统,而像凯悦、万豪等酒店集团既没有自己独立的点评系统,也没有在官方网站中引入并使用任何第三方的评论系统。

是什么原因促使酒店集团运营独立的点评系统呢?这样做的优势又在哪里?接下来,让我们通过数据告诉大家。

获取更完整的会员信息

各大集团都会关注不同OTA、点评网站甚至社交平台的顾客在线评论,某些酒店仅一天就可以获取几十条不同来源的点评,并得到一些有价值的信息。但这些似乎还远远不够,因为我们无法从评论和这些网站中直接获取这位顾客的身份信息、个人喜好、旅行频率以及消费习惯等更深入的信息。

更深层次的问题还包括,当一名顾客在 OTA 或点评网站中发布差评或投诉时,酒店方除了在第三方网站的评论下方回复以外,并没有更直接的方式对顾客道歉;而在顾客看来,酒店似乎对自己的投诉并不在意,因为没有接到任何来自酒店的直接反馈。

因为 OTA 和点评网站中的种种限制,酒店集团开始考虑使用独立的会员点评系统来完善并丰富自己的在线声誉体系。

我们对洲际酒店集团会员评论体系的研究中发现,不管是好评差评,每一条会员点评中,至少包含了 15 个以上的有价值数据。比如:会员年龄、所在地区、旅行理由、是否推荐给其他顾客以及对酒店设施的个人偏好等。

聆听更真实的顾客体验

通过对酒店集团官网、OTA 网站和点评网站用户评论的观察我们发现,来自于酒店集团独立运营的点评系统中的评论质量远远高于其他渠道的评论。

我们选取了同一家酒店在不同来源中的评论进行对比:

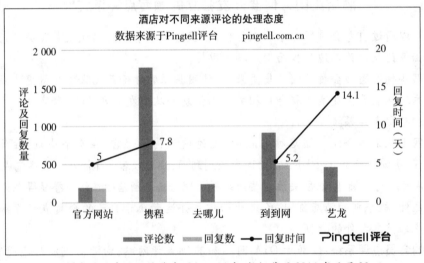

数据样本为北京国际艺苑皇冠假日酒店,数据截至 2014 年 6 月 30 日

(数据来源:Pingtell 评台)

从图中不难发现,由于酒店集团的独立评论系统运行时间较晚,OTA 和点评网站的评论数量要明显多于官方网站,但是官方网站在评论回复数量和时间上则远远领先于其他所有网站。

我们看到官方网站的回复比例达到了 94.3%,平均回复时间控制在了 5 天以内,这对于酒店集团来说难能可贵,而对于会员以及通过官方网站预订的顾客来说更是一种态度上的尊重。

在点评的字数上同样可以看出两者间的区别。来自官方网站的会员点评字数平均为 80 个字,酒店平均回复 102 个字,而其他网站的平均评论字数仅有 32 个字,如果排除去哪儿网的测评文章,这一数字还会更低。顾客愿意花更多的时间撰写并发布更多内容的住宿点评,这对于酒店来说是求之不得的,而80个字和32个字的区别就是酒店可以更清楚地了解自己在顾客心目中的形象。

挖掘更精准的会员需求

现在,我们都知道免费WIFI已经逐渐成为绝大多数酒店顾客的必要需求了,但我们是否知道不同地区、年龄的会员们有哪些不同的旅行习惯呢?而不同的旅行习惯所衍生的需求又有什么不同呢?欧洲会员和亚洲会员对酒店需求有何不同呢?如果再深入下去,一位来自美国的60岁精英会员和一位来自中国的35岁精英会员,他们的需求又有什么区别?也许这一类问题酒店无法深入考究,只能凭借互联网上现有的"统一型调研数据"(统一型调研数据:不区分酒店品牌、定位、区域及目标客户而进行的数据统计)去了解。

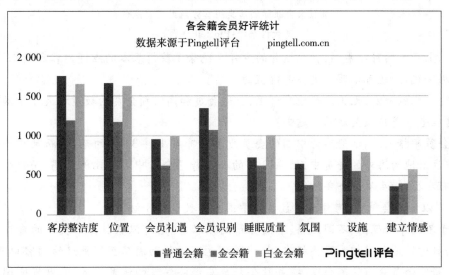

数据来自洲际酒店集团官方网站用户点评
(数据来源:Pingtell评台)

从上图对比我们可以看出,白金级别会员比其他级别会员更看重酒店对会员的识别、睡眠质量和礼遇,而普通会员则比精英会员更关心客房整洁度、位置和设施。对于酒店来说,面对不同属性的会员和顾客时,应该首先满足他们最关心的需求,并且提供个性化的服务。

从数据中发现更多秘密

除了上述提到的信息之外,酒店还可以从独立的会员点评系统中发现更多的"秘密"。

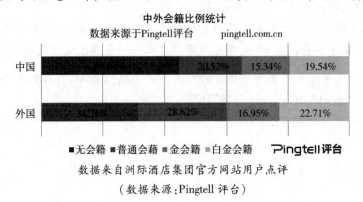

数据来自洲际酒店集团官方网站用户点评
(数据来源:Pingtell评台)

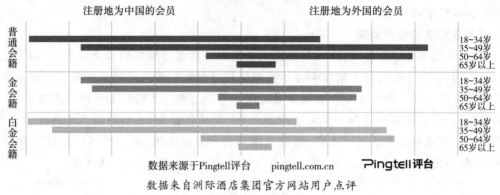

（数据来源：Pingtell 评台）

从以上两个图可以看到，独立运营的点评系统除了获得基本的点评内容和数据外，通过数据挖掘和统计，还可以获得更多有价值的信息。

从会员比例来看，无论注册地在哪里，普通会员和高级别会员的数量都大于中端级别的会员，这难道不是应该关注的问题吗？

从会员年龄来看，注册地为中国的会员更多分布在 18 ~ 34 岁的范围，而且年龄越小比例越高；注册地为海外的会员中，35 ~ 49 岁的人在普通会员中占的比例最高，而白金会员更多则分布在 50 ~ 64 岁这个年龄段。

65 岁以上的会员中，海外会员数量是中国会员数量的 8 倍。

对于不同年龄范围、不同国籍、不同会籍的顾客，酒店可以从数据中获取的资讯更多更深入，而针对性地制定相关服务标准、营销策略也可以帮助酒店获得更好的顾客口碑；在此基础上，研究会员分布的不合理性，并结合社会与经济发展的诸多因素，能更好地调整会员政策，健全会员系统，进行分区布局，从而增加会员黏性。

总结

虽然运营独立点评系统对于酒店来说不是一件轻松的事情，但其带来的价值是无法估算的。

酒店可以通过自身会员所分享的真实点评信息，获得第一手资料以便改善服务。除此之外，更可以深入挖掘评论以及评论周边数据从而形成顾客画像。这些数据远比 OTA 和第三方点评网站所反馈的碎片信息更有价值。

近几年，很多酒店致力于发展自己的直销渠道。在这个过程中，除了完善官方网站预订系统、SEO 优化、数字化营销之外，是否可以考虑建立并运营属于自己的独立点评系统呢？

资料来源：酒店集团为何要开发独立的顾客点评系统［EB/OL］.（2015-08-16）［2015-08-16］. http://www.traveldaily.cn/article/82312.

3.3　酒店市场预测

　　市场预测是在市场调查的基础上,运用科学的方法对市场需求和酒店需求以及影响市场需求变化的诸因素进行分析研究,对未来的发展趋势做出判断和推测,为酒店制定正确的市场营销决策提供依据。

3.3.1　市场预测的内容与步骤

1)市场预测的内容

　　市场预测的内容按照预测的层次可以分成以下 3 个方面。

　　(1)环境预测

　　环境预测也称为宏观预测或经济预测,它是通过对各种环境因素如国家财政开支、进出口贸易、通货膨胀、失业状况、企业投资及消费者支出等因素的分析,对国民总产值和有关的总量指标的预测。环境预测是市场潜量与酒店潜量预测、酒店市场预测和酒店销售预测的基础。

　　(2)市场潜量与酒店潜量预测

　　市场潜量预测和酒店潜量预测是市场需求预测的重要内容。市场潜量是从行业的角度考虑酒店行业的市场需求的极限值,酒店潜量则是从酒店角度考虑本酒店在市场上所占的最大的市场份额。市场潜量和酒店潜量的预测是酒店制定营销决策的前提,也是进行市场预测和酒店销售预测的基础。

　　(3)酒店市场预测与酒店销售预测

　　酒店市场预测是在一定营销环境下和一定营销力量下,对酒店的市场需求水平的估计。酒店销售预测是在一定的环境下和一定的营销方案下,酒店预期的销售水平。酒店销售预测不是酒店制定营销决策的基础或前提,相反它是受酒店营销方案影响的一个函数。

2)酒店市场预测的步骤

　　市场预测要遵循一定的程序和步骤,一般而言它有以下几个步骤。

　　(1)确定预测目标

　　市场预测首先要确定预测目标,明确目标之后,才能根据预测的目标去选择预测的方法、决定收集资料的范围与内容,做到有的放矢。

　　(2)选择预测方法

　　预测的方法很多,各种方法都有其优点和缺点,有各自的适用情况。因此必须在预测开始前根据预测的目标和目的、酒店的人力、财力以及酒店可以获得的资料,确定预测的方法。

　　(3)收集市场资料

　　按照预测方法的不同确定要收集的资料,这是市场预测的一个重要的阶段。

　　(4)进行预测

　　此阶段就是按照选定的预测方法,利用已经获得的资料进行预测,计算预测结果。

（5）预测结果评价

预测结果得到以后,还要通过对预测数字与实际数字的差距分析比较以及对预测模型进行理论分析,对预测结果的准确和可靠程度给出评价。

（6）预测结果报告

预测结果的报告从结果的表述形式上看,可以划分为点值预测和区间预测。点值预测的结果形式上就是一个数值,例如行业市场潜量预计达到 5 个亿,就属于点值预测。区间预测不是给出预测对象的一个具体的数值,而是给出预测值的一个可能的区间范围。例如,95%的置信度下,某酒店产品销售额的预测值在 5 500 万元至 6 500 万元之间。

3.3.2　市场预测的方法

市场预测的方法很多,一些复杂的方法涉及许多专门的技术。对于酒店营销管理人员来说,应该了解和掌握的预测方法主要包括下列方法。

1）定性预测法

定性预测法也称为直观判断法,是市场预测中经常使用的方法。定性预测主要依靠预测人员所掌握的信息、经验和综合判断能力,预测市场未来的状况和发展趋势。这类预测方法简单易行,特别适用于那些难以获取全面的资料进行统计分析的问题。因此,定性预测方法在市场预测中得到广泛的应用。定性预测方法又包括:专家会议法、德尔菲法、销售人员意见汇集法、顾客需求意向调查法。

2）定量预测法

定量预测是利用比较完备的历史资料,运用数学模型和计量方法,来预测未来的市场需求。定量预测基本上分为两类:一类是时间序列模式,另一类是因果关系模式。

【本章小结】

本章共分为 3 节。第一节介绍了酒店市场信息在酒店经营中的重要性及酒店市场营销信息系统;第二节主要阐述了酒店市场营销信息的开发,包括酒店内部资料收集,营销情报收集,市场营销调研,资料分析和信息传递等;第三节介绍了酒店市场预测的内容与步骤以及市场预测的方法。

【复习思考题】

1.什么是酒店市场信息?

2.市场信息在酒店营销中有何作用?

3.酒店市场信息管理的基本方法有哪些?

4.什么是酒店市场营销信息系统?它是由哪些子系统组成的?

5.如何进行酒店市场营销信息系统的开发?

6.如何进行酒店市场预测?它有哪些方法?

【案例分析】

知己知彼——设立客户档案卡

（背景资料:抓住回头客是酒店营销的黄金法则。拥有大量忠诚的客户是酒店追求的目标。但在培养回头客的过程中,不同的酒店有着不同的手法,有的拼命给客户打折扣,有的则给客人发"VIP"卡,还有的则由总经理亲自致谢等等。但在残酷的竞争面前,这些方法似乎还算不上灵丹妙药,老客户改投他店的事例数不胜数,而蓝天大酒店的方法则似乎棋高一着,颇有借鉴价值。）

庄学忠先生是南洋商贸公司的总裁。因为业务关系,他经常到苏州出差。每次到苏州,他必定下榻蓝天大酒店。这一点颇令他的朋友们纳闷,凭庄先生的财力和身份,完全可以入住四、五星级的高档酒店,为何独钟爱三星级的蓝天。其实庄先生只是蓝天大酒店庞大的客户网络中的一员。自5年前开业至今,几乎每一个入住光临过蓝天的顾客都很快成为蓝天的忠实拥护者。庄先生预备来苏州时,一个预订电话,报上姓名,一切手续就都已安排妥当。而且还会有意想不到的特殊安排在等候着他。蓝天大酒店的奇特现象引起了人们的注目,作为苏州酒店的佼佼者,他们成功的奥妙何在呢?

蓝天大酒店的营销总监梁先生为公众揭开了谜底。顾客是酒店的客户,也是活生生的有七情六欲的人。酒店与客人之间不能仅仅只是一种商业交往的经营行为,更重要的是人与人之间的情感沟通,要真正做到"宾至如归",必须对客人的嗜好、习惯、消费需求等特殊的个性化信息了如指掌,在此基础上提供的产品和服务就有明显的针对性,从而获得顾客的好感。每一个入住蓝天的客人,尤其是那些入住次数较多的熟客,在我们营销部都有一份详细的资料档案卡。档案卡上面记载着顾客的国籍、职业、地址、特别要求、个人爱好、喜欢什么样的娱乐活动、饮食的口味和最喜欢的菜肴、酒水等。对于入住频繁的客户,甚至连他喜欢什么样的香波,摆什么样的花,看什么报纸都有专门的记载。

新加坡南洋公司的庄学忠先生是酒店的老客户,每次他预订房间后,我们就根据他的资料卡显示的情况,为他安排靠近西村公园的房间,号码是他的幸运数"16";再在房间里摆上总经理亲笔签名的欢迎信,旁边摆放他最喜欢的康乃馨鲜花篮。他耳朵听力不好,电话铃声需调大,卫生间里换上茉莉花型的沐浴液,浴巾要用加大型的,他是一个保龄球迷,每逢酒店有保龄球晚会,千万别忘了通知他一声。

对客人的情况收集,来源于全体员工的细致投入的服务。例如餐厅服务员发现某位客人特别喜欢吃桂林腐乳,就将这个信息传递营销部,存入资料库。下次该客人再来时,电脑里便会显示出这一点,餐厅就可以迅速做出反应。所有这些,都无需客人特别叮嘱,当他再次光临时,他便能惊喜地发现,怎么蓝天酒店这么神通,什么都替他想到了。久而久之,也就成了酒店的常客。

（资料来源:根据广东旅游网资料整理）

【案例思考题】

　　1.案例中蓝天酒店是通过什么方法了解顾客需求的？这样做对酒店有什么好处？

　　2.本案例中的顾客庄学忠先生的真正需求是什么？酒店是如何满足其需求的？

　　3.如果你是酒店营销总监,你将如何进一步改善酒店的信息收集系统和营销策略？

第4章　酒店消费者行为分析

【主要内容】
◇消费者市场、酒店消费者行为
◇酒店个体消费者行为的影响因素
◇酒店组织消费者行为的影响因素
◇酒店消费者购买行为
◇酒店主要市场

【学习要点】
◇了解酒店消费者行为的概念与特点
◇了解酒店消费者行为分析的意义
◇掌握酒店个体消费者行为的影响因素
◇掌握酒店组织消费者行为的影响因素
◇熟悉酒店消费者购买模式和类型
◇熟悉酒店商务市场、旅游市场和会议市场的需求特点

【案例引导】

3 种类型家庭的度假酒店选择

消费者所处家庭生命周期阶段不同,对酒店产品的选择也会有所不同,即使同处于满巢阶段的家庭,由于子女所处年龄阶段不同,在外出度假的时候,酒店的购买决策也会存在差异。现将满巢阶段的家庭分为 3 类:第一种是孩子年纪在 8 岁以下的家庭;第二种是孩子年纪在 9~14 岁的家庭;第三种是孩子年纪在 15~19 岁的家庭。对于这 3 种类型的家庭来说,决定到哪里度假这一家庭购买决策过程中会有什么差异呢?

对于第一种家庭来说,孩子年纪在 8 岁以下,无自理能力,而且父母比较年轻,工作起步阶段,收入一般,喜欢追求充满时尚感的前沿事物,但是带着小孩有些妨碍,所以在选择度假村时,会倾向于那些能够提供看护服务的度假村,且档次要求一般。

对于第二种家庭,孩子年纪在 9~14 岁,有一定的自理能力且在选择酒店的问题上有自已的想法,而这个家庭的父母则会倾向于那些经济型度假村,但是同时又不能丧失教育娱乐孩子的目的。所以,那些较为实惠的经济型,且开设了适宜青少年学习娱乐的活动的功能型酒店较受这类家庭欢迎。

对于第三种家庭,孩子年纪在 15~19 岁之间,他们思想独立,有着强烈的主见,严格意义上来讲,孩子已经是家庭真正的一员,在家庭决策上占有重要的地位。而此时的父母,也已步入中年,家庭收入最为稳定,情感重心主要在孩子身上,注重商品的质量及售后服务。所以,最终他们会依照孩子的意愿选择那些档次较高的度假村。正是由于这种差异的存在,文中的酒店和度假村就需要在这块竞争日益激烈的市场上寻找一个适合自己的市场定位,开拓一片蓝海,拓宽家庭旅游度假村市场这块蛋糕。

资料来源:笔者根据网络资料改编.三亿文库.消费者行为学案例[EB/OL].(2014-12-20)[2014-12-20].http://3y.uu456.com/bp-cea02fea524de518964b7d87-14.html.

同样是满巢家庭,为何在选择旅游度假酒店时,会对其产品和服务有不同的要求呢?家庭类型对酒店消费者行为影响有多大?除了家庭类型外,还有哪些其他的因素影响酒店消费者行为?通过本章学习,我们将了解和掌握相关知识。

延伸阅读:家庭生命周期理论.百度百科[EB/OL].(2014-12-20)[2014-12-20].http://baike.baidu.com/view/1152503.htm.

4.1　酒店消费者行为

4.1.1　消费者市场

消费者市场又称最终消费者市场,是指个人或家庭为满足生活需求而购买商品的市场。消费者市场是市场体系的基础,也是起决定作用的市场,也是现代市场营销理论研究的主要对象。消费者市场具有以下特点:

第一,从交易的商品看,由于消费者市场是供人们最终消费的产品,而购买者是个人或家庭,因而它更多地受到消费者个人因素,诸如文化修养、欣赏习惯、收入水平等方面的影响。

第二,从交易的规模和方式看,消费品市场购买者众多,市场分散,成交次数频繁,但交易数量零散。因此绝大部分商品都是通过中间商销售,以方便消费者购买。

第三,从购买行为看,消费者的购买行为具有很大程度的可诱导性。这是因为消费者在决定采取购买行为时具有自发性、感情冲动性,另外,消费品市场的购买者大多缺乏相应的商品知识和市场知识,其购买行为属非专业性购买,他们对产品的选择受广告、宣传的影响较大。由于消费者购买行为的可诱导性,生产和经营部门应注意做好商品的宣传广告,引导消费。一方面当好消费者的参谋,另一方面也能有效地引导消费者的购买行为。

第四,从市场动态看,由于消费者的需求复杂,供求矛盾频繁,加之随着城乡交往、地区间的往来的日益频繁,旅游事业的发展,国际交往的增多,人口的流动性越来越大,购买力的流动性也随之加强。

4.1.2 酒店消费者行为的含义

成功的市场营销者是那些能够有效地开发对消费者有价值的产品,并运用富有吸引力和说服力的方法将产品有效地呈现给消费者的企业和个人。因而,研究消费者行为,以及消费者行为的影响因素及其购买决策过程,对于开展有效的市场营销活动至关重要。消费者行为是指消费者为获取、使用、处理消费物品所采用的各种行动以及事先决定这些行动的决策过程。消费者行为研究是市场调研中最普通、最经常实施的一项研究。消费者行为研究是指对消费者为获取、使用、处理消费物品所采用的各种行动以及事先决定这些行动的决策过程的定量研究和定性研究。消费者行为研究是营销决策的基础,与企业市场的营销活动密不可分,对于提高营销决策水平,增强营销策略的有效性方面有着重要意义。

酒店消费者行为则是指旅游消费者购买酒店产品的活动及与这种活动有关的决策过程。而酒店消费者则是指由于观光旅游、商务或会议等原因外出而购买使用酒店产品或接受酒店服务的个人或团体。酒店消费者是酒店营销活动的主体,是酒店得以生存和发展的关键因素。

酒店消费者行为是酒店消费者个人特征、社会影响因素及环境影响因素共同作用的结果。酒店消费者个人特征包括个人客观条件和主观心理特性。个人客观条件又包括消费者的年龄、职业、经济状况、生活方式、自我观念和个性等;主观心理特性又包括动机感觉、学习过程、信念和态度。社会及环境影响因素包括参与团体、家庭、社会阶层、组织及文化因素等。酒店要想在激烈的市场中取胜和求得发展,就必须生产和销售酒店顾客喜欢和愿意购买的产品,满足酒店消费者需求,同时获得相应的利润。

4.1.3 酒店消费者行为的特点

酒店消费者需求尽管受到各种经济、文化因素的影响,但存在着一定的趋向性和规律性,具有如下特征:

1)消费行为的多样性

由于消费者的收入水平、文化程度、职业、性格、性别、年龄、民族、家庭背景、宗教信仰不同,各自的兴趣、爱好、习惯等千差万别,对酒店产品的需求也多种多样。例如,东南亚地区顾客喜欢楼层设有服务台,为他们提供面对面的服务,而西方国家顾客更习惯于酒店设置房务中心的服务方式,因为他们觉得楼层服务台不利于保护他们的隐私,有受"监视"之嫌。顾客在消费需求上的差异,使其在消费行为上有多种不同的表现。

2)消费行为的可诱导性

酒店顾客的消费行为是可以诱导和调节的。当代社会中无孔不入的广告,就是一种很强的诱导手段。一遍又一遍重复的广告词,让人对所宣传的商品由陌生到熟悉,由熟悉到接受。在广告的引导诱发和刺激下,消费者的有关需求可从无到有,从潜在变为现实,购买场所也可从东家转移到西家。酒店不仅要为顾客提供所需的产品和服务,还要通过宣传介绍等各种有效途径,诱发顾客的消费欲望,吸引更多的消费。

3)消费行为的发展性

生产力的发展,人类文明的进步,使人们的物质文化水平不断提高,促使了人们消费行为的发展。以前少人问津的高档商品,如电脑、汽车等,现在受到人们的青睐,购买量大大增加,人们对商品质量的要求也越来越高。

4)消费行为的时代性

消费行为的发展,本身就体现时代的发展。追随时代潮流、体现时代风貌,是绝大多数消费者的心理,酒店顾客的消费行为同样具有时代性,体现了时代特征和精神,这就要求酒店产品不能墨守成规,要有超前意识,在服务项目上有所创新,在服务质量上不断提高。

5)消费行为的层次性

根据美国人本主义心理学家马斯洛提出的需求层次学说,只有当人们的低层次的需要得到满足后,人们才会产生新的、更高层次的需要。只有购买了"生存资料"之后,人们才会购买"享受资料"和"发展资料"。假设某人正因生活拮据而饥肠辘辘,很显然他就不会游山玩水、娱乐消费。

6)消费行为的季节性和时间性

根据客源市场情况,酒店业具有明显的季节性和时间性。如对观光度假型酒店来说,旅游淡旺季亦是酒店的营业淡旺季;对酒店的餐饮部而言,晚餐时间是一日三餐中生意最旺的时间。所以,酒店应对顾客消费行为的季节性和时间性了如指掌,做好预测和准备,保证旺季的产品供给和服务质量,在淡季则应加强促销,尽量保持或提高酒店产品利用率,努力做到"淡季不淡、旺季更旺"。

4.1.4　消费者行为分析的意义

1)消费者行为分析是了解市场的重要内容

营销人员的营销工作首先是从市场调研、搜集市场信息开始的,其中的一项重要内容就是进行消费者行为分析,弄清影响消费者购买决策的主要影响因素,针对消费者市场的各个方面搜集有关信息。

2)消费者行为分析是制订营销计划的基础

酒店消费者受营销环境、酒店营销活动以及自身因素的影响,决定是否购买酒店产品。对于酒店营销活动而言,酒店营销人员只有在适应营销环境、符合酒店消费者购买行为特征的基础上制订营销计划,才能产生良好的营销效果。

4.2　酒店消费者行为影响因素分析

4.2.1　个体消费行为影响因素

酒店个体消费行为受到文化、社会、个人和心理特征等因素的影响,如图4.1所示。

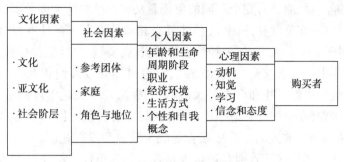

图 4.1 酒店个体消费行为影响因素图

1）文化因素

文化因素对酒店消费者行为影响最为广泛和深远。由于文化的不同,来自世界各地的消费者有不同的人生观、价值观和消费观,顾客在购买酒店产品时,因受其文化影响而表现出不同的生活习惯和行为特征。下面主要讨论消费者的文化、亚文化和社会阶层所起的作用。

（1）文化

一般认为,文化有广义和狭义之分。广义的文化是指人类创造的一切物质财富和精神财富的总和。狭义的文化是指人类精神活动所创造的成果,如哲学、宗教、科学、艺术、道德等。在消费者行为研究中,由于酒店主要关心文化对顾客行为的影响,所以我们将文化定义为一定社会经过学习获得的、用以指导顾客行为的信念、价值观和习惯的总和。

文化是决定人们的欲望和行为的最基本的因素,它由个体从社会中不断习得的基本的价值观、认知系统、欲望和行为所构成。当今社会处在不断的变革中,个体所承袭的文化上的决定因素也在不断地变化。文化要通过一些有形的要素表现出来,如食物、建筑物、衣着和艺术品等。

文化是酒店不可缺少的组成部分,酒店独特的文化表现构成了对顾客的巨大吸引力。酒店营销人员应努力地识别文化的变化趋势,以不断地设计出新的能被顾客接受的产品和服务。例如进入 21 世纪后在文化上出现一种更加关注健康和保养的趋势,保健、健身与养生相关的设施设备以及服务越来越受青睐,成为了高档酒店的必备项目。

（2）亚文化

文化作为一个整体,包含着能为其成员提供更为具体的认同感和社会化的较小的亚文化,如美国文化、印度文化、中国文化等。所谓亚文化,是指某一文化群体所属次级群体的成员共有的独特信念、价值观和生活习惯,主要包括民族亚文化群、宗教亚文化群、种族亚文化群和地理亚文化群。每一亚文化都会坚持其所在的更大社会群体中大多数主要的文化信念、价值观和行为模式。目前,国内外营销学者普遍接受的是按民族、宗教、种族、地理等划分亚文化的分类方法。

亚文化对消费者的行为影响也很大。作为主要接待国际旅游者的酒店来说,营销人员应该详细了解各国不同的文化及这些文化对消费者行为的影响。例如对于颜色,不同的亚文化群有不同的理解,红、黄、绿、蓝、紫、白、黑等都有各自的象征意义。一般来说,如白色代表纯洁,红色代表热情喜庆,黑色代表哀伤或庄重肃穆,绿色象征生命、青春与和平。但在不同的国家,相同的颜色可能具有完全不同的象征意义。蓝色对绝大多数美国人来说,是最有男子汉形象的颜色;而在英国和法国,红色才具有相似的意义。在日本,灰色是同廉价商品联系在一起的;对于美国人来说,灰色却代表着昂贵、高质量,并且值得信赖。再比如礼仪与礼节代表社会交往中一般被接受的行为方式,它也可能导致人们相互间的误解或不自在。在一个文化中被认为粗鲁无礼和令人讨厌的行为,在另一个文化中可能是十分正常和被人们普遍接受的。例如,在中国和其他一些东方国家,坐着时跷二郎腿在许多场合(如晚辈在长辈面前)会被认为是对他人的不尊敬或者是缺少教养和没有礼貌。对一个阿拉伯人亮出鞋底,也是不礼貌的。但在美国,则会被认为是普遍的和可以被接受的。因此,许多美国广告都有跷二郎腿,或者把双脚搁在桌子上的画面,而且画面中的人物悠哉游哉,充满自信。又如,与印度人谈话时,不盯着对方看表示尊敬。而在美国,直盯着谈话者的眼睛才表示尊敬。因此,酒店必须研究不同的亚文化群的状况,以便确定目标市场,制定科学的市场营销决策。

(3)社会阶层

所谓社会阶层,是指社会上因地位、职业、经济收入及受教育等因素而形成的具有某些特点的社会群体。酒店消费者均处于一定的社会阶层。同一阶层的顾客在行为、态度和价值观念等方面具有同质性,不同阶层的顾客在这些方面存在较大的差异。因此,研究社会阶层对于深入了解消费者行为具有特别重要的意义。

社会阶层对酒店消费者行为的影响表现为:

①不同社会阶层消费行为的差异性

不同社会阶层的人们,人生观、价值观、欣赏能力等表现相异,再加上职业往来及经济收入的约束,必然会导致消费行为的差异性。如上层人士收入高、对产品要求高,往往挑选高档酒店下榻,追求奢侈豪华和住店质量;而下层人士对高档酒店一般不敢问津,只追求廉价、安全;中层人士则大多选择中档酒店,要求安全舒适、价位适中。

②同一社会阶层消费行为的相似性

受阶层自身某些特定因素约束,属于同一社会阶层的消费者,在价值观念、对产品要求、经济收入以及对广告的反应上,均表现出相似性。如工薪族一般利用周末及双休日进行近郊或短途旅游;中、上层社会人士的旅游时间大多集中在较长的节假日。

③同一社会阶层消费行为的差异性

由于人们的爱好、性格、修养不同,以及同一社会阶层的人可能处于不同的收入水平和储蓄水平,表现为消费心理和消费行为上也存在差异性。如性格内向型的中层社会阶层喜爱悠闲、雅静的郊外度假旅游,选择熟悉的富有人情味的酒店;外向型的中层阶层则偏好走马观花式的城市观光旅游,喜欢在装饰新奇的酒店下榻。

不同社会阶层的消费者行为在支出模式、休闲活动、信息接收和处理、购物方式等方面均有较大的差异,对于酒店营销人员来说,社会阶层提供了一种合适的细分依据或细分基础。

酒店应根据社会阶层制定市场营销战略。首先,要确定酒店的产品及其消费过程在哪些方面受社会地位的影响,然后将相关的地位变量与产品消费联系起来。其次,要确定应以哪一社会阶层的顾客为目标市场,此时既要考虑不同社会阶层作为市场的吸引力,也要考虑酒店自身的优势和特点。最后,在此基础上根据目标顾客的需要与特点,为酒店产品进行市场营销,并制定市场营销组合策略。

2)社会因素

酒店消费者行为同时受社会因素的影响,包括消费者参考群体、家庭、社会角色和社会地位等。由于社会因素在很大程度上影响消费者的反应,酒店在制定营销战略时必须予以全面考虑。

(1)参考群体

酒店消费者的很多行为受到群体及其规范的影响。群体,或社会群体是指通过一定的社会关系结合起来进行共同活动而产生相互作用的集体。从消费者行为分析角度研究群体影响至关重要。首先,群体成员在接触和互动过程中,通过心理和行为的相互影响与学习,会产生一些共同的信念、态度和规范,它们对顾客行为将产生潜移默化的影响。其次,群体规范和压力会促使消费者自觉或不自觉地与群体的期待保持一致。即使是那些个人主义色彩很重、独立性很强的人,也无法摆脱群体的影响。再次,很多产品的购买和消费是与群体的存在和发展密不可分的。

参考群体实际上是个体在形成其购买或消费决策时,用以作为参照、比较的个人或群体。参考群体的含义在随着时代的变化而不断变化。参考群体最初是指家庭、朋友等个体与之具有直接互动的群体,但现在它不仅包括这些具有互动基础的群体,而且还涵盖了与个体没有直接面对面接触但对个体行为产生影响的个人和群体。人们总希望自己富有个性和与众不同,然而群体的影响又无处不在。不管是否愿意承认,每个人都有与各种群体保持一致的倾向。尽管人们时常要有意识地决定是否遵从群体,通常情况下,人们是无意识地和群体保持一致的。

参考群体对消费者行为的影响,通常表现为行为规范上的影响和信息方面的影响两种形式。消费者参考群体对消费者行为影响的程度与以下因素有关:

①参考群体与消费者行为的相关性

每个人周围都有一定的相关群体,但不是每个群体对消费者行为都有联系,只有那些与消费者行为有联系的参考团体才会对消费者行为存在较大的影响。

②参考群体的密切程度

参考群体越密切,群体成员脱离群体行为准则的可能就越小。

③参考群体对消费者的吸引力

个体越想加入参考群体,那么该参考群体越可能影响个体的行为。

④参考群体的知名度

参考群体的知名度越高,就越能吸引个体来模仿。如许多世界著名的电影明星、体育明星、政府首脑等,他们的行为方式、衣着打扮经常成为消费者效仿的对象,其广告效应非常明显。

(2)家庭

家庭是社会的细胞,是建立在婚姻和血缘关系基础之上的最主要的一种相关群体。家庭不仅是社会生活的基本单位,而且是社会最重要的消费单位。人的一生,大部分时间是在家庭里度过。家庭成员之间的频繁互动使其对个体行为的影响广泛而深远。家庭作为一个群体,所有成员的每一项行为决策都不是孤立的心理活动,彼此之间相互影响,个体的价值观、信念、态度和言谈举止无不打上家庭影响的烙印。不仅如此,家庭还是一个购买和消费决策单位,家庭消费决策既制约和影响家庭成员的购买行为,反过来家庭成员又对家庭消费决策施加影响。

一般而言,家庭消费决策过程中至少涉及以下5种角色:

①倡议者

倡议者是提议购买某种产品或使其他家庭成员对某种产品产生购买兴趣的人。

②影响者

影响者为购买提供评价标准和产品信息,从而影响产品挑选的人。

③决策者

决策者是有权决定购买什么及何时购买的家庭成员。

④购买者

购买者是实际进行购买的家庭成员。

⑤使用者

使用者是在家庭中实际消费或使用的人。

在有些消费活动中,大部分角色都由一个人来承担;而在另外一些消费活动中,则可能由多人分别承担不同的角色。

常见的家庭决策有4种:

①夫权型

夫权型家庭丈夫在决策中起主导作用,并作出最后决定,包括信息的收集、消费的支出和住宿条件的选择等。

②妻权型

妻权型家庭妻子在决策中起主导作用。

③平权型

平权型家庭即夫妻双方共同商量,但最终仍由一方决定。双方在决策过程中,互相影响,共同协商、互相说服又互相妥协,在不断磨合的过程中达到意见的一致。

④子女型

子女型家庭即子女在决策中起主导作用。这里主要指10～18岁少年儿童的作用力。10～18岁的少儿不仅有一定的社会交流和接触,而且有相关的知识,又有一定的主见,在家庭消费决策中常常成为不可忽视的主导力量,尤其表现在节假日为孩子安排的旅游活动中。

酒店的宣传促销工作应针对家庭成员中某一主要角色或重要角色进行,以保证营销工作的有效性。

(3)角色与社会地位

每一个人都在社会或群体中占据一定的位置,围绕这一位置,社会对个体会有一定的要求或期待。在现实生活中,人们需要扮演各种各样的角色。角色是个体在特定社会或群体中占有的位置和被社会或群体所规定的行为模式,角色是周围人对一个人的要求,指一个人在各种不同场合中应起的作用。当个体依照社会的期待去履行义务、行使权利时,他就是在扮演一定的角色。虽然角色直接与社会的人相联系,而且必须由处于一定社会地位的人来承担,但它是建立在位置或地位的基础上。对于特定的角色,不论是由谁来承担,人们对其行为都有相同或类似的期待。角色有先赋角色与自致角色之分。

①先赋角色

先赋角色是指那些不必经过角色扮演者的努力而由先天因素决定或由社会所规定的角色,如由遗传所决定的性别角色,封建时代通过世袭继承所形成的皇帝、公爵、伯爵等角色。

②自致角色

自致角色,又称为获得性角色,是指个体通过自己的主观努力而获得的社会角色,如通过自己的奋斗当上总经理、大学教授等。

一定的角色总是和一系列的产品和服务相关联,这些产品或者有助于角色扮演,或者具有重要的象征意义。角色和产品与服务的关联性规定了哪些产品适合某一角色,哪些产品不适合某一角色。人们在获得商品和服务时往往结合自己在社会中所处的地位和角色来考虑。酒店市场营销工作的主要任务,就是确保其产品能满足目标角色的实用或象征性需求,从而使人们认为其产品适用于该角色。

3) 个人因素

酒店个体消费者行为也受到个人因素的影响,如年龄、家庭生命周期阶段、性别、职业与收入水平、个性和自我概念、生活方式等。

(1) 年龄

消费者在不同的年龄阶段所购买的产品和服务的类型以及购买方式总是处于不断变化中,对酒店产品的需求亦会有所不同。年龄是影响消费者购买行为的又一影响因素,营销人员在制定营销策略时不能忽略年龄在购买决策过程中存在的差异。老年人旅游多为保健、疗养,酒店就应提供相关的一些保健治疗的设施,并提供安静舒适的住宿环境,而老年顾客对酒吧等服务设施的需求很小。而青年人比较喜欢追求新鲜、刺激的经历,因而对于一些新兴的服务项目更感兴趣。成功的营销活动应是考虑消费者的年龄因素制定有针对性的、目标明确的营销战略。

(2) 家庭生命周期阶段

家庭生命周期是指一个人从年轻时离开父母独立生活到年老后并入子女家庭或独居直到死亡的家庭生活的全过程。在家庭生命周期的不同阶段,人的心态和行为方式不同,家庭成员的产品偏好和财务状况也不一样,消费决策也受其影响。酒店市场营销人员需根据消费者所处家庭生命周期阶段来定义目标顾客,并制订适当的产品和营销计划。

家庭生命周期大致可分为以下几个阶段。

①单身阶段

年轻的单身者要么在大学读书,要么刚跨出校门开始工作。随着结婚年龄的推迟,这一群体的数量正在增加。虽然收入不高,但由于没有其他方面的负担,所以他们通常拥有较多的可自由支配收入。这一群体比较关心时尚,崇尚娱乐和休闲。

②新婚阶段

这一阶段始于新婚夫妇正式组建家庭,止于他们的第一个孩子出生。为了形成共同的生活方式,双方均需要作很多调整。一方面,共同的决策和分担家庭责任,对新婚夫妇是一种全新的体验;另一方面还会遇到很多以前未曾遇到和从未考虑过的问题,如购买家庭保险、进行家庭储蓄等等。他们通常具有较高的消费能力,追求浪漫,拥有较多的可自由支配的时间,是剧院门票、昂贵服装、高档家具、餐馆饮食、奢侈度假等产品和服务的重要市场,因此对酒店营销颇有吸引力。

③满巢 I

这一阶段通常是指由年幼(6 岁以下)小孩和年轻夫妇组成的家庭。第一个孩子的出生常常会给家庭生活方式和消费方式带来很多变化。在西方,夫妻中的一方通常是女方停止工作,在家照看孩子,因此家庭收入会减少。然而,孩子的出生确实带来很多新的需要,从而使家庭负担有所增加。家庭需要购买婴儿食品、婴儿服装、玩具等很多与小孩有关的产品。同时,在度假、用餐和家居布置等方面均要考虑小孩的需要。

④满巢 II

这一阶段,最小的孩子已超过 6 岁,多在小学或中学读书。因为孩子不再需要大人在家里照看,夫妻中原来专门在家看护孩子的一方也已重新工作,这样,家庭经济状况得到改善。

⑤满巢 III

通常是指年纪较大的夫妇和他们仍未完全独立的孩子所组成的家庭。这一阶段,由于夫妻双方均在工作,小孩中有的也已经工作,家庭财务压力相对减轻,家庭经济状况明显改善。通常,处于这一阶段的家庭会更新一些大件商品,购买一些更新潮的家具,还会花很多钱用于旅游度假、外出就餐等方面。

⑥空巢阶段

空巢阶段始于小孩不再依赖父母,也不与父母同住,这一阶段延续的时间也比较长。很多父母可以做他们以前想做但由于孩子的牵累而无法做的一些事情,如继续接受教育、培养新的嗜好、夫妻单独出外旅游等。人生的这一阶段,也许是经济上和时间上最宽裕的时期。夫妻不仅可以频繁地外出度假,而且还会买一些高档的物品。在空巢的后期,户主到了退休年龄,经济收入随之减少。由于大多数人是在身体很好的情况下退休,而且退休后可用的时间特别多,所以不少人开始追求新的爱好和兴趣,如出外旅游、参加老年人俱乐部等等。对度假型酒店有较大的需求。

⑦解体阶段

当夫妻中的一方过世,家庭进入解体阶段。如果在世的一方身体尚好,有工作或有足够的储蓄,并有朋友和亲戚的支持和关照,家庭生活的调整就比较容易。由于收入来源减少,此时在世的一方,过着一种更加节俭的生活。而且,这样的家庭会有一些特殊的需要,如更多的社会关爱和照看。

(3)性别

男女之间存在着生理和心理上的差异,消费行为也不同。一般地,女性购物时较优柔寡断,注重价格和产品的实用性,较挑剔,男性购物较果断迅速,不喜欢讨价还价。

(4)职业及收入水平

消费者的职业状况同样影响其消费结构和方式。不同职业的消费者,对于酒店产品的需求与爱好往往不尽一致。人的工作性质决定着他的经济状况和社会地位、闲暇时间与因公出差的机会。经理、商人等收入水平高,支付能力强,在进行酒店消费时,对酒店档次、服务质量要求较高。学者、从事销售的人员外出交流、出差的机会比较多,所以在外住宿的概率比较高,而且这些人都是由单位或公司支付费用,所以他们对价格不是很敏感。再如,医生和从事服务性行业的人员,休息的时间受到职业特点的限制,因此他们很少有出游的机会,在酒店消费的机会自然就很少。对于高档酒店而言,消费者多数是企事业管理层、官员和社会名流,而工人、农民则更多的考虑快捷酒店。酒店营销人员应能找出对自己酒店的产品与服务有超出常规需要的职业群体,也可以专为特定的职业群体生产其所需的产品和服务。

收入水平是影响顾客消费需求和消费水平的最重要的经济因素。收入水平包括用于消费的收入、储蓄与资产、债务、借贷能力以及对消费与储蓄的态度等。消费者个体的经济活动必然受到其经济能力的制约,经济状况会在很大程度上影响其对酒店产品的选择。个人或家庭的收入水平和富裕程度决定着其消费能力的高低,也影响其消费构成。酒店营销人员需要关注个人的收入、储蓄和利息率的变化。

(5)文化水平

一个人的文化水平的高低除了决定他的职业、收入、社会地位以外,也决定着一个人的心理特征和生活方式。所以,文化水平也是消费者行为的一个影响因素。从兴趣角度上看,不同文化水平的消费者在选择酒店时会表现出不同的倾向性。一般来说,文化水平高的消费者思想更开放,更容易接触并接受新鲜事物。在进行酒店消费过程中更强调文化含量。文化水平较低的消费者,由于受他们的社会地位和经济条件的限制,在酒店决策过程中可能比较重视价格的因素。

(6)个性与自我概念

个性是分析酒店个体消费行为的重要因素。个性是指个人独特的心理特征,是在个体生理素质的基础上,经由外界环境的作用逐步形成的。个性的形成既受遗传和生理因素的影响,又与后天的社会环境尤其是童年时的经验具有直接关系。消费者的自我概念或自我形象与个性有紧密的联系。自我概念是个体对自身一切的知觉、了解和感受的总和。每个人都会逐步形成关于对自身的看法。

自我概念回答的是"我是谁?"和"我是什么样的人?"一类问题,它是个体自身体验和外部环境综合作用的结果。一般认为,消费者将选择那些与其自我概念相一致的酒店产品与服务,避免选择与其自我概念相抵触的酒店。正是在这个意义上,研究消费者的自我概念对酒店特别重要。消费者不只有一种自我概念,而是拥有多种类型的自我概念,包括实际的自我概念、理想的自我概念、社会的自我概念、理想的社会自我概念和期待的自我概念。

①实际的自我概念

实际的自我概念指消费者实际上如何看待自己。

②理想的自我概念

理想的自我概念是指消费者希望如何看自己。

③社会的自我概念

社会的自我概念是指消费者感到别人是如何看待自己。

④理想的社会自我概念

理想的社会自我概念是指消费者希望别人如何看自己。

⑤期待的自我概念

期待的自我概念是指消费者期待在将来如何看待自己,它是介于实际的自我与理想的自我之间的一种形式。

由于期待的自我折射出个体改变"自我"的现实机会,对酒店营销者来说比理想的自我和现实的自我更有价值。在很多情况下,消费者购买产品不仅仅是为了获得产品所提供的功能效用,而是要获得产品所代表的象征价值。

(7)生活方式

生活方式是指在人的活动、兴趣和意见上表现出的生活模式。生活方式是个体在成长过程中,在与社会诸因素交互作用下表现出来的活动、兴趣和态度模式。个体和家庭均有生活方式。家庭生活方式部分地由家庭成员的个人生活方式所决定,反过来,个人生活方式也受家庭生活方式的影响。

生活方式与消费者的个性既有联系又有区别。一方面,生活方式很大程度上受个性的影响。一个具有保守、拘谨性格的消费者,其生活方式不大可能太多地包容诸如登山、跳伞、丛林探险之类的活动。另一方面,生活方式反映的是人们如何生活、如何花费、如何消磨时间等外显行为,而个性则侧重从内部来描述个体,它更多地反映个体思维、情感和知觉特征。可以说,两者是从不同的层面来刻画个体。区分个性和生活方式对酒店市场营销而言具有重要的意义。一些研究人员认为,在市场细分过程中过早以个性区割市场,会使目标市场过于狭窄。因此建议应首先根据生活方式细分市场,然后再分析每一细分市场内消费者在个性上的差异。如此,可使营销者识别出具有相似生活方式特征的大量消费者。

研究消费者生活方式通常有两种途径:一种途径是研究人们一般的生活方式模式;另一种途径是将生活方式分析运用于具体的消费领域,如户外活动,或与酒店所提供的产品、服务最为相关的方面。在现实生活中,消费者很少明确地意识到生活方式在其购买决策中所起的作用。例如,在购买登山鞋、野营帐篷等产品时,很少有消费者想到这是为了保持其生活方式。然而,追求户外活动和刺激生活方式的人可能不需多加考虑就购买这些产品,因为这类产品所提供的利益与其活动和兴趣相吻合。

实例解析 4.1

希尔顿瞄准时间匮乏的消费者

希尔顿旅业集团专门做了一次关于时间价值观的调查。调查采用电话访问方式进行,总共调查了 1 010 位年龄在 18 周岁以上的成年人。该调查集中了解美国人对时间的态度,时间价值观以及他们行为背后的原因。

调查发现,接近 2/3 的美国人愿意为获得更多的时间而在报酬上做出牺牲。工作女性,尤其是有小孩的工作女性,面临的时间压力远比男性大。大多数被访者认为,在 20 世纪 90 年代,花时间与家人和朋友在一起比赚钱更重要。选择"花时间与家人和朋友在一起"的被访者占被访总人数的 77%,强调"拥有自由时间"的人数占被访总人数的 66%,选择"挣更多钱"的人数比是61%,排在第六位,而选择"花钱拥有物质产品"的人数比是29%,排在最后一位。同时,生活在东部各州的受访者比处于"松弛"生活状态的西部各州的受访者更注重挣钱。其他显示美国人为时间伤脑筋的数据如下:

①33%的人认为无法找到时间来过"理想的周末";

②31%的人说没时间玩;

③33%的人说没有完成当天要做的事;

④38%的人表示为腾出时间,减少了睡眠;

⑤29%的人长期处于一种时间压力之下;

⑥31%的人为没有时间和家人、朋友在一起而忧心忡忡;

⑦20%的人说在过去的12个月内,至少有一次是在休息的时间内被叫去工作的。

作为对上述调查结果的反应,希尔顿针对那些时间压力特别大的家庭推出了一个叫"快乐周末"的项目。该项目使客人在周末远离做饭、洗衣和占用休闲时间的日常事务的烦恼,真正轻松愉快地与家人在一起,该项目收费较低,每一房间每晚65美元,而且早餐还是免费的。如果带小孩,小孩也可以免费住在父母的房间里。据希尔顿负责营销的副总透露,此项目推出后,极受欢迎,以致周六成了希尔顿入住率最高的一天。

资料来源:希尔顿瞄准时间匮乏的消费者.百度文库[EB/OL].(2014-12-21)[2014-12-21]. http://wenku.baidu.com/link? url=tdhNj5FRvSHcKMLjSZbDDVOml60yuAZdG86M580-Cv8J56bzXFz0bRZEizaspS0n9OnjpA4Br8bpB19BS9quvtwn5v9X5P8wQWVNhlDyL3Ci.

延伸阅读:希尔顿酒店及度假村.希尔顿酒店及度假村官方网站[EB/OL].(2013-11-01)[2014-03-15]. http://www.hilton.com.cn.

4)心理因素

酒店个体消费行为还受到4个主要的心理因素的影响,即需求与动机、知觉、学习以及态度与信念。

(1)需求与动机

需求与动机对酒店消费者行为影响最大。然而,消费者的大部分需求在一定时间内不会发展到激发人采取行动的程度,只有当需求升华到足够的强度水平时,这种需求才会变为动机。动机也是一种需求,它能够及时引导人们去探求满足需求的目标,一旦需求满足之后,紧张感随即消除。

①消费者需求

消费者需求与动机是指消费者生理和心理上的匮乏状态,即感到缺少些什么,从而想获得它们的状态。需求是和人的活动紧密联系在一起的。人们购买产品,接受服务,都是为了满足一定的需求。一种需求满足后,又会产生新的需求。因此,人的需求绝不会有被完全满足和终结的时候。正是需求的无限发展性,决定了人类活动的长久性和永恒性。

需求虽然是人类活动的原动力,但它并不总是处于唤醒状态。只有当消费者的匮乏感达到了某种迫切程度,需求才会被激发,并促动消费者有所行动。需求一经唤醒,可以促使消费者为消除匮乏感和不平衡状态采取行动,但它并不具有对具体行为的定向作用。在需求和行为之间还存在着动机、驱动力、诱因等中间变量。因此,需求只是对应于大类备选产品,它并不为人们为什么购买某种特定产品、服务或某种特定品牌的产品、服务提供充分答案。

②消费者动机

一般认为,动机是"引起个体活动,维持已引起的活动,并促使活动朝向某一目标进行的内在作用"。人们从事任何活动都由一定动机所引起。引起动机有内外两类条件,内在条件是需求,外在条件是诱因。需求经唤醒会产生驱动力,驱动有机体去追求需求的满足。由此可见,需求可以直接引起动机,从而导致人们向特定目标行动。

消费者具体的消费动机包括求实动机、求新动机、求美动机、求名动机、求廉动机、求便动机、模仿或从众动机和癖好动机等。其中,求实动机是指消费者以追求商品或服务的使用价值为主导倾向的消费动机;求新动机是指消费者以追求商品、服务的时尚、新颖、奇特为主导倾向的消费动机;求美动机是指消费者以追求商品欣赏价值和艺术价值为主要倾向的消费动机;求名动机是指消费者以追求名牌、高档商品,借以显示或提高自己的身份、地位而形成的消费动机;求廉动机是指消费者以追求商品、服务的价格低廉为主导倾向的消费动机;求便动机是指消费者以追求商品购买和使用过程中的省时、便利为主导倾向的消费动机;模仿或从众动机是指消费者在购买商品时自觉不自觉地模仿他人的购买行为而形成的消费动机;癖好动机是指消费者以满足个人特殊兴趣、爱好为主导倾向的消费动机。其核心是为了满足某种嗜好、情趣。

消费动机研究就是探究消费者购买行为的原因,即寻求对消费行为的解释,以使酒店营销人员更深刻地把握消费者行为,在此基础上做出有效的营销决策。上述消费动机绝不是彼此孤立的,而是相互交错、相互制约的。在有些情况下,一种动机居支配地位,其他动机起辅助作用;在另外一些情况下,可能是另外的动机起主导作用,或者是几种动机共同起作用。因此,在调查、了解和研究过程中,对顾客消费动机切忌作静态和简单的分析。

(2)知觉

产品、广告等营销刺激只有被消费者知觉才会对其行为产生影响。消费者形成何种知觉,既取决于知觉对象,又与知觉时的情境和消费者先前的知识与经验密切联系。

消费者的知觉过程包括3个相互联系的阶段,即展露、注意和理解。在信息处理过程中,如果一则信息不能依次在这几个阶段生存下来,则很难贮存到消费者的记忆中,从而也无法有效地对消费者行为产生影响。

①展露

展露,或刺激物的展露,是指将刺激物展现在消费者的感觉神经范围内,使其感官被激活。对于消费者来说,展露并不完全是一种被动的行为,很多情况下是主动选择的结果。为减少广告逃避现象和提高营销信息的展露水平,营销人员和广告公司正在试图采用各种办法,如增强广告本身的吸引力;在多种媒体和多个电视频道刊播广告;将广告置于最靠近节目开始或节目结束的位置;劝说电台、电视台等媒体单位减少广告刊播时间与数量等等。

②注意

由于认识能力的限制,在某一特定时间和地点,消费者不可能同时注意和处理所有展露在他面前的信息,而只是部分地对某些信息予以注意。注意是指个体对展露于其感觉神经系统面前的刺激物做出的进一步加工和处理,它实际上是对刺激物的处理能力。

一般而言,影响注意的因素主要有刺激物因素、个体因素和情境因素3类。刺激物因素是指刺激物本身的特征,如大小、颜色、位置、运动等。由于刺激物因素是酒店可以控制的,因此,在市场营销实践中它们常被用来吸引消费者的注意。个体因素是指个人的特征。这些因素主要包括需求与动机、态度、适用性水平等,酒店不能直接控制。情境因素既包括环境中独立于中心刺激物的那些成分,又包括暂时性的个人特征如个体当时的身体状况、情绪等。

③理解

知觉的最后一个阶段,是个体对刺激物的理解,它是个体赋予刺激物以某种含义或意义的过程。理解涉及个体依据现有知识对刺激物进行组织分类和描述,同样受到个体因素、刺激物因素和情境因素的制约和影响。

人们总是倾向于按一定的规则将新的刺激物与贮存在头脑中的既有知识、经验相联系,并将新的刺激物当作是一个有意义的总体。人在对刺激物进行组织的过程中遵循一系列原则,其中简洁性原则、形底原则和完形原则非常重要。简洁性原则是指人在对知觉对象或刺激物理解的过程中,有一种将他的各种感知组织成简单的模式的倾向。形底原则是指人们在对刺激物进行组织的过程中,倾向于把刺激物分成两部分:一部分是形或图,即在知觉范围内最受关注或得到最多注意的那些因素;另一部分,即刺激物中的其余部分或对特定个体来说具有较小意义的那些因素,则构成了知觉背景或底色。完形原则是指即使在要素不全的情况下,消费者也有将刺激物发展成一幅完全画面或图景的趋势。

(3)学习

学习是指人在生活过程中,因经验而产生的行为或行为潜能的相对持久的变化。消费者的需求和行为绝大部分是后天习得的。通过学习,消费者获得了丰富的知识和经验,提高了对环境的适应能力。

当消费者购买并消费一件产品时,也是他学习的过程。例如,某公司准备在一家酒店召开一次重要的会议,那么公司通常会对各竞争酒店的服务进行调查,包括通过在餐厅进餐,观察员工的服务态度和技能,考察酒店的特色等,根据调查了解的信息,选择开会的酒店。在开会期间,消费者再次体验酒店的服务。根据参加会议的消费者的体验,会对酒店形成满意或不满意的评价。酒店应该帮助消费者了解其设施和服务的质量。有些豪华酒店安排员工领着首次入住的消费者到酒店各部门参观,帮助消费者了解酒店所能提供的各项服务及其特色。

(4)态度与信念

态度是由情感、认知和行为共同构成的综合体。人们几乎对所有事物都持有态度,这种态度不是与生俱来的,而是后天习得的。消费者对产品、服务或酒店形成某种态度,并将其贮存在记忆中,需要的时候,就会将其从记忆中提取出来,以应付或帮助解决当前所面临的消费问题。态度有助于消费者更加有效地适应动态的消费环境,不必对每一件新事物或新产品、新营销手段都以新的方式做出解释和反应。从这个意义上,形成态度能够满足或有助于满足某些消费需求,也就是说,态度本身具有一定的功能,包括适应功能、自我防御功能、知识或认识功能、价值表达功能等。其中,适应功能也称实利或功利功能,是指态度能使人更好地适应环境和趋利避害。自我防御功能是指形成关于对某些事物的态度能够帮助个体回避或忘却那些严峻环境或难以正视的现实,从而保护个体的现有人格和保持心理健康。

知识或认识功能是指形成的某种态度更有利于对事物的认识和理解。事实上,态度可以作为帮助人们理解世界的一种标准或参照物,有助于人们赋予变幻不定的外部世界以某些意义。价值表达功能指形成的某种态度能够向别人表达自己的核心价值观念。

信念是指消费者持有的关于事物的属性及其利益的知识。不同消费者对同一事物可能拥有不同的信念,而这种信念又会影响消费者的态度。一些消费者可能认为名牌产品的质量比一般产品高出很多,能够提供很大的附加利益;另一些消费者则坚持认为,随着产品的成熟,不同企业生产的产品在品质上并不存在太大的差异,名牌产品提供的附加利益并不像人们想象的那么大。很显然,上述不同的信念会导致对名牌产品的不同态度。

一般而言,消费者态度对购买行为的影响,主要通过以下 3 个方面来体现。首先,消费者态度影响其对产品、品牌的判断与评价;其次,消费者态度影响其学习兴趣与学习效果;最后,消费态度通过影响购买与消费意向,进而影响消费者行为。

实例解析 4.2

代保管剩酒的酒店

现代人变懒了。然而从另一方面来讲,也正因为如此,引来了滚滚财源。人们懒得洗衣服,洗衣机才好卖;人们懒得走路,汽车才畅销;人们懒得动弹,才有了优秀周到的服务行业。

近来,香港酒店业兴起了一个新的服务项目——代客保管剩酒。也就是将顾客喝剩的酒保管起来,陈列在一个精致的玻璃柜内,使所有人都看得见,瓶颈上吊有一个制作精美的卡片,标明主人的身份。这个服务项目有什么作用呢? 它虽是一个小点子,却有着惊人的效果!

顾客来买酒时只能喝半斤,店员说没关系,买一斤(一瓶)去喝,喝不完我们可以替你保管,你下次随便什么时候来喝都可以。

顾客会为这种新颖的服务方式所感动,同时看到别人的酒放在那样显眼的玻璃柜内,想象着自己的酒配挂着象征自己的精美卡片静静地等候,油然升起一种温馨的满足感。

当顾客离去时,店家会赠给一些小礼物,类似戒指、手表一样可以戴在手上,也有像胸饰品一样挂在胸前的小礼物,这种小礼物用来证明顾客在店里还保留一些酒。同时也起到重要的提示作用。顾客经常看到它,也就在提醒他该去喝酒了。

下次他来喝酒,肯定会首选这一家,不会跑到别处去了。

代客保管剩酒不光留住了回头客,还赋予了不仅仅是商业性质的情感意义。代为保管后,顾客用餐时就有一种回家用餐的感觉。

后来,这套点子又发展成为代客保管碗碟。因为人们讲究卫生,害怕传染疾病,不喜欢用别人用过的碗、碟、筷子、刀叉等。餐厅还实行对就餐次数多的顾客送一套餐具给他们专用,以此来吸引他们常来用餐。

这些餐厅既保证了顾客的就餐卫生,又对他们周到体贴,让他们体验到了被重视和被尊重的快乐。后来,他们都成了这些店家最忠实的顾客。

资料来源:代保管剩酒的酒店.金羊网[EB/OL].(2005-05-11)[2014-12-21].http://www.ycwb.com/gb/content/2005-05-11/content_899344.htm.

4.2.2　组织机构消费行为的影响因素

酒店中有大量的产品是由公司、企业、旅行社等社会组织所购买和消费的,如客房、餐饮、会议等酒店产品和服务。组织消费者和个体消费者的购买动机和消费行为存在很大的差异,而组织消费者又是酒店重要的客源市场,因此,酒店营销活动有必要分析研究组织消费者行为。相对来说,营销人员比较容易发现个体消费行为的影响因素,却难以准确把握组织消费行为的影响因素。与影响个体消费者行为的因素不同,影响组织消费者行为因素可以分为环境因素、组织因素、人际因素和个人因素等。

1)环境因素

组织的经营环境由经济、政治、法律、技术以及社会文化等因素构成,这些经营环境影响因素对组织的酒店消费行为产生重大影响。

(1)经济因素

如国家或地方经济发展战略和产业结构调整、经济周期、通货膨胀以及利息率等因素的变化,直接影响到企业组织的销售、利润等经营绩效,能够增加或削弱其经济实力,进一步影响企业组织机构对酒店产品的购买和消费。

(2)政治法律因素

政治因素对外贸与国际投资等的影响很大。法律的修正和新法规的制定,使企业的法律环境处于不断的变化之中,可能促进或限制企业组织业务的开展,直接影响其经济效益,进而影响企业组织酒店消费行为。

(3)技术因素

技术的进步一方面可以影响企业的劳动效率和经济效益,从而间接地影响到酒店产品的购买和消费行为;另一方面,信息技术的发展可以使企业组织之间的商业信息更加及时而准确地传输,在很大程度上代替了业务人员之间的商务往来,减少了企业对酒店产品的购买;但信息技术不断进步,也给酒店业务提供了更多的渠道和手段。

(4)社会文化因素

社会文化因国家和民族的不同而差别很大,对人们的价值观和生活方式产生影响。而且社会文化也随着经济的发展而不断演化。例如,现代人越来越重视进修和度假,企业为了提高其员工素质,留住人才,也在不断加大培训方面的投入,提供越来越多的带薪假期或奖励旅游,这就增加了企业组织对酒店产品的需求。

2)组织因素

影响组织机构购买与消费酒店产品及服务的组织因素包括企业组织的业务特点、组织文化和组织结构等。

(1)业务特点

企业组织的业务特点直接决定了该公司员工商务外出和培训的方向、季节和逗留时间的长短,并间接影响到酒店产品的消费。

(2)组织文化

企业文化在很大程度上影响着其商务人员的酒店消费行为。企业文化也影响着企业员工的思维方式,以及消费行为的模式。

（3）组织结构

企业组织结构的特点也是影响企业酒店消费行为的重要因素。很多较大的公司专门设有旅游部这类单独的部门,该部门的员工掌握的酒店信息多、经验丰富,这类企业组织对酒店产品和服务的购买行为一般规模较大,且有规律。而另外一些企业无专门的部门负责这方面业务,其酒店消费行为就比较随机。

3）人际因素

人际因素在决定组织机构购买决策中的作用也不容忽视。酒店营销人员与组织机构消费与购买决策相关人员之间的人际关系,也是影响其组织消费行为的重要因素。

4）个人因素

组织机构本身并不消费任何酒店产品,实际进行购买和消费决策的是组织中的某个或某些成员。这些成员组成的购买决策单位通常被称为购买中心。购买中心的每一位成员或集体都在不同程度上影响着酒店消费决策,并一同承担由消费决策引发的各种风险。在这个过程中的每个参与者都有个人的动机、认知和偏好,他们的年龄、收入、受教育程度、专业、身份、个性和对待风险的态度都会对参与决策过程的人产生影响。不同的消费者无疑会展示不同的消费风格。酒店营销人员如果能够了解影响组织消费决策的个体的个性特点,对于成功地向企业组织结构销售酒店产品会有很大的帮助。

4.3　酒店消费者购买行为分析

4.3.1　酒店消费者购买模式

酒店研究消费者行为的目的是为了能够更好地开展市场营销活动,以这一目的去剖析酒店消费者的购买行为时,须分析两个关键的要素——刺激和反应。刺激指消费者在进行有关购买决策过程中受到的来自外部的直接影响,它包括环境因素和酒店的市场营销活动对消费者造成的影响;反应指消费者受刺激后的最终反应,也就是做出的关于酒店产品、数量、酒店选择等的购买决策。从系统的角度分析,酒店消费者的购买行为是一个投入产出的过程。一方面,他接受各种外部刺激;另一方面,做出各种反应。当然,消费者从受到刺激到做出反应,期间还要经历一个过程。由于消费者的消费动机属于主观的范畴,购买决策也是一个自觉的心理过程,他们与消费者的个体特征密切相关。因此,酒店对于这一内在的、看不见、摸不着的过程难以准确把握。这一带有某种神秘性的过程往往被称为消费者黑箱。这一过程可用图4.2表示。

消费者的需要和要求以及购买决策的心理过程是深藏于其内心的,营销人员无法直接了解,但却可以通过各种刺激手段(如广告、人员推销等)来促使他们做出各种反应,然后根据他们的反应来推断消费者的需求。这一刺激——反应模式对酒店市场营销人员研究消费者行为很有帮助。

图 4.2 消费者购买行为模型

1）外部刺激

酒店消费者购买行为中的投入因素,首先是各种不可控制因素形成的宏观环境刺激。它们构成笼罩整体市场的"大气候",制约着整个消费需求,并对每个消费者的"黑箱"产生显著的影响。由各种酒店可控制因素即市场营销手段组成的市场营销刺激,受制于宏观环境因素。同时,这些因素的变化和不同组合形式,又成为影响消费者"黑箱"的具体而又直接的"小环境"。

2）内心反应

酒店消费者购买行为中的"黑箱",虽然难以一窥其完整的内幕,但它至少包含以下两方面内容:

（1）酒店消费者的心理活动

外部刺激和消费者的个人特征,会影响其购买活动中对各种事物的认识、情绪和意志,并制约其反应。

（2）酒店消费者的购买决策过程

消费者的购买活动,并非始于某个商店,也非结束于交款、取货。它从消费者认识到需求开始,购后使用、消费完毕告一段落,往复循环又不断发生新的变化。在这个过程中,消费者必须做出一系列的判断和决定,其决策不仅受购买心理气氛的制约,而且受外部刺激的影响。

4.3.2 酒店消费者购买行为类型

酒店消费者购买决策随其购买决策类型的不同而变化。购买酒店产品和服务相对而言,属于较为复杂的和花钱多的决策,往往凝结着购买者的反复权衡,而且还包括许多购买决策的参与者。根据消费者所购买的产品的不同类别和购买时表现出来的不同重视程度及决策行为,可将消费者购买类型划分为复杂型、和谐型、习惯型和多变型 4 种类型。

1）复杂型

复杂型购买是指消费者在初次购买昂贵的、品牌差异大的产品时,表现出来的高度重视的购买行为,属于高度介入购买。例如,消费者初次租用写字楼长包房就属于复杂型购买。由于对所要消费的产品的性能缺乏了解,为慎重起见,消费者往往需要广泛地收集有关信息,并经过认真地学习,产生对这一产品的信念,形成对品牌的态度,并慎重地做出购买决策。对于这类购买行为,酒店市场营销人员要有足够的耐心,设法帮助消费者了解与酒店有关的知识,并设法让他们知道和确信本酒店在比较重要的性能方面的特征及优势,使他们树立对酒店的信任感。消费者有了对该产品的消费经验后,再进行第二次购买时,购买决策行为就会简化得多。

2）和谐型

和谐型购买指消费者在购买昂贵的、不常购买的，但品牌差异不大的产品时，表现出来的比较重视的购买行为。当消费者高度介入某项产品的购买，但又看不出品牌有何差异时，对所购产品往往会产生失调感。因为消费者购买一些品牌差异不大的商品时，虽然他们对购买行为持谨慎的态度，但他们的注意力更多地集中在品牌价格是否优惠、购买时间、地点是否便利，而不是花很多时间和精力去收集不同品牌间的信息并进行比较，而且从产生消费动机到决定购买之间的时间较短。如针对同类型、同档次的两家酒店，其本身硬件、软件水平相近，那么消费者在挑选时一般只注重地理位置和房价情况。因而这种购买行为容易产生购买后的不协调感，即消费者购买某一产品后，或因产品自身的某些方面不称心，或得到了其他更好的产品信息，从而产生不该购买这一产品的后悔心理或不平衡心理。为了改变这样的心理，追求心理平衡，消费者会广泛地收集各种对已购产品的有利信息，以证明自己购买决定的正确性。为此，酒店应通过调整价格和渠道的选择，并向消费者提供有利的信息，帮助消费者消除不平衡心理，坚定其对所消费产品的信心。

3）习惯型

习惯型购买指消费者在购买低价格的、习惯使用的、品牌差异较小的产品时，表现出来的消费行为。当某些产品价格低廉、品牌间差异不大时，消费者购买时，大多不会关心品牌，而是靠多次购买和多次使用而形成的习惯去选定某一品牌。如生活中购买油盐酱醋的决策行为，如果需要，可直接去超市或者便利店购买任何一种可以买到的油盐酱醋。但出于习惯，往往会始终购买一种商标的产品。消费者对酒店的饮料、菜肴的购买就属习惯型消费行为。对于酒店营销者来说，对于现有的消费者，必须继续投其所好，保持一定的产品质量、服务质量和库存水平，使他们对本酒店的品牌坚信不疑；对于非本酒店的消费者，酒店要特别注意给消费者留下深刻印象，酒店的广告要强调其主要特点，要以鲜明的视觉标志、巧妙的形象构思赢得消费者对酒店产品的青睐。要善于利用种种诱因和广告的重复性的作用，以加深消费者对产品的熟悉程度，使消费者被动地接受品牌和产品信息，消费者在购买该类产品时会习惯成自然地选择该品牌。

4）多变型

多变型购买指消费者在购买低价格，品牌差异大的产品时表现出来的无固定偏好的购买行为。这种购买行为的最大特点是消费者经常会去购买不同品牌的产品。这类消费行为的消费者往往心理尺度缺乏一定主见，或因产品价值低未得到他的高度重视、尚未定型，即使购买到的产品不能完全令他满意也不会给他带来较大的心理压力和经济损失。如消费者在酒店进行娱乐活动时，项目挑选较随意多变。面对这种广泛选择的购买行为，当酒店处于市场优势地位时，应注意以各种渠道销售其产品，并通过提醒性的广告促成消费者建立习惯性购买行为；而当酒店处于非市场优势地位时，则应以降低产品价格、免费试用、介绍新产品的独特优势等方式，鼓励消费者进行多种品种的选择和新产品的试用。

4.3.3　酒店消费者购买决策过程

每一消费者在进行购买时，均会有一个决策过程，只是因所购产品类型、购买者类型的不同而使购买决策过程有所区别。消费者的购买决策在实际购买前就已开始,但典型的购买决策过程一般包括以下几个方面,如图4.3所示。

| 认识需求 | 收集信息 | 评价方案 | 购买决定 | 购后行为 |

图4.3 购买决策过程图

1)认识需求

需求是动机的源泉,认识需求是消费者购买决策过程的起点。当消费者觉得自己有某种不满足时,就会对某种产品产生需求以便填补其不满足。这样消费者就会产生对需求的认识。消费者这种对需求的认识可能来自本身的生理需求,也可能因外界因素刺激而产生(如酒店的广告、酒店销售人员的推销等因素)。当然,有时候消费者的某种需求可能是内、外因共同作用的结果。

酒店营销人员应注意识别能够引起消费者某种需求和兴趣的环境,并充分注意到以下两方面的问题:

第一,要注意了解那些与本酒店的产品实际上或潜在的有关联的驱使力;

第二,消费者对某种产品的需求强度,会随着时间的推移而变动,并且被一些诱因所触发。

在此基础上,酒店还要善于安排诱因,促使消费者对酒店产品产生强烈的需求,并立即采取购买行动。

2)收集信息

消费者对于某种产品产生需求,并已经认识到后,如果购买欲望很强烈,且产品价格不高,随时可买,他可能会立刻进行购买;如果所需产品是较少购买的昂贵的耐用品,他则会通过阅读广告、询问他人或总结、回忆自己的购买经历等,为自己的需求收集许多有关信息,作为参考。消费者信息的来源主要有以下4个方面。

(1)个人信息来源

个人信息来源是个人的经历以及从家庭、亲友、邻居、同事等个人交往中获得信息。

(2)商业信息来源

商业信息来源是消费者获取信息的主要来源,其中包括广告、推销人员的介绍、中间商的推介等。这一信息来源在酒店中是可以控制的。

(3)公共信息来源

公共信息来源是消费者从电视、广播、报纸杂志等大众传播媒体所获得的信息。

(4)经验信息来源

经验信息来源指消费者从自己亲自接触、使用酒店产品的过程中得到的信息。

上述4种信息来源,商业信息来源最为重要,从消费者角度看,商业信息不仅具有通知的作用,而且还具有针对性、可靠性,个人信息和经验信息来源只能起验证作用。对酒店而言,商业信息是可以控制的。消费者可以通过商业信息的渠道了解本酒店的产品,进而购买本酒店的产品。但是个人信息来源比商业广告更具有说服力。尤其是在接受新产品时,"口碑"的作用特别重要。因此,酒店市场营销人员应了解消费者有哪些信息来源渠道,每一种信息渠道是如何影响他们的消费决策的。

3）评价方案

当消费者从不同的渠道获取有关信息后，便对可供选择的酒店进行分析和比较，并对各家酒店做出评价，最后决定购买。消费者在挑选最佳方案时，常常有一套评价选择标准。如旅游客人较注重酒店产品的价格；商务客人则注重酒店的地理位置、商务配套设备；小朋友挑选食品时，对包装和所附赠品感兴趣；成人却对食品的营养价值和价格较看重。作为酒店产品选择标准的一些关键项目有：地理位置、环境气氛、卫生、设施设备、产品价格、产品质量、安全、安静、停车场等。很显然，不同的消费者有不同的选择标准，而同一消费者在不同的消费时间，其选择标准也会有所变化。消费者对收集到的信息中的各种产品的评价主要从以下5个方面进行。

（1）分析产品属性

产品属性即产品能够满足消费者需求的特性。消费者不一定对酒店的所有属性都视为同等重要。市场营销人员应分析本酒店产品应具备哪些属性，以及不同类型的消费者分别对哪些属性最关注，以便进行市场细分，对不同需求的消费者提供具有不同属性的产品，既满足消费者的需求，又最大限度地减少因生产不必要的属性所造成的资金、人力和时间的耗费。

（2）建立属性等级

即消费者对产品有关属性所赋予的不同的重要性权重数。市场营销人员应更多地关心属性权重，而不是属性特色。

（3）确定品牌信念

消费者会根据各酒店的属性及各属性的参数，建立起对各家酒店的不同信念，比如确认哪家酒店在哪一属性上占优势，哪一属性相对较差。

（4）形成"理想产品"

消费者的需求只有通过购买和消费才能得以满足，而他们所期望从产品中得到的满足，是随产品每一种属性的不同而变化的，这种满足程度与产品属性的关系，可用效用函数描述。效用函数，即描述消费者所期望的产品满足感随产品属性的不同而有所变化的函数关系。它与品牌信念的联系是，品牌信念指消费者对某品牌的某一属性已达到何种水平的评价，而效用函数则表明消费者要求该属性达到何种水平他才会接受。每一个消费者对不同产品属性的满足程度不同，形成不同的效用函数。

（5）做出最后评价

消费者从众多可供选择的酒店中，通过一定的评价方法，对各家酒店进行评价，从而形成对它们的态度和对某家酒店的偏好。在这一评价过程中，大多数的消费者总是将实际产品与自己的期望产品进行比较。也就是说，尽管偏好和购买意向对购买行为有直接影响，但也并不总是导致实际购买。

4）购买决定

当消费者在对各种选择方案进行评价后，就会对酒店产生好感并形成购买意向，然而，仅有这些是不够的，真正将购买意向转为购买行动对酒店来说才是最重要的，其间还会受到以下两个方面的影响。

（1）他人的态度

消费者的购买意向,会因他人的态度而增强或减弱。他人态度对购买意图影响力的强度,取决于他人态度的强弱及他人与消费者的关系。一般说来,他人的态度越强、与消费者的关系越密切,其影响就越大。

（2）意外的情况

消费者购买意向的形成,总是与预期收入、预期价格和期望从产品中得到的好处等因素密切相关。但是当他产生了购买意向,要采取实际购买行动时,可能会发生一些意外的情况,诸如因失业而引起收入减少,因产品涨价而无力购买,或者有其他更需要购买的产品等,这一切都将会使他改变或放弃原有的购买意向。

5）购后行为

产品在被购买之后,就进入了购后阶段,此时,市场营销人员的工作并没有结束。

消费者购买产品后,通过自己的使用和他人的评价,会对自己购买的产品产生某种程度的满意或不满意。购买者对其购买活动的满意感（S）是其对产品期望价值（E）和对该产品实际感知价值（P）的函数,即

$$S = f(E, P)$$

当 $E = P$ 时,则消费者会满意;

当 $E > P$ 时,则消费者不满意;

当 $E < P$ 时,则消费者会非常满意。

对于产品的期望价值往往是消费者根据自己从酒店、朋友以及其他来源所获得的信息来形成的。如果酒店夸大其产品的优点,消费者将会感受到不能证实的期望。这种不能证实的期望会导致消费者的不满意感。E 与 P 之间的差距越大,消费者的不满意感也就越强烈。当他们感到十分不满意时,肯定不会再住这家酒店,甚至劝阻他人住这家酒店。所以,酒店应使其产品真正体现出其期望价值,以便使购买者感到满意。事实上,那些有保留地宣传其产品优点的酒店,反倒使消费者产生了高于期望的满意感,并树立起良好的产品形象和企业形象。消费者对其产品和服务是否满意,将影响到以后的购买行为。如果对酒店满意,则继续下榻酒店,并向其他人宣传该酒店的优点。如果对酒店不满意,则会尽量减少不和谐感,因为人的机制存在着一种在自己的意见、知识和价值观之间建立协调性、一致性或和谐性的驱使力。具有不和谐感的消费者可以通过放弃来减少不和谐,也可以通过寻求证实酒店价值比其价格高的有关信息来减少不和谐感。市场营销人员应采取有效措施尽量减少消费者购买后不满意的程度,并通过加强售后服务、保持与消费者联系、提供使他们从积极方面认识产品的特性等方式,以增加消费者的满意感。

酒店消费者购买过程的 5 个阶段,环环相扣,紧紧相连,忽视了对任何一个环节的营销工作,都可能导致客源的流失。研究和了解消费者的需求及其购买过程,是市场营销成功的基础。酒店营销人员通过了解购买者如何经历引起需求、寻找信息、评价行为、决定购买和购后行为的全过程,可以获得许多有助于满足消费者需求的有用线索,通过了解购买过程的各种参与者及其对购买行为的影响,可以为其目标市场设计有效的市场营销计划。

4.4　酒店主要市场分析

4.4.1　商务市场

长期以来,商务市场一直是酒店的主要客源市场。在我国,随着经济的不断发展,酒店的商务市场所占的比例也越来越大。尤其在北京、上海、广州、深圳、天津等城市,商务市场的发展趋势十分明显。因此,酒店要在商务市场的竞争中取胜,就必须研究这一市场的特征及需求。

1)商务客人的需求

商务客人大多来自大企业和公司及合资或独资公司,无论是国内商务客人还是外籍商务客人,他们旅行的目的主要是参加商贸会、商品展览会,投资项目考察或谈判,推销产品,技术服务,专业培训等业务。商务客人的特点一般为:

第一,90%的商务客人乘坐飞机,节省时间。

第二,平均停留时间为3～5天。

第三,住房标准高于其他顾客。出于公司形象需要,一些高级职员也有住套房的需求。

第四,在酒店的活动多于其他顾客。多数商务客人利用酒店的优雅环境接待或宴请客户,举办会议或展览等商务活动。

第五,随身行李少。典型的商务旅客的行李是一只手提箱和一个衣箱。

与其他顾客不同的是,商务客人在选择酒店时更有经验,酒店知识也较丰富。影响商务客人选择酒店的主要因素有如下几个方面:

(1)方便的酒店地址

商务客人喜欢交通方便的商业繁华区,或者是离工作目的地近的酒店。大约78%的商务客人都以此为首要选择因素。

(2)卫生舒适的客房

卫生与舒适这是商务客人选择酒店的第二大因素。另外,随着女性客人的增加,酒店卫生因素变得越来越重要。

(3)合理的房价

大约一半以上的商务客人选择酒店时要受到房价因素的限制,因为商务客人住宿受其所在公司住宿标准的限制。

(4)朋友和同事的推荐

据调查,87%以上的商务客人都是自己决定投宿哪家酒店,但是这些决定的35%受朋友和同事推荐的影响,22%由公司代订,11%由旅行社代理。

(5)以往住店经历的影响

33%的商务客人将过去的酒店住宿经历作为再次选择的理由。另有相当数量的顾客喜欢住连锁酒店,因为它们的设施和服务都具有可以预料的标准,预订也十分方便。

（6）齐全的功能设施

良好的会议设施及多种口味的餐厅对经常出差旅行的商务客人尤其重要。特别是女性客人,24 小时的送餐服务也成为她们挑选酒店的条件之一。

尽管许多酒店都努力对常客采取了多种优惠政策,但是调查中发现,只有20%的顾客重视这一因素。因为它们关心的是酒店的设施和服务,而并不在乎这些政策能给他们节省多少钱。

实例解析4.3

商务客人满意度调查

美国一家商务酒店对2 000 名不同地区和性别的顾客进行了一次调查,结果表明商务客人对酒店的不满是按下列顺序排列的:

客房有异味	70%
前台员工的不友好和效率低	64%
耽误或忘记电话叫醒	62%
淋浴水量不足	60%
外线电话打不通	59%
客房钥匙打不开门	54%
枕头低质、不舒服	53%
结账时间太久	43%
浴巾太薄、质量差	43%
离店规定时间太死板	40%
办理住宿登记时间太长	38%
留言服务不及时	35%
卫生间没有安装电话	30%
没有报纸阅读	28%

资料来源:胡宇橙,王文君.酒店市场营销管理[M].北京:中国旅游出版社,2005.

延伸阅读:商务型酒店.百度百科.[EB/OL].(2014-12-12)[2014-12-12]. http://baike.baidu.com/view/2068189.htm.

2）女性商务客人

近年来,女性商务客人在逐渐增加,几乎一半以上的会议策划人都是女性。在选择酒店方面,女性客人除了男性顾客要求的位置、房价等主要因素外还有特别的要求。有研究表明,2/3 的女性客人将卫生和吸引力视为预订酒店的理由,但赞同这种选择标准的男性还不足半数。除此之外,女性商务客人更容易成为酒店的忠实顾客,因此酒店应了解女性商务客人的住宿需求,有针对性的为其提供产品和服务。

女性商务客人对于酒店产品和服务,更加关注以下几个方面:

（1）安全性

女性客人在住宿时对酒店的安全要求一般比男性强烈。多数女性认为门链、门闩、门镜都应该是客房的基本设施。许多女性客人喜欢酒店所有客房都面向中央大堂,光线充足,而且还设有通往前台或大堂的最近入口。她们喜欢酒店内的餐厅、送餐服务、明亮的大厅、光线清楚的停车场等基本保安设施。

(2)舒适和服务

和男性顾客一样,她们也重视清洁和采光好的客房,也要求友好、礼貌的服务。除此之外,对于客房设施会要求一些特别的用品,如长衣镜、裙架等。下面是女性商务客人对酒店产品和服务的特别要求。

- 24 小时送餐服务
- 洗衣服务及 1 小时快熨服务
- 光线明亮的办公区域
- 送晨报服务
- 提前一天预订早餐送餐服务
- 卫生间配有洗发液、清洁剂和针线包
- 有浴室照明
- 有化妆镜、吹风机和熨衣板
- 配有多用电源插头
- 大空间衣橱
- 裙架和长衣镜
- 有足够的毛巾
- 24 小时健身和桑拿服务
- 有地秤,能随时称体重
- 有妇女专用坐式马桶和卫生袋
- 有指甲锉和护肤霜

在服务方面,女性客人要比男性更加挑剔。只要在这方面有一次不满意的经历,她们绝不会再次光临。酒店对员工要进行针对女性客人的礼貌和职业化服务的培训。

(3)方便性

多数商务女性喜欢客房内有一块办公室或会客的空间区域。办公会客和卧室分离的套房更受她们的欢迎。

(4)功能性

由于女性客人较男性顾客在酒店内活动时间多,她们对游泳池、健身中心等功能设施也非常关注。

商务女性客人比男性顾客更善于享受微型度假,她们多在酒店餐厅就餐,以及在酒店进行社交活动。为了吸引和扩大这一市场,酒店必须提供给她们安全舒适的服务。

3)商务客人的住宿形式

商务客人类型多样,其住宿形式可以划分为以下 4 种。

(1)过夜型

过夜型住宿是一种以基本食宿要求为目的的住宿形式,也是最普通的一种。过夜型住宿客人主要需求是便捷的手续办理,清洁舒适的客房,以及高效的餐饮服务。

（2）延长型

延长型住宿形式表现为商务兼度假、会议、研究项目、销售推广等。由于客人住店时间较长,店内活动也较多,因而对酒店设施及服务需求较广泛,如不同形式的餐厅、宴会会议功能、套房、室内吧台、室内厨房、娱乐场所、商务中心等等。

（3）返回型

返回型是指客人因中途外出造成非连续性住宿形式。其特点是住宿时间长,服务要求广,如套房、市内旅游、婴儿看护、医务诊所、图书阅览室、健康中心等等。

（4）度假型

度假型是商务型住宿的分流部分,一般是商务客人住宿的直接或隔时返回的延续。和频繁型商务客人相同,他们的要求更多更挑剔,如无烟层客房、女性专用楼层客房等。

■拓展材料阅读

西方日渐兴起女性酒店

随着世界范围内女性受教育程度的日益提高,现代女性可以得到比以往更多、更好的工作机会,获得更为稳定和可观的收入;日趋完善的社会保障体系和社会化服务功能,有效地减缓了女性经济上和生活上的种种压力及后顾之忧;加上社会对女性婚否态度的理解和宽容,许多现代女性选择了推迟结婚和生育。因此,单身职业女性比例在全球正呈现上升的态势。

据统计,在欧美发达国家,法国目前每5个职业女性中就有1名单身女性;30%的瑞士女性过着单身生活;英国单身女性超过400万,是40年前的3倍;美国自2000年开始,一个人的家庭数量首次超过了结婚并育有孩子的家庭数,单身女性数量在过去的60年中至少翻了一倍。在中国,随着城市生活水平的提高,追求个人事业、重视休闲生活,以及社会舆论的宽容,越来越多的中国女性不再依赖男性,国内4.8亿女性消费者中,21%为单身女性。零点调查公司最近对北京、上海、广州等6城市的婚恋观调查,更加证实了国内单身女性队伍有进一步扩大的趋势,上海等大都市女性认同独身观念的占82.79%,在高学历女性群体中,这个比例甚至高达89.94%。

这些出生于20世纪七八十年代、平均年龄在25～35岁之间的单身女性们普遍受过高等教育,社会层次高,大多从事IT、广告、贸易、媒体等职业,拥有一份不菲的收入。尽管其收入水平和消费能力不如事业有成的中产阶层,但是单身职业女性们的超前消费观念与实际消费水平却已经大大超越了后者。她们既有钱又有闲,讲究生活品位,追逐时尚潮流,成为世界各繁华都市中最活跃、最生动的一个群体,代表着未来女性主流的发展方向。这一新的经济形态正逐渐凸显出其强大的生命力,也引起了经济学界的高度关注。2001年12月21日世界经济类权威杂志《经济学人》(The Economist)正式提出了一个"单身女子经济"(The Bridget Jone's Economy)的概念,以揭示这一新的经济模式和特征。

单身女子经济现象是随着大都市国际化进程而出现的必然产物,作为都市经济中的一个类别,她们正在逐渐成为经济发达国家最大的消费群体。以日本为例,越来越多的职业女性选择单独外出休闲度假。从 2001 年 10 月到 2002 年 3 月间,共计 1 000 名日本女性选择 JTC 旅行社的旅游套餐,单独到温泉旅游并单独下榻酒店,其人数较 2000 年同期多了一倍,其中年龄在 30 岁左右的职业女性占据了相当高的比例。根据日本内政部的又一项调查显示,在 2002 年,独自旅游的日本女性多达 670 万人,这个数字占 15 岁以上女性总旅游人数的 15%,与 10 年前相比,增加了 2.5%。因此单身职业女性和单身女性这一特殊消费群体正迅速成长为世界各国都市经济中的新"亮点",同时,也充分揭示了旅游客源结构中势不可当的细分化趋向。由此向各类服务型企业提出了一个全新的研究课题,即如何有效开发"单身女性"这一专业化市场。

在市场经济条件下,任何一个新兴市场的出现必然孕育着新的商机。单身职业女性客人的日渐增多,同样引起了旅游服务行业的关注,为企业经营提供了机遇及挑战。2001 年瑞士苏黎世在世界上开出了第一家针对女性商务游客的酒店"Lady's First"(女士优先),大获成功。尽管我国单身女子消费市场细分和引导尚处于萌芽状态,但是善于捕捉商机的业界人士早已关注这一细分市场。在一些经济发展迅速的地区,如上海、广州、温州等地的高星级酒店已相继开辟了"女士楼层",通过制订并实施一系列特色化的服务及管理措施,收到了明显成效。

要提前应对并把握这一特殊细分市场,酒店应从服务设施配置、服务方式及管理措施等各方面采取有别于普通客人的对策及措施,着力营造一种人文关怀和温馨体贴的服务氛围,借此来吸引并紧紧抓住单身职业女性客源市场。

一、市场营销策划

关注市场、关注顾客是企业营销成功的基础。为此酒店需要对这一特定细分市场的职业特点、消费倾向进行详尽的市场调查,选择切实有效的销售渠道和销售网络,制订个性化的具体营销方案,打开并努力扩大其市场占有率。

1. 旅行社平台

众所周知,为了保证商务活动的顺利开展,国内外商务客人习惯利用旅行社这一综合服务平台及其网络资源,进行预订酒店和办理票务等活动,旅行社客源往往占酒店总客源量中的一大部分。所以酒店可以采用与旅行社签订协议的方式共同开发女性商务或女性个性化包价旅游。目前,国外一些酒店与旅行社、航空公司以优惠的价格联合推出购物、旅游、美食、保健、医疗、SPA 等综合配套项目,吸引了不少女性客人参与,合作各方均达到了"优势互补,利益共享"的目标。

2. 媒体推广

年轻职业女性往往易受媒体影响,尤其是权威媒体触角的广泛性及其品牌的影响力,会无形中引导她们的消费理念及其行为。所以在时尚类杂志及有影响的电视频道上刊登或播放图文并茂、美观精致的介绍本酒店系列产品的广告,将有助于她们做出消费选择。

3. 网络促销

电脑运用的普及、职业特点、文化素质等因素,决定了网络世界是单身女性和职业女性生活、工作中密不可分的一个组成部分。低成本、高效率、跨时空的网络优势恰好可以满足这些以散客形式外出公干或旅游的女性客人需求。因此酒店应积极创造网络销售的条件与环境,精心解决好酒店营销主页与其他酒店网页、旅游网站、酒店所在地网站、主要搜索引擎网站的链接关系,为女性客人网上预订和网上消费提供便利条件。

4.创建女性组织

如女性俱乐部、会所、协会、团体等,一方面利用人们对团队的归属心理,集聚人气;另一方面从专业化入手,"软硬"兼施,为女性客人量身定制个性化产品及其服务,使之成为企业经营的亮点和特色,成为培植企业忠诚顾客的黏合剂。

5.协同旅游主管部门及相关机构,向国内外联合推出"女士之月"等主题活动,使之成为对外招徕、吸引女性客人,扩大酒店自身知名度的良好契机。

二、服务设施配置

酒店服务设施配置的主要目的之一就是适合并满足服务对象的需求。所以不论是特色女性酒店还是设立女士楼层的酒店,在服务设施配置上关键是应紧扣女性的本质特征和消费需求这个主题,努力营造一种女性气息浓郁的个性鲜明的酒店氛围,以女性的视角考虑布置她们切实需要的或感兴趣的设施和物品(略)。

三、安全性

英国酒店管理集团 Premier Lodges 在最近的一项调查中发现:42%的女性在外出旅游中为人身安全担心,75%的女性声称选择酒店的条件之一是酒店是否重视顾客安全。安全始终是每一个女性最关心的问题。女性大多比较胆小、敏感,加之单身女性独来独往的习惯,更需要酒店尽量为她们提供一个安心、称心、舒心的住宿环境,确保其个人人身、财物、心理与隐私等各个方面的安全,并在接待服务的各个细节上感觉受到尊重和理解。

酒店可以在常规安全措施下考虑以下做法:

①秘密登记入住,房间钥匙上不标明具体房间号;排房时尽量将她们安排到靠近电梯的房间,并派服务员将女性客人送进房。

②最好配备凭住客磁卡钥匙才能启动的智能化电梯,防止闲杂人员进入楼层,从而有效避免各类安全隐患。

③客房内设置紧急呼叫按钮。

④客房具备良好的隔音效果。

⑤除住客事先约定同意接听的电话外,总机为每位女性住客提供电话保密服务。

⑥在女士楼层内一律配备女性服务员和女性保安人员。

⑦客房内放置针对女性客人的安全提示说明。

⑧告诫员工不向外界透露任何有关本酒店接待的单身女性客人的饮食、住宿、娱乐等方面的习惯、癖好,切实维护住客的个人隐私和人身安全。

⑨针对自驾车旅行的女性客人,设立女性专用停车位(比一般停车位要宽),或提供代客泊车服务。

四、服务与管理

高学历、高消费、阅历丰富、对事物反应敏感与细心等特点,决定了女性客人对酒店服务质量的高标准、高期望值。

美国温德姆国际酒店集团为了吸引女性商务客人,专门实施了一项"旅途中的女士"计划,邀请女性商务客人对其成员酒店所提供的设施和安全状况提出意见。所以,酒店若想真

正赢得单身职业女性客人的认同与忠诚,就必须换位思考,全方位、多视角地审视自身的服务与管理。

①相对而言,女性客人对客房的整洁有序更为关注,因为拥有一尘不染与一丝不乱的居住环境不仅是女性的天性,更有助于她们拥有一份惬意、良好的心境。

②客房内放置精美的时尚类杂志,供客人休闲时翻阅。在中国,如《ELLE》《FASHION》等时尚消费杂志拥有众多读者。据调查,每月有超过150万的中国女性读者购买《ELLE》,其中69%未婚。

③客房中每日准备各种鲜花干花,视需要提供时令水果。

④浴室内配备品牌洗浴用品及女性专用卫生包,以体现对女性客人的照顾体贴。

⑤餐厅提供时鲜卫生、低脂肪低热量、美容保健或地方特色明显的菜式;客房中放置为女性客人"量身定制"的送餐菜单,为不愿到餐厅用餐的单身女性客人提供方便。

⑥提供电脑出租和必要的技术服务。

⑦对有需要的女性客人可以选派经验丰富的服务人员提供"贴身管家"服务。

⑧限制外来访客活动范围。在酒店公共区域设立单独接待区域,方便女性住客接待来访宾客,避免可能对其他女性客人带来的干扰与不安全因素。

⑨良好的灯光照明和保安服务,尤其是室外公共区域,如停车场等。

⑩为每位入住女性客人建立一份完整详尽的客史档案,便于个性化服务与市场分析和营业推广。

⑪单身职业女性最重要的人际关系是群体或朋友关系,而不是婚姻或亲戚关系,她们热衷于参加各类社会活动和社交活动。举办各种生活时尚派对,定期邀请著名专家、学者开设系列讲座,内容可包括个性化形象设计、社交礼仪、美容健身、家庭园艺、厨房烹饪等,甚至还可延伸到心理咨询、医疗保健、家庭理财、法律顾问等,在满足她们个人涵养和生活情趣的同时,更使她们有一种团队的归属感,成为企业的忠实客户。

国外关于"女性专属"的概念已经深入人心,"女子银行""女子书店""女子美容院""女性专用电车车厢"等在世界各地相继出现,所以"为'她'服务"已成为西方服务行业目前流行的经营策略。英国酒店业的一项市场调查表明,如果忽视对女性客人的服务,就会失去40%的客源。虽然在国内,单身职业女性消费市场的引导和细分还处于萌芽阶段,但是研究和探讨这一特定市场的消费特征和倾向,提出并实施针对性的管理对策和措施,既表达了对女性的尊重和人文关怀,也是酒店顺应市场竞争,另辟蹊径,走特色化经营的明智之举。

资料来源:针对酒店女性客源市场的营销. 安徽酒店网[EB/OL]. (2010-12-20)[2014-12-21]. http://www.ah778.com/News/NewsInfo.aspx? NewsID=3907.

4.4.2 旅游市场

酒店和旅行社之间的关系随着旅游业的发展更加紧密,它们相互依赖,相互促进。酒店的市场中相当数量的客源是旅行社组织的,有些酒店几乎完全由旅行社组织客源。

旅行社从运作功能上可分为零售式、批发式和集团/连锁式旅行社三大类,旅行社为酒店提供的客源既包括商务型客人,又包括休闲型客人。与商务型客人相比,休闲型客人在旅行计划方面更需要得到旅行社的帮助。商务型客人通常有明确的目的地,多数的商务活动都可以选择在下榻的酒店进行。而休闲型客人则不然,他们更关心的不是酒店,而是酒店之外的旅游景点。

为了吸引更多的休闲型客人,酒店市场营销部门可以联合旅行社推出更加有竞争力的周末包价、家庭旅游包价、新婚蜜月包价等服务。

4.4.3 会议市场

会议市场在所有的客源中能给酒店产生最大的效益。这是因为,会议市场能够为酒店增加综合收入,弥补淡季销售,节省人力资源,并创造回头生意。

除政府会议市场外,酒店会议市场主要分为两大类。一类是公司会议市场,主持者和参加者之间有上下级隶属关系;另一类是协会会议市场,主持者和参加者之间的关系是平等和松散的。

1)公司会议市场

公司商务会议是酒店最有利可图的客源市场。一般一家大型公司每年要举办十几次大规模会议。从公司性质看,包括销售类和销售服务类,它们的会议类型也随其特点而定。主要的会议类型及特征如表4.1所示。

表4.1 主要的会议类型及其特征表

会议类型	会议特征
全国/国际销售会议	规模大(100~200人)、功能多、消费高(有住套间要求)、时间长(3~5天)
地区销售会议	规模适中(50人)、普通间标准、多用套餐或自助餐
培训和讨论会议	规模小(30人)、标准低、教室标准的会议室即可
订货会	有高层管理人士参加、标准高、宴请多
行政讨论会	公司高级管理者会议、消费高、用套间多
产品展示会	会场标准高、时间长(2~5天)
管理发展研讨会	标准高、人数20~50人
奖励旅游会	时间长、消费多、休闲性强

酒店,尤其是会议型酒店,应结合自身的特点,选择适合的会议市场,为其提供有针对性的服务。

酒店营销人员应熟悉举办会议的企业的商务会议联系人,与之保持恰当、畅通的沟通与交流,保证公司会议的顺利进行,一般酒店商务会议联系人包括:

- 公司专职办会人/计划人
- 会展中心计划人
- 公司行政管理者
- 公司旅游部经理

- 部门经理
- 秘书/办公室主任等

另外,酒店营销部门还可以通过与公司签订表示承诺协议的会议质量保证书,以使客人对酒店的产品和服务有信心,消除客人疑虑,同时也能够促进酒店提高办会质量,保证公司会议圆满举办,促进酒店整体服务质量的提高。

2)协会会议市场

协会是指某行业内各企业和公司为促进共同事业的发展,争取共同利益而组成的代表团体。协会的规模不等,种类繁多。协会一般有贸易协会、专业科学协会、工会、教育协会、互助服务社、民族协会和宗教协会等类型。

协会会议类型包括年度会议、区域性会议、研讨会和首脑会议。表4.2为协会举办各类会议的特征。

表4.2 协会会议特征表

会议类型	特征
年度会议	规模大、人数多、内容多、消费高
区域性会议	住宿多、时间长
研讨会	属分组会、大会的一部分
首脑会议	规模小、标准高

会议型酒店,可结合自身的特点,选择适合的协会会议市场,进行产品设计和市场营销活动。

【本章小结】

酒店消费者行为是酒店消费者个人特征、社会影响因素及环境影响因素共同作用的结果。酒店消费者个人特征包括个人客观条件和主观心理特性。消费者行为分析是酒店了解市场的重要内容,是酒店制订营销计划的基础。本章首先对酒店消费者行为及其相关的概念以及酒店消费者行为的特点进行了介绍。其次,本章对酒店消费者行为的影响因素进行了分析。酒店的消费者可具体细分为个体消费者和组织消费者,其影响因素各有不同,个体消费者行为的影响因素包括文化因素、社会因素、个人因素和心理因素等,而群体消费者行为的因素主要是环境因素、组织因素、人际因素和个人因素。再次,本章对酒店消费者购买行为进行了分析,包括消费者购买模式、购买类型以及购买过程。最后,对商务市场、旅游市场和会议市场这三大酒店主要市场的市场类型、需求特征进行了讨论。

【案例讨论】

1. 结合案例引导,谈一谈处于家庭生命周期的不同阶段,消费者购买决策都受到哪些因素的影响?酒店应如何利用家庭生命周期来找到潜在市场,并且制订相应的营销策略?

2. 在实例解析4.1中,为什么不同地区的消费者在"赚钱"和"休闲"的观念上存在差异？为了吸引更多的客人,希尔顿的"快乐周末"项目宣传重点应放在哪里？希尔顿旅业的调查,对酒店营销工作有哪些启示？还可以有针对性地开展哪些服务项目？

3.结合实例解析4.2,从顾客需求的角度分析代客保管剩酒项目的推出,满足现代人的哪种消费需求？对酒店销售而言有什么作用？

4.结合实例解析4.3,分析商务客人对酒店产品和服务有哪些需求,如何针对商务客人的需求特征开展有针对性的营销工作。

【复习思考题】

1.什么是酒店消费者行为？

2.酒店消费者行为有哪些特点？

3.酒店个体消费者行为的影响因素有哪些？它们是如何影响个体消费者行为的？

4.酒店组织消费者行为的影响因素有哪些？它们是如何影响组织消费者行为的？

5.酒店消费者购买决策包括哪些过程？认识消费者购买决策过程对酒店营销有何意义？

6.酒店消费者购买类型有哪些？

7.分析商务市场的需求特点及表现,酒店应如何有针对性地营销？

8.分析旅游市场的需求特点及表现,酒店应如何有针对性地营销？

9.分析会议市场的需求特点及表现,酒店应如何有针对性地营销？

第 5 章　酒店 STP 营销战略

【主要内容】
　　◇酒店市场细分
　　◇酒店目标市场选择
　　◇酒店市场定位

【学习要点】
　　◇了解市场细分及其作用
　　◇掌握酒店市场细分的标准及方法
　　◇掌握酒店市场细分的原则及程序
　　◇掌握酒店目标市场的评估与选择
　　◇了解市场定位
　　◇掌握如何进行酒店市场定位
　　◇了解 CI 与酒店市场定位的关系

【案例引导】

社区酒店——迈家酒店

　　2014 年,对我国许多高星级酒店而言,是一个黯淡忧愁之年,对一些勇于创新的酒店来说,却是一个大展拳脚之年。一些市场目标清晰、设计有特色、服务有卖点的新型细分酒店,犹如一阵新风,吹皱了略显沉闷的一池春水。其中的迈家酒店,就向业界和投资者崭露了生机勃勃的"小荷之角"。

　　大大的"M",是 2013 年冒起的迈家社区酒店的徽标,其首席运营官陈刚,在酒店业摸爬滚打 20 年,眼见酒店同质化现象日趋严重,便与朋友共同创建了"迈家"酒店投资管理公司。他们响亮地提出了"不做经典做绝对,不做传统做新锐"的口号,立志运用互联网思维为 18 ~ 35 岁的年轻群体打造一个社区"基站"式酒店。

　　在陈刚眼中,一个面向年轻群体的社区酒店,需要具备下列要素:第一是价格便宜,百来元就有得住;第二,床和枕头要好,因此,迈家的卧具均按五星级标准配备,床宽 1.8 到 2 米;

第三,淋浴设施要先进,迈家一律配置品牌整体浴室;第四,网速要快,迈家一律100兆光纤入室;第五,配置社交空间,建设色彩斑斓的"迈家客厅",提供免费咖啡,方便客人交友和商务会谈;第六,方圆3千米的社区商家都是住客的供应商,要什么有什么,只要上到迈家主页或APP,手指戳戳就可搞定。

"迈家对酒店原有的要素做了加减法,对一些不太需要的功能做了弱化处理,而对青年群体很看重的要素进行了强化。作为社区酒店,迈家要做的是平台,让住店客和酒店四周所有供应商和服务商进行对接,做成集成基站。"陈刚对《中国旅游报》记者表示。

一些专家对迈家的百元卖价和成本之间是否能保持平衡持怀疑态度。对此,陈刚表示,迈家打算客房收入只占到70%,其他服务收入占30%,未来后者的收入应该更高。"做互联网生意,关键是人气。"陈刚说。

在陈刚的眼中,迈家要做的是资源集成、客户集成、产品集成,功夫在住宿产品之外。周遭的娱乐场所、理发洗浴、景区、超市、旅游纪念品商店、土特产等,都是住店客可能光顾的场所,也是社区酒店的"大金矿"。只要客人愿意到哪里消费,迈家的盈利点就在哪里。

"我们未来要发出有打折功能的迈家会员卡,全国这么多迈家会员去重复消费,商家不欢迎才怪。"

据悉,迈家2014年开出了3家店,2015年将达到10家。

资料来源:丁宁.细分酒店,"小荷才露尖尖角"[N].中国旅游报.2015-03-04(005).

在当下市场竞争异常激烈的背景下,酒店通过市场细分的方法,选择目标市场,进行精准市场定位,制订有针对性的营销策略,进而发掘市场机会,开拓新市场,集中酒店的人力、物力和财力,提高酒店的经济效益。本章将围绕市场营销中的市场细分、目标市场选择和市场定位展开论述。

市场细分(Market Segmentation)的概念是美国营销学家温德尔·史密斯(Wendell Smith)在1956年最早提出的,此后,美国营销学家菲利浦·科特勒(Philip Kotler)进一步发展和完善了温德尔·史密斯的理论并最终形成了成熟的STP理论——市场细分(Segmentation)、目标市场选择(Targeting)和市场定位(Positioning)。它是战略营销的核心内容。STP理论中的S,T,P分别是Segmenting, Targeting, Positioning 3个英文单词的缩写,即市场细分、目标市场和市场定位的意思。酒店市场营销管理人员发现和选择了有吸引力的市场机会之后,需要进一步进行市场细分和目标市场选择,这是酒店市场营销战略管理的核心。市场细分、选择目标市场以及市场定位,构成了目标市场营销的全过程。

5.1　酒店市场细分(Segmentation)

现在大多数的酒店认识到它们不可能吸引酒店市场当中的所有顾客,但是酒店的这一认识经历了3个阶段,大规模营销、产品多样化营销和目标市场营销。20世纪50年代,处在买方市场形势下的酒店纷纷接受现代市场营销观念,开始实行目标市场营销,即酒店识别各个不同的顾客群,选择其中一个或几个作为目标市场,运用适当的市场营销组合,集中力量为目标市场服务,满足目标市场需要。目标市场营销由 3 个步骤组成:市场细分、选择目标市场和市场定位。图 5.1 说明了目标市场营销的 3 个主要步骤。

图 5.1　目标市场营销的主要步骤

5.1.1　酒店市场细分的概念

市场细分的概念是美国市场学家温德尔·史密斯(Wendell Smith)于 20 世纪 50 年代中期提出来的。所谓市场细分就是指按照顾客需求把一个总体市场(总体市场通常太大以致企业很难为之服务)划分成若干个具有共同特征的子市场的过程。因此,分属于同一细分市场的顾客,他们的需要极为相似;分属于不同细分市场的顾客对同一产品的需要存在着明显的差别。

酒店面对成千上万的顾客,他们的需求千差万别,并且分散于不同的地区,而又随着环境因素的变化而变化。对于这样复杂多变的大市场,任何一个规模巨大的酒店集团都不可能满足酒店市场上全部顾客的所有需求。又由于酒店资源、设备、服务等方面的限制,也不可能满足全部顾客的不同需求。酒店只能根据自身的优势条件,从事某个市场的服务和营销活动,选择力所能及的、适合自己经营的目标市场,有必要进行市场细分。那么,什么是酒店市场细分? 我们把将一个错综复杂的酒店异质市场划分成若干个具有相同需求的亚市场,确定酒店目标市场的过程称为酒店市场细分。例如,有些规模大、地理位置好、等级较高的酒店,若以商务旅游者和豪华观光度假旅游者为其目标市场,它的主要经营活动和营销活动都应集中在这两个目标市场上。喜来登、希尔顿等酒店集团就把这两个细分市场作为主要的目标市场。另一些等级不高、地理位置欠佳的酒店,则常以团体包价观光旅游者为目标市场。总之,每家酒店都应根据自己的特点进行市场细分,寻找适合自己经营的目标市场。

5.1.2　酒店市场细分的作用

细分市场不是根据产品品种、产品系列来进行的,而是从顾客的角度进行划分的,是根据顾客的需求、动机、购买行为的多元性和差异性来划分的。市场细分对酒店的经营、市场营销起着极其重要的作用。

1)有利于酒店选择目标市场和制订市场营销策略

酒店细分后的市场比较具体,比较容易了解顾客的需求,酒店可以根据自己市场营销战略和市场营销力量,确定自己的目标市场。针对较小的目标市场,便于制订特殊的市场营销策略。同时,在细分的市场上,更容易了解市场信息和得到信息反馈,一旦顾客的需求发生变化,酒店可迅速改变营销策略,制订相应的对策,以适应市场需求的变化,提高酒店的应变能力和竞争力。

2）有利于酒店发掘市场机会,开拓新市场

通过市场细分,酒店可以对每一个细分市场的购买潜力、满意程度、竞争情况等进行分析对比,探索有利于酒店的市场机会,使酒店及时作出市场开发决策或根据酒店的实际情况编制新产品开发计划,开拓新市场,以更好地适应市场的需要。

3）有利于酒店集中人力、物力和财力投入目标市场

任何一家酒店的资源都是有限的。通过细分市场,选择适合自己的目标市场,酒店可以集中人、财、物等资源,去争取局部市场上的优势,然后再占领自己的目标市场。

4）有利于酒店提高经济效益

上述3个方面的作用都能提高酒店的经济效益。除此之外,酒店通过市场细分,可以针对目标市场,提供适销对路的产品和服务,既能满足市场需求,又可增加酒店的收入。产品适销对路可以加速酒店出租率,形成规模效应,降低酒店的经营和销售成本,提高员工的服务熟练程度,进而提高服务质量,全面提高酒店的经济效益。

需要指出的是,细分市场是有一定客观条件的。只有酒店市场发展到一定阶段,供求关系表现为供过于求,顾客需求多样化,酒店无法用只提供大批量无差异的方式或差异化产品策略有效地满足所有顾客需要的时候,细分市场的客观条件才具备。

5.1.3 酒店市场细分的标准

酒店市场细分要依据一定的细分变量进行,概括起来主要有4类,即地理变量、人口变量、心理变量和行为变量。以这些变量为依据来细分酒店市场就产生了地理细分、人口细分、心理细分和行为细分4种市场细分的基本形式。

1）按地理变量细分市场

按照顾客所处的地理位置、自然环境来细分市场,比如,根据国家、地区、城市规模、气候、人口密度、地形地貌等方面的差异将整体市场分为不同的小市场。地理变数之所以作为市场细分的依据,是因为处在不同地理环境下的顾客对酒店产品和服务往往有不同的需求与偏好,他们对酒店采取的营销策略与措施会有不同的反应。例如,亚洲客人同欧美客人对酒店的需求存在许多差异。亚洲客人注重酒店的装饰和设施的齐全,而欧美客人则强调房间的整洁、卫生和舒适宜人;亚洲客人在自费出外旅游时,支出方面更多用于购物,不太计较或不愿意花费大笔钱下榻高档酒店,欧美客人则恰恰相反,他们会选择较高档次的酒店,尤其是连锁酒店,住宿方面的支出高于亚洲客人;亚洲客人对大众娱乐活动情有独钟,而欧美客人则更喜欢到游泳池、网球场、健身房进行锻炼。在了解客人的需求差异后,便可采取针对性的营销措施。

地理变量易于识别,是细分市场时应予以考虑的重要因素,但处于同一地理位置的顾客的需求仍会有很大差异。比如,在我国的一些大城市,如北京、上海,流动人口逾数百万,这些流动人口本身就构成一个很大的市场,很显然,这一市场有许多不同于常住人口市场的需求特点。所以,简单地以某一地理特征区分市场,不一定能真实地反映顾客的需求共性与差异,酒店在选择目标市场时,还需结合其他细分变量予以综合考虑。

2）按人口变量细分市场

按人口统计变量,如年龄、性别、家庭规模、家庭生命周期、收入、职业、教育程度、宗教、种族、国籍等为基础细分市场。酒店顾客需求、偏好与人口统计变量有着密切的关系,比如,只有收入水平很高的顾客才可能成为高档酒店的顾客。人口统计变量比较容易衡量,有关数据相对容易获取,由此构成了酒店经常以它作为市场细分依据的重要原因。

（1）性别

由于生理上的差别,男性与女性在产品需求与偏好上有很大不同,如对酒店客房的需求,女性顾客希望客房中有梳妆台、较大的卫生间、客房离服务台比较近等。

（2）年龄

不同年龄的顾客其生活方式、经济条件、旅行方式不尽相同,对酒店产品和服务有不同的要求,如老年人希望自己住的客房离电梯近一些,同时离服务台也近一些,酒店对老年人服务时要有耐心,要多为其提供服务和帮助,热情周到,细致入微。而年轻人则无此方面的特殊需求,年轻人观念新,喜欢冒险,追求新的经历和感受,愿意下榻新的酒店,享用新的设施。年轻夫妻是周末市场的重要客源,他们追求宁静、轻松的环境和气氛,希望避开日常生活环境。

（3）收入

高收入顾客与低收入顾客在产品选择、休闲时间的安排、社会交际与交往等方面都会有所不同。比如,同是外出旅游,在交通工具以及食宿地点的选择上,高收入者与低收入者会有很大的不同。正因为收入是引起需求差别的一个直接而重要的因素,在酒店市场营销管理中根据收入细分市场相当普遍。

（4）职业与教育

指按顾客职业的不同,所受教育的不同以及由此引起的需求差别细分市场。比如,由于顾客所受教育水平的差异所引起的审美观具有很大的差异,诸如不同顾客对酒店客房装饰用品的品种、颜色等会有不同的偏好。

（5）家庭生命周期

一个家庭,按年龄、婚姻和子女状况,可划分为 7 个阶段。在不同阶段,家庭购买力、家庭人员对商品的兴趣与偏好会有较大差异。①单身阶段。几乎没有经济负担,新消费观念的带头人,娱乐导向型购买。②新婚阶段。年轻夫妻,无子女,经济条件比较好,购买力强,对耐用品、大件商品的欲望、要求强烈。③满巢阶段Ⅰ。年轻夫妻,有 6 岁以下子女,家庭用品购买的高峰期。不满足现有的经济状况,注意储蓄,购买较多的儿童用品。④满巢阶段Ⅱ。年轻夫妻,有 6 岁以上未成年子女。经济状况较好。购买趋向理智型,受广告及其他市场营销刺激的影响相对减少。注重档次较高的商品及子女的教育投资。⑤满巢阶段Ⅲ。年长的夫妇与尚未独立的成年子女同住。经济状况仍然较好,妻子或子女皆有工作。注重储蓄,消费比较冷静和理智。⑥空巢阶段。年长夫妇,子女离家自立。前期收入较高,购买力达到高峰期,较多购买老年人用品,如医疗保健品、娱乐及服务性消费支出增加。后期退休收入减少。⑦孤独阶段。单身老人独居,收入锐减。特别注重情感、关注等需要及安全保障。

除了上述方面,经常用于市场细分的人口变数还有家庭规模、国籍、种族、宗教等。实际上,大多数酒店通常是采用两个或两个以上人口统计变量来细分市场。

3)按心理变量细分市场

根据顾客所处的社会阶层、生活方式、个性特点、动机等心理因素细分市场。

(1)社会阶层

社会阶层是指在某一社会中具有相对同质性和持久性的群体。处于同一阶层的成员具有类似的价值观、兴趣爱好和行为方式,不同阶层的成员则在上述方面存在较大的差异。很显然,识别不同社会阶层的顾客所具有的不同特点,对酒店产品的市场细分将提供重要的依据。

(2)生活方式

通俗地讲,生活方式是指一个人怎样生活。人们追求的生活方式各不相同,如有的追求新潮时髦,有的追求恬静、简朴;有的追求刺激、冒险,有的追求稳定、安逸。这些也是酒店细分市场时要考虑的因素。

(3)个性

个性是指一个人比较稳定的心理倾向与心理特征,它会导致一个人对其所处环境做出相对一致和持续不断的反应。俗语说:"人心不同,各如其面",每个人的个性都会有所不同。通常,个性会通过自信、自主、支配、顺从、保守、适应等性格特征表现出来。因此,个性可以按这些性格特征进行分类,从而为酒店细分市场提供依据。

(4)动机

按照客人的动机细分市场是酒店广泛采用的一种分类方法。不同类型的酒店按住宿动机细分的市场类别不尽相同。大部分酒店按住宿动机将客人简单地分为两类,一类为公务客人,另一类为观光度假客人。具有不同住宿动机的客人对酒店产品和服务的需求也不同,他们住宿期间的行为方式、消费水平、消费习惯均存在差异。

4)按行为变量细分市场

根据顾客对产品的了解程度、态度、使用情况及反应等将他们划分成不同的群体,叫行为细分。许多人认为,行为变数能更直接地反映顾客的需求差异,因而成为市场细分的最佳起点。按行为变量细分市场主要包括下列情况。

(1)购买时机

根据顾客提出需要、购买和使用产品的不同时机,将他们划分成不同的群体。例如,我国许多酒店利用春节、元宵节、中秋节等传统节日期间大做广告,借以促进产品销售。

(2)追求利益

顾客购买某种产品总是为了解决某类问题,满足某种需要。然而,产品提供的利益往往并不是单一的,而是多方面的。顾客对这些利益的追求时有侧重,如观光旅游者追求经济实惠、价格低廉,商务客人追求舒适方便,而明星、政要等则偏向于显示其社会地位等。

(3)使用者状况

根据顾客是否使用和使用程度细分市场。通常可分为经常购买者、首次购买者、潜在购买者和非购买者。大型酒店集团往往注重将潜在使用者变为实际使用者,较小的酒店则注重保持现有顾客,并设法吸引竞争对手的顾客。

(4)使用数量

根据顾客使用某一产品的数量大小细分市场。通常可分为大量使用者、中度使用者和轻度使用者。大量使用者人数可能并不很多,但他们的消费量在全部消费量中占很大的比重。例如酒店客户中旅行社、大型公司等成为酒店的主要顾客。

(5)品牌忠诚程度

酒店还可根据顾客对产品的忠诚程度细分市场。有些顾客经常变换品牌,另外一些顾客则在较长时期内专注于某一或少数几个品牌。通过了解顾客品牌忠诚情况和品牌忠诚者与品牌转换者的各种行为与心理特征,不仅可为酒店细分市场提供一个基础,同时也有助于酒店了解为什么有些顾客忠诚本酒店产品,而另外一些顾客则忠诚于竞争酒店的产品,从而为酒店选择目标市场提供依据。

(6)购买的准备阶段

顾客对不同酒店了解程度往往因人而异。有的顾客可能对某一酒店服务确有需要,但并不知道该服务的存在;还有的顾客虽已知道酒店,但对酒店的服务价值、稳定性等还存在疑虑;另外一些顾客则可能正在考虑购买。针对处于不同购买阶段的顾客群体,酒店进行市场细分并采用不同的营销策略。

(7)态度

酒店还可根据市场上顾客对酒店的热心程度来细分市场。不同顾客对同一酒店的态度可能有很大差异,如有的持肯定态度,有的持否定态度,还有的则处于既不肯定也不否定的无所谓态度。针对持不同态度的顾客群体进行市场细分并在广告、促销等方面应当有所不同。

(8)购买方式

根据购买方式细分酒店市场也是酒店通常采用的一种方法。从客人的购买方式来看,酒店顾客主要分为团队客人和零散客人两大类。团队客人由于一次性购买量大,酒店通常会给予价格上的优惠,而散客对酒店而言则意味着较高的房价和较少的优惠以及由此带来的较高的利润。团队客人一般包括公司类、会议旅游者、旅游团、体育代表团和机组人员等。散客一般包括商务散客、个人旅游者、包价客人等。

■拓展材料阅读5.1

国内首个女性视角酒店品牌发布

很多女性在外住酒店时都会遇到一系列问题,比如安全、隔音效果、卫生状况、没有针对女性的贴身需求考虑,等等,这些引发了人们对酒店业的再次聚焦和众多消费者的共鸣。近日,国内首个女性视角连锁酒店品牌"Xana hotelle"由希岸发布,致力于打造出符合现代女性需求与格调的酒店。

并不是男士免进

几年前,迪拜帆船酒店是中东首家推出女性专用楼层的酒店。该酒店的女性楼层位于酒店第40层,提供10间客房及一间高层套房,专为追求完善设备、豪华设施及个人空间的行政女士而设。全层均聘用女性服务人员,套房内有瑜伽设施、化妆品专柜及专为女性设计的各式饰品。国内的女性专属楼层在高端酒店业内也已经兴起,但是有些酒店在借助"女士楼层"的噱头赚足住客的眼球之后,随着时间的推移,往往做得不尽如人意,加上入住率的不稳定,最后还是变成了一般的酒店楼层。

什么是女性视角酒店?Xana hotelle 的品牌创始人陆斯云说,并不是女性专属男性免进的概念,酒店是从女人的需求去打造一系列的配套,因此女性视角酒店并不介意男人入住。Xana hotelle 将从女性视角出发,同时推出精选型及高端型2个酒店品牌,从而全面覆盖女性酒店品类。前者着重强调女性视角带来的贴心细腻高品质;后者将在核心功能基础上,为酒店增添更多体验空间。两种酒店在定位上各有侧重。首家女性酒店将在数月内开设,选址在北京、上海或广州。陆斯云之前并没有任何酒店工作经历,创业动机源自一次出差中入住一家知名连锁酒店的不愉快经历——酒店的安全性、私密性和隔音性都做得不到位,更谈不上对女性贴心的服务了。

互联网思维建酒店

与一般酒店的建造过程不同,Xana hotelle 运用了当下流行的互联网思维,团队通过微博、微信等新媒体平台,征集新酒店的品牌名,召集有创意的想法,鼓励女性提出自己对酒店从产品到服务的各项建议,希望把最终打造这个产品的选择权放到消费者手上。目前的商旅客源以男性居多,至少占60%,但进一步调研发现,预订酒店的决策有49%是在女性手中,且随着女性在职场中的发展提升以及其在家庭中的作用,预计未来数年内,酒店客源中女性比例会大幅提升。

Xana hotelle 希岸酒店隶属于7天退市后改组的铂涛酒店集团。原7天连锁酒店创始人、现任铂涛联席董事长的郑南雁表示,从女性角度去看新的中端酒店市场,她们会对一些细节有更高的要求,其中会有一些很共性的东西,铂涛同时孵化了四五个甚至更多的中端品牌,细化酒店市场,以满足不同客人的需求。

资料来源:Doris. 国内首个女性视角酒店品牌发布[EB/OL]. (2015-08-22)[2015-08-22]. http://epaper. dfdaily. com/dfzb/html/2014-08-11/content_915109. htm.

5.1.4　酒店市场细分的原则、程序与方法

1)市场细分的原则

酒店可根据单一因素,亦可根据多个因素对市场进行细分。选用的细分标准越多,相应的子市场也就越多,每一子市场的容量相应就越小。相反,选用的细分标准越少,子市场就越少,每一子市场的容量则相对较大。如何寻找合适的细分标准,对市场进行有效细分,在市场营销实践中并非易事。一般而言,成功、有效的市场细分应遵循以下基本原则:

（1）可衡量性

可衡量性指细分的市场是可以识别和衡量的,即细分出来的市场不仅范围明确,而且对其容量大小也能大致作出判断。

（2）可进入性

可进入性指细分出来的市场应是酒店市场营销活动能够抵达的,即酒店通过努力能够使产品进入并对顾客施加影响的市场。一方面,有关酒店的信息能够通过一定媒体顺利传递给该市场的大多数顾客;另一方面,酒店在一定时期内有可能将产品通过一定的分销渠道销售给该市场。否则,该细分市场的价值就不大。

（3）有效性

即细分出来的市场,其容量或规模要大到足以使酒店获利。进行市场细分时,酒店必须考虑细分市场上顾客的数量,以及他们的购买能力和购买频率。如果细分市场的规模过小,市场容量太小,细分工作烦琐,成本耗费大,获利小,就不值得去细分。

（4）对营销策略反应的差异性

对营销策略反应的差异性指各细分市场的顾客对同一市场营销组合方案会有差异性反应,或者说对营销组合方案的变动,不同细分市场会有不同的反应。如果不同细分市场顾客对产品需求差异不大,行为上的同质性远大于其异质性,此时,酒店就不必费力对市场进行细分。另外,对于细分出来的市场,酒店应当分别制订出独立的营销方案。如果无法制订出这样的方案,或其中某几个细分市场对是否采用不同的营销方案不会有大的差异性反应,便不必进行市场细分。

2）酒店市场细分的程序

酒店市场细分可按以下 7 个程序进行。

①选定酒店市场范围,即确定酒店提供什么产品和服务。产品市场范围应以顾客的需求,而不是产品本身特性来确定。

②列举潜在顾客的基本需求。

③了解不同潜在顾客的不同需求。对于列举出来的基本需求,不同顾客强调的侧重点可能会存在差异。

④抽掉潜在顾客的共同要求,而以特殊需求作为细分标准。

⑤根据潜在顾客基本需求上的差异性,将其划分为不同的群体或子市场,并赋予每一子市场一定的名称。

⑥进一步分析每一细分市场需求与购买行为特点,并分析其原因,以便在此基础上决定是否可以对这些细分出来的市场进行合并,或作进一步细分。

⑦估计每一细分市场的规模,即在调查基础上,估计每一细分市场的顾客数量、购买频率、平均每次的购买数量等,并对细分市场上产品竞争状况及发展趋势作出分析。

3）酒店市场细分的方法

酒店在运用细分标准进行市场细分时必须注意以下问题。第一,市场细分的标准是动态的。市场细分的各项标准不是一成不变的,而是随着社会发展及市场状况的变化而不断变化的。如年龄、收入、城镇规模、购买动机等都是可变的。第二,不同的酒店在市场细分时应采用不同标准。因为各酒店的资源、财力和营销的产品不同,所采用的标准也应有区别。第三,酒店在进行市场细分时,可采用一项标准,即单一变量因素细分,也可采用多个变量因素组合或系列变量因素进行市场细分。下面介绍几种市场细分的方法。

(1)单一变量因素法

就是根据影响顾客需求的某一个重要因素进行市场细分。如根据顾客动机将酒店市场分为观光度假客人、商务客人等。

(2)多个变量因素组合法

就是根据影响顾客需求的两种或两种以上的因素进行市场细分。

(3)系列变量因素法

根据酒店经营的特点并按照影响顾客需求的诸因素,由粗到细地进行市场细分。这种方法可使目标市场更加明确而具体,有利于酒店更好地制订相应的市场营销策略。

5.2 酒店目标市场的选择(Targeting)

市场细分揭示了酒店所面临的各种可供选择的细分市场。现在,酒店需要对各个细分市场进行评估,决定将多少和哪些细分市场作为目标市场。

5.2.1 细分市场的评估

目标市场就是酒店决定要进入的市场。酒店在对整体市场进行细分之后,要对各细分市场进行评估,然后根据细分市场的市场潜力、竞争状况、本酒店资源条件等多种因素决定把哪一个或哪几个细分市场作为目标市场。一般而言,酒店考虑进入的目标市场,应符合以下标准或条件。

1)有一定的规模和发展潜力

酒店进入某一市场是期望能够有利可图,如果市场规模太小或者趋于萎缩状态,酒店进入后难以获得发展。此时,应审慎考虑,不宜轻易进入。当然,酒店也不宜以市场吸引力作为唯一取舍,特别是要力求避免"多数谬误",即与竞争酒店遵循同一思维逻辑,将规模最大、吸引力最大的市场作为目标市场。大家共同争夺同一个顾客群的结果是,造成过度竞争和社会资源的无端浪费,同时忽略了另外一些顾客的需求。

2)细分市场结构的吸引力

细分市场可能具备理想的规模和发展特征,然而从赢利的观点来看,它未必有吸引力。波特认为有5种力量决定整个市场或其中任何一个细分市场的长期的内在吸引力。这5个群体是同行业竞争者、潜在的新参加的竞争者、替代产品、顾客和供应商。他们具有如下5种威胁性:

(1)细分市场内激烈竞争的威胁

如果某个细分市场已经有了众多的、强大的或者竞争意识强烈的竞争者,那么该细分市场就会失去吸引力。如果出现该细分市场处于稳定或者衰退、接待服务能力不断大幅度提升、固定成本过高、撤出市场的壁垒过高、竞争者投资很大时,情况会更糟。这些情况常常会导致价格战、广告争夺战,使酒店要参与竞争就必须付出高昂的代价。

（2）新竞争者的威胁

如果某个细分市场可能吸引新的竞争者,那么该细分市场就会没有吸引力。问题的关键是新的竞争者能否轻易地进入这个细分市场。如果新的竞争者进入这个细分市场时遇到森严的壁垒,并且遭受到细分市场内原来酒店的强烈报复,他们便很难进入。保护细分市场的壁垒越低,原来占领细分市场的酒店的报复心理就越弱,这个细分市场就越缺乏吸引力。某个细分市场的吸引力随其进退难易的程度而有所区别。根据行业利润的观点,最有吸引力的细分市场应该是进入的壁垒高、退出的壁垒低。在这样的细分市场里,新的酒店很难进入,但经营不善的酒店可以安然撤退。如果细分市场进入和退出的壁垒都高,那里的利润潜量就大,但也往往伴随较大的风险,因为经营不善的酒店难以撤退,必须坚持到底。如果细分市场进入和退出的壁垒都较低,酒店便可以进退自如,然而获得的报酬虽然稳定,但不高。最坏的情况是进入细分市场的壁垒较低,而退出的壁垒却很高。于是在经济增长时,大家蜂拥而入,但在经济萧条时,却很难退出。其结果是大家都生产能力过剩,收入下降。

（3）替代产品的威胁

如果某个细分市场存在替代产品或者潜在替代产品,那么该细分市场就会失去吸引力。替代产品会限制细分市场内价格和利润的增长。酒店应密切注意替代产品的价格趋向。如果在这些替代产品行业中技术有所发展,或者竞争日趋激烈,这个细分市场的价格和利润就可能会下降。

（4）顾客讨价还价能力加强的威胁

如果某个细分市场中顾客的讨价还价能力很强或正在加强,那么该细分市场就没有吸引力。顾客会设法压低价格,对产品质量和服务提出更高的要求,并且使竞争者互相斗争,所有这些都会使酒店的利润受到损失。如果购买者比较集中或者有组织,或者该产品在购买者的成本中占较大比重,或者产品无法实行差别化,或者顾客的转换成本较低,或者由于购买者的利益较低而对价格敏感,或者顾客能够向后实行联合,购买者的讨价还价能力就会加强。酒店为了保护自己,可选择议价能力最弱或者转换销售商能力最弱的顾客。较好的防卫方法就是提供顾客无法拒绝的优质产品和服务。

（5）供应商讨价还价能力加强的威胁

如果酒店的供应商能够提高或者降低产品和服务的质量,或者减少供应数量,那么酒店所在的细分市场就会没有吸引力。如果供应商集中或有组织、替代产品少、供应的产品是重要的投入要素、转换成本高、供应商可以向前实行联合,那么供应商的讨价还价能力就会较强。因此,与供应商建立良好关系和开拓多种供应渠道才是防御上策。

3）符合酒店目标和能力

某些细分市场虽然有较大吸引力,但不能推动酒店实现目标,甚至分散酒店的精力,这样的市场应该考虑放弃。另外,还应考虑酒店的资源条件是否适合在某一细分市场经营。只有选择那些酒店有条件进入、能充分发挥其资源优势的市场作为目标市场,酒店才会立于不败之地。

■拓展材料阅读5.2

老爷酒店海外拓点，锁定新兴市场

老爷酒店集团于2015年2月推出新概念品牌"The Place 老爷行旅"，抢占过去相对陌生的年轻市场，提升台湾岛内的经营规模。针对海外市场，该公司表示，将持续以并购方式拓点，并锁定具有发展潜力的新兴市场。

老爷集团在台湾岛内外共拥有12家饭店，包括5家老爷酒店（新竹、礁溪、北投、知本、台北）、1家老爷行旅（台南）、2家会馆（台北南西、台北林森），海外投资则有4家，分别在帕劳、毛里求斯、尼加拉瓜及越南。

针对台湾饭店布局，随着近年岛内旅游产业快速成长、进入大爆炸时代，多家饭店集团积极开拓新品牌抢占市场，老爷酒店集团也正式宣布推出新品牌"The Place 老爷行旅"，锁定年轻市场。

老爷集团CEO沈方正表示，规划未来3年集团预计再开2家饭店，正在台北市、台中市寻觅合适据点，将以"The Place 老爷行旅"为拓展主力，结合在地文化特色的设计风格，锁定喜爱文艺设计品位的年轻人群，期盼新品牌替集团带来不同客源、提升运营动能。

另外，在海外布局方面，沈方正指出，仍将锁定具发展潜力的新兴市场，如印尼、柬埔寨等，不排除以并购方式进行拓点，扩大海外市场运营规模。

资料来源：陈奕先.老爷酒店海外拓点，锁定新兴市场[EB/OL].(2015-02-16)[2015-08-22].http://www.chinatimes.com/cn/realtimenews/20150216001829-260410.

5.2.2 酒店目标市场的选择与策略

1）酒店目标市场的选择

酒店对不同细分市场评估之后，就必须对进入哪些市场和为多少个细分市场服务作出决策。酒店可考虑的目标市场模式包括下列5种模式。

（1）密集单一市场

最简单的方式是酒店选择一个细分市场集中营销。酒店通过密集营销，更加了解本细分市场的需要，并在此市场树立良好的形象，因此便可在该细分市场建立巩固的市场地位。另外，酒店通过产品、销售和促销的专业化分工，也可获得较好的经济效益。如果细分市场补缺得当，酒店的投资便可获得较高报酬。但是，密集市场营销比其他方式风险更大。个别细分市场可能出现不景气的情况，或者某个竞争者决定进入同一个细分市场。由于这些原因，许多酒店宁愿在若干个细分市场中分散营销。

（2）有选择的专门化

有选择的专门化是指酒店选择若干个细分市场，其中每个细分市场在客观上都有吸引力，并且符合酒店的目标和资源。但在各细分市场之间很少有或者根本没有任何联系，然而每个细分市场都有可能赢利。这种多细分市场目标优于单细分市场目标,因为这样可以分散酒店的经营风险,即使某个细分市场失去吸引力,酒店仍可继续在其他细分市场获取利润。

(3)产品专门化

酒店可集中提供一种产品,向各类顾客销售这种产品。酒店通过这种战略,在某个产品方面树立很高的声誉。但如果产品被一种全新的产品代替,就会发生危机。

(4)市场专门化

市场专门化是指专门为满足某个顾客群体的各种需要而服务。

(5)完全市场覆盖

完全市场覆盖是指酒店用各种产品和服务满足各种顾客群体的需求。只有大酒店集团才能采用完全市场覆盖战略。

2)酒店目标市场策略

(1)无差异市场营销策略

无差异市场营销策略是指将整个酒店市场作为目标市场,用单一的营销策略开拓市场,即提供一种产品和一套营销方案吸引尽可能多的顾客。无差异营销策略只考虑顾客在需求上的共同点,而不关心他们在需求上的差异性。

无差异市场营销的理论基础是成本的经济性。提供单一产品,可以降低成本;无差异的广告宣传和其他促销活动可以节省促销费用;不搞市场细分,可以减少酒店在市场调研、产品开发、制订各种营销组合方案等方面的营销投入。这种策略对于需求广泛、市场同质性高且能大量生产、大量销售的产品比较合适。

对于大多数酒店来说,无差异市场营销策略并不一定合适。首先,顾客需求客观上千差万别并不断变化,一种产品长期为所有顾客所接受非常罕见。其次,当众多酒店都采用这一策略时,会造成市场竞争异常激烈,同时在一些小的细分市场上顾客需求得不到满足,这对酒店和顾客都是不利的。再次,容易受到竞争酒店的攻击。当其他酒店针对不同细分市场提供更有特色的产品和服务时,采用无差异策略的酒店可能会发现自己的市场正在遭到蚕食但又无法有效地予以反击。正是由于这些原因,世界上一些曾经长期实行无差异营销策略的大企业最后也被迫改弦更张,转而实行差异性营销策略。

(2)差异性市场营销策略

差异性市场营销策略是指将整体市场划分为若干细分市场,针对每一细分市场制定一套独立的营销方案。比如,酒店针对不同性别、不同收入水平的顾客推出不同品质、不同价格的产品,并采用不同的广告主题宣传这些产品,采用的就是差异性营销策略。

差异性营销策略的优点是小批量、多品种、生产机动灵活、针对性强,使顾客需求更好地得到满足,由此促进产品销售。另外,由于酒店是在多个细分市场上经营,一定程度上可以减小酒店经营风险;一旦酒店在几个细分市场上获得成功,有助于提高酒店的形象和市场占有率。

差异性营销策略的不足之处主要体现在两个方面。一是增加营销成本。由于产品品种多,管理和服务成本将增加。由于酒店必须针对不同的细分市场发展独立的营销计划,会增加酒店在市场调研、促销和渠道管理等方面的营销成本。二是可能使酒店的资源配置不能有效集中,顾此失彼,甚至在酒店内部出现彼此争夺资源的现象,使拳头产品难以形成优势。

(3)集中性市场营销策略

实行差异性营销策略和无差异营销策略,酒店均是以整体市场作为营销目标,试图满足所有顾客在某一方面的需求。集中性营销策略则是集中力量进入一个或少数几个细分市场,实行专业化生产和销售。实行这一策略,酒店不是追求在一个大市场上的角逐,而是力求在一个或几个子市场占有较大份额。

集中性营销策略的指导思想是与其四处出击收效甚微,不如突破一点取得成功。这一策略特别适合资源有限的中小型酒店。中小型酒店由于受其财力、技术等方面的制约,在整体市场上无力与大酒店集团抗衡,但如果集中资源优势在大酒店尚未顾及或尚未建立绝对优势的某个或某几个细分市场进行竞争,成功的可能性更大。

集中性营销策略的局限性体现在两个方面。一是市场规模相对较小,酒店进一步发展受到限制。二是潜伏着较大的经营风险。一旦目标市场突然发生变化,如顾客趣味发生转移,或强大竞争对手的进入,或新的更有吸引力的替代品的出现,都可能使酒店因没有回旋余地而陷入困境。

3)影响目标市场策略选择的因素

前述3种目标市场策略各有利弊,酒店到底应采取哪一种策略? 应综合考虑酒店、产品和市场等多方面因素予以决定。

(1)酒店资源或实力

当酒店的生产、技术、营销、财务等方面实力很强时,可以考虑采用差异性或无差异市场营销策略。资源有限,实力不强时,采用集中性营销策略效果可能更好。

(2)产品的同质性

产品的同质性是指在顾客眼里,不同酒店产品和服务的相似程度。相似程度高,则同质性高,反之,则同质性低。对于同质性高的酒店,顾客可能并不十分看重其品牌。此时,竞争将主要集中在价格上。这样的产品适合采用无差异营销策略。对于存在较大差别、产品选择性强、同质性较低的酒店产品和服务,则更适合于采用差异性或集中性营销策略。

(3)市场同质性

市场同质性是指各细分市场顾客的需求、购买行为等方面的相似程度。市场同质性高,意味着各细分市场相似程度高,不同顾客对同一营销方案的反应大致相同。此时,酒店可考虑采取无差异营销策略。反之,则适宜采用差异性或集中性营销策略。

(4)酒店产品所处生命周期的不同阶段

当酒店产品处于投入期,同类竞争者不多,竞争不激烈,酒店可采用无差异营销策略。当产品进入成长期或成熟期,同类产品增多,竞争日益激烈,为确立竞争优势,酒店可考虑采用差异性营销策略。当产品步入衰退期,为保持市场地位,延长产品生命周期,全力对付竞争者,可考虑采用集中性营销策略。

（5）竞争者的市场营销策略

酒店在选择目标市场策略时，一定要充分考虑竞争者尤其是主要竞争对手的营销策略。如果竞争对手采用差异性营销策略，酒店亦应采用差异性或集中性营销策略与之抗衡。若竞争者采用无差异策略，则酒店可采用无差异或差异性策略与之对抗。

（6）竞争者的数目

当市场上同类产品的竞争者较少，竞争不激烈时，可采用无差异性营销策略。当竞争者增多，竞争激烈时，则可采用差异性营销策略或集中性营销策略。

5.3 酒店市场定位（Positioning）

目标市场范围确定后，酒店就需要在目标市场上进行定位。市场定位是指酒店在全面了解、分析竞争者在目标市场上的位置后，确定自己的产品如何接近顾客的营销活动。

5.3.1 市场定位的含义及作用

市场定位（Market Positioning）是20世纪70年代由美国学者阿尔·里斯（Al Ries）提出的一个重要的市场营销学概念。所谓市场定位就是企业根据目标市场上同类产品的竞争状况，针对顾客对该类产品某些特征或属性的重视程度，为本企业产品塑造强有力的、与众不同的鲜明个性，并将其形象生动地传递给顾客，求得顾客认同。市场定位的实质是使本企业与其他企业严格区分开来，使顾客明显感觉和认识到这种差别，从而在顾客心目中占有特殊的位置。

传统的观念认为，市场定位就是在每一个细分市场上生产不同的产品，实行产品差异化。事实上，市场定位与产品差异化尽管关系密切，但有着本质的区别。市场定位是通过为自己的产品创立鲜明的个性，从而塑造出独特的市场形象来实现的。一项产品是多个因素的综合反映，包括性能、构造、成分、包装、形状、质量等，市场定位就是要强化或放大某些产品因素，从而形成与众不同的独特形象。产品差异化乃是实现市场定位的手段，但并不是市场定位的全部内容。市场定位不仅强调产品差异，而且要通过产品差异建立独特的市场形象，赢得顾客的认同。

需要指出的是，市场定位中所指的产品差异化与传统的产品差异化概念有本质区别，它不是从生产者角度出发单纯追求产品变异，而是在对市场分析和细分的基础上，寻求建立某种产品特色，因而它是现代市场营销观念的体现。

根据以上分析，我们可以看出市场定位在酒店营销中具有两方面的作用：

1）市场定位有利于建立酒店及其产品和服务的市场特色，是参与现代市场竞争的有力武器

当前，酒店市场存在严重的供大于求的现象，众多酒店争夺有限的顾客，市场竞争异常激烈。为了使自己获得稳定市场，防止被其他酒店的产品所替代，酒店必须从各方面树立一定的市场形象，以期在顾客心目中形成一定的偏爱。

2）市场定位决策是酒店制订市场营销组合策略的基础

酒店的市场营销组合要受到酒店市场定位的制约，例如，假设某酒店决定提供优质低价

的服务,那么这样的定位就决定了服务的质量要高,价格要定得低。广告宣传的内容也要突出强调酒店产品服务质优价廉的特点。也就是说,酒店的市场定位决定了酒店必须设计和发展与之相适应的市场营销组合。

■拓展材料阅读5.3

阿尔·里斯

阿尔·里斯是美国营销大师,目前是里斯和里斯(Ries & Ries)咨询公司的主席,该公司的主要业务是为众多知名企业提供战略选择服务。总部位于美国亚特兰大。阿尔·里斯现担任美国工业广告协会(现商业营销协会)会长以及纽约广告俱乐部主席,他还担任 Andy Awards 俱乐部的主席。1989 年,国际市场营销主管授予他"高等营销"奖,1999 年,《公关周刊》授予他 20 世纪最有影响力的 100 位公关专家的称号。

阿尔·里斯于 1950 年毕业于 Depauw 大学(迪堡大学),之后,他进入通用电气公司纽约分公司的广告与销售部门工作。1955 年,他加盟了 Needham, Louis & Brorby 公司,作为 Worthington 和 Peugeot 公司的销售代表。1961 年,他加盟 Marsteller 公司担任客户主管。1963 年,他在纽约成立了自己的第一家广告代理公司:Ries Cappiello Colwell 公司。

1972 年,里斯和杰克·特劳特在《广告时代》杂志上发表了《定位新纪元》一文,令"定位"一词开始进入人们的视野。1979 年,里斯将其公司更名为特劳特和里斯广告(Trout & Ries Advertising)公司,自己担任公司主席。

1980 年他们再度联手合作,出版了《定位:头脑争夺战》,再次引领市场营销学界的"定位"潮流,该书也成为了广告学界经久不衰的畅销书。此后,1985 年、1988 年、1990 年、1993 年,里斯和特劳特四次合作,著有《市场营销的战争》(Marketing Warfare)、《自下而上的市场营销》(Bottom-Up Marketing)、《马的竞争》(Horse Sense)和《市场营销的 22 条法则》(The 22 Immutable Laws of Marketing)。其中,《定位》和《市场营销的战争》在多个国家被译成 17 种文字出版,而《市场营销的 22 条法则》则成为各国商务类图书的畅销书。

1994 年开始,阿尔·里斯和他的女儿劳拉·里斯在纽约建立了里斯和里斯咨询公司。此后,里斯于 1996 年出版了《聚焦》,并与劳拉·里斯分别在 1998 年和 2000 年出版了《打造品牌的 22 条法则》和《打造网络品牌的 11 条法则》。

1999 年,阿尔·里斯被《公共关系周刊》杂志评为 20 世纪 100 个最有影响力的公关人物之一。同年,6 月,他成为《商业周刊》的封面人物。

资料来源:百度百科. 阿尔·里斯[EB/OL]. (2015-08-22)[2015-08-22]. http://baike. baidu. com/link? url = jSWWi5J14 AdoCrYjaGL5b96grTRGx_80xsL7 W 0iUTbjnt9-lW4nh-1Z19_ dQlREnh2bo0RmhRJSSKluUozcy_15GqdO7_Akv4DVQs-WENBoCF6WfjwE-FxUu--xqnTGP51sKh AmcLRK7b1m5k8cpP_

5.3.2　酒店市场定位的要素

1）确立酒店的特色

市场定位的出发点和根本要素就是要确定酒店的特色。首先要了解市场上竞争者的定位如何,他们提供的产品或服务有什么特点。其次要了解顾客对酒店各属性的重视程度。显然,费大力气去宣传那些与顾客关系并不密切的产品是多余的。最后,还得考虑酒店自身的条件。有些酒店属性,虽然是顾客比较重视的,但如果酒店力所不及,也不能成为酒店市场定位的目标。

2）树立市场形象

酒店所确定的特色,是酒店有效参与市场竞争的优势,但这些优势不会自动地在市场上显示出来。要使这些独特的优势发挥作用,影响顾客的购买决策,需要以酒店特色为基础树立鲜明的市场形象,通过积极主动而又巧妙地与顾客沟通,激发顾客的注意与兴趣,求得顾客的认同。有效的市场定位并不取决于酒店怎么想,关键在于顾客是怎么看。市场定位成功的最直接反映就是顾客对酒店及其产品所持的态度和看法。

3）巩固市场形象

顾客对酒店的认识不是一成不变的。由于竞争者的干扰或沟通不畅,都会导致市场形象模糊,顾客对酒店的理解也会出现偏差,态度发生转变。所以建立市场形象后,酒店还应不断向顾客提供新的论据和观点,及时矫正与市场定位不一致的行为,巩固市场形象,维持和强化顾客对酒店的看法和认识。

5.3.3　酒店市场定位的原则

各家酒店经营的产品不同,面对的顾客不同,所处的竞争环境也不同,因而市场定位所依据的原则也应有所不同。总的来讲,市场定位所依据的原则有以下4点。

1）根据酒店产品特点定位

构成产品内在特色的许多因素都可以作为市场定位所依据的原则。

2）根据特定的使用场合及用途定位

为老产品找到一种新用途,是为该产品创造新的市场定位的好方法。

3）根据顾客得到的利益定位

产品提供给顾客的利益是顾客最能切身体验到的,也可以用作定位的依据。

4）根据顾客类型定位

酒店常常试图将其产品指向某一类特定的顾客,以便根据这些顾客的看法塑造恰当的形象。

5.3.4　酒店市场定位的类型

市场定位是一种竞争性定位,它反映市场竞争各方的关系,是为酒店有效参与市场竞争服务的。

1）避强定位

这是一种避开强有力的竞争对手进行市场定位的模式。酒店不与对手直接对抗，将自己置于某个市场"空隙"，发展目前市场上没有的特色产品，开拓新的市场领域。这种定位的优点是能够迅速地在市场上站稳脚跟，并在顾客心目中尽快树立起一定的形象。由于这种定位方式市场风险较小，成功率较高，常常为一些酒店所采用。

2）迎头定位

这是一种与在市场上居支配地位的竞争对手"对着干"的定位方式，即酒店选择与竞争对手重合的市场位置，争取同样的目标顾客，彼此在产品、价格、分销、促销等方面很少有差别。

3）重新定位

重新定位通常是指对那些效益差、市场反应差的酒店进行二次定位。初次定位后，随着时间的推移，新的竞争者进入市场，选择与本酒店相近的市场位置，致使本酒店原来的市场占有率下降；或者，由于顾客需求偏好发生转移，原来喜欢本酒店产品的人转向其他酒店，因而市场对本酒店产品的需求减少。在这些情况下，酒店就需要对其产品进行重新定位。所以，一般来讲，重新定位是酒店为了摆脱经营困境，寻求重新获得竞争力和增长的手段。不过，重新定位也可作为一种战术策略，并不一定是因为陷入了困境，相反，可能是由于发现新的市场范围引起的。

5.3.5　酒店 CI 与酒店市场定位

1）酒店 CI 策划及其特点

CI 是企业形象识别（Corporate Identity）的简称。酒店 CI 策划，就是运用 CI 方法对酒店进行整体策划，帮助酒店创造富有个性和感染力的全新的酒店形象，CI 策划作为完整的、统一的酒店形象塑造方法，它的导入往往使酒店由显层标识到深层理念都发生积极的转变。这些转变是由 CI 本身所具有的特点所决定的。

（1）形象化

CI 通过专门设计的识别系统，将酒店生产、经营、管理的特征集中在酒店象征图案等标识上，便于接受、识别和记忆，对于社会公众具有强烈的感染力和冲击力。其标识和整个识别系统无论在什么地方出现，马上就会使人联想到该酒店，以及酒店的产品和服务。

（2）个性化

CI 策划的基本出发点是依据酒店性质、特点进行个性化的塑造。这不仅体现在酒店的产品、经营宗旨、酒店风格上，而且表现在酒店的商标、广告、色彩、招牌上。个性化的形象识别系统具有更强烈的表现力，使人过目不忘，在感官和心理上引起长久的记忆、联想和共鸣，从而达到更佳的形象效果。

（3）系统性

CI 包括 3 个部分。理念识别（MI），它是酒店精神成果的识别系统，包括酒店企业精神、价值观念、酒店目标、经营哲学、酒店作风等；行为识别（BI），它是酒店行为规范的识别系统，包括行为准则、制度规范、工作标准、员工教育、服务态度、岗位敬业、工作环境、经济效益、研究开发、公共关系、文化活动等;视觉识别系统(VI),它是酒店形象的、富有感染力的识别系统,包括酒店名称、酒店品牌标志、标准字、标准色、酒店象征图案、酒店口号、服饰、吉祥物,以及事务用品、办公用具、建筑外观、交通工具、包装、展示、广告等。这3部分把酒店的生产、经营、管理有机地联系起来,形成完整的酒店形象系统。它既是酒店文化的形象化整体再现,也是酒店全面参与并赢得市场竞争的战略性系统工程。

(4)传播性

CI的目的在于让更多的人了解酒店。它借助各种媒体如广播、电视、报纸、刊物等进行信息传播,使酒店在顾客中引起反响,并得到社会公众的认同。CI的上述特点,比较完整地体现了CI的意义与价值,可以说是目前酒店形象塑造的最为理想的方法之一。

2)CI策划对酒店的作用

CI策划作为塑造酒店形象的系统工程,不论对提高酒店整体素质,还是对外扩大酒店影响,都具有重要作用。

(1)有利于加强酒店管理,练好酒店内功,提高酒店的整体素质

有人把CI的理念识别(MI)比做企业的"心",把行为识别(BI)比做企业的"手"。这就是说,理念识别犹如酒店的"心脏",它来源于并反映着酒店精神、价值观念、经营哲学等精神文化现象,是酒店识别系统的原动力,指导着酒店内部方针政策、行为规范、企业管理、人员素质。行为识别系统则犹如酒店的"手",是执行系统,它具体实施理念识别系统的内容,将酒店精神、价值观念、经营哲学等,变成全体员工的一致行为,进而有效地加强酒店管理,提高酒店整体素质。

(2)有利于社会公众的认同,提高酒店的市场竞争力

一家酒店应有良好的产品和服务。CI策划把产品以独特的设计和鲜明的视觉形象展现在公众面前,使社会公众对酒店产品产生好感和认同,从而有效地提高酒店产品在广大顾客心目中的地位,增强酒店产品的市场竞争力。

(3)有利于扩大社会资金来源,增强股东的投资信心

随着酒店股份制改造的推进,酒店与社会公众的联系更加紧密,尤其是一些上市酒店集团,力图通过公开发行股票扩大融资渠道。成功的CI策划,可以增强投资者的安全感和信任感,使酒店顺利地进行融资活动。

(4)有利于酒店的多元化、集团化、国际化经营

目前我国的许多酒店正在向多元化、集团化、国际化经营迈进,这就必然同酒店之外的社会各行业、部门、企业组织发生关系,寻求资源共享、企业共生、相互助长的途径。CI策划可以有效地宣传和推销酒店,使其他企业、行业、部门了解和认识自己,在了解和扩散联合的基础上,形成全新的经营发展格局。

(5)有利于构建富有个性的酒店文化

企业文化是酒店发展的重要推动力,对酒店的现在和未来都具有重大影响。CI策划作为酒店企业文化建设的重要组成部分,它的作用突出地反映在塑造具有独特个性的酒店形象上,因此它不但可以丰富酒店企业文化的内容,给酒店企业文化建设带来新的生机,而且

可以促使酒店企业文化建设发展到更新更高的层次。

3）酒店 CI 策划的步骤

CI 策划是酒店企业形象塑造的重要组成部分，也是酒店企业形象的再创造。从 CI 策划角度要求，酒店企业形象应是酒店在观众眼中的一幅画，必须通过策划、实施、传播，将酒店身份向员工、顾客、社会公众传递而产生视觉和心理的效果。基于这种要求，CI 策划应有如下几个步骤。

（1）界定酒店身份

企业身份是酒店历史的战略的积累，由所有权、技术性质、目标、观念、战略、员工、领导者人格等组成。

（2）进行酒店企业形象定位

这是对酒店企业形象的创意，也就是将酒店身份用富有个性的、准确的、鲜明生动的语言表达出来，并以此作为塑造酒店企业形象的依据。如闻名全球的美国麦当劳公司，它的企业形象定位为：品质、服务、清洁、价值。即向顾客提供高品质的产品，快速准确的友善服务，清洁优雅的环境及做到物有所值。麦当劳（McDonald's）公司取"M"作为其标志，颜色采用金黄色，它像两扇打开的黄金双拱门；象征着欢乐与美味，象征着麦当劳的 4 个信条像磁石一样不断地把顾客引进这座欢乐之门。

（3）建立企业识别系统

根据酒店实际，导入 CI 策划，从表层视觉形象直到深层经营理念都进行系统规划，建立从经营宗旨、发展战略、组织体系、市场策略、公共关系、广告营销到人员素质全方位的综合治理的系统工程。其中，企业理念识别是识别系统的灵魂和原动力，是塑造完美企业形象的关键；行为识别是理念识别的执行系统；视觉识别是反映理念识别和行为识别的标识系统。这三者构成完整的 CI 系统。

（4）开展企业传播活动

企业传播是将酒店企业身份转变为酒店企业形象的过程。它是通过传播载体将酒店企业身份及识别标志，向传播对象进行信息传递来实现的。传播载体包括酒店自办的快讯、动态、刊物，员工及各种类型的活动、会议等；酒店外部的电视台、广播电台、报纸、期刊、大型社会活动、公共场所广告等。传播对象主要有员工、股东、各地分公司、国外合资公司、顾客、购销商、政府、社区、银行等。

（5）做好酒店企业形象的反馈与评价工作

酒店的传播对象是多种多样的，所有的传播对象都将从酒店传播出来的各种信息中形成对酒店的看法。酒店要能够比较准确地掌握公众看法，就要建立酒店形象反馈系统，通过反馈系统将各种不同的信息汇集起来，加以归类分析，得出结论。然后将结论与酒店实际情况进行对比，分析酒店形象是有助于还是阻碍酒店目标的实现。如果酒店的实际状况比酒店形象要好，那就意味着存在传播的问题；如果酒店的实际状况和企业形象相吻合，那就意味着酒店的发展战略和企业形象策划是成功的。不论哪种情况都要写出评价报告，提出利于酒店发展的意见和建议，通过企业形象再塑造，将酒店推向一个新的发展阶段。

【本章小结】

本章共分为 3 节。第一节主要介绍了酒店市场细分,其中涉及酒店市场细分的概念、作用、标准、原则、程序和方法;市场细分的目的是选择目标市场。第二节介绍了酒店目标市场的选择策略,包括对酒店细分市场的评估、目标市场的选择和目标市场的策略。第三节是关于酒店市场定位,介绍了酒店市场定位的含义与作用,分析了酒店市场定位的要素、原则与类型,最后分析了酒店如何结合 CI 策划进行市场定位。

【复习思考题】

1. 解释酒店市场细分的概念与作用。

2. 分析酒店市场细分常用的标准。

3. 解释酒店市场细分的原则与程序。

4. 酒店市场细分的方法有哪些?

5. 酒店目标市场选择的模式有哪些? 各有哪些特点?

6. 酒店目标市场策略有哪些? 适合其的市场条件分别是什么?

7. 分析影响目标市场策略选择的因素。

8. 解释市场定位的含义与作用。

9. 分析酒店市场定位的要素与原则。

10. 酒店如何通过利用 CI 进行市场定位?

【案例分析】

案例 1:市场细分永不停息——来自万豪酒店的启示

万豪酒店(Marriott)是与希尔顿、香格里拉等齐名的酒店巨子之一,总部位于美国。现在,其业务已经遍及世界各地。

八仙过海,各显神通,不同的企业有不同的成功之道。就酒店业而言,上述企业在品牌及市场细分上就各有特色:希尔顿、香格里拉等这样单一品牌公司通常将内部质量和服务标准延伸到许多细分市场上;而"万豪"则偏向于使用多品牌策略来满足不同细分市场的需求,人们(尤其是美国人)熟知的万豪旗下的品牌有"庭院旅馆(Courtyard Inn)""波特曼·丽嘉(Ritz Carlton)"等。

1. 万豪酒店概况

在美国,许多市场营销专业的学生最熟悉的市场细分案例之一就是"万豪酒店"。这家著名的酒店针对不同的细分市场成功推出了一系列品牌:Fairfield(公平)、Courtyard(庭院)、Marriott(万豪)以及 Marriott Marquis(万豪伯爵)等等。在早期,Fairfield(公平)是服务于销售人员的,Courtyard(庭院)是服务于销售经理的,Marriott(万豪)是为业务经理准备的,Marriott Marquis(万豪伯爵)则是为公司高级经理人员提供的。后来,万豪酒店对市场进行了进一步的细分,推出了更多的旅馆品牌。

在"市场细分"这一营销行为上,"万豪"可以被称为超级细分专家。在原有的4个品牌都在各自的细分市场上成为主导品牌之后,"万豪"又开发了一些新的品牌。在高端市场上,Ritz-Carlton(波特曼·丽嘉)酒店为高档次的顾客提供服务方面赢得了很高的赞誉并备受赞赏;Renaissance(新生)作为间接商务和休闲品牌与Marriott(万豪)在价格上基本相同,但它面对的是不同消费心态的顾客群体——Marriott吸引的是已经成家立业的人士,而"新生"的目标顾客则是那些职业年轻人;在低端酒店市场上,万豪酒店由Fairfield Inn衍生出Fairfield Suite(公平套房),从而丰富了自己的产品线;位于高端和低端之间的酒店品牌是TownePlace Suites(城镇套房)、Courtyard(庭院)和Residence Inn(居民客栈)等,它们分别代表着不同的价格水准,并在各自的娱乐和风格上有效进行了区分。

伴随着市场细分的持续进行,万豪又推出了Springfield Suites(弹性套房)——比Fairfield Inn(公平客栈)的档次稍高一点,主要面对一晚75至95美元的顾客市场。为了获取较高的价格和收益,酒店使Fairfield Suite(公平套房)品牌逐步向Springfield(弹性套房)品牌转化。

经过多年的发展和演化,万豪酒店现在一共管理着8个品牌。

2. 万豪酒店的品牌战略

通过市场细分来发现市场空白是"万豪"的一贯做法,正是这些市场空白成了万豪酒店成长的动力和源泉。万豪一旦发现有某个价格点的市场还没有被占领,或者现有价位的某些顾客还没有被很好地服务,它就会马上填补这个"空白"。位于亚特兰大市的Ritz Carlton(波特曼·丽嘉酒店,现在已经被引入上海等国内城市)经营得非常好而且发展得很快,现在,该酒店甚至根本不用提自己是Marriott(万豪)麾下的品牌。

"万豪"的品牌战略基本介于"宝洁"和"米其林"(轮胎)之间——"宝洁"这两个字眼相对少见,而"米其林"却随处可见。"米其林"在提升其下属的B. F. Goodrich(固锐)和Uniroyal(尤尼鲁尔)两个品牌时曾经碰到过一些困难和挫折,万豪酒店在旅馆、公寓、酒店以及度假地等业务的次级品牌中使用主品牌的名字时遇到了类似的困惑。与"万豪"相反,希尔顿酒店采用的是单一品牌战略,并且在其所有次级品牌中都能见到它的名字,如"希尔顿花园旅馆"等。"万豪"也曾经使用过这种策略,这两种不同的方式反映了它们各自不同的营销文化:一种是关注内部质量标准,一种是关注顾客需求。像"希尔顿"这样单一品牌企业的信心是建立在其"质量承诺"之上的,公司可以创造不同用途的次级品牌,但主品牌会受到影响。

一个多品牌的公司则有完全不同的理念——公司的信心建立在对目标顾客需求的了解之上,并有能力创造一种产品或服务来满足这种需求。顾客的信心并不是建立在"万豪"这个名字或者其服务质量上,其信心基础是"旅馆是为满足顾客的需求而设计的"。比如说,顾客想找一个可以承受得起的旅馆住上三四个星期,"城镇套房"可能就是其最好的选择,他(或她)并不需要为"万豪"额外的品质付费,他可能并不需要这样的品质,而且这种品质对他而言可能也没有任何价值。

3. 万豪酒店创新之道

"万豪"会在什么样的情况下推出新品牌或新产品线呢? 答案是:当其通过调查发现在旅馆市场上有足够的、尚未填补的"需求空白"或没有被充分满足的顾客需求时,公司就会推出针对这些需求的新产品或服务——这意味着公司需要连续地进行顾客需求调研。通过分析可以发现，"万豪"的核心能力在于它的顾客调查和顾客知识，"万豪"将这一切都应用到了从"公平旅馆"到"丽嘉"所有的旅馆品牌上。从某种意义上说，"万豪"的专长并不是旅馆管理，而是对顾客知识的获取、处理和管理。

"万豪"一直致力于寻找其不同品牌间的空白地带。如果调查显示某细分市场上有足够的目标顾客需要一些新的产品或服务特色，那么"万豪"就会将产品或服务进行提升以满足顾客新的需求；如果调查表明在某一细分目标顾客群中，许多人对一系列不同的特性有需求，"万豪"将会把这些人作为一个新的"顾客群"并开发出一个新的品牌。

万豪国际公司为品牌开发提供了有益的思路。对于一种现有的产品或服务来说，新的特性增加到什么程度时才需要进行提升？又到什么程度才可以创造一个新的品牌？答案是：当新增加的特性能创造一种新的东西并能吸引不同目标顾客时，就会有产品或服务的提升或新品牌的诞生。

万豪公司宣布开发"弹性套房"这一品牌的做法是一个很好的案例。当时，万豪将"弹性套房"的价格定在75~95美元之间，并计划到1999年3月1日时建成14家，在随后的两年内再增加55家。"弹性套房(Springfield Suites)"源自"公平套房(Fairfield Suites)"，而"公平套房"原来是"公平旅馆(Fairfield Inns)"的一部分。"公平(Fairfield)"始创于1997年，当时，《华尔街日报》是这样描绘"公平套房"的：宽敞但缺乏装饰，厕所没有门，客厅里铺的是油毡，它的定价是75美元。实际上，对于价格敏感的人来讲，这些套房是"公平旅馆"中比较宽敞的样板房。现在的问题是："公平套房"的顾客可能不喜欢油毡，并愿意为"装饰得好一点"的房间多花一点钱。于是，万豪通过增加熨衣板和其他令人愉快的东西等来改变"公平套房"的形象，并通过铺设地毯、加装壁炉和早点房来改善客厅条件。通过这些方面的提升，万豪酒店吸引到了一批新的目标顾客——注重价值的购买者。但后来，万豪发现对"公平套房"所做的提升并不总是有效——价格敏感型顾客不想要，而注重价值的顾客对其又不屑一顾。于是，万豪考虑将"公平套房"转换成"弹性套房"，并重新细分了其顾客市场。通过测算，万豪得到了这样的数据：相对于价格敏感型顾客为"公平套房"所带来的收入，那些注重价值的顾客可以为"弹性套房"至少增加5美元的收入。

在一个有竞争的细分市场中进行产品提升要特别注意获取并维系顾客。对于价格敏感型顾客，你必须进行产品或服务的提升以避免他们转向竞争对手。如果没有竞争或者没有可预见的竞争存在，那么就没有必要进行提升。其实，竞争通常总是存在的，关键是要通过必要的提升来确保竞争优势。面对价格敏感型顾客，过多的房间并不能为"公平旅馆"创造竞争优势。

4. 万豪酒店给中国同行的启示

通常，酒店业的经营收入可分为3部分，一是相对较稳定的客房住宿收入，二是酒店所附带经营的餐饮收入，三是包括写字楼、店铺、公寓的租金及娱乐经营在内的各杂项收入。现在，随着各种写字楼、店铺、公寓的大量出现，酒店嘴中的肥肉(租金等)被大肆抢夺，各大酒店在这场竞争中几乎"溃不成军"；就娱乐来讲，大城市里的娱乐场所遍地开花，酒店娱乐业的收入也是日益萎缩。以广州为例，2000年广州最大的花园酒店总营业收入是人民币4.1亿元，比起1996年花园酒店的总收入5.4亿元，短短的4年时间，居然缩水了逾24个百分点。花园酒店总经理廖鸣华有些无可奈何地说:"我们想尽了一切办法,但花园酒店的经营业绩仍在一步一步地滑向'深渊'……"2000年中国大酒店的总收入是3.9亿元,白天鹅宾馆的总收入为3亿元,比起1996年的5.2亿元和3.4亿元,跌幅之大让人震惊,而东方宾馆及国际大酒店的业绩同样是大幅下降。2001年业界沸沸扬扬地传言称中国大酒店已被美国具有良好酒店管理能力的万豪酒店管理集团收购,这令广州的酒店行业震惊不已。中国大酒店的高层向外界表示,只是将酒店的经营管理权由香港"新世界"换成了"万豪",酒店股东并未发生变化,更不存在"被收购"之说。据悉,中国大酒店原由香港新世界酒店(集团)有限公司管理,但从2001年年初开始换由"万豪"管理,相应地,"万豪"每年从中国大酒店的营业额中提取2.5个百分点作为回报。随着中国最终加入WTO,著名的酒店集团如喜来登、希尔顿、威斯汀等品牌已气势汹汹地吹响了进军中国酒店业的号角,国际性品牌和本地酒店的交锋在所难免。

国内连重量级的酒店大鳄尚且如此,其他同行的情形可以由此推知,国内外酒店业的差距也由此可见! 其实,中外酒店业的最大差距还是在于管理,尤其是以品牌战略为核心的管理。中国酒店业要想在激烈的竞争中胜出并获得持续的发展,就必须虚心向国外同行学习,扎扎实实地提升自己的管理水平。万豪的做法是不是能为我们提供一些新的思路呢?

结　语

现在,酒店服务业也像消费品行业一样正发生着剧烈的变化。作为酒店经营者,必须经常问自己:我是准备在竞争中提升产品或服务以保护自己的市场,还是准备为新的细分市场开发新的产品? 如果选择前者,要注意使产品或服务的提升保持渐进性,从而降低成本,因为现有的顾客往往不想支付得更多。如果选择后者,新的产品或服务必须包含许多新的目标顾客所期待的东西,进一步讲,是需要有一个不同的品牌——该品牌不会冲击原有品牌,而新的顾客能够接受这种新产品或服务并愿意为此支付更高的价格。万豪酒店通过创造出"弹性套房"成功地将一种"使价格敏感型顾客不满"的模式转换成为一种"注重价值的顾客"的模式,这是一个很典型的案例。

说到底,这其实就是营销上的STP战略,即市场细分(Segmentation)、选择(Targeting)和定位(Positioning)战略。品牌战略归根到底是围绕着细分市场来设计和开发的,清晰的品牌战略来自清晰的STP战略。在产品和服务严重同质化的今天,在大家为同一块市场拼得头破血流的时候,我们是否应该从战略高度来考虑突破和创新呢? 但愿万豪酒店的案例能给我们带来一定的启发。

(资料来源:开放潮,2002.5)

案例2:特殊细分市场的酒店

欧洲的"老人酒店"

在法国戛纳的奥泰利亚酒店里,所有的客人平均年龄83岁,而这里的一切设施设备几乎都是为老人们尤其是80岁以上的老人特别设计的。在这里,信号显示是大号字,沿墙有扶手,电梯里有座椅,床是坐卧两用的,卧室里可以挂家人肖像。卫生间是用防滑玻璃纤维修造的,并设有软垫长椅,在那里可以安全洗浴。无论何时,一按铃就会有人来查看,经常举办各种适合老人的娱乐活动。而且无须预订,长住、短住都无妨。但有一点必须特别声明,这里接待的不是病人,而是需要关怀、照顾的老年顾客。在罗马尼亚首都,有座"富罗拉"酒店,因专门从事接待70岁以上的客人,所以又叫"寿星酒店"。客人入店之初,先要在一种特殊配制的洗澡水中做一次沐浴,洗完后全身舒畅。酒店里还有一种由老年研究专家研制的"返老还童"药,对恢复老人青春活力很有帮助。

德国的"残疾人酒店"

在柏林的世界酒店里,可以看到很多专为满足残疾人需要而作的特殊设计:酒店的门口没有台阶、门槛,入口处也无旋转门。电梯特别大,可同时容纳几部轮椅,里面还有大型穿衣镜,以便乘轮椅进出方便。大厅里的服务台低矮,顾客坐在轮椅上可以很方便地与接待人员联系、办理各种手续,各种门口都设有控制电钮,开启方便。房间的面积比普通酒店的要大一半,以保证轮椅出入自由。客房的门锁、开关都可在床上遥控,写字台下的空间足可以使坐轮椅者感到舒适。衣橱更为别致,衣架可自由升降到合适的位置。浴室内有特殊折叠椅、淋浴轮椅,考虑到残疾的不同程度,酒店里有5种不同类型的浴盆,即使残疾非常严重的人也可以自己下水洗澡。聋哑人房间内还专门安装了重听装置与光电信号发送器,便于联系。除此以外,酒店里还有设备完善的康复中心,在那里客人可以进行矿泉疗养、电疗、体操疗养、水下按摩以及紫外线照疗等现代化先进的理疗,以促进康复。

伦敦的"女子酒店"

在"女子酒店"里,当女性前来消费时,服务人员主动上前问候,热情接待;而当男性顾客光临时,则会受到有礼貌的劝阻,请他另行安排去处,这里是专为女性服务的酒店。酒店里的设施设备与服务都充分地照顾到了女性的生理与心理特点,考虑到了女性外出时的各种要求,使她们感到舒适、安全、受尊重。这里的客房陈设高雅、灯光柔和,备有各种女性杂志。卫生间十分宽敞,并有吹风机、化妆镜和其他女性专用卫生设备与用品。房间里还有挂裙架、熨衣板。房号对外保密,外来电话未经许可也不随便接进。酒吧间不接待男性顾客,供应的饮料也都是女性饮品。酒店经理与服务员都是清一色的女性,实在是地地道道的"女人世界"。受"女子酒店"的启发,现在许多高档酒店也都开辟了专门的"女子楼层"或"女子酒吧"等服务,生意还相当不错。

(资料来源:根据广东旅游网资料整理)

【案例思考题】

1. 案例1中万豪酒店采用了何种目标市场策略?万豪为什么要采取这样的目标市场策略?有何依据?

2. 万豪酒店各不同品牌的目标市场分别是哪些顾客?它是根据什么标准对市场进行细分的?

3. 案例2中各酒店是基于什么样的方法来寻求自身特色的?它们采用了什么样的目标市场策略?这样做的优势体现在哪些方面?又有什么不足?

第6章 酒店产品策略

【主要内容】
　　◇酒店产品概述
　　◇酒店新产品开发
　　◇酒店产品生命周期
　　◇酒店品牌管理

【学习要点】
　　◇了解酒店产品的概念、层次和特征
　　◇了解酒店产品组合
　　◇掌握酒店新产品的开发程序
　　◇掌握产品生命周期理论及其在酒店市场营销中的应用
　　◇了解酒店品牌管理

【案例引导】

迪士尼酒店

迪士尼酒店是迪士尼度假区中以迪士尼故事为主题设计的特色酒店。在世界各地,迪士尼酒店都以体贴入微、细心周到的优质宾客服务而闻名,入住全球任何一家迪士尼度假区主题酒店,就像走进了充满迪士尼角色与故事的奇妙世界。

发展历史

1955 年 10 月 5 日,位于美国加利福尼亚州的迪士尼乐园酒店正式营业,其经营者 Jack Wrather 与华特·迪士尼达成协议,成为了世界上首家以迪士尼命名的酒店。

1988 年,迪士尼公司收购了美国加利福尼亚州的迪士尼乐园酒店。

迪士尼在最初并无投资饭店的计划,在加州的迪士尼乐园建成后,四周建了许多与迪士尼景观很不协调的饭店,但生意不错。后来在佛罗里达的奥兰多兴建迪士尼世界时,迪士尼公司才开始设计修建主题酒店,第一座由迪士尼建造和经营的酒店是位于大峡谷广场景区的"当代乐园"酒店,该酒店有 393 间客房面向广场,景区内的单轨火车从饭店大堂通过。迪士尼酒店的客房入住率要比邻近的其他宾馆高。据报道,在公园内的旅游酒店平均入住率高达98%。

1992年4月,随着法国巴黎的迪士尼乐园开张,7家相应的迪士尼酒店也开始营业,分别为:迪士尼夏延酒店(Disney's Hotel Cheyenne)、迪士尼的戴维·克罗克特牧场(Disney's Davy Crockett Ranch)、迪士尼乐园酒店(Disneyland Hotel)、迪士尼纽约酒店(Disney's Hotel New York)、迪士尼新港湾俱乐部(Disney's Newport Bay Club)、迪士尼圣达菲酒店(Disney's Hotel Santa Fe)、迪斯尼红杉小屋(Disney's Sequoia Lodge)。

1995年,迪士尼公司收购了位于美国加利福尼亚州东急集团的泛太平洋酒店,并命名为迪士尼乐园太平洋酒店,之后在2000年12月15日重命名为迪士尼天堂码头酒店(Disney's Paradise Pier Hotel)。

到20世纪90年代中期,迪士尼酒店的数量增加到250多个。

2001年1月2日,作为加利福尼亚州的迪士尼扩张的一部分,迪士尼大加州酒泉酒店(Disney's Grand Californian Hotel & Spa)正式营业。

2005年12月12日,香港迪士尼乐园酒店和迪士尼好莱坞酒店正式营业。

2000年7月20日,位于东京千叶县浦安市的迪士尼大使大饭店开业。2001年12月4日,东京迪士尼海洋观海景大饭店开业,成为了东京迪士尼海洋主题乐园的园区酒店。2008年7月8日,东京迪士尼乐园酒店开业。

主题房间

全球迪士尼度假区的主题酒店里都拥有以迪士尼故事和卡通明星为主题的房间,别具一格的主题房间设计、精美的装饰品将带给宾客意想不到的体验和惊喜。

米奇主题房间:在加州迪士尼乐园酒店里,有一个以米奇为主题的套房。整个房间以米奇为主角,墙上装饰着米奇剪影壁画和一系列米奇主题的画作,床头柜上摆放着米奇装饰雕塑,米奇头形状的顶灯为宾客们带来温暖的紫色光晕。

加勒比海盗主题房间:在《加勒比海盗》主题套房,宾客将沉浸在浓郁的加勒比风情中。主题房间里的墙上挂着一幅幅海盗壁画、一个个海盗船模型映入眼帘,仿佛走进了杰克船长的家,和海盗们一起扬帆远航。

其他迪士尼主题房间:在美国奥兰多华特迪士尼世界的Disney's Art of Animation Resort主题酒店,有4栋楼分别演绎着四则经典的迪士尼故事的主题房间:《小美人鱼》《狮子王》《海底总动员》和《赛车总动员》,让宾客沉浸在不同主题的迪士尼故事中。

服务设施

在迪士尼度假区主题酒店里,迪士尼卡通明星遍布在酒店各处:大堂、餐厅,甚至在某个转角处会遇到迪士尼卡通明星。

在全球迪士尼酒店,除了提供衣物洗熨、礼宾服务、叫醒服务,迪士尼酒店中还有免费巴士服务帮助游客迅速穿梭于乐园和酒店之间,提供了交通便利。另外,有些主题酒店还提供机场、港口的接送服务。除此之外,迪士尼元素也充分融入酒店的各类设施和特色服务之中,如:迪士尼主题泳池和主题商店。

主题泳池:在奥兰多华特迪士尼主题酒店内,有一个以《海底总动员》为主题的泳池;在加州迪士尼乐园酒店,有一个以迪士尼度假区经典的单轨列车为灵感设计的主题泳池。宾客们在泳池里自由穿梭,仿佛乘坐着单轨列车,在空中游览整个迪士尼度假区。

主题商店:在加州迪士尼乐园酒店里有一座《幻想曲》主题商店,米奇变身"魔法师的学徒",将宾客置身于《幻想曲》的世界中,宾客们可在此为亲朋好友们挑选精致的迪士尼礼物。

上海迪士尼乐园酒店

上海迪士尼乐园酒店是上海迪士尼度假区的标志性酒店,拥有 420 间客房,以高雅的"新艺术主义"为设计风格,充满迪士尼的神奇和想象力,从装饰、墙面、窗帘到家具,到处都呈现着迪士尼的奇思妙想。

进入上海迪士尼乐园酒店,门廊处将会有栩栩如生的米奇和米妮铜像欢迎宾客的到来。信步酒店中,宾客还有机会巧遇《小美人鱼》《美女与野兽》《灰姑娘》和《狮子王》等经典动画中的迪士尼明星。

上海迪士尼乐园酒店在提供丰富的餐饮选择的同时,更会将迪士尼主题故事带入用餐体验中。宾客们既可以在上海迪士尼乐园酒店的卢米亚厨房自助餐厅与迪士尼明星们共同进餐,也可以在绚景楼一边享用正餐,一边欣赏上海迪士尼度假区的壮丽景色。

玩具总动员酒店是上海迪士尼度假区内的另一家迪士尼主题酒店,拥有 800 间客房,将宾客带入风靡全球的迪士尼·皮克斯系列电影《玩具总动员》中的精彩玩具世界。

对于偏爱《玩具总动员》的宾客,玩具总动员酒店会是完美的选择,特别设计的胡迪牛仔苑和巴斯光年苑两个庭院,让宾客可以在这里尽情嬉戏、玩耍放松,仿佛置身玩具世界,感受不同一般的趣味体验。而其中的阳光食汇不仅提供高品质的饮食,天花板上飘扬着的以《玩具总动员》中的动画明星为主题的中式风筝,这些风筝的灵感源于中国著名风筝之乡——山东潍坊的传统风筝制作工艺。

两座迪士尼主题酒店秉承全球迪士尼度假区的世界级标准,将以热情贴心的服务和一丝不苟的服务来打动每一位宾客。得益于与上海迪士尼乐园以及星愿湖比邻的优势,酒店将提供迪士尼独特的宾客服务,包括商品领取服务、行李寄存、迪士尼度假区穿梭巴士和轮渡等。

商品领取服务:宾客在乐园内购买的商品,可以免费递送至其下榻的两家迪士尼主题酒店;

行李寄存:酒店宾客的行李可寄存于上海迪士尼乐园主入口或两家酒店内;

上海迪士尼度假区穿梭巴士:度假区内设有免费穿梭巴士,来往于上海迪士尼乐园和《玩具总动员》酒店;

上海迪士尼度假区轮渡:度假区内设有免费轮渡服务,来往于上海迪士尼乐园和上海迪士尼乐园酒店。

为了满足中国宾客的需求,这两座迪士尼主题酒店还将中国的传统文化融入迪士尼独一无二的妙趣之中。在上海迪士尼乐园酒店的喷泉中央,有一件别具中国特色的作品:一件独特的大型琉璃牡丹雕塑,雕塑周围环绕着经典迪士尼精灵。这朵在上海制作的中国传统名花——牡丹,将会是中国最大的琉璃花卉雕塑之一。为了更贴合中国宾客的喜好,两家酒店不仅精心设计了令人愉悦的标志性香氛,还将提供包括拖鞋和高级茶包等符合亚洲宾客习惯的客房用品。

在各式各样的主题酒店设施中,迪士尼的故事讲述同样无处不在,包括米奇儿童游乐室、"哈库拉玛塔塔"乐苑、川顿王游泳池等。迪士尼人物主题的房卡、洗漱用品、明信片和文具等将让宾客完全置身于迪士尼的世界之中;两家酒店内的礼品店更将提供琳琅满目的迪士尼精选商品,它们将和旅程中难忘的点点滴滴一起被宾客们珍藏。在上海迪士尼度假区尽情玩乐或是用餐之余,爸爸妈妈们还可以带着孩子们前往酒店内的家庭活动中心,参与各种以迪士尼或迪士尼·皮克斯为特色的互动活动、手工制作、儿童游戏以及讲故事时间。

资料来源:百度百科. 迪士尼酒店［EB/OL］.（2015-08-22）［2015-08-22］. http://baike. baidu. com/link? url = WuVAQxTBGt7FxeNB6oyMw17ZBVfWzf0JTQAJ7b7UqsTNZXHSswId06 AxxSuSiDd3Z-o2Dcd1ed4xd5qbRWSno_

富有特色的产品和服务是酒店赖以存在和发展的基础,如何认识酒店产品的本质,抓住顾客的需求设计和开发酒店产品,迪士尼酒店提供了非常好的启示。本章将围绕酒店产品概述、酒店新产品开发、酒店产品生命周期理论以及酒店品牌管理等内容展开论述。

酒店的市场营销活动以满足顾客需求为中心,而顾客需求的满足只能通过酒店提供的产品和服务来实现。因此,产品是酒店市场营销组合中的一个重要因素。产品战略直接影响和决定了酒店对其他市场营销因素的管理,对酒店市场营销的成败关系重大。在现代市场经济条件下,每一家酒店都应致力于产品质量的提高和组合结构的优化,以更好地满足顾客需求,取得更好的经济效益。

6.1　酒店产品概述

现代酒店已经成为一个综合性的消费场所,主要向宾客提供有形的设施和无形的服务。需求对供给具有明显的反作用,成功的酒店会根据消费者的需求及时调整自己的酒店产品。再者,酒店产品能否满足宾客的需要,直接影响到酒店的经营效益。

6.1.1　酒店产品的概念

产品一般是指能用于市场交换,并能满足人们某种需求和欲望的劳动成果,包括实物、场所、服务、设施等。鉴于酒店的具体特点,酒店产品是酒店为了满足顾客住宿、餐饮和娱乐等需求而借助酒店各种设施、设备和环境条件向顾客提供的物质产品和服务产品的总和。从酒店产品的整体观念来看,酒店产品的概念包含 5 个层次,如图 6.1 所示。

1)核心利益

酒店产品最基本的层次是核心利益,即向顾客提供的产品的基本效用和利益,也是顾客真正要购买的利益和服务。顾客购买酒店产品并非是为了拥有该产品实体,而是为了获得能满足自身某种需要的效用和利益。对于不同酒店的顾客来说其核心利益不同;对于在意价格的中转顾客来说,是便宜、清洁地过一夜;对于富有或追求品质的客人来说,是享受体面与舒适的现代生活。

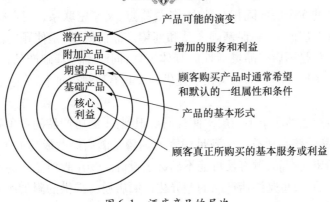

图6.1　酒店产品的层次

2）基础产品

酒店产品核心利益的实现必须依附于一定的实体，产品实体称一般产品，即产品的基本形式，主要包括产品的构造外形等。例如酒店的位置、建筑、装潢、设备、服务项目等都属于基础产品。

3）期望产品

期望产品是顾客购买产品时期望的一整套属性和条件，比如顾客对酒店价格的高低、服务的优劣、娱乐的时尚性等的不同期望。

4）附加产品

附加产品是产品的第4个层次，即产品包含的附加服务和利益。如酒店的机场接送服务、代订机票车船票、免费卡拉OK等，如表6.1所示。附加产品来源于对顾客需求的综合性和多层次性的深入研究，要求酒店营销人员必须正视顾客的整体消费体系，但同时必须注意因附加产品的增加而增加的成本顾客是否愿意承担的问题。

表6.1　酒店附加产品

设施与设备	服　务
商务中心	信用卡服务
康体设施	顾客投诉处理
卡拉OK	折扣优惠
鲜花店	老顾客优惠套销
书店	送房服务
按摩服务	保姆服务
中医专家门诊	叫早服务
小儿高脚座椅	

5）潜在产品

潜在产品预示着该产品最终可能的所有增加和改变。例如，在酒店客房能浏览国际互联网将是未来顾客的基本需求，所以要求酒店在建设或改造客房时预留连接国际互联网的线路和接口。

上述酒店产品的 5 个层面既相互独立、各具特点,又紧密联系,共同构成酒店整体产品的全部内容。在 5 个层面上,确保基础产品和期望产品的质量,是使顾客满意的前提条件。附加产品和潜在产品是酒店产品灵活性的具体表现,同时也是基础产品在现有价值之外的附加价值。产品 5 个层面的全部意义在于提供一个具有质量保证和一定灵活性并且具有竞争优势的产品。

全面理解酒店产品的 5 个不同层次使我们认识到:①酒店产品的竞争始于基础产品,更确切地说,始于产品的核心利益。②满足顾客的期望是酒店经营成功的关键。如果一家酒店不能提供顾客期望的产品,顾客便可能不满甚至投诉。③在激烈竞争的市场条件下,竞争主要体现在附加产品上,也是酒店产品的差异化。酒店通常提供的附加产品如表 6.1 所示。④一家成功的酒店常以提供潜在产品为其特征。⑤灵活性来自酒店管理人员和所有工作人员,来自持续进行、卓有成效的培训,来自适当的授权,即让一线工作人员直接处理日常工作中遇到的麻烦与问题。

6.1.2 酒店产品的构成

产品是连接买方和卖方的纽带,对于酒店产品,也要从这两个方面进行考查。

1)酒店产品由有形设施和无形服务构成

只有现代化的服务设施与以顾客为中心的优质服务的有效结合,才能使酒店产品的品质得以最优体现。从酒店的角度看,酒店产品是有形设施和无形服务的综合,包括:

(1)酒店位置

酒店地理位置的好坏意味着酒店可进入性的强弱,以及交通是否方便,周围环境是否良好。它对于酒店建设的投资额、酒店的客源和酒店的经营策略等都会产生很大的影响。现代酒店一般因功能而选择不同的地理位置,例如,度假型酒店选址在著名景区附近、商务型酒店选址在市中心和商务区,都是为了更好地为目标客源提供各种方便的服务。

(2)设施

齐全、舒适的设施是酒店推销产品的重要条件,也是提高宾客满意度的基础保证。但是在不同类型的酒店中,设施规模以及装潢体现的氛围都不一样。

(3)服务

服务是酒店产品中最重要的部分,也是宾客选择酒店的主要考虑因素之一。宾客对酒店服务的评价通常包括服务内容、方式、态度、速度、效率等方面。目前,酒店服务内容的针对性、服务项目的多少、服务内容的深度和服务水平的高低已经成为众多酒店竞争的重要内容。

(4)气氛

气氛是宾客对酒店的一种感受。现代化装饰的豪华设施、中国民族风格的(古色古香、园林风格)酒店建筑,配上不同格调、不同档次的壁画和艺术品,错落有致的花草布置,以及与之相适应的服务员的传统服饰打扮,对各国宾客都有特殊的吸引力。

(5)形象

酒店通过销售与公关活动在公众中所形成的良好形象,涉及酒店的历史(知名度)、经营理念、经营作风、产品质量与信誉度等诸多因素,是最有影响力的活广告。

（6）价格

酒店产品的价格反映酒店产品的形象和质量。价格不仅体现产品真正的价值,也是宾客对产品价值的评估。

2）酒店产品,从宾客的角度来讲,是一段住宿经历

宾客的这段住宿经历是一个组合产品,由三部分构成:

①顾客实际消耗的食品、饮料等物质产品;

②酒店通过建筑物、设施设备、家具、用具等传递给顾客,同时顾客通过触觉、视觉、听觉、嗅觉得到的感觉享受;

③顾客在心理上所感受到的利益,包括地位感、舒适感、满意度和享受度等顾客在住宿、用餐等消费经历中的心理感受。

宾客在酒店这段住宿经历的质量的高低,主要取决于酒店产品的物质形态,如建筑物、家具、食品、饮料,以及其他无形形态,即提供的各种服务,也取决于宾客主观的经验和看法。

6.1.3　酒店产品的特征

1）酒店产品是有形产品和无形服务的结合

客房、餐厅菜肴、酒水、各种文体设施都是有形产品,但是,顾客在酒店住宿、用餐和其他活动,几乎都离不开酒店工作人员提供的服务。无形服务比有形产品更重要,但是无形产品的不稳定性、质量标准的非量化性、服务质量的无检验性以及销售的超前性,都加大了酒店质量控制的难度,也对员工的素质提出了更高要求。

2）不可储存性

客房、娱乐设施等一天不出租,就不能创造价值,它们作为酒店产品的组成部分是不能像有形产品一样储存起来,日后再出售。因此要求酒店的销售人员尽力去推销酒店产品,扩大销售量,以期使酒店获利。

3）季节性明显

酒店销售存在明显的淡旺季之分,酒店在旺季时需求旺盛,淡季时则需求疲软。从某种意义上说,营销管理就是对需求的管理,许多酒店经营者和销售人员面临的最大挑战之一就是增加和创造淡季需求。

4）不可专利性

一家酒店不可能为自己设计的客房装饰、菜肴、糕点、服务方式申请专利,唯一能申请专利的是其商标。这种不可专利性带来的直接后果是某一新产品如果能创造良好的经济效益,其他酒店会很快模仿。在产品设计上,如何贯彻"人无我有、人有我优、人优我廉、人廉我转"的竞争策略,便成了经营者必须苦心加以对待的难题。

5）品牌忠诚度低

由于产品的不可专利性,导致竞争模仿,产品雷同。对于一般顾客而言,只认定在某一家酒店消费意义不大,更何况人们有追新求异的心理,换一个新酒店、新环境,常能给人以愉

快的满足,品牌忠诚度低也就不可避免了。

6)对信息的依赖性强

酒店的主要客源来源于外地或境外,他们人生地疏,需要通过大众媒体了解酒店,口碑是极其重要的。因此,要求酒店营销人员注意做好信息传递工作,同时酒店要树立良好的形象,为每位顾客留下美好的记忆,酒店的口碑才会好。

6.1.4 酒店产品组合

产品组合又称产品搭配,指酒店销售的产品线及产品项目的组合。产品组合计划在很大程度上是酒店战略计划人员的职责。他们必须对酒店市场营销人员提供的信息进行评估,以决定哪些产品线需要发展、维持、收获、撤销。

产品线是指密切相关的一组产品,因为这些产品以类似的方式发挥功能或销售给同类顾客群,或通过同一类型的渠道销售出去,或同属于一个价格幅度。

酒店产品组合由各种各样的产品线所构成。产品组合一般由酒店产品线的广度、长度、深度决定:广度是指酒店能提供多少项分类服务,如餐厅、客房、商务中心、康体娱乐、旅游等;长度是指每一类的产品可以提供多少种不同的服务项目,如酒店客房,可以分成标准间、豪华间、单人间、三人间以及套房等,餐厅可以分为中餐厅、西餐厅、日式餐厅、韩式餐厅等;深度指每一项服务中又能提供多少品种,如酒店套房中又可以分为总统套房、豪华套房和一般商务套房等,酒店中餐厅能提供多少种不同菜系口味的菜肴,多少种酒水饮料。

产品组合的3个层次在营销策略上都有其意义。酒店可以利用5种产品组合策略来增加销售。

所谓酒店产品组合策略,就是酒店根据营销目标和市场情况对产品线的宽度、深度和关联度方面作出的决策。酒店的产品组合策略,并不是一成不变的,而应根据市场需求和竞争情况的不断变化,经常对产品组合进行分析、评估和调整。

1)扩展策略

扩展策略是指酒店为扩展经营范围,扩大产品组合广度而采用的策略。它有利于充分利用酒店资源,适应多样化或多层次的消费需求,提高和扩大市场面,并为企业分散经营风险。

2)简化策略

简化策略是指酒店要缩小产品组合广度的策略。当酒店产品处于饱和或竞争激烈的市场状态时,为了发挥企业资源的最大效用,企业可放弃获利少的产品系列而集中精力加强少数获利多的产品系列。可使酒店集中力量经营少数产品,减少资金占用,提高资金利用率,及时向市场提供适销对路的产品。

3)改进策略

改进策略是指酒店对现有产品加以改进完善,可节约开发新型产品的投资,减少风险;增加细分市场,吸引更多顾客。

4)高档策略

高档策略即高档产品组合策略。增加高档产品项目,有利于提高现有产品档次,增加声望,促进销售。

5)低档策略

低档策略即低档产品组合策略。在高档产品系列中,增加廉价产品项目,借高档产品声望吸引宾客,适合中低档消费需求,提高市场占有率,增加销售额。

除了上述常见策略外,为了挖掘酒店产品的潜力,增加产品的吸引力,有些酒店还根据客源类型组织各种特殊的产品组合以满足消费者越来越多样化的需求,如专门针对公务客人的公务产品组合、专门针对家庭旅游者的家庭产品组合等。

总之,每个酒店有其自身的特色与客源,酒店产品组合的开发和发展应根据市场需求的特点进行设计。新时期酒店需求发展的总趋势是追求自由、多样、富有情调,是文化型、娱乐型、消遣型的结合。酒店产品组合要体现主题性、独特性、文化性和参与性,以适应不断发展的市场需求。

■拓展材料阅读 6.1

酒店产品组合的开发

在巨大的生活工作压力下,每到周末假期,人们开始寻找一种可以得到休憩和释放压力的休闲模式,让假期成为更纯粹的休闲时间。于是,酒店就成为越来越多当地客人周末度假的新宠,酒店度假模式在中国方兴未艾。

在这种情况下,酒店找到了商机,推出一系列的度假套餐吸引周末度假人群,主要是将客房及酒店内的餐饮休闲场所消费做打包优惠,其消费趋势令酒店感到颇为乐观。比如,上海半岛酒店今年推出的"家庭乐"及"夏日悠游"两种住宿套餐,为顾客提供特惠房价、早餐、水疗中心理疗服务、著名半岛下午茶等多项优惠产品组合,还有为小朋友准备的集文化体验及乐趣于一身的"半岛儿童学堂",受到了度假顾客的欢迎。这两种住宿套餐在7月底累计达到570个订单,比去年同期统计的类似套餐订单总量有40%的上涨。

随着酒店行业的发展,酒店早已不是只提供单一的住宿、餐饮服务的场所。而大多数顾客进酒店不是来消费分类产品的,而是分类产品的组合。酒店产品组合是指酒店提供给市场的各种不同功能的产品的搭配。参与功能搭配的既可以是酒店有形的产品如各种客房、餐厅、康体娱乐设施,也可以是酒店的形象、logo 设计、服务水准和产品价格等无形内容。

从数学角度来说,广度、长度和深度的内容越多,组合出来的局部产品就越多。但这并不一定是经济、有效的。这就要求酒店要以顾客利益的实现和需求的满足为核心,来制定和实施产品的组合决策。

首先,明确目标市场。明确目标市场就是要找准销售对象,要知道产品组合是为什么样需求的顾客而开发,他们对产品功能有什么要求,这样才能针对目标市场的需求搭配出满足他们功能需要的产品,才能保证产品组合将来在市场上被接受。比如为家庭住宿提供的组合产品,形式如双人房供全家住宿,小孩与父母同住免费加床,提供看管小孩服务,小孩免费使用康乐设施,餐厅提供儿童菜单;比如为新婚夫妇提供的蜜月度假产品,一般需要漂亮且宁静的客房以及一些特殊的服务,如一间布置漂亮的洞房,免费床前美式早餐,免费奉赠香槟酒,客房里供应鲜花、水果篮。

其次,体现组合特色。并不是产品线越长、宽度越宽、深度越深就越好,应该根据市场的需求来选择最佳的搭配组合。为了在酒店竞争中体现差异化,所以酒店产品组合应更注重特色功能的搭配组合,以体现产品组合的特色,尤其是针对某种特殊需求的客人去搭配组合,更容易获得市场认可。

在炎炎酷暑的夏季,杭州千岛湖开元度假村推出"夏季养生套餐",包含高级园景房(含双人自助早餐)、千岛湖时令水果、林海归真景区门票和 SPA 护理。高级园景房让你可以欣赏绿松林立、碧波荡漾的如画湖景。或许如此风景还不能够使人心静愉悦,林海归真可以给您带来回归生态、纵情自然的体验,在夏季寻得自己的那份清凉。

再次,注意组合产品推出的时间。组合产品要把握好推出的时间,一般选在市场对某些功能有集中需求的时候推出产品组合。比如七八月是学生放暑假的时间段,许多酒店就推出暑期套餐或度假套餐,吸引家庭旅客和度假旅客前来入住;而九十月是新人结婚办喜宴比较集中的时间段,在这个时候酒店就可以推出婚宴服务功能的组合产品。

最后,制订营销策略。产品组合和单项产品一样,需要制定营销策略,使市场了解并接受新组合产品,可以选用的策略包括广告宣传、价格优惠等等。另外,由于市场中各酒店产品和服务表现得十分相似,比如在宣传手册上都会印有建筑外观,表明建筑风格的独具特色,而非常漂亮的前厅、客房、宴会厅的图片,用来证明酒店设施的优良,形容酒店服务就会用到"热情""微笑""个性化"等语句,这些相似的宣传难以让消费者区分酒店产品和服务的特色,因而也难以在类似的比较中作出选择。因此在营销中,就必须突出本酒店产品和服务所具有的独特属性,以使酒店的产品和服务与竞争对手的同类产品和服务区分开来。比如,酒店为了保证客人的安全,提供"只有入住的行政楼宾客凭房卡才可抵达所处的楼层";为说明客房的舒适环境和完善设施,可以列举提供的欧式羽绒被、记忆枕头、割绒卫浴毛巾等物品。

产品组合是酒店对消费市场发展趋势的应对,现阶段更多的还是停留在客房加活动、价格优惠等比较初级的阶段,难以让顾客留下独特的住宿体验。当市场逐渐成熟壮大,将会对酒店在产品创新、组合上提出更多考验,届时如何更好地调配资源,提高管理能力、服务方式,凸显本酒店的特色,恐怕还需要做更多的研究和考虑。

资料来源:陈承龙.酒店产品组合的开发.第一资讯.[EB/OL].(2015-08-24)[2015-08-24].http://dyzx.dyteam.com/news/bencandy.php? fid=27 & id=89679 & page=2.

6.2 酒店新产品开发

当今时代,唯一不变的事情就是变化,创新已成为时代发展的主旋律,大多数企业销售收入的三分之一多来自新产品及新服务。对酒店而言,开发新产品具有重要的战略意义,它是酒店生存和发展的重要支柱。

6.2.1 酒店新产品概述

1）酒店新产品的含义

提到新产品,经营者往往容易对"新"产生误解,认为"新"产品就是"全新"的产品。按产品研究开发过程,新产品可分为全新产品、模仿型新产品、改进型新产品、形成系列型新产品、降低成本型新产品和重新定位型新产品。

（1）全新产品

全新产品是指应用新原理、新技术、新材料,具有新结构、新功能的产品。该新产品在全世界首先开发,能开创全新的市场。例如酒店发展史中斯塔特勒所建造的现代酒店,开创了现代酒店的概念。

（2）改进型新产品

这种新产品是指在原有老产品的基础上进行改进,使产品在结构、功能、品质、花色、款式及包装上具有新的特点和新的突破。这种新产品与老产品十分接近,有利于顾客迅速接受,开发也不需要大量的资金,失败的可能性相对要小。例如针对当今酒店顾客对能在客房上网的需求,酒店对客房进行改造,铺设连接国际互联网的线路,使酒店客房具有了新的功能。

（3）模仿型新产品

对国内外市场上已有的产品进行模仿生产,称为本酒店的新产品。

（4）形成系列型新产品

它是指在原有的产品大类中开发出新的品种、花色、规格等,从而与酒店原有产品形成系列,扩大产品的目标市场。如酒店在客房新产品开发方面,不断完善其客房结构,在原有标准间的基础上增加商务套间、总统套房等。

（5）降低成本型新产品

以较低的成本提供同样性能的新产品,主要是指酒店利用新科技,改进生产工艺或提高生产效率,削减原产品的成本,但保持原有功能不变的新产品。例如酒店在管理和经营中大量使用现代计算机和互联网技术,使得酒店组织结构简化、人员减少,在提供同样服务的情况下,大大降低了经营成本。

（6）重新定位型新产品

指酒店的老产品进入新的市场而被称为该市场的新产品。例如随着这些年酒店竞争的加剧,使得许多高档酒店的餐厅走入寻常百姓家,开拓这一新的市场。

2）酒店开发新产品的意义

新产品的开发对酒店的重要性主要体现在以下方面。

①开发新产品有利于促进酒店成长。一方面,酒店可以从新产品中获取更多的利润,另一方面,推出新产品比利用现有产品能更有效地提高市场份额。利润和市场份额是酒店追求的两个重要目标,它们的增长和提高能帮助酒店不断发展。

②开发新产品可以维持酒店的竞争优势和竞争地位。为拥有顾客,占有市场份额,酒店

会运用各种方式和手段来获得竞争优势,开发新产品是当今酒店加强自身竞争优势的重要手段。

③开发新产品有利于充分利用酒店的生产和经营能力。当酒店提供服务的能力和经营能力过剩时,开发新产品便是一种有效的提高其生产和经营能力的重要手段。因为在总固定成本不变的情况下开发新产品会使产品成本降低,同时提高酒店资源利用率。

④开发新产品有利于酒店更好地适应环境的变化。当今,酒店面临的各种环境条件在不断发生变化。这预示着酒店的原有产品可能会衰退,酒店必须寻找合适的替代产品。这就导致了对新产品的研究与开发。

⑤开发新产品有利于加速新技术、新材料、新工艺的传播和应用。

6.2.2　酒店新产品开发的过程

酒店新产品开发可根据以下步骤进行。

1)构思的产生

进行新产品的构思是新产品开发的首要阶段。构思是对新产品进行设想或创意的过程。缺乏好的新产品构思已成为许多酒店新产品开发的瓶颈。一个好的新产品构思是新产品开发成功的关键。酒店通常可从酒店内部和外部寻求新产品的构思。

(1)酒店内部人员

酒店内部人员包括酒店各生产部门、职能部门和市场营销部门的人员。这些人员与产品的直接接触程度各不相同,但他们总的共同点便是都熟悉酒店业务的某一或某几方面。对酒店提供的产品较外人有更多的了解与关注,因而往往能针对产品的优缺点提出改进或创新的构思。在酒店的这些内部人员中,除研究开发部门外,销售人员和高层管理部门的人员是新产品构思极为重要与广泛的来源。

(2)顾客

顾客是新产品构思最丰富的来源。顾客在使用酒店产品与服务的过程中,直接感受到产品与服务的方便与不便之处,并针对这些不便产生关于产品改进或进行相关产品系列扩展的需求。许多构思搜索者认为,要想找到最理想的产品构思,通过向顾客询问现行产品的问题来获得。来自顾客的新产品构思通常不包括完整的产品概念,只是包含了产品概念的3个主要方面,即需求、形式和技术。但也正是这些不完整的构思,成为点燃新产品构思之源的火花。收集顾客的构思通常可采用顾客调查、投射测试、函询、座谈等形式以创造顾客表达意见的机会。此外,一些非正式的场合如顾客在使用产品时萌生的抱怨也常能激发相关人员新产品构思的灵感。

(3)中间商

旅行社、旅游批发商、旅游经营商、航空公司等都可能成为酒店新产品构思的较好来源,他们提供的有关新产品构思对酒店也常常具有较高价值。这些中间商熟悉市场需求,清楚现有产品的缺陷,并且许多中间商因为已成为顾客直接的产品使用顾问,他们提出的建议也因而具备较高的开发价值。

(4)竞争对手

研究竞争对手的产品,从而改进酒店现有的产品,是新产品构思来源的一条重要途径,竞争者的新产品可能是本酒店跳跃式或附加型新产品构思的间接来源。酒店可以建立正式程序来获取有关竞争对手新产品的情况,这种程序包括在经营中有意识地收集竞争对手即将上市的新产品的信息及上市后对产品性能与销售情况的分析。

(5)酒店外的研究和发明人员

这些人员广泛存在于发明家学校、发明家评议会、商务管理部门、商标局和专利局、国家的企业性援助计划组、大学的研究与创新中心等。这些人员的创新构思一般是直接针对酒店产品做出的,但他们的创新程度很高,常常可以从中得到改进或创新酒店产品的某一或某几方面的灵感。

(6)咨询公司

原先咨询公司多负责企业管理咨询方面的工作,但现在越来越多的咨询公司已参与到新产品的构思工作中来,并且一些咨询公司还相当专业化,甚至专门设立了新产品构思部门,并将产生的构思作为其直接产品之一。

(7)营销调研公司

营销调研公司接受客户委托,调查顾客的需求状况,往往会无意中发现一些酒店未注意到的市场机会,从而引发对新产品的构思。不过这些营销调研公司一般不会直接把他们发现的市场机会提供给代理人,而是需要代理人付出一定报酬。

2)构思的评估和筛选

(1)构思筛选的目的和原则

新产品构思筛选是运用一系列评价标准,对各种构思进行比较判断,从中找出最有成功希望的构思的一种“过滤”工程。进行构思筛选有以下目的:①权衡各创新项目的费用、潜在效益与风险,尽早发现和放弃不良构思,找出可能成功的构思;②筛选的过程有助于对原有构思做出修改与完善;③筛选可促进跨职能的联系与交流。对不同构思进行评分时,评分者往往需要讲述自己评分的理由,这是吸取他人经验并增长才干的大好机会。

在构思筛选过程中,应遵循以下原则:

①可行性原则

这是新产品构思必须满足的标准,它包括技术上的可行性、经济上的可行性与政策法规上的可行性。以上3条中任何一条得不到满足都必须舍弃该构思。

②效益性原则

这需要市场调研部门来协助进行分析。根据市场调研的结果,对市场潜力、回报周期、赢利幅度等做出判断。新产品构思方案能被采用的根本原因在于它能使酒店获得效益。

③适应性原则

新产品开发工作必须与酒店现有的研究开发力量、生产力量、销售力量,以及顾客需求相适应,与酒店长期目标一致,这种适应性是新产品构思能顺利实施的保障。

(2)筛选工作程序

①成立筛选小组

构思的筛选若由个人或领导决策,失误的可能性很大。酒店通常需要设立或临时成立新产品构思筛选小组。小组成员需要涉及财务、技术、生产、销售和营销等方面的专家与代表,在筛选人员的选配上,不仅要考虑他们各自代表的职能和部门,还须考虑筛选人员的评分能力和性格特征,筛选人员之间要做到性格互补。

②经验筛选

由筛选人员根据自己的经验来判断构思与酒店经营目标、生产技术、财务能力、销售能力是否相适应,把明显不适应的构思剔除而将较接近者留下以作进一步筛选。

③评分筛选

评分筛选指利用评分模型对粗筛留下的构思进行评分筛选。评分筛选具有各种评分模式,但无论何种类型的评分模型都包括4个基本要素:评分因素、评分等级、权重及评分人员。评分因素是指影响新产品开发成功的各主要因素。如酒店的研究能力、财务能力、生产能力、营销能力、原材料的采购能力、市场潜力、竞争状况、酒店形象等。评分等级即对各评价因素进行量化,如对酒店研究能力的评价可采用等级分数来描述,7分表示研究能力最强,1分表示研究能力最弱,介于强弱之间则分别用6分至2分表示。评分等级是评价人员乐于使用但又不易度量的要素。权重的应用不仅限于评价因素,对每位评分人员也需加权。权重对评分结果影响很大,但权重的确定却很难有科学的依据。需要评价人员对各影响因素的重要性进行客观、深入地研究。筛选人员依评分模式对各构思加权计分,再依据其分值选出下一步开发的对象。

3)新产品概念的形成与测试

新产品概念是指酒店从顾客的角度对产品构思进行的详尽描述,即将新产品的构思具体化。描述出产品的性能、具体用途、形状、优点、外形、价格、名称、提供给顾客的利益等,让顾客能一目了然地识别出新产品的特征。因为顾客不是购买新产品构思,而是购买新产品概念。

新产品概念形成的过程亦即把粗略的产品构思转化为详细的产品概念。该过程的首要步骤是搜集辅助信息,以获得有关市场特征、竞争状况等更多信息;进行专利搜索以找出潜在的竞争对手;通过与行业专家及潜在顾客的谈话来评估对新产品构思的态度。其次,从愿意合作且产品使用经验丰富的主要顾客那里获得有关新产品概念的建议,这些顾客不一定具有代表性,在某些情况下,仅有少数样本的定性分析就可以开发出新产品概念。有些情况下则需要进行大样本调查才能开发出新产品概念。

新产品概念一旦形成,就必须在一大群顾客中进行新产品概念测试,这群人应该代表未来新产品的目标市场。新产品概念的测试主要是了解顾客对新产品概念的反应,受测试者是顾客,而不是新产品开发团队的人员。进行概念测试的目的在于,能从多个新产品概念中选出最有希望成功的新产品概念,以减少新产品失败的可能性;对新产品的市场前景有一个初步认识,为新产品的市场预测奠定基础;找出对这一新产品概念感兴趣的消费者,针对目标消费者的具体特点进行改进;为下一步的新产品开发工作指明方向。

4)酒店新产品商品化分析

(1)新产品的市场机会预测

①新产品市场潜力预测

新产品的市场潜力是指在一个既定的环境下,当行业营销努力达到无穷大时,市场需求所趋向的极限。一个产品的市场需求是在一定的地理区域和一定的时间内,一定的营销环境和一定的营销方案下,有特定的顾客群体愿意购买的总数量。市场总需求不是一个固定的数,而是一个在一组条件下的函数,市场总需求受营销环境、顾客收入水平及行业营销费用等因素的影响。市场总需求量的大小将随着其影响因素的变化而变化,但它的变化是在一定的区间内进行。当市场需求作为行业营销努力的函数时:市场需求变化区间的下限为市场最低量,即不需要任何营销努力也会发生的基本销售量;市场需求变化区间的上限为市场潜量,即当营销努力超过一定水平后,市场销售量不能再进一步增加。

②新产品市场渗透力预测

市场潜力的大小表明了新产品存在的可能机会,市场机会预测的另一重要指标,是新产品上市后的规划期内,市场潜力将以何种速度逐渐实现,即新产品逐渐占领市场的速度,我们称之为市场渗透力。市场渗透力的强弱意味着新产品被顾客接受速度的快慢和程度的深浅。市场渗透力越强,新产品成功的概率越大。

(2)新产品的销售预测

对酒店的新产品进行销售预测是酒店以其选定的营销计划和假设的营销环境为基础所预测的酒店销售水平。上面讨论了新产品市场潜力,该市场潜力是针对一个新产品所创造的行业内所有酒店所共同拥有的市场机会。每家酒店在这个新产品潜在的市场容量中能占有多大的市场份额,是各酒店十分关注的焦点。为此,酒店须对新产品的销售潜力进行预测。新产品的销售潜力是指当酒店的营销努力达到最大限度时,可能实现的销售量。

①新产品销售预测特点

● 缺乏预测的依据

与成熟产品销售预测相比,新产品销售预测的难度更大。由于预测的基本依据是预测对象的历史数据和特征,新产品因为其"新"而没有以往的销售资料。诚然可以借鉴或参考相似产品的历史销售资料,但这将使得对新产品销售的预测出现较大的偏差。特别是对全新新产品销售的预测,相似产品的可借鉴性不大。

● 预测方法和预测指标不同于成熟产品

成熟产品销售预测可采用的方法很多,如时间序列法、回归分析法等。而新产品销售预测不宜采用这类方法,因为这类方法的使用前提是拥有大量的历史资料。对成熟产品在营销计划期内的销售预测一般侧重于计划期内可能达到的销售量。而新产品销售预测的重点在于估算新产品的首次购买量和重复购买量。

②新产品销售预测的影响因素

良好的新产品销售预测要考虑4大主要变量:潜在顾客的行为、竞争者的行动、环境的影响、酒店的新产品战略。

● 潜在顾客的行为

在新产品市场潜力的预测中已确定了购买新产品的全部潜在顾客,然而谁将购买本酒店的新产品,即购买本酒店新产品的潜在顾客会有多少? 是酒店对新产品销售进行预测要分析的首要因素。酒店需对顾客的购买行为进行分析,以此来判断本酒店新产品的可能销售量。潜在顾客对新产品的认识或接受程度不仅受新产品本身所提供利益的影响,酒店的品牌优势、营销努力及酒店形象等也将在很大程度上影响顾客的选择,从而影响酒店新产品的销售量大小。

● 竞争者的行动

竞争者的介入会极大地影响酒店新产品的销售。如竞争者改变其价格、投入新的促销或推出类似新产品等措施。竞争将使本酒店新产品的销售量下降。

● 环境的影响

宏观环境的变化自然也会影响酒店新产品销售的实现。如宏观经济不景气、顾客可支配收入下降或因国家出台新的政策、法规而影响新产品销售的例子并不少见。

● 酒店的新产品战略

酒店新产品开发战略确定了酒店开发新产品的目标和手段。采取不同的新产品开发战略，如创业或冒险战略、紧跟战略、进攻战略及防御战略对市场份额的追求各不相同，因而预测新产品销售潜力需结合酒店的新产品战略。

5）酒店新产品营销战略的制订

为了把新产品引进市场而应设计一个初步的营销战略。营销战略应该包括3部分。第一部分描述目标市场，制订新产品的市场定位，以及几年内要达到的销售额、市场份额和利润目标。第二部分概述新产品第一年的计划价格、分销渠道和营销预算。第三部分描述长期的预期销售额、盈利目标和相应的营销组合战略。

6）产品开发

（1）新产品设计

新产品设计是应用相关的专业技术、理论，将拟开发的新产品概念具体表达为被生产过程接受的技术文件和图样的过程。新产品设计是新产品概念到新产品实体的转换器，新产品实体开发的指导书，是新产品实体开发的关键环节。

（2）新产品试制

根据新产品设计制造出新产品实体个样，是新产品试制阶段的主要工作。进行新产品试制一方面可以验证新产品设计的可操作性，对设计中不适应生产的部分进行改进和修正。另一方面，可摸索和掌握新产品生产的初步经验，为顺利投入大批量生产创造条件。

（3）新产品功能测试

新产品个样试制出来后，必须对新产品个样进行产品功能、实用性等方面的测试，审核其是否达到了设计所规定的技术标准，新产品实体是否能满足顾客对产品核心利益的要求。

7）新产品试销

新产品市场试销的目的是对新产品正式上市前所做的最后一次测试，而且该次测试的评价者是顾客的货币选票。尽管从新产品构思到新产品实体开发的每一个阶段，酒店开发部门都对新产品进行了相应的评估、判断和预测，但这种评价和预测在很大程度上带有新产品开发人员的主观色彩。最终投放到市场上的新产品能否得到目标市场顾客的青睐，酒店对此没有把握，通过市场试销将新产品投放到有代表性地区的小范围的目标市场进行测试，酒店才能真正了解该新产品的市场前景。

市场试销是对新产品的全面检验，可为新产品是否全面上市提供全面、系统的决策依据，也为新产品的改进和市场营销策略的完善提供启示，有许多新产品是通过试销改进后才取得成功的。

8）商品化

经过试销,当酒店决定要大批量生产该新产品时,酒店必须做出4方面的决策。

（1）何时推出

首先面临的问题是引入新产品的时机是否合适。

（2）在何地推出

酒店必须决定新产品的引入是局限在单一的地点,还是在一个地区、几个地区,甚至国际市场。能够有充分的信心、资本和生产能力将新产品向全国分销的酒店为数很少。相反,酒店往往会逐渐地、有计划地扩展市场。

（3）向谁推出

在逐渐扩展的市场当中,酒店必须将其分销和促销活动对准最有发展前景的群体。在此前的市场测试中,管理人员应该已经对基本的前景有所把握。现在,他们必须重新识别市场,寻找早期使用者、经常使用者和观念领袖。

（4）以何种方式推出

酒店必须制订一个把新产品引入所选定的市场的行动计划,并将营销预算投入到营销组合中。

■拓展材料阅读6.2

7天细分三大新产品　服务升级引领新潮流

2014年4月16日,铂涛酒店集团旗下的7天品牌（以下简称"7天"）在广州举行了九周年庆典。7天品牌总裁、铂涛酒店集团高级副总裁苏同民在会上宣布了7天品牌家族正式增加的两位新成员：7天优品和7天阳光。定位于商务时尚的高端经济型酒店产品7天优品以及定位为都市时尚的经济型酒店产品"7天阳光"和以方便快捷备受消费者欢迎的7天酒店,三大酒店产品共同诠释"年轻的选择"这一7天品牌的核心价值主张。

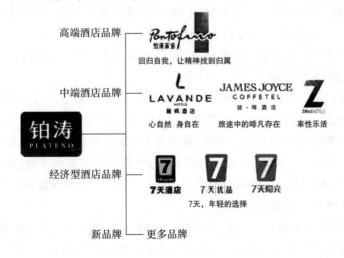

7天阐述品牌核心价值主张

7天自2005年成立以来,经过九年的快速发展,分店总数已经超过2000家,覆盖全国300座城市,成为中国经济型酒店行业的著名品牌。

新时代消费升级的概念不断清晰,消费者对酒店的需求已经发生了变化,在"便捷、卫生、安全"等核心需求被满足后,消费者更愿意选择让自己喜欢,能产生情感共鸣的产品与服务。

在铂涛酒店集团联席董事长、首席品牌建构师郑南雁先生的"品牌先导"理论的指导下,7天开始在新的市场环境和消费需求下催生品牌新元素。在7天新的酒店产品中,大家可以明显地感觉到这一变化。7天优品首创了多功能的主题优吧,满足住店客人的休闲社交需求,高科技3D空间技术帮助住客摆脱都市奔波烦嚣,放松身心。7天阳光用高科技为轻松舒适的酒店生活增添更多的都市时尚感,除了进入客房的自动音乐问候以及40英寸智能网络电视之外,客人还可以通过7天阳光的微信互动屏幕结交志同道合的朋友。

这些新产品、新元素的共同特点就是满足了7天的7000万会员在实现住宿功能需求的同时,对于简约品质旅途生活的新追求。中国旅游研究院院长戴斌认为:7天消费群体所提倡的正是当今"逐渐回归生活本质,特别是消费决策理性回调和消费导向时尚同步"的消费主张。这与7天所推崇的简单、自主、不随波逐流的生活态度,适度、理性的消费理念不谋而合,也就是7天一以贯之的品牌核心价值主张——"年轻的选择":年轻是一种积极参与世界、感受世界、改变世界的生活方式。选择7天的消费者,无论年龄,实质上都是选择了这种年轻的生活方式。这样的气质让7天成为了符合会员自身价值感和认同感的品牌,并将推动7天长远的持续发展。

两个市场三个产品

国内经济型酒店市场经过十多年的发展,已经出现了进一步细分化的趋势。苏同民在会上介绍:未来7天品牌旗下的三个酒店产品线将成为针对经济型酒店市场的一个组合产品矩阵。在经济型酒店的主流市场一、二、三线城市,7天酒店,仍将保持以"天天睡好觉"为产品核心概念,立足于满足大众消费人群的核心住宿需求;7天优品为一、二、三线城市市场提供更有品质、更为舒适的酒店产品;7天阳光面向四五线城市的县镇市场,在满足消费人群核心住宿需求的基础上,增强酒店的设计时尚感,提升酒店档次,适当增加会友聚客的功能。苏同民把7天这一发展策略形象地概括为"两个市场,三个产品",与戴斌提出的"酒店仍然是商业的,但是不再是一成不变的标准复制"形成了实业与理论的印照。

未来5年做到4500家店

据了解,目前广州第一家7天优品的门店已经开业,并迎来了广交会所带来的酒店消费高峰。而7天在被纳入到铂涛酒店集团旗下之后,从品牌到产品,乃至运营等各层面的变革,都得到了来自集团的有力支持。同时,铂涛将7000多万会员的7天会员体系上升到集团层面的整合已经全面开始,从"7天会"到"铂涛会"再到集团营销平台,铂涛旗下各品牌间的会员体系将被彻底打通。铂涛以会员体系、IT管理思维、管理加盟模式为基础的支持平台,将成为旗下品牌创新的强有力后盾。

据郑南雁透露:"铂涛的第一步发展规划是到2018年,拥有60万间客房,以8~10个成熟酒店品牌,覆盖高、中、经济全线产品,成为领先的世界级酒店集团。而作为铂涛核心业务的 7 天,仍将是集团规模快速扩张的生力军。"

2014 年 7 天计划签约 700 家分店,新增运营分店超过 550 家。未来 5 年 7 天计划平均每年增加 600 家分店。到 2018 年,7 天品牌将全面覆盖中国一、二、三线城市,以及四、五线县镇市场,分店总数将扩展至 4 500 家,并在华人聚居的东南亚市场成为强势品牌。

资料来源:迈点网.7 天细分三大新产品 服务升级引领新潮.[EB/OL].(2014-04-17) [2015-08-24].http://info.meadin.com/Industry/99859_1.shtml.

6.3 酒店产品生命周期

产品生命周期理论是市场营销学中重要的理论。研究产品生命周期理论,对于正确制定酒店的产品决策,及时改进老产品,发展新产品,有计划地进行产品更新,正确地制定各项经营策略,直至酒店的经营管理都具有重要的意义。

6.3.1 产品生命周期理论概述

1)产品生命周期的概念

产品从投入市场到最终退出市场的全过程称为产品的生命周期,该过程一般经历产品的导入期、成长期、成熟期和衰退期 4 个阶段。产品生命周期显现了产品销售历史中的不同阶段。与各个阶段相对应的是与营销策略和与利润潜量有关的不同的机会和问题。酒店可通过确定其产品所处的阶段或将要进入的阶段制定更好的市场营销计划。

产品生命周期理论包含下列主要内容:

①产品的生命有限;

②产品销售经过不同阶段,每一阶段对销售者提出不同的挑战;

③在产品生命周期的不同阶段,利润有升有降;

④在产品生命周期的不同阶段,产品需要不同的市场营销策略。

有关产品生命周期的论述大都认为一般产品的销售历史表现为一条 S 型曲线。典型的这种曲线分为 4 个阶段,即介绍期、成长期、成熟期和衰退期。如图 6.2 所示。

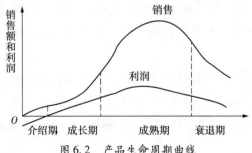

图 6.2 产品生命周期曲线

介绍期:介绍期又称引入期,指产品引入市场,销售缓慢成长的时期。在这一阶段因为产品引入市场所支付的巨额费用,致使利润几乎不存在。

成长期:产品被市场迅速接受和利润大量增加的时期。

成熟期:因为产品已被大多数的潜在购买者所接受而造成的销售成长减慢的时期。为了对抗竞争,维持产品的地位,营销费用日益增加,利润稳定或下降。

衰退期:销售下降的趋势增强和利润不断下降的时期。

2)产品生命周期的理想形态及其持续时间

古德曼(Goldman)和穆勒(Muller)对影响某产品生命周期形态的要素提出了一些看法。首先考虑理想产品生命周期的形态。如图6.3所示。

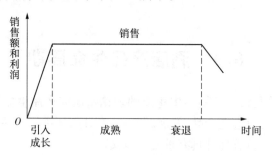

图6.3 理想产品生命周期

产品开发期短,产品开发成本低,引入期和成长期短,因此销量很快达到最高,这就意味着较早获得最大收益。成熟期持续时间长,意味着盈利时间长。衰退非常缓慢,意味着利润是逐渐降低的。

酒店推出新产品时,应根据影响每个阶段时间长短的因素,预测该产品生命周期的形态。

①常规产品比高技术产品的开发时间短,成本低。

②在下列条件下,介绍期和成长期的时间短。该产品无需进行新的分销渠道、服务或沟通的投入;经销商乐于接受并促销这种新产品;顾客对这种产品感兴趣,会尽快采用,并愿意宣传其好处。

③只要顾客的需求和产品质量相当稳定,酒店仍保持市场领导地位,则成熟期的持续时间很长。在较长的成熟期里,酒店可获取大量利润。如果成熟期短,酒店可能收不回全部投资。

④如果顾客需求和产品质量缓慢改变,则衰退期长。顾客的品牌忠诚度越高,衰退速度越慢。退出障碍越低,有些酒店退出得就越快,这会减缓留下来酒店的衰退速度。

有3个特殊种类的产品应与其他种类区别开来,即风格、时尚和热潮的产品。

(1)风格

风格是人们创造的在某一领域里所出现的一种基本的和独特的形式。例如,在住宅中出现的风格(殖民地式、大牧场式、哥特式)和艺术的风格(现实的、超现实的、抽象的)。一旦一种风格发明后,它会维持许多年代,在此期间时而风行,时而衰落,形成一个人们重新感兴趣的周而复始的周期。

(2)时尚

时尚是在某一领域里当前被接受或流行的一种风格。时尚经历4个阶段。第一个阶段是区分阶段,有些顾客为了从其他顾客中分离出来,自成体系而对某些新产品感兴趣。第二是模仿阶段,其他顾客以超乎寻常的兴趣仿效时尚领袖。第三是大量流行阶段,这种时尚非常风行,企业加快了大量生产的步伐。第四是衰退阶段,顾客向吸引他们的另一些时尚转移。因为时尚趋向于缓慢地成长,保持一段流行,并缓慢地衰退。时尚的周期长度很难预料。

（3）热潮

热潮是迅速引起公众注意的时尚,它们被狂热地采用,很快地达到高峰,然后迅速衰退。它们的接受周期短,且趋向于只吸引有限的追随者。它们经常表现为新奇或善变,热潮的对象是寻求刺激者、标新立异者或好表现自己者。由于热潮一般不能满足强烈的需求或至少未能较好地满足,因而它们是短命的。很难预料某种东西是否能算是热潮,即使是,也难以预料它将持续多久——几天、几个星期或几个月。新闻媒介对它的注意力和其他因素对它的持续期都有影响。

3）产品生命周期原理

创新的扩散和采用理论提供了产品生命周期的基本原理。当一种新产品推出时,酒店必须刺激知觉、兴趣、试用和购买。这都需要时间,而且在产品介绍阶段,只有少数人（创新者）购买它。如果该产品使顾客满意,更多的购买者（早期采用者）会被吸引过来。接着,经过日益增长的市场知觉和价格下降,竞争者加入市场,加快了采用过程。随着产品正规化,更多的购买者（早期大众）加入了市场。当潜在的新购买者人数趋向零时,成长率便下降。销售量稳定在重复购买率上。最后,由于新产品种类、形式和品牌的出现,购买者对现行产品的兴趣转移了,该产品销售下降。由此可见,产品生命周期可通过新产品在扩散和采用中的正常发展过程来说明。

6.3.2　酒店产品生命周期不同阶段的营销策略

1）介绍期

当新产品推出时,介绍阶段开始了。沟通销售渠道和在几个市场中推广是要花费时间的,因此销售成长趋于缓慢发展。在这一阶段,由于销售量少和促销费用高,酒店新产品是亏本的或利润很低。它们需要大量经费以吸引分销商。促销支出占销售额的比率最高,因为它需要高水平的促销努力,以达到以下目的。

● 告诉潜在的消费者新的和他们不知道的产品。

● 引导他们试用该产品。

● 使产品通过分销渠道分销。

此时只有少数几个竞争者在生产该产品。酒店销售的目标是那些最迫切的购买者,通常为高收入阶层。其价格偏高,原因如下。

● 产量比较低,导致成本提高。

● 生产上的技术问题可能还未全部掌握。

● 需要高的毛利以支持销售成长所必需的巨额促销费用。

在推出一种新产品时,营销管理者能为各个营销变量,诸如价格、促销、分销和产品质量分别设立高或低两种水平。当只考虑价格和促销时,酒店可以在下面的 4 个战略中择一而行。

(1)快速撇脂战略

即以高价格和高促销水平的方式推出新产品。酒店采用高价格是为了在每单位销售中尽可能获取更多的毛利。同时,酒店花费巨额促销费用向市场上说明虽然该产品定价水平高,但是物有所值。高水平的促销活动加快了市场渗透率。采用这一战略的假设条件是:①潜在市场在大部分人还没有意识到该产品时;②知道它的人渴望得到该产品并有能力照价付款;③酒店面临潜在的竞争和想建立品牌偏好。

(2)缓慢撇脂战略

即以高价格和低促销组合方式推出新产品。推行高价格是为了从每单位销售中获得尽可能多的毛利,而推行低水平促销是为了降低促销费用进而降低成本。采用这一战略的假设条是:①大多数的市场已知晓这种产品;②购买者愿出高价;③不存在潜在竞争。

(3)快速渗透战略

即以低价格和高促销的方式推出新产品。这一战略期望能给酒店带来最快速的市场渗透和最高的市场份额。采用这一战略的假设条件是:①市场规模很大;②市场对该产品不知晓;③大多数购买者对价格敏感;④潜在竞争很强烈;⑤随着生产规模的扩大和制造经验的积累,酒店的单位生产成本下降。

(4)缓慢渗透战略

即以低价格和低促销的方式推出新产品。酒店可降低其促销成本以实现较多的净利润。酒店确信市场需求对价格弹性很高,而且对促销弹性很小。采用这一战略的假设条件是:①市场规模大;②市场上该产品的知名度较高;③市场对价格相当敏感;④有一些潜在的竞争。

2)成长期

成长阶段的标志是销售迅速增长。早期采用者喜欢该产品,中间多数顾客开始追随消费领导者。由于大规模的生产和利润的吸引,新的竞争者进入市场。它们引入新的产品特点,导致分销网点数目的增加。在需求迅速增长的同时,产品价格维持不变或略有下降。酒店维持同等的促销费用或把水平稍微提高,以应付竞争和继续培育市场。销售的高速上升使促销费用对销售额的比率不断下降。

在这一阶段内,随着促销成本被大量的销售额所分摊,利润增加,同时,由于"经验曲线"的影响,产品单位生产成本比价格下降得快。

在成长阶段,酒店为了尽可能长时间地维持市场成长而采取下列战略。

①酒店改进产品质量和增加新产品的特色和式样;

②酒店增加新样式和侧翼产品;

③酒店进入新的细分市场;

④酒店扩大分销覆盖面并进入新的分销渠道;

⑤酒店从产品知觉广告转向产品偏好广告;

⑥酒店降低价格,以吸引对价格敏感的顾客。

酒店推行这些市场扩展战略将会大大加强其竞争地位。但是,这样的改进措施会增加成本。酒店在成长阶段要决定究竟选择高市场占有份额,还是选择当前高利润。如果把大量的钱用在产品改进、促销和分销上,它能获得一定的优势地位,但要放弃获得最大的当前利润,对此酒店有希望在下一阶段得到补偿。

3）成熟期

产品销售到达某一点后将放慢步伐,并进入相对成熟阶段。这个阶段的持续期一般长于前两个阶段,并给酒店营销管理部门带来最难对付的挑战。大多数产品都处于生命周期的成熟阶段,因此,大部分的营销管理部门处理的正是这些成熟产品。

成熟阶段仍可分成 3 个时期。第一个时期是成长中的成熟。此时由于受分销的影响,未来的销售依赖于人口增长和更新需求;第二个时期是成熟中的成熟。此时利润最高,各酒店为了获取更多的利润展开更加激烈的竞争。第三个时期是衰退中的成熟。此时销售的绝对水平开始下降,顾客也开始转向其他产品和替代品。

在成熟阶段,酒店营销人员应该系统地考虑市场、产品和营销组合,来改进这些战略。

（1）市场改进

酒店可用组成销售量的两个因素,为它的成熟品牌扩大市场。

销售量 = 酒店顾客数量 × 每位顾客的使用率。

酒店能够通过下列 3 种方法来增加酒店顾客的数量:①转变非顾客。酒店能努力吸引非顾客转变为顾客。②进入新的细分市场。酒店可以努力进入新的细分市场——地理的、人口统计的,即那些经常下榻酒店但不是本酒店的消费者。③争取竞争对手的顾客。酒店可以吸引竞争对手的顾客试用或采用它的品牌。

可以设法让当前品牌使用者增加他们的年使用率来提高产品数量。下面是实现此目的的 3 种策略:①提高使用频率。酒店可以努力使顾客更频繁地使用该产品。②增加每个场合的使用量。酒店可以努力使用户在每次消费时增加该产品的用量。③新的和更广泛的用途。酒店应努力发现该产品的各种新用途,并且要说服人们尝试更多的用途。

（2）产品改进

酒店市场营销人员还应努力改进酒店产品的特性,使其能吸引新用户和增加现行用户的使用量以改善销售。产品改进可采用以下几种形式:①质量改进战略,目的是注重增加产品的功能特性。②特色改进战略,目的是增加产品的新特色,扩大产品的多功能性、安全性或便利性。③式样改进战略,目的是增加对产品的美学诉求。

（3）营销组合改进

①价格

降低产品价格吸引更多低层次顾客,除直接降价外,还可以实行特价、早期购买折扣价、放宽信贷条件等间接降价方法来吸引顾客。

②分销

为产品开辟更多的新分销渠道,并在原有的分销渠道中增加更多的销售网点。

③促销

采用多种促销手段,如增强广告频率,延长广告时间,开展赠奖、竞赛、折让等促销活动,加强人员推销工作等。

④更新换代策略

更新换代策略是一种撤退型策略,置身于激烈的市场竞争环境中,酒店根据主客观条件,在分析产品前景不利的情况下,干脆提前淘汰老产品,积极地开发新产品,开创新市场。使产品不断更新换代,是酒店在市场竞争中立于不败之地的最根本措施。更新换代时要注意有计划、有步骤地使新旧产品在市场上衔接。

营销组合改进的主要问题是它们很容易被竞争者模仿,尤其是减价、附加服务和大量分销渗透等方法。因此,酒店不大可能获得预期的利润。事实上所有酒店都在市场营销中不断互相攻击。它们可能都经历过利润受侵蚀的过程。

4)衰退期

大多数的产品形式和品牌销售最终会衰退。这种销售衰退也许是缓慢的,也许很迅速。销售可能会下降到零,或者也可能僵持在一个低水平上持续多年。销售衰退的原因很多,其中包括技术进步、顾客需求的改变、国内外竞争的加剧等。所有这些都会导致生产能力过剩、削价竞争增加和利润被侵蚀。当销售和利润衰退时,有些酒店退出了市场。留下来的酒店可能会减少产品供应量,它们也可能从较小的细分市场中退出,也可能削减促销预算和进一步降低价格。

酒店在处理它的老化产品中面临许多任务和决策。

(1)识别疲软产品

第一任务是建立识别疲软产品的制度。酒店任命一个由营销、研究与开发、生产和财务代表参加的产品审查委员会。这个委员会拟订一套识别疲软产品的制度,审计办公室提供每种产品的资料,包括产品的市场规模、市场份额、价格、成本和利润方面的动向。让这些信息经电子计算机程序分析,确定出可疑产品。其标准包括销售疲软的年数、市场份额的趋势、毛利和投资报酬。把列在可疑表上的产品向负责经理们报告。由这些经理填写评估表,说明在营销战略不修改和修改后的情况下销售和利润的前景。产品审查委员会进行审核并对每一可疑产品提出建议——继续保留该产品、修改它的营销战略或放弃它。研究证据显示,与没有去除产品程序的酒店相比,那些有正式程序的酒店放弃产品的速度更快。这就使得管理工作更有效率。

(2)确定营销战略

有些酒店将比其他酒店率先放弃衰退的市场。这在很大程度上取决于退出障碍的水平。退出障碍越低,酒店就越容易脱离该产品,同时对留下来的就更具诱惑力,它们可以去吸引退出酒店所拥有的顾客。留下来的酒店将会增加销售和利润。因此,一个酒店必须对是否要在市场上坚持到底作出决定。

在衰退期,酒店可以采取如下营销战略:①增加酒店的投资(使自己处于支配地位或得到有利的竞争地位);②保持酒店原有的投资水平;③酒店有选择地降低投资水平,放弃无前景的顾客群,同时加强对有利可图的顾客需求领域的投资;④尽可能用有利的方式处理资产,以便迅速放弃该业务。衰退战略取决于行业的相对吸引力和酒店在该行业中的竞争实力。例如,一家酒店发现自己处在一个不吸引人的行业中但还有竞争实力,则它应该考虑有选择地收缩自己的投资;而当它发现自己处在吸引人的行业中并有竞争实力时,则它应该考虑增加或维持其投资水平。

(3)放弃决策

当酒店决定放弃一个产品时,它面临着进一步的决策。如果产品有很强的分销能力并有较好的声誉,酒店也可将它卖给一个小酒店。如果酒店找不到买主,就必须决定是迅速还是缓慢结束这个品牌。它还必须决定保留多少服务项目为老顾客服务。

许多经理使用产品生命周期概念来解释产品和市场的动态,作为一个计划工具。产品生命周期概念刻画出产品各个阶段主要营销挑战的特性,并提出酒店应该实行的可供选择的主要营销战略。作为一个控制工具,产品生命周期概念使酒店能在产品性能上与过去类似产品作一个对比。作为一个预测工具,因为销售历史存在着各种不同的形式,以及产品各个阶段的持续期也各不相同,所以产品生命周期概念的用处较少。

■拓展材料阅读6.3

酒店的生命周期取决于你希望它生存多久

海航酒店(集团)有限公司集团总裁 John M. kidd 在第七届亚洲酒店论坛(AHF)国际酒店投资峰会上接受新浪商业地产采访时表示:酒店的生命周期较之其他产品来说,其变化要缓慢一些,甚至可以说完全取决于你希望它生存多久。"当然,如果你只是一味地吸取利润而不是持续性地投入,那么这个项目也许很快就会丧失竞争力。"John M. kidd 举例说明,在伦敦有一家酒店已有一百多年的经营历史,始终客流不断。近期,该酒店决定闭店整修,在关闭了一年半的时间进行软硬件的升级改造之后,酒店重新营业,整个项目焕然一新,完全看不出百年的沧桑。John M. kidd 认为酒店保持生命力的最佳办法是随时检修,一部分地施工,既不影响经营,又能让酒店青春永驻。

资料来源:新浪网.酒店的生命周期取决于你希望它生存多久.[EB/OL].(2014-09-14)[2015-08-24]. http://sydc.sina.com.cn/fangtan/2014-09-14/8199/2014/0914/13131.shtml.

6.4 酒店品牌管理

6.4.1 品牌的概念

如今越来越多的酒店意识到品牌的重要性,品牌意识已深入人心,那么究竟什么是品牌呢? 美国市场营销学会对品牌的定义是:品牌是一种名称、术语、标记、符号或设计,或是它们的组合运用,其目的是借以辨认某个销售者的产品及服务,或某群销售者的产品及服务,并使之与竞争对手的产品和服务区别开来。

品牌从本质上说,是传递一种信息,一个品牌能表达6层意思。

①属性。一个品牌首先给人带来特定的属性。

②利益。一个品牌绝不仅仅限于一组属性，顾客购买的是利益而不是购买属性。属性需要转换成功能和情感利益。

③价值。品牌能提供一定的价值。

④文化。品牌可能附加和象征了一种文化。

⑤个性。品牌还能代表一定的个性。

⑥使用者。品牌还体现了购买或使用这种产品是哪一类消费者，这一类消费者也代表一定的文化、个性，这对于企业细分市场，市场定位有很大帮助。

所以，品牌是个复杂的符号。一个品牌不单单是一种名称、术语、标记、符号或设计，或它们的组合运用，更重要的是品牌所传递的价值、文化和个性，它们确定了品牌的基础。

6.4.2 产品与品牌

产品与品牌的一个重要区别是，产品是带有功能性目的的物品，而品牌除此之外，还能提供别的东西。所有的品牌都是产品，但是并非所有的产品都是品牌。产品是企业生产的东西或服务，品牌则是由顾客带来的东西。具体分析如下：

1）品牌与产品名称是两个完全不同的概念

产品名称主要体现的是辨别功能，将一产品与另一产品区别开来，而品牌则传递更丰富内容，价值、个性与文化都能通过品牌来表现。产品可以有品牌，也可以无品牌。无品牌产品以其价格低廉也能赢得一部分顾客，但如今企业越来越重视品牌创造，一件产品可以被竞争者模仿，但品牌独一无二，产品很快会过时落伍，然而成功的品牌能经久不衰。一种品牌可以只用于一种产品，也可以用于多种产品，进而产生品牌延伸，多品牌策略，这取决于企业选择。

2）产品是具体的存在，而品牌存在于顾客的认知中

品牌是顾客心中被唤起的某种情感、感受、偏好和信赖的总和。同样功能的产品被冠以不同的品牌后，在顾客心中产生截然不同的看法，从而导致产品大相径庭的市场占有率。

3）产品最终由生产部门生产出来，而品牌形成于整个营销组合环节

品牌是根据产品而设计出来的。营销组合的每一个环节都需传达品牌的相同信息，才能使顾客形成对品牌的认同。例如一种定位于高档品牌的产品，必然是高价位，辅之以精美的包装，在高档环境出售。商业传播与品牌的关系更加密切，名牌产品的广告投入要大大高于一般品牌。

4）产品重在质量与服务，而品牌贵在传播

品牌的"质量"在传播，品牌的传播包括所有的品牌与顾客沟通的环节与活动，如产品的设计、包装、促销、广告等。传播的效用有两点，一是形成和加强顾客对品牌的认知，二是传播费用转化为品牌资产的一部分。

6.4.3 品牌的特征

1）品牌是企业的一种无形资产

品牌是有价值的,品牌的拥有者凭借品牌能够不断地获取利润,但品牌价值是无形的,它不像企业的其他有形资产直接体现在资产负债上。它必须通过一定的载体来表现自己,直接载体就是品牌元素,间接载体就是品牌知名度和美誉度。品牌价值有时已超过企业有形资产的价值。当然,现在对品牌价值的评估还未形成统一的标准,但品牌是企业的一项重要无形资产已是事实。正因为品牌是无形资产,所以其收益具有不确定性,它需要不断地投资,企业若不注意市场的变化及时地调整名牌产品的结构,则就可能面临"品牌贬值"的危险。

2）品牌具有一定的个性

品牌具有一定的个性,也可以说品牌无一不是文化的象征。大卫·爱格(David A. Aaker)以比喻的思路,给出了下面几种典型的品牌个性:纯朴的、顾家的、诚恳的、过时的,像家庭成员和睦关系;有朝气的、年轻的、最新的、外向的,如百事可乐;有教养的、有影响力的、称职的,如惠普;自负的、富有的、谦逊的。所以一定要注意品牌个性的塑造。赋予品牌一定文化内涵满足广大顾客对品牌文化品位的需求。

3）品牌具有排他专有性

品牌排他专有性是指产品一经企业注册或申请专利等,其他企业不得再用。一件产品可以被竞争者模仿但品牌却是独一无二的,品牌在其经营过程中,通过良好的质量,优质的服务建立良好的信誉,这种信誉一经顾客认可,很容易形成品牌忠诚,它也强化了品牌的专有性。

4）品牌是以顾客为中心的

在对品牌的概念认识上,普通存着一种误区,把品牌看成企业自己的东西,一种商标权,忽略顾客作用。然而,国际现代品牌理论特别重视和强调,品牌是一个以顾客为中心的概念,没有顾客,就没有品牌。品牌的价值体现在品牌与顾客关系之中,品牌具有一定的知名度和美誉度是因为它能够给顾客带来利益,创造价值。而且品牌知名度和美誉度本身就是与顾客相联系,建立在顾客基础上的概念,市场才是品牌的试金石,只有顾客才是评判品牌优劣的权威。

5）品牌是企业竞争的一种重要工具

品牌可以向顾客传递信息,提供价值,它在企业的营销过程中占有举足轻重的地位。品牌使顾客与产品之间产生联系,顾客以品牌为准,在媒体不断多样化信息爆炸的时代,顾客需要品牌作为引导,也准备为他们崇拜的品牌多付钱。因此,品牌策略备受关注,品牌经营成了企业经营活动中重要组成部分,品牌作为进军市场的一面"大旗"具有举足轻重的作用。

6.4.4 品牌的意义

1）品牌对顾客的意义

①有助顾客识别产品,从而有利于顾客权益的保护。

②有助于顾客避免购买风险,降低顾客购买成本,从而更有利于顾客选购产品。顾客避免购买风险的方法主要有两种,一是从众,一是品牌忠诚。由于顾客经过学习形成经验对品牌积累一定知识,他们很容易辨别那类品牌适合自己。对品牌的了解也可以减少搜索购买信息的成本。品牌是一个整体概念,它代表着产品的品质、特色、服务,在顾客心中成为产品的标志,这就缩短了顾客识别产品的过程和购买的时间。

③品牌有利于顾客形成品牌偏好。顾客一旦形成品牌偏好,可减少顾客消费失调行为从而获得一种满足,再继续购买该品牌时,就会认为他们购买了同类较好的产品,从而获得一种满足,再者他们已经了解了购买该品牌所能带来的好处或利益,他们也乐意继续购买,而且认为购买是值得的。另外品牌是有个性的,当这种个性与顾客个性相对一致时顾客会购买该品牌,并且认为该品牌成为他们生动形象的一种象征性标志。可以获得消费同种产品的顾客群体的认同,或产生与自己喜爱的产品或企业交换的特殊感情。而用品牌来传递某种信息,也从使用该品牌中获得一种满足。

2)品牌对酒店的意义

(1)有助于产品的销售和占领市场

品牌一旦形成一定的知名度和美誉度之后,酒店就可利用品牌优势扩大市场,促成顾客品牌忠诚,品牌忠诚使酒店在竞争中得到某些保护,并使他们在制订市场营销策略时具有较大的控制能力。知名品牌代表一定的质量和其他性能,这比较容易吸引新的顾客,从而降低营销费用,所以有人提出品牌具有"磁场效应"和"时尚效应"。

(2)有助于稳定产品的价格,减少价格弹性,增强对动态市场的适应性,减少未来的经营风险

由于品牌具有排他专用性,在市场激烈竞争的条件下,一个强有力的知名品牌可以像灯塔一样为不知所措的顾客在信息海洋中指明"避风港湾",顾客乐意为此多付出代价,这能保证酒店不用参与价格大战而就能保证稳定销售量。而且,品牌具有不可替代性,是产品差异化的重要因素,减少价格对需求的影响程度。

(3)有助于市场细分,进而进行市场定位

品牌有自己的独特的风格,除有助于销售外,还有利于酒店进行细分市场,酒店可以在不同的细分市场推出不同品牌以适应顾客个性差异,更好地满足顾客。很多酒店集团都采用多品牌战略,根据产品的特性、品质、功能等多种因素,使每个品牌在顾客心里占据一个独特的、适当的位置。例如巴斯集团就拥有假日酒店、皇冠假日酒店、洲际酒店等不同品牌。

(4)有助于新产品开发,节约新产品投入市场成本

一个新产品进入市场,风险是相当大的,而且投入成本也相当大,但是酒店可以成功地进行品牌延伸,借助已成功或成名的名牌,扩大酒店的产品组合或延伸产品线,采用现有的知名品牌,利用其一定知名度和美誉度,推出新产品。采用品牌延伸,可节省新产品广告费。

3)品牌对竞争者的意义

(1)可以推出相对应品牌进行反击

品牌一旦有一定知名度和美誉度之后,会对竞争者形成一种威慑,但竞争者可以推出相对应的品牌进行反击。

（2）竞争者可采用"品牌补缺"策略占领一部分市场，从而获取利润

对手酒店品牌组合或产品组合无论有多深、多广，都很难满足所有顾客的需求。竞争者总可以发现对手酒店还未涉足的细分市场，虽然这一细分市场可能是规模比较小，但只要它进入成本比较低，有一定的购买力，而且是能获利的市场，那么，竞争者这时推出自己的品牌就容易使顾客接受，建立品牌忠诚的成本也比较低。品牌忠诚一旦建立，竞争就可以利于品牌扩散效应来扩大市场份额，逐步向其他市场渗透。

（3）竞争者可不做品牌而做销售

不可否认，品牌是酒店进军市场方面的大旗，品牌做得好，开发市场就比较容易。但是，品牌不是万能的，开发市场需多种因素的结合，只抓品牌这一点，是解决不了根本问题的。再者，顾客对某些产品购买介入程度不深，对产品品牌抱着一种无所谓态度，也就是说顾客对某类产品品牌不敏感，他们可能是价格敏感者，或从众者，或质量、功能敏感者。

6.4.5 酒店的品牌策略

1）品牌定位

品牌定位，是指建立一个与目标市场有关的品牌形象的过程与结果。酒店不论它的规模有多大，它所拥有的资源相对于消费需求的多样性和可变性总是有限的，因此它不可能去满足市场上的所有需求，它必须针对某些自己拥有竞争优势的目标市场进行营销。品牌定位就是要在选定的目标市场上找到自己的位置，并在顾客的心里占据一个特定位置。所以，有人说"定位不在产品本身，而在顾客心底。"

酒店在品牌定位过程中，可按下列步骤进行：

（1）明确潜在竞争优势

竞争优势有两种基本类型，成本优势和产品差别化。对于品牌定位来说，还要加上品牌的心理优势。

（2）选择竞争优势

一家酒店可通过集中若干竞争优势将自己的品牌与竞争者的品牌区分开来。并不是所有的品牌差别都是有价值的，如果产品经理通过价值链分析，发现有些优势过于微小，开发成本太高，或者与品牌的形象极不一致，则需要放弃。

（3）表现竞争优势

产品经理必须采取具体步骤建立自己品牌的竞争优势，并进行广告宣传，品牌定位要求实际行动，而不是空谈。

具体来讲，酒店的定位策略如下：

①属性定位策略。即根据产品的某项特色来定位。

②利益定位策略。根据产品带给顾客的某项特殊利益定位。

③使用定位策略。根据产品的某项使用定位。

④使用者定位策略。这是把产品和特定用户群联系起来的定位策略。

⑤竞争者定位策略。以某知名度较高的竞争品牌为参考点来定位。

⑥质量价格组合定位。

⑦生活方式定位。这是将品牌人格化,把品牌当作一个人,赋予其与目标顾客群十分相似的个性。

2)品牌的名称与标志

(1)品牌名称

一个好的品牌名称是品牌被顾客认知、接受、满意乃至忠诚的前提,品牌的名称在很大程度上影响品牌联想,并对产品的销售产生直接的影响。

品牌名称应符合以下原则:

①易读、易记原则

在品牌的汪洋大海中,要想使品牌被顾客记住,首要的一点是品牌名称应让顾客易读、易记。品牌名称只有易读、易记,这样才能高效地发挥它的识别功能和传播功能。为了使品牌易读、易记,在为品牌取名时做到简洁、独特、新颖和响亮。

②暗示产品属性原则

品牌名称还可以暗示产品某种性能和用途。

③启发品牌联想原则

正如人的名字普遍带有某种寓意一样,品牌名称也应包含与产品或酒店相关的寓意,让顾客能从中得到有关酒店或产品的愉快联想,进而产生对品牌的认知或偏好。

④与标志物相配的原则

品牌标志物是指品牌中无法用语言表达但可被识别的部分,当品牌名称与标识物相得益彰、相映生辉时,品牌的整体效果会更加突出。

⑤适应市场环境原则

不同国家或地区因民族文化、宗教信仰、风俗习惯、语言文字等的差异,使得顾客对同一品牌名称的认知和联想是截然不同的。因此品牌名称要适应目标市场的文化价值观念。在品牌全球化的趋势下,品牌名称应具有世界性。酒店应特别注意目标市场的文化、宗教、风俗习惯及语言文字等特征,以免因品牌名称在顾客中产生不利的联想。

⑥受法律保护原则

品牌名称受到法律保护是品牌被保护的根本。在命名时就应遵循相关的法律条款。品牌名称的选定首先要考虑该品牌名称是否有侵权行为,要通过有关部门,查询是否已有相同或相近的品牌被注册,如果有,则必须重新命名。其次,要注意该品牌名称是否在允许注册的范围以内。有的品牌名称虽然不构成侵权行为,但仍无法注册,难以得到法律的有效保护。

(2)品牌的标志

品牌标志是指品牌中可以被识别,但不能用语言表达的部分,也可以说它是品牌图形记号。品牌标志与品牌名称都是构成完整的品牌概念的要素。品牌标志是一种"视觉语言"。它通过一定的图案、颜色来向顾客传输某种信息,以达到识别品牌、促进销售的目的。品牌标志自身能够创造品牌认知、品牌联想和顾客的品牌偏好,进而影响品牌体现的品质与顾客的品牌忠诚度。因此,在品牌标志设计中,除了最基本的平面设计和创意要求外,还必须考虑营销因素和顾客的认知、情感心理。

品牌标志设计是在一定的原则前提下,选择特定的表现元素,结合创意手法和设计风格而成。典型的设计方法有两种,文字和名称的转化、图案的象征寓意,它们产生 3 类设计标志,即文字型、图案型以及文图结合型,如图 6.4 所示。

图 6.4

3)品牌化决策

酒店决定是否给产品起名字、设计标志的活动就是酒店的品牌化决策。使用品牌对酒店有如下好处:有利于订单处理和对顾客的跟踪;保护酒店的某些特征被竞争者模仿;为吸引忠诚顾客提供机会;有助于市场细分;有助于树立产品和酒店形象。

4)品牌名称决策

酒店决定所有的产品使用一个或几个品牌,还是不同产品分别使用不同的品牌,这就是品牌名称决策。在这个问题上,可以大致有以下决策模式。

(1)个别品牌名称

即酒店集团决定使用不同的品牌。采用个别品牌名称,为不同酒店寻求不同的市场定位,有利于增加销售额和对抗竞争对手,还可以分散风险,使酒店的整个声誉不致因某种产品表现不佳而受到影响。

(2)对所有产品使用共同的家族品牌名称

即酒店集团的所有产品都使用同一种品牌。对于那些享有高声誉的著名酒店,全部产品采用统一品牌名称策略可以充分利用其名牌效应,使成员酒店所有产品畅销,同时酒店宣传介绍新产品的费用开支也相对较低,有利于新产品进入市场。

5)品牌再定位决策

也许一种品牌在市场上最初的定位是适宜的、成功的,但是到后来酒店可能不得不对之重新定位。原因是多方面的,如竞争者可能继酒店品牌之后推出其他的品牌,并削减酒店的市场份额;顾客偏好也会转移,使对酒店品牌的需求减少;或者酒店决定进入新的细分市场。

在做出品牌再定位决策时,首先应考虑将品牌转移到另一个细分市场所需要的成本,包括产品品质改变费、包装费和广告费。一般来说,再定位的跨度越大,所需成本越高;其次,要考虑品牌定位于新位置后可能产生的收益。收益大小是由以下因素决定的:某一目标市场的顾客人数,顾客的平均购买率,在同一细分市场竞争者的数量和实力,以及在该细分市场中为品牌再定位要付出的代价。

【本章小结】

本章共分为 4 节。第一节首先界定了酒店产品的概念,然后分析了酒店产品的层次、特征和酒店产品组合;第二节首先分析了什么是新产品,然后阐述了酒店开发新产品的程序及应注意的问题;第三节主要分析了产品生命周期理论及其在酒店市场营销中的应用;第四节是关于酒店的品牌决策,首先对品牌进行界定,然后就品牌的特征、品牌与产品的关系、酒店品牌管理的意义进行论述,最后论述了酒店如何进行品牌决策。

【复习思考题】

1. 解释产品的概念与层次。
2. 酒店产品的特征有哪些? 这些特针对其市场营销活动有哪些影响?
3. 解释新产品的概念。
4. 设计酒店新产品开发的过程。
5. 论述产品生命周期理论在酒店营销中的应用。
6. 酒店进行品牌化决策的意义是什么?
7. 酒店如何进行品牌化决策?

【案例分析】

"港丽"变位定乾坤

对酒店业而言,仅有正确的定位是不够的,还应具备及时处理外在环境的变化和利用环境因素定天下的能力。

对一家酒店而言,恐怕没有另一件事比决定其市场定位更为重要。作为后起之秀的香港港丽酒店,以独特的市场定位统揽营销全局,突破负面环境因素——业内的激烈竞争,迅速在香港酒店业扎下了根基,直逼全港酒店业第一把交椅。

港丽立足之前,香港最好的几家酒店都已在客户心目中建立了不可动摇的地位,如香港半岛酒店,它早已被认定为亚洲最杰出的酒店,它所提供的产品特色、服务品质、定价、气氛、声誉、创新能力等,都是客户们评断其定位的依据。

面对这一情景,港丽清醒地认识到,要想立足香港,必须选准自己的目标市场,而在确认其目标市场之前,又必须决定其能够提供哪些具有竞争性的优点,如出众的产品、客户服务、价位、名气和声誉、创新特色、方便程度、气氛等都是酒店可以赢得优势的各种管道。然而,这一切优势又是因客户观感而定的。由此,港丽找到了自己入市的切入点:在客户心目中的定位才是决定最终业绩与收益的决定性因素。

20 世纪 80 年代末香港酒店业状况

香港由两个完全不同的地区组合而成。一个是众多大企业,包括许多跨国公司在亚大地区的总部,它们集中林立于港岛;另一个是聚集了贸易公司,结合购物商场和五光十色夜生活的九龙半岛。维多利亚港不仅在地理上将它们一分为二,也将港客一分为二,假使一位旅客的活动是集中在港岛,他一定会选择入住港岛的酒店,反之,则入位于九龙的酒店。

正如港丽酒店坐落于港岛,其首选目标自然是吸引那群主要在港岛从事各种公私事宜的人。而当时港岛的主要酒店有:五星级的文华东方酒店、君悦酒店;四星级的希尔顿酒店、万豪酒店、新世界海景酒店、富丽华酒店、怡东酒店、柏宁酒店、利园酒店等。此外,香港香格里拉集团正在港丽酒店的邻近地段筹设港岛香格里拉酒店,连同万豪酒店,这3家酒店同处于接合办公大楼与购物中心的太古广场内,市场竞争之激烈可想而知。

长久以来的经营,港岛的酒店业者都建立了自己十分完善的运作系统,并选定了各自的目标市场:3家五星级的酒店主要吸引企业高级主管和富有的观光个客;7家四星级酒店则招揽中级主管或是对较便宜旅游行程有兴趣的人。港丽何去何从?

确立自己的市场定位

要在港岛取得一块自己的立足之地,港丽遇到的第一个问题就是自己在亚洲尚未建立起任何知名度。尽管港丽是美国希尔顿酒店集团旗下一员。但在美国以外地区,它并不被允许采用希尔顿3个字,因此,港丽必须从零开始在一个全新市场拓展它的名声。

显而易见的是港丽正面临艰巨的挑战。首先,在众多五星级和四星级酒店林立的竞争市场,港丽应如何为自己定位? 如何制定价格? 建立一个全新的声誉需时多久? 应该提供哪些附加服务? 需要多少的业务人员? 最后,港丽应该锁定哪一群目标客层? 这一切成为港丽进军市场前必须回答的问题。

瞄准五星级——初期市场策略

基于持续扩展的酒店市场、港丽所提供的服务与产品、港丽邻近香港商业中心的事实,以及美国希尔顿酒店集团的支持等原因,港丽决定将自己定位于足以和另外三家五星级酒店抗衡的地位。

这一定位的竞争情形是可以想象的:文华东方因其服务品质与建立的声望,被誉为全球5家顶尖的酒店之一;新的君悦酒店本身就是卓越的产品,再加之邻近香港会议中心的地利之便,根基难以动摇;港岛香格里拉酒店身为亚洲知名连锁店的一员,配合其积极主动向外扩展的风格,预料竞争将是非常激烈的。

而面对市场里的7家互相竞争的四星级酒店,港丽采取了不和它们做正面竞争的策略,但并不放弃吸引那些住在四星级酒店的高级主管,使他们更上一层楼——选择港丽的努力。因为港丽自信无论是所提供的产品或服务本身、环境气氛、餐饮设施、舒适程度或广告等等都反映了港丽酒店的地点方便、环境舒适、能够符合商务人士特殊的需求,更让港丽自信的是,自己不拘泥形式的商务酒店的诉求。

简而言之,将港丽定位成五星级并不表示它将只以日益扩展的市场为满足,它更要把特定一群入住四星级酒店的主要顾客吸引到自己五星级酒店来。

港丽产品特性

港丽共有513个房间。酒店本身位于一幢有61层建筑物的最上的21层。

①客房。所有客房都配有10个频道的彩色遥控电视机(其中酒店自身的电影频道达8个)、5个收音机频道及浴室内扬声器、房内保险箱、床边闹钟和控灯设备、个别调节的冷暖空调、国际直拨电话和留言设备。床边、桌上、浴室都安装了附有留言提示灯的分机电话。此外,每个房间都装有图文传真或个人电脑用的资料参考,设有小酒吧和泡煮咖啡的器具,并提供一瓶免费的瓶装水。豪华的大浴室以落地意大利大理石装潢,内有两座洗脸台,一个超大浴缸。独立的冲凉房和洗手间、吹风机、放大镜及"请勿打扰""请整理房间"的电子按掣。酒店第8层为非吸烟层,并提供装有辅助伤残人士专用设施的房间。

②行政主管楼。港丽的行政主管楼层共有 96 个房间,其中包括两间海景套房、一间总裁套房、一间帝皇套房以及一间总统套房。这些套房都坐拥太平山和维多利亚港的宜人景色。

此外,另有四层的主管客房和套房,皆备有豪华设施,提供舒适的住宿环境。位于第 59 楼的行政主管交谊厅是一个宽敞舒适的交谊场所,不但可以看到壮观的海景,也规划有格调高雅的私人会议室。凡是行政主管的房客,都可以在此享用免费的美式早餐、开胃小食和鸡尾酒、洗熨衣服和免费的本地电话。

③商务中心。24 小时开放的商务中心提供秘书、翻译、影印和快递等各种服务,除了电报、传真、文字处理机之外,其他设备还包括打字机、口授留言机,以及供房客在房间内使用的传真机和电脑。此外,还有手提电话可供客人租用。

④娱乐设施。包括室外游泳池、按摩池以及设备齐全的健身室。这座新颖的健身室设有蒸汽室、日光浴室和男女宾区别的置物箱。此外,酒店还提供按摩服务、健美操和个人健身教练。

⑤餐饮设施。独特的餐饮设施使港丽别具一格。这里中西结合高水准的餐饮,是香港不易觅到的美食。设有:咖啡园、金叶庭中餐厅、碧榕扒房、意宁谷意大利餐厅、乐聚廊交谊厅、宝斯吧酒吧等。

初期受阻——再定位

诚如许多人都有过的经验,发展往往不如计划来得顺利。虽然港丽原来的定位策略并无缺憾,不料却在开业初期受到因外来环境因素骤变而带来的不利冲击。港丽无法预料海湾战争的发生。因这场战事,欧美旅客大减,加之美国经济也在同时陷入衰退,许多企业必须削减出差的计划以降低支出成本。

面对这一危机,港丽必须采取重新定位的策略。因为商务旅客现在看紧钱包,到亚洲旅行的次数骤减,一家未具名气的酒店要能吸引五星级酒店客户和提升四星级酒店客人至较高一级,不可以再被视为理所当然之事。

基于外在因素,港丽所面临的问题是如何影响一个更大范围的商务旅行市场,而不再只是特别锁定市场里的某一群消费者,经过环境评估之后发现,港丽的产品与服务是极为市场接受的。各项服务的设立正逐步走上轨道,当务之急是如何在亚洲地区尽快树立起港丽的名气。

经过深思熟虑,将港丽定位于四颗半星的定位应运而生。结合这一新定位,港丽出台了一系列吸引各大企业愿意尝试港丽各项产品与服务的奖励促销计划:

- 选择某个特定时期内推出 40% 的奖励促销折让。
- 大规模地在世界各大杂志的亚洲版上刊登广告,如《时代杂志》《商业周刊》等,宣布特别促销折让的实施。
- 不断地进行国际性的广告宣传,试图传达香港港丽酒店就是顶尖商务或休闲旅游设施的代名词,同时更是高度效率的同义词。在港丽,东方文化的待客之道得以发扬光大。
- 公关部则致力于把尊贵崇高的形象和来港商务旅客入住港丽的事实互相连贯。
- 为把"港丽"告之港岛 1 800 家大公司,港丽成立了 18 个业务开发小组,分别到所分配的地区拜访各个公司。这项业务开发计划持续了一个星期,所有小组都被训练做一个简短的业务简报。此外酒店提供了充足完整的业务开发资料。

- 每订一个房间都可以享有 50 港币的奖金,并将开发业绩呈现在大告示板上,对业绩突出的小组予以奖励。

初见成效

高效的奖励促销折让,配以全力支持的地区性广告宣传,再加上 18 个业务开发小组的努力,整个计划组合取得了骄人的业绩。不论商务旅客或观光客,只要他们对"港丽"两字曾有耳闻,都乐意尝试这家新酒店。为了节省开销,许多来自欧美的企业主管,也都注意到港丽奖励促销折让的实施。

港丽以吸引客户尝试港丽产品与服务为切入,以自己独特的设施、优雅的环境、完善的服务为手段,使客户由"尝试"到"回头",并将其真实的感受与公司里其他要到亚洲旅行、商务者分享。港丽的名声在他们的口碑中日渐形成。

长期的策略

当港丽开始赢得顾客的同时,海湾战争结束了。美国经济不景气的情形也不再那般严重。此时回顾一切,港丽终可认定自己的稳固地定位是在五星与四星级酒店之间。

事实上,由于港丽较其他五星级酒店便宜,它所提供的服务又比四星级酒店高,它正在填补这两种酒店之间的差距。当时锁定两种等级酒店的定位策略不仅助其渡过了难关,还为港丽拓展新空间埋下了伏笔,因为较之五星级的特定客层,港丽的策略使之涵盖了更多更广的目标客层,从而树立起了商务酒店的形象,而不像其他四星级酒店,因为必须招揽旅客,而迟迟未能建立起商务酒店的形象。

随着 20 世纪 90 年代亚洲经济的跃进,中国市场经济的发展,欧美愈来愈多的企业高级经理人来港从事商务视察,港丽的定位又可重新回归到五星级的位置,由此而来的市场都在持续地扩展中。

随着各项产品服务的改善,港丽已能够按照自己产品品质调节价格,同时不断地加强其身为首屈一指商务酒店的声誉。今天,随着其他港丽酒店在世界各地筹设,"港丽"这个名字也日益在市场上靓丽起来。

未来的展望

诚然,今天港丽在香港市场的定位已经明确,但一些深层次的新问题又列入了它的发展议程。

- 若要在五星级的市场里扩展占有率,港丽应该采取何种策略?
- 若要保住现有的主要顾客,使他们不致被其他五星级酒店挖走,港丽应该采取何种行动?
- 港丽是否应该继续说服那些住在四星级的商务人士提升至港丽来?
- 若和其他五星级酒店正面竞争的话,港丽的可能风险是什么?

港丽要想立于不败之地,只有继续不断地探索、探索。

(资料来源:根据中国营销传播网资料整理)

【案例思考题】

1. 根据产品层次理论,分析港丽酒店产品不同层次的具体体现。

2. 分析港丽酒店的市场定位和品牌形象策略,其市场定位和品牌形象策略需要配以什么样的产品策略?

3. 如果你是港丽酒店的经营者,你将如何进行产品创新?

第7章　酒店价格策略

【案例引导】

Expedia迫于压力　修改酒店价格一致协议

美国时间2015年7月1日,Expedia宣布他们将允许欧洲酒店在其他网站上张贴不同的价格,屈服于监管部门有关价格规定方面的压力。此前,竞争对手Priceline集团也做出了相似的举动。

欧洲酒店依赖Priceline旗下Booking.com这样的网站,这些入口占这些酒店业务来源的很大部分,但是按照此前的限制条款,酒店老板不能在其他网站上张贴更低价格。这就是所谓的"价格一致协议",欧洲很多国家的有关部门都在着手调查此事。

Expedia表示,他们希望修改和酒店的合同,来满足欧洲相关部门的要求:"Expedia保证现有价格、条款和可用性一致条款是合法的,并且符合竞争法规的要求。Expedia认为,今天宣布的内容,对于完成类似条款的调查进程,是十分积极的一步。"

网站的最新规定只适用于欧洲,尽管在其他地区也有对价格一致条款的挑战,现有条款

在美国和亚洲仍然有效。

根据旅游咨询公司 PhoCusWright 的数据,比起酒店官方网站,旅行者更愿意(是前者的两倍)使用在线旅游网站预订欧洲酒店。这对于酒店来说成本太高,支付的佣金可能高达 25%。

Priceline 在 2015 年年初为欧洲酒店推出了新的协议,酒店可以在其他在线渠道上(非酒店官方网站)张贴更低的酒店价格,但是法国的立法机关在 2015 年 6 月份表示,这些改变还不够,并且提议中止所有的类似协议。

Expedia 的新政策和 Priceline 的模式相仿,将在 2015 年 8 月生效,并且持续 5 年时间,但是 Expedia 也表示,如果有新的监管政策会影响协议,公司保留做出改变的权力。

欧洲酒店在房间价格差异问题上正寻求更多的独立性,更宽松的条款有助于他们通过优厚的折扣将旅行者吸引到自身官网,尽管许多的旅游网站也提供相同的东西。

Priceline 和 Expedia 的决定,改变了他们和酒店之间的关系,PhoCusWright 的分析师 Douglas Quinby 表示,他们的关系从"鬼鬼祟祟变得光明正大"。

资料来源:迈点网. Expedia 迫于压力修改酒店价格一致协议[EB/OL]. (2015-07-05) [2015-08-25]. http://info. meadin. com/Industry/117586_1. shtml.

酒店不仅要根据市场的需求制定出合理的价格,而且还有根据经营环境的变化不断地进行价格调整,灵活地应用价格策略实现酒店的目标。本章将针对影响酒店价格的因素,酒店价格制定的程序、方法和策略,以及酒店价格的调整等内容展开论述。

市场营销组合由 4 个基本要素组成,即产品、促销、分销和定价。酒店通过前 3 个要素在市场中创造价值,通过定价从创造的价值中获取收益。在营销组合中,价格是唯一能产生收入的因素,其他因素表现为成本。价格也是营销组合中最灵活的因素,它与产品特征和销售渠道不同,它的变化是异常迅速的。因此,价格策略是酒店营销组合的重要因素之一,它直接决定着酒店市场份额的大小和盈利率高低。随着营销环境的日益复杂,制定价格策略的难度越来越大,不仅要考虑成本补偿问题,还要考虑顾客接受能力和竞争状况。

7.1 影响酒店定价的因素

影响酒店产品定价的主要因素包括产品成本、定价目标、营销组合策略、市场需求、竞争和其他因素等 6 个方面。

7.1.1 酒店产品成本

酒店产品定价以成本为最低界限,产品价格只有高于成本,酒店才能补偿经营的耗费,从而获得一定盈利。但这并不排斥在一段时期个别产品的价格低于成本。

在实际经营中,酒店产品的价格是按成本、利润和税金 3 部分来制定的。成本又可分解为固定成本和变动成本。产品的价格有时是由总成本决定的,有时又仅由变动成本决定。成本有时又分为社会平均成本和企业个别成本。就行业价格而言,主要受社会平均成本影响。在竞争很充分的情况下,酒店个别成本高于或低于社会平均成本,对产品价格的影响不大。

一般地讲,成本是构成价格的主要因素,这只是就价格数量比例而言。如果就制定价格时要考虑的重要性而言,成本无疑也是最重要的因素之一。因为价格如果过分高于成本会有失社会公平,价格过分低于成本,不可能长久维持。

酒店定价时,不应将成本孤立地对待,而应同产量、销量、资金周转等因素综合起来考虑。成本因素还要与影响价格的其他因素结合起来考虑。

7.1.2 酒店定价目标

定价目标是指酒店通过制定一定水平的价格,所要达到的预期目的。所以定价目标直接影响着酒店产品价格的制定。酒店常见的定价目标有生存、利润最大化、市场份额和产品质量领先。

1)生存

当酒店在经营中被生产、销售、竞争等因素所困扰的情况下,往往将生存作为自己的主要目标。在短期内生存比盈利更为重要,在经济不景气时,酒店常常使用这种定价策略。由于酒店产品的不可储存性,一家拥有 300 间客房的酒店每天晚上都有 300 间客房要出售,哪怕需求已经降至每晚只有 100 间客房。所以,酒店的损失是无法挽回的。酒店努力想通过降价来谋求现有条件下的最大现金收益,以便渡过难关。这个策略无疑会影响某些相关的竞争者,甚至会影响到整个行业。酒店业中的竞争者往往对价格非常敏感,一旦意识到威胁的存在,便会立即做出反应。

2)利润最大化

最大利润有长期和短期之分,还有单一产品最大利润和酒店全部产品综合最大利润之别。一般而言,酒店追求的应该是长期的、全部产品的综合最大利润,这样,酒店就可以取得较大的市场竞争优势,占领和扩大更多的市场份额,拥有更好的发展前景。当然,对于一些中小型酒店、产品生命周期较短的酒店产品、产品在市场上供不应求的酒店等,也可以谋求短期最大利润。

最大利润目标并不必然导致高价,价格太高,会导致销售量下降,利润总额可能因此而减少。有时,高额利润是通过采用低价策略,待占领市场后再逐步提价来获得的;有时,酒店可以采用招徕定价艺术,对部分产品定低价,赔钱销售,以扩大影响,招徕顾客,带动其他产品的销售,进而谋取最大的整体效益。

3)市场占有率

市场占有率,又称市场份额,是指酒店的销售额占整个行业销售额的百分比,或者是指某酒店的某产品在某市场上的销量占同类产品在该市场销售总量的比重。市场占有率是酒店经营状况和酒店产品竞争力的直接反映。作为定价目标,市场占有率与利润的相关性很强,从长期来看,较高的市场占有率必然带来高利润,因此,以销售额为定价目标具有获取长

期较好利润的可能性。

市场占有率目标在运用时存在着保持和扩大两个互相递进的层次。保持市场占有率的定价目标的特征是根据竞争对手的价格水平不断调整价格,以保证足够的竞争优势,防止竞争对手抢夺自己的市场份额。扩大市场占有率的定价目标就是从竞争对手那里夺取市场份额,以达到扩大酒店销售市场乃至控制整个市场的目的。

在实践中,市场占有率目标被国内外许多酒店所采用,其方法是以较长时间的低价策略来保持和扩大市场占有率,增强酒店竞争力,最终获得最优利润。但是,这一目标的顺利实现至少应具备3个条件:①酒店有雄厚的经济实力,可以承受一段时间的亏损,或者酒店本身的生产成本本来就低于竞争对手。②酒店对其竞争对手情况有充分了解,有从其手中夺取市场份额的绝对把握。否则,酒店不仅不能达到目的,反而很有可能会受到损失。③在酒店的宏观营销环境中,政府未对市场占有率做出政策和法律的限制。

4)产品质量领先

根据酒店的市场目标战略,为了保证对顾客的服务质量,有些酒店的产品的价格较高。例如 Ritz-Carlton 酒店的每间客房建筑或装修成本往往超过 30 万美元。除了高额的资本投资外,每间客房投入的劳动力成本也很高。为了提供豪华的服务,这些酒店不仅要求配备训练有素的员工,而且员工与顾客的比例也很高,这就决定了其价格在同行业中是比较高的。

7.1.3　酒店营销组合策略

定价只是酒店借以实现其营销目标的诸多营销组合工具当中的一种。价格一定要与产品设计、分销渠道以及促销策略相互协调,构成一个统一而有效的市场营销计划。对其他一些营销变量的决策,会影响到价格决策。例如酒店计划通过批发商来分销其大多数的客房,酒店必须在客房定价上留有足够的利润空间,以便使他们得以给批发商打比较大的折扣。酒店的促销组合对价格也有影响。在不同媒体上做广告、采取不同的促销方法和促销策略所需要的预算是不同的,而这些预算都要从酒店产品的价格中收回,所以价格的高低和促销组合关系密切。

7.1.4　市场需求

酒店产品价格除受成本影响外,还受市场需求的影响。即受供给与需求的相互关系的影响。当酒店的市场需求大于供给时,价格应高一些;当酒店的市场需求小于供给时,价格应低一些。反过来,价格变动影响市场需求总量,从而影响销售量,进而影响酒店目标的实现。因此,酒店制定价格就必须了解价格变动对市场需求的影响程度。反映这种影响程度的一个指标就是酒店的价格需求弹性系数。

所谓价格需求弹性系数,是指由于价格的相对变动,而引起的需求相对变动的程度。通常可以用下面的公式表示。

$$需求弹性系数 = 需求量变动百分比 \div 价格变动百分比$$

假设酒店的价格提高2%时需求量下降了10%。这样,需求价格弹性系数是5,那么酒店的需求弹性比较大。如果价格上升2%,需求下降2%,那么需求弹性系数是1,酒店的总收益没有变化。酒店虽然销售量减少,但价格的提高正好弥补了损失。如果价格上升2%而需求量下降1%,弹性系数就是1/2,酒店需求缺乏弹性,对于酒店而言提高价格有利。

那么,到底是什么因素决定了顾客对价格的敏感程度呢? 主要包括以下因素。①认知替代品效应。相对于顾客了解、认知的其他替代产品,产品价格越高,顾客对价格越敏感。②独特价值效应。顾客对某种产品区别于竞争产品的特色评价越高,他对价格越不敏感。③转换成本效应。更换酒店所必需的投资越大,顾客挑选产品时的价格敏感性越低。④价格——质量效应。当高价在某种程度上代表高质量时,顾客的价格敏感性会降低。⑤支出效应。费用发生较大(总额或占家庭收入的比例较大)时,顾客的价格敏感性较高。⑥最终利益效应。产品价格占最终利益总成本的份额越大(小),顾客对价格越(不)敏感。

7.1.5 竞 争

市场竞争也是影响价格制定的重要因素。根据竞争的程度不同,酒店定价策略会有所不同。按照市场竞争程度,可以分为完全竞争、不完全竞争与完全垄断3种情况。

1)完全竞争

所谓完全竞争也称自由竞争,它是一种理想化的极端情况。在完全竞争条件下,顾客和酒店都大量存在,产品都是同质的,不存在质量与功能上的差异,酒店自由地选择产品生产,买卖双方能充分地获得市场情报。在这种情况下,无论是顾客还是酒店都不能对产品价格进行影响,只能在市场既定价格下从事生产和交易。

2)不完全竞争

它介于完全竞争与完全垄断之间,它是现实中存在的典型的市场竞争状况。不完全竞争条件下,最少有两个以上酒店或顾客,少数顾客或酒店对价格和交易数量起着较大的影响作用,买卖各方获得的市场信息是不充分的,它们的活动受到一定的限制,而且它们提供的同类商品有差异,因此,它们之间存在着一定程度的竞争。在不完全竞争情况下,酒店的定价策略有比较大的回旋余地,它既要考虑竞争对手的价格策略,也要考虑本酒店定价策略对竞争态势的影响。

3)完全垄断

它是完全竞争的反面,是指酒店的供应完全由独家控制,形成独占市场。在完全垄断竞争情况下,交易的数量与价格由垄断者单方面决定。完全垄断在现实中也很少见。

酒店的价格策略,要受到竞争状况的影响。完全竞争与完全垄断是竞争的两个极端,中间状况是不完全竞争。在不完全竞争条件下,竞争的强度对酒店的价格策略有重要影响。所以,酒店首先要了解竞争的强度。竞争的强度主要取决于产品生产的难易,是否有专利保护,供求形势以及具体的竞争格局。其次,要了解竞争对手的价格策略,以及竞争对手的实力。再次,还要了解、分析本酒店在竞争中的地位。

7.1.6 其他因素

酒店的定价策略除受成本、需求以及竞争状况等因素的影响外,还受到其他多种因素的影响。这些因素包括政府或行业组织的干预、顾客习惯和心理、酒店或产品的形象等。

1）政府或行业组织干预

政府为了维护经济秩序，或为了其他目的，可能通过立法或者其他途径对酒店行业的价格进行干预。政府的干预包括规定毛利率，规定最高、最低限价，限制价格的浮动幅度或者规定价格变动的审批手续，实行价格补贴等。

2）顾客心理和习惯

价格的制定和变动在顾客心理上的反映也是价格策略必须考虑的因素。在现实生活中，很多顾客存在"一分钱一分货"的观念。面对不太熟悉的酒店，顾客常常从价格判断酒店的好坏，以经验把价格同酒店的价值挂钩。顾客心理和习惯上的反应是很复杂的，某些情况下会出现完全相反的反应。例如，在一般情况下，涨价会减少购买，但有时涨价会引起抢购，反而会增加购买。因此，在研究顾客心理对定价的影响时，要持谨慎态度，要仔细了解顾客心理及其变化规律。

3）酒店或产品的形象因素

有时酒店根据其理念和酒店形象设计的要求，需要对产品价格做出限制。例如，酒店为了树立热心公益事业的形象，会将某些有关公益事业的产品价格定得较低；为了形成高贵的酒店形象，将某些产品价格定得较高，等等。

■拓展材料阅读7.1

刺激旅游业　暑期香港星级酒店价格不升反降

伴随着暑期旅游高峰到来，各地也迎来了酒店预订热潮，然而香港的酒店价格却不升反降。

数据统计显示，香港暑期部分酒店价格环比降幅达30%以上。携程的相关数据也显示，进入7月后，香港酒店预订虽然有所上涨，但是高星级酒店价格却有所下降。其中，四星级酒店由6月2 700元/间夜的均价降至1 600元/间夜左右。

而为了进一步刺激旅游业，香港旅游发展局联合多家商户在暑假期间举办"香港FUN享夏日礼"推广活动，赴港游客可享受多重住宿优惠，例如三晚住宿只需两晚价钱，或连续入住三晚或以上，房费即可获回赠用于酒店食肆消费等。

香港酒店价格下降，但内地其他避暑胜地的酒店则走热，价格上涨幅度大。今年入夏以来，内蒙古大草原成为热门旅游目的地，呼伦贝尔、锡林浩特等地酒店价格大幅上涨，承德、秦皇岛等避暑胜地酒店预订量大幅攀升的同时，价格也涨至旺季高点。

资料来源：刺激旅游业　暑期香港星级酒店价格不升反降. 环球旅讯. ［EB/OL］. (2015-07-22)［2015-08-25］. http://www.traveldaily.cn/article/94089.

7.2 酒店有效定价的基本程序

价格的制定是一项复杂的工作,它一般采取如下步骤:选择定价目标;测定需求的价格弹性;分析非价格因素的影响;选择适当的定价方法,确定最后定价。

7.2.1 选择定价目标

定价目标是指酒店在对其产品制定价格时有意识地要求达到的目的。它是酒店选择定价方法和制定价格策略的依据。酒店的定价目标既要服从于营销总目标,又要与其他营销目标相协调。一般来说,酒店的定价目标主要有以下几种:

1)以利润达到销售额的一定比例为定价目标

此目标是根据酒店的销售额期望达到一定百分比的毛利。这就要求酒店在定价时,在成本外加入预期利润。如此定价,利润的百分比保持不变,销量越大,总利润就越多。按这一目标定价时,应谨慎细致地分析研究,认真计算,使所定价格能为旅游者所接受。采取这种定价目标的酒店,一般在同行业中具有较强的竞争实力,所经营的产品在市场上占有一定的优势或具有一定的特色。

2)以保持价格稳定而获得稳定利润为定价目标

保持价格稳定,是酒店达到一定的投资效益和长期利润的重要途径,也是稳定市场、保护旅游者利益的定价目标。因而,一些在行业中能左右市场价格的大酒店,为了长期有效地经营该种商品,并稳定地占领目标市场,往往希望价格稳定,在稳定的价格中获得稳定的利润。

3)以维持或提高市场占有率为定价目标

扩大销售,保持和增加销售额,提高市场占有率,是许多酒店追求的定价目标。企业要发展,其产品必须有稳定的销售。只有销售额不断扩大,才能在不断满足旅游需求的同时,使酒店的利润稳步增长。销售额的扩大和市场地位,又经常用市场占有率来表示。特别是当酒店的经营面临竞争者的挑战,把注意力集中在提高市场占有率上,更具有重要意义。为了提高市场占有率,酒店必须扬长避短,发挥优势,开展竞争,提高效率,降低成本,采取薄利多销的原则,定出对潜在顾客有吸引力的较低价格,以满足旅游者的需要。

4)以应付和防止竞争为定价目标

相当多的酒店对于竞争者的价格十分敏感。有意识地通过恰当定价去应付竞争或避免竞争的冲击,是酒店定价的重要目标之一。所谓用价格去防止竞争,就是以对市场价格有决定影响的竞争者的价格为基础,去制定本酒店的价格,或与其保持一致,或稍有变化,并不企图与之竞争,而是希望在竞争不太激烈的条件下,求得企业的生存和发展。

5)以获得最佳而又合理的利润为定价目标

酒店总希望获得最高或最佳利润,当然也必须是合理的利润。追求最大利润,并不等于

追求最高价格。一般情况下,以获得最佳利润为定价目标的含义是:

(1)长期目标利润

长期目标利润的实现,归根到底要以产品是否较快地销售出去,是否能够满足旅游者需要为标志。如果价格定得过高而卖不出去,利润也就成了泡影。所以,一些酒店在新的市场,往往采取低价销售,以低价迅速吸引旅游者,打开销路,占领目标市场,即使在开始阶段较少盈利或不盈利,从长期来看,仍能取得合理满意的利润。

(2)取得最佳合理的利润

为了取得整体的最佳合理的利润,酒店可以有意识地将某一旅游线路的价格定得很低,以引起旅游者的好感,从而带动其他线路的销售。

以追求长期的最佳利润或满意利润为定价目标,较之把价格定得过高,以短期获得最大利润为定价目标更为稳妥,它是成功率较高的途径。

7.2.2　测定需求的价格弹性

测定需求的价格弹性就是要计算需求的价格系数(E),即需求量对价格变化的反应程度。需求的价格弹性用公式表示为:

$$需求的价格弹性(E) = 需求量变化的百分比 / 价格变动的百分比$$

需求弹性的类型主要有 3 种:

①当 $E=1$ 时,表示需求量与价格等比例变化,叫做单元弹性需求。在这种情况下,销售量虽然减少,但价格的提高使总收入不变。

②当 $E>1$ 时,表示需求量变动的百分比大于价格变动的百分比,叫做富有弹性或需求弹性大。在这种情况下,价格的变化会引起需求量大幅度地反比例变化。

③当 $E<1$ 时,表示需求量变动的百分比小于价格变动的百分比,叫做缺乏弹性或需求弹性小。在这种情况下,价格的升降不会引起需求量较大幅度的变化。

在现实生活中需求的价格弹性主要是缺乏弹性和富有弹性,那么,酒店在定价时就应采取与之相对应的高价或低价策略。

7.2.3　分析非价格因素的影响

由于价格是营销组合的因素之一,又是最活跃的因素,所以定价必须与产品、分销和促销策略相匹配,形成一个协调的营销组合。

酒店通常先制定价格策略,然后根据价格策略再制定其他营销组合策略。如果产品是在非价格因素基础上定位的,那么,有关产品质量、特色、分销、促销以及服务等方面的决策就会影响定价决策,定价时就应以其他营销组合因素的策略为依据。

7.2.4　选定适当的定价策略和方法,确定最后定价

产品的定价要受许多因素的影响和制约。任何酒店都不能主观地、孤立地制定产品价格,酒店在确定最后价格时,不仅要考虑市场需求、产品成本、竞争情况等因素,而且要考虑所制定的价格是否符合有关政策和法规,以及酒店和经销商对定价的意见、消费者心理等。

7.3 酒店定价方法

定价方法,是酒店在特定的定价目标指导下,依据对成本、需求及竞争等状况的研究,运用价格决策理论,对产品价格进行计算的具体方法。定价方法主要包括成本导向、竞争导向和顾客导向等3种类型。

7.3.1 成本导向定价法

成本导向定价是酒店定价首先需要考虑的方法。成本是酒店生产经营过程中所发生的实际耗费,客观上要求通过酒店产品的销售而得到补偿,并且要获得大于其支出的收入,超出的部分表现为酒店利润。以产品单位成本为基本依据,再加上预期利润来确定价格的成本导向定价法,是中外酒店最常用、最基本的定价方法。成本导向定价法又衍生出了总成本加成定价法、目标收益定价法、边际成本定价法、盈亏平衡定价法等几种具体的定价方法。

1)总成本加成定价法

在这种定价方法下,把所有为生产某种产品而发生的耗费均计入成本的范围,计算单位产品的变动成本,合理分摊相应的固定成本,再按一定的目标利润率来决定价格。其计算公式为:

$$单位产品价格 = 单位产品总成本 × (1 + 目标利润率)$$

例如,酒店的某道菜肴的单位总成本为32元,酒店确定的目标利润率是150%,那么,该菜肴的价格为:$P = 32 × (1 + 150\%) = 80(元)$。

采用成本加成定价法,确定合理的成本利润率是一个关键问题,而成本利润率的确定,必须考虑市场环境、行业特点等多种因素。某一产品在特定市场以相同的价格出售时,成本低的酒店能够获得较高的利润率,并且在进行价格竞争时可以拥有更大的回旋空间。

在用成本加成方法计算价格时,对成本的确定是在假设销售量达到某一水平的基础上进行的。因此,若产品销售出现困难,则预期利润很难实现,甚至成本补偿也变得不现实。但是,这种方法也有一些优点。首先,这种方法简化了定价工作,便于酒店开展经济核算。其次,倘若行业中的所有酒店都使用这种定价方法,他们的价格就会趋于相似,因而价格竞争就会减到最少。再次,在成本加成的基础上制定出来的价格对顾客和酒店来说都比较公平,酒店能得到正常的利润,顾客也不会觉得受到了额外的剥削。

但是,成本价成定价法是典型的生产导向观念的产物。这种方法只考虑了成本因素,而没有分析市场需求弹性和顾客的心理。因此,无论是在短期还是长期,这种方法都无法使酒店获得最高利润。

2)目标收益定价法

目标收益定价法又称投资收益率定价法,是根据酒店的投资总额、预期销量和投资回收期等因素来确定价格。目标收益定价法确定价格的基本步骤为:

(1)确定目标收益率

$$目标收益率 = 1/ 投资回收期 × 100\%$$

（2）确定单位产品目标利润额

单位产品目标利润额 = 总投资额 × 目标收益率 ÷ 预期销量

（3）计算单位产品价格

单位产品价格 = 酒店固定成本 ÷ 预期销量 + 单位变动成本 + 单位产品目标利润额

与成本加成定价法相类似,目标收益定价法也是一种生产者导向的产物,很少考虑到市场竞争和需求的实际情况,只是从保证酒店的利益出发制定价格。另外,先确定产品销量,再计算产品价格的做法完全颠倒了价格与销量的因果关系,把销量看成是价格的决定因素,在实际上很难行得通。尤其是对于那些需求的价格弹性较大的产品,用这种方法制定出来的价格,无法保证销量的必然实现,那么,预期的投资回收期、目标收益等也就只能成为一句空话。不过,对于在需求比较稳定的、供不应求且价格弹性小的商品、市场占有率高、具有垄断性的情况下,在科学预测价格、销量、成本和利润4要素的基础上,目标收益法仍不失为一种有效的定价方法。

3）边际成本定价法

边际成本是指每增加或减少单位产品所引起的总成本的变化量。由于边际成本与变动成本比较接近,而变动成本的计算更容易一些,所以在定价实务中多用变动成本代替边际成本,而将边际成本定价法称为变动成本定价法。

采用边际成本定价法时是以单位产品变动成本作为定价依据和可接受价格的最低界限。在价格高于变动成本的情况下,酒店出售产品的收入除完全补偿变动成本外,尚可用来补偿一部分固定成本,甚至可能提供利润。

边际成本定价法改变了售价低于总成本便拒绝交易的传统做法,在竞争激烈的市场条件下具有极大的定价灵活性,对于有效地对付竞争者,对于开拓新市场,调节需求的季节差异,形成最优产品组合可以发挥巨大的作用。但是,过低的成本有可能被指控为从事不正当竞争,并招致竞争者的报复。

4）盈亏平衡定价法

在销量既定的条件下,酒店产品的价格必须达到一定的水平才能做到盈亏平衡、收支相抵。既定的销量就称为盈亏平衡点,这种制定价格的方法就称为盈亏平衡定价法。科学地预测销量和已知固定成本、变动成本是盈亏平衡定价的前提。

在此方法下,为了确定价格可利用如下公式:

盈亏平衡点价格(P) = 固定总成本(FC) ÷ 销量(Q) + 单位变动成本(VC)

以盈亏平衡点确定价格只能使酒店的生产耗费得以补偿,而不能得到收益。因此,在实际中均将盈亏平衡点价格作为价格的最低限度,通常在加上单位产品目标利润后才作为最终市场价格。有时,为了开展价格竞争或应付供过于求的市场格局,酒店采用这种定价方式以取得市场竞争的主动权。

从本质上说,成本导向定价法是一种卖方定价导向。它忽视了市场需求、竞争和价格水平的变化,在有些时候与定价目标相脱节,不能与之很好地配合。此外,运用这一方法制定的价格均是建立在对销量主观预测的基础上,从而降低了价格制定的科学性。因此,在采用成本导向定价法时,还需要充分考虑需求和竞争状况,来确定最终的市场价格水平。

7.3.2 竞争导向定价法

在竞争十分激烈的市场上,酒店通过研究竞争对手的生产条件、服务状况、价格水平等因素,依据自身的竞争实力,参考成本和供求状况来确定产品价格。这种定价方法就是通常所说的竞争导向定价法。其特点是:价格与产品成本和需求不发生直接关系;产品成本或市场需求变化了,但竞争者的价格未变,就应维持原价;反之,虽然成本或需求都没有变动,但竞争者的价格变动了,则相应地调整其价格。当然,为实现酒店的定价目标和总体经营战略目标,谋求酒店的生存或发展,酒店可以在其他营销手段的配合下,将价格定得高于或低于竞争者的价格,并不一定要求和竞争对手的产品价格完全保持一致。竞争导向定价主要包括下列两种。

1)随行就市定价法

在垄断竞争和完全竞争的市场结构条件下,任何一家酒店都无法凭借自己的实力而在市场上取得绝对的优势,为了避免竞争特别是价格竞争带来的损失,大多数酒店都采用随行就市定价法,即将本酒店某产品价格保持在市场平均价格水平上,利用这样的价格来获得平均报酬。此外,采用随行就市定价法,酒店不必去全面了解顾客对不同价差的反应,从而为营销、定价人员节约了很多时间。

采用随行就市定价法,最重要的就是确定目前的"行市"。在实践中,"行市"的形成有两种途径。第一种途径是在完全竞争的环境里,各家酒店都无权决定价格,通过对市场的无数次试探,相互之间取得一种默契而将价格保持在一定的水准上。第二种途径是在垄断竞争的市场条件下,行业中的少数几个大酒店首先定价,其他酒店参考定价或追随定价。

2)产品差别定价

从根本上来说,随行就市定价法是一种防御性的定价方法,它在避免价格竞争的同时,也抛弃了价格这一竞争的"利器"。产品差别定价法则反其道而行之,它是指酒店通过不同的市场营销努力,使同种同质的产品在顾客心目中树立起不同的产品形象,进而根据自身特点,选取低于或高于竞争者的价格作为本酒店产品价格。因此,产品差别定价法是一种进攻性的定价方法。

产品差别定价法的运用,首先要求酒店必须具备一定的实力,在行业或某一区域市场占有较大的市场份额,顾客能够将酒店产品与酒店本身联系起来。其次,在质量大体相同的条件下实行差别定价是有限的,尤其对于定位为"质优价高"形象的酒店来说,必须支付较大的广告、包装和售后服务方面的费用。因此,从长远来看,酒店只有通过提高产品质量,才能真正赢得顾客的信任,才能在竞争中立于不败之地。

7.3.3 顾客导向定价法

现代市场营销观念要求,酒店的一切生产经营必须以顾客需求为中心,并在产品、价格、分销和促销等方面予以充分体现,只考虑产品成本,而不考虑竞争状况及顾客需求的定价,不符合现代营销观念。根据市场需求状况和顾客对产品的感觉差异来确定价格的方法叫做顾客导向定价法,又称"市场导向定价法""需求导向定价法"。其特点是灵活有效地运用价格差异,对平均成本相同的同一产品,价格随市场需求的变化而变化,不与成本因素发生直接关系。需求导向定价法主要包括理解价值定价法、需求差异定价法和逆向定价法。

1)理解价值定价法

所谓"理解价值",也称"感受价值"或"认知价值",是指顾客对酒店价值的主观评判。理解价值定价法是指酒店以顾客对酒店价值的理解度为定价依据,运用各种营销策略和手段,影响顾客对酒店价值的认知,形成对酒店有利的价值观念,再根据酒店在顾客心目中的价值来制定价格。

理解价值定价法的关键和难点,是获得顾客对有关酒店价值理解的准确资料。酒店如果过高估计顾客的理解价值,其价格就可能过高,难以达到应有的销量;反之,若酒店低估了顾客的理解价值,其定价就可能低于应有水平,使酒店收入减少。因此,酒店必须通过广泛的市场调研,了解顾客的需求偏好,根据产品的性能、用途、质量、品牌、服务等要素,判定顾客对酒店的理解价值,制定酒店的初始价格。然后,在初始价格条件下,预测可能的销量,分析目标成本和销售收入,在比较成本与收入、销量与价格的基础上,确定该定价方案的可行性,并制定最终价格。

2)需求差异定价法

所谓需求差异定价法,是指酒店产品价格的确定以需求为依据,首先强调适应顾客需求的不同特性,而将成本补偿只放在次要的地位。这种定价方法,对同一酒店在同一市场上制定两个或两个以上的价格,或使不同酒店产品价格之间的差额大于其成本之间的差额。其好处是可以使酒店定价最大限度地符合市场需求,促进酒店产品销售,有利于酒店获取最佳的经济效益。

根据需求特性的不同,需求差异定价法通常有以下几种形式。

(1)以顾客为基础的差别定价

它指酒店针对不同的顾客,制定不同的价格。比如,对老客户和新客户、长期客户和短期客户、女性和男性、儿童和成人、残疾人和健康人、组织顾客和个体顾客等,分别采用不同的价格。

(2)以地点为基础的差别定价

它随着地点的不同而收取不同的价格,酒店客房因楼层、朝向、方位的不同而收取不同的费用。这样做的目的是调节顾客对不同地点的需求和偏好,平衡市场供求。

(3)以时间为基础的差别定价

同一种产品,成本相同,而价格随季节、日期,甚至钟点的不同而变化。酒店在销售旺季,人们接受以稍高的价格购买。而一到淡季,则购买意愿明显减弱,所以在定价之初就应考虑到淡、旺季的价格差别。

(4)以产品为基础的差别定价

酒店硬件产品中由于其外观、花色、型号、规格、用途的不同,其成本有所不同,但它们在价格上的差异并不完全反映成本之间的差异,而主要区别在于需求的不同。

(5)以销售环节为基础的差别定价

酒店产品出售给批发商、零售商和顾客的价格往往不同,通过经销商、代销商和经纪人销售产品,因责任、义务和风险不同,佣金、折扣及价格等都不一样。

（6）以交易条件为基础的差别定价

交易条件主要指交易量大小、交易方式、购买频率,支付手段等。交易条件不同,酒店可能对产品制定不同价格。比如,交易批量大的价格低,零星购买价格高;现金交易价格可适当降低,支票交易、分期付款的价格适当提高;预付定金、连续购买的价格一般低于偶尔购买的价格。

由于需求差异定价法针对不同需求而采用不同的价格,实现顾客的不同满足感,能够为酒店谋取更多的利润,因此,在实践中得到广泛的运用。但是,也应该看到,实行区别需求定价必须具备一定的条件,否则,不仅达不到差别定价的目的,甚至会产生负作用。这些条件包括:①从顾客方面来说,顾客对产品的需求有明显的差异,需求弹性不同,市场能够细分,不会因差别价格而导致顾客的反感。②从酒店方面来说,实行不同价格的总收入要高于同一价格的收入。因为差别定价不是目的,而是一种获取更高利润的手段,所以酒店必须进行供求、成本和盈利分析。③从产品方面来说,各个市场之间是分割的,低价市场的产品无法向高价市场转移。这种现象可能是由于交通状况造成的,也可能是由于产品本身特点造成的。④从竞争状况来说,无法在高价市场上进行价格竞争。这可能是本酒店已垄断市场,竞争者极难进入,也可能是产品需求弹性小,低价不会对顾客需求产生较大的影响;还可能是顾客对本酒店产品已产生偏好。

3）逆向定价法

这种定价方法主要不是考虑产品成本,而重点考虑需求状况。依据顾客能够接受的最终销售价格,逆向推算出酒店价格。逆向定价法的特点是:价格能反映市场需求情况,有利于加强与中间商的良好关系,保证中间商的正常利润,使产品迅速向市场渗透,并可根据市场供求情况及时调整,定价比较灵活。

■拓展材料阅读7.2

巴哈马天堂岛亚特兰蒂斯酒店,拱桥套房2.5万美元/晚

巴哈马亚特兰蒂斯酒店位于天堂岛,是巴哈马最新建成的最好的假日酒店,周围栖息着大量海洋生物,其数量之多,只有自然的力量才能超越它。酒店的名字是为了纪念丢失的大陆亚特兰蒂斯,它拥有2 317个房间（包括216个套间）,以及礁湖、瀑布、11处游泳场、7处滑水场。还有为儿童建造的"探索发现"频道营地,1座豪华游艇码头,以及1座世界级娱乐场和温泉疗养胜地,18个餐馆、20座休闲室和俱乐部。亚特兰蒂斯酒店可以提供长达数英里的原始海滩,从酒店一直绵延伸展到巴哈马蔚蓝的海洋。亚特兰蒂斯酒店集休闲舒适和刺激娱乐于一身,堪称无敌。

亚特兰蒂斯酒店的室内和户外会议中心、聊天室、宴会场所的面积超过20万平方英尺（约18 580平方米）,可以接待10到3 000人的各种旅游团体。会议中心包括25 000平方英尺（约2 322平方米）的大型舞场、两座分舞场、29个房间、3个会议室以及面积达15 000平方英尺（约1 393平方米）的预留区,同时提供许多户外活动场所,包括大型游泳池和海滩

设施。酒店可以提供全球传真和电话服务,出租电脑、激光和喷墨打印机,拥有便携式电脑中心,可提供互联网设施及复印服务。

亚特兰蒂斯酒店的娱乐场与罗亚尔和克拉尔城堡相连,横跨 7 英亩(约 28 327 平方米)大的天堂岛礁湖。透过观景窗,你可以看到远处的海洋和水景。这里拥有 78 张牌桌和 980 台最新的投币游戏机,全部配备用户状态跟踪服务系统,你可以尽情享受。

水晶庭院商店可以提供世界级购物服务。在这里,你可以买到意大利和法国的最新时装、正宗哈瓦那雪茄、纯度水晶、泳装、名贵珠宝和手表,它们就在离你房间几步远的地方,而且全都免税。

亚特兰蒂斯酒店的曼德拉温泉区可以提供全套按摩服务,从面部护理、全身按摩到沙龙服务一应俱全。在体育中心,你可以享受多种体育保健活动,这里有网球、游泳、篮球场馆,以及全套保健设施,并提供私人教练,全天为你服务。酒店还拥有 6 个草皮网球场和 4 个红土网球场,包括 1 个配备主席台的观众席。所有球场都提供夜间照明。球场商店可出租网球拍,并提供教练服务。

资料来源:巴哈马天堂岛亚特兰蒂斯酒店. 百度百科. [EB/OL]. (2014-12-01) [2015-08-25]. http://baike. baidu. com/link? url = 5-fpzWC_dE6hTEp1y-mEy3utr_DlyC5SH9VQ-JhSG W0gGMhhSSPve15_Nd5MLZ57ciVUCeZ1BwRa0nLRMM471K.

7.4 酒店价格策略

7.4.1 酒店新产品定价的步骤与策略

1)酒店新产品定价的步骤

酒店成功的定价并不是一个最终结果,而是一个持续不断的过程。它应经历以下几个步骤。

(1)数据收集

定价策略常常因为没有考虑到所有关键因素而失败。由于市场人员忽视成本,其定价决策仅仅是市场份额最大化,而不是利润最大;由于财务人员忽视顾客价值和购买动机,其定价忽略了分摊固定成本。没有收集到足够的有关竞争对手的信息而做出的定价决策,短期看起来不错,一旦竞争者采取出乎意料的行动就不行了。好的定价决策需要成本、顾客和竞争者 3 方面的信息,这是定价成功与否的决定信息。因此,任何定价分析要从下述步骤开始。

①成本核算:
- 与特定的定价决策相关的增量成本和可避免成本是什么?
- 包括制造、顾客服务和技术支持在内的销售增量变动成本(不是平均成本)是什么?
- 在什么样的产量水平下半固定成本将发生变化,这个改变值是多少?

- 以某个价格销售产品,什么是可避免的固定成本?

②确认顾客

- 哪些是潜在的顾客,他们为什么购买这个产品?
- 对于顾客来讲,产品或服务的经济价值是什么?
- 其他因素是如何影响顾客的价格敏感性的?
- 顾客感受到的价值的差异以及非价值因素的差异是如何影响价格敏感性的? 如何根据差异将顾客划分成不同的市场?
- 一个有效的营销和定位战略如何影响顾客的购买愿望?

③确认竞争对手

- 目前或潜在的能够影响该市场盈利能力的竞争对手是谁?
- 谁是目前或潜在的关键竞争对手?
- 目前市场上,竞争对手的实际交易价格(与目录价格不同)是多少?
- 从竞争对手以往的行为、风格和组织结构看,他们的定价目标是什么? 他们追求的是最大销售量还是最大利润率?
- 与本酒店相比,竞争者的优势和劣势是什么? 他们的贡献毛益是高还是低? 声誉是好还是坏? 产品是高档还是低档? 产品线变化多还是少?

数据收集阶段的3个步骤要分别独立完成。否则,如果负责收集顾客信息的人员相信增量成本相对于价值来讲比较低,就会倾向于保守的估计经济价值。如果计算成本的人员相信顾客价值很高,就会倾向于将产品的成本定得较高。如果收集竞争信息的人员知道顾客目前偏爱的产品是什么,就会忽略那些尚未被广泛接受的高新技术带来的威胁。

(2)战略分析

战略分析阶段也包括成本、顾客和竞争3方面。不过此时各种信息开始相互关联起来。财务分析通过价格、产品和目标市场的选择来更好地满足顾客需要或者创造竞争优势。酒店选择目标市场要考虑为市场细分服务的增量成本以及酒店比竞争者更有效的或者成本更低地服务于该市场的能力。竞争者分析一定程度上是为了预测竞争者对某个以深入到顾客细分为目的的价格变动的反映。将这些信息综合起来需要3个步骤。

①财务分析

- 对于潜在的价格、产品或促销变动,销售量需要变化多少才能增加利润? 对于新产品或新市场,销量应至少达到多少才能回收增量成本?
- 在基准价格水平下,贡献毛益是多少?
- 为了从减价中获取更多的贡献毛益,销售量应该增加多少?
- 在提价变得无利可图之前,可以允许销量减少多少?
- 为了覆盖与决策相关的追加固定成本(如广告、审批的费用),销量需提高多少?
- 已知与销售水平相联系的增量固定成本,销售新产品或将老产品打入新市场需要达到什么样的销售水平才是有利可图的?

②市场细分

- 不同细分市场的顾客的价格敏感度不同,购买动机不同,为他们服务的增量成本也不同,如何给不同的细分市场定价? 如何能够最有效地向不同细分市场的顾客传达产品的价值信息?

- 如何在购买之前区分不同细分市场的顾客?
- 如何在市场细分之间建立"隔离栅栏",使低价市场不影响产品在高价市场的价值?
- 酒店如何避免违反有关价格细分的一些法定规则?

③竞争分析

- 竞争者对酒店将要采取的价格变动会做出什么反应? 他们最可能采取什么行动? 竞争者的行动和反应将如何影响酒店的盈利和长期生存能力?
- 已知竞争者的生产能力和意图,酒店在盈利的前提下能达到什么样的目标?
- 酒店如何利用竞争优势选择目标市场,以避开竞争对利润的威胁?
- 如果不能从无法避免的竞争对抗中获取利润,酒店应该从什么样的市场上战略性地撤回投资?
- 酒店如何利用信息来影响竞争者的行为,使酒店的目标更具有可达到性和盈利性?

(3)制定战略

财务分析阶段的最终结果是得到一个价格——价值战略,一个指导未来业务的规划。正像前面讲过的一样,没有在任何情况下都"正确"的策略。一些战略错误正是由于将一个行业的策略强加于成本、顾客或竞争条件完全不同的另一个行业造成的。

决策过程不必像如上所说的那样非常程序化。不过建议大酒店将这一过程规范化。在大酒店中,成本、顾客和竞争的信息分别由不同的人掌握,只有规范的决策过程才能使管理当局确信所有的信息都体现在定价决策中了。对于小酒店来讲,这个过程则往往采取不太正式的形式来完成。为了获得成功,任何一个定价的管理者必须要知道它想要达到的目的是什么,做出正确结论需要了解什么信息,进行什么分析。

2)酒店新产品的定价策略

酒店新产品定价的难点在于无法确定顾客对于新产品的理解价值。如果价格定高了,难以被顾客接受,影响新产品顺利进入市场;如果定价低了,则会影响酒店效益。常见的新产品定价策略,有3种截然不同的形式,即撇脂定价、渗透定价和适中定价。

(1)撇脂定价

新产品上市之初,将新产品价格定得较高,在短期内获取厚利,尽快收回投资。这一定价策略就像从牛奶中撇取其中所含的奶油一样,取其精华,所以称为"撇脂定价"策略。一般而言,对于全新产品、受专利保护的产品、需求的价格弹性小的产品、流行产品、未来市场形势难以测定的产品等,均可以采用撇脂定价策略。

利用高价产生的厚利,使酒店能够在新产品上市之初,即能迅速收回投资,减少了投资风险,这是使用撇脂策略的根本好处。此外,撇脂定价还有以下几个优点。

①在全新产品或换代新产品上市之初,顾客对其尚无理性的认识,此时的购买动机多属于求新求奇。利用这一心理,酒店通过制定较高的价格,以提高产品身份,创造高价、优质、名牌的印象。

②先制定较高的价格,在其新产品进入成熟期后可以拥有较大的调价余地,不仅可以通过逐步降价保持酒店的竞争力,而且可以从现有的目标市场上吸引潜在需求者,甚至可以争

取到低收入阶层和对价格比较敏感的顾客。

③在新产品开发之初,由于资金、技术、资源、人力等条件的限制,酒店很难以现有的规模满足所有的需求,利用高价可以限制需求的过快增长,缓解产品供不应求状况,并且可以利用高价获取的高额利润进行投资,逐步扩大生产规模,使之与需求状况相适应。

当然,撇脂定价策略也存在着某些缺点。

①高价产品的需求规模毕竟有限,过高的价格不利于市场开拓、增加销量,也不利于占领和稳定市场,容易导致新产品开发失败。

②高价高利会导致竞争者的大量涌入,仿制品、替代品迅速出现,从而迫使价格急剧下降。此时若无其他有效策略相配合,则酒店苦心营造的高价优质形象可能会受到损害,失去一部分顾客。

③价格远远高于价值,在某种程度上损害了顾客利益,容易招致公众的反对和顾客抵制,甚至会被当作暴利来加以取缔,诱发公共关系问题。

从根本上看,撇脂定价是一种追求短期利润最大化的定价策略,若处置不当,则会影响酒店的长期发展。因此,在实践当中,特别是在顾客日益成熟、购买行为日趋理性的今天,采用这一定价策略必须谨慎。

(2)渗透定价

这是与撇脂定价相反的一种定价策略,即在新产品上市之初将价格定得较低,吸引大量的购买者,扩大市场占有率。利用渗透定价的前提条件包括:

①新产品的需求价格弹性较大;

②新产品存在着规模经济效益。

采用渗透价格的酒店无疑只能获取微利,这是渗透定价的薄弱处。但是,由低价产生的两个好处是:首先,低价可以使产品尽快为市场所接受,并借助大批量销售来降低成本,获得长期稳定的市场地位;其次,微利阻止了竞争者的进入,增强了自身的市场竞争力。

对于酒店来说,撇脂策略和渗透策略何者为优,不能一概而论,需要综合考虑市场需求、竞争、供给、市场潜力、价格弹性、产品特性、酒店发展战略等因素才能确定。在定价实务中,往往要突破许多理论上的限制,通过对选定的目标市场进行大量调研和科学分析来制定价格。

(3)适中定价

适中定价策略既不是利用价格来获取高额利润,也不是让价格制约占领市场。适中定价策略尽量降低价格在营销手段中的地位,重视其他在产品市场上更有力或有成本效率的手段。当不存在适合于撇脂定价或渗透定价的环境时,酒店一般采取适中定价。例如,一个管理者可能无法采用撇脂定价法,因为产品被市场看作是极其普通的产品,没有哪一个细分市场愿意为此支付高价。同样,它也无法采用渗透定价法,因为产品刚刚进入市场,顾客在购买之前无法确定产品的质量,会认为低价代表低质量;或者是因为,如果破坏已有的价格结构,竞争者会做出强烈反应。当顾客对价值极其敏感,不能采取撇脂定价,同时竞争者对市场份额及其敏感,不能采用渗透定价的时候,一般采用适中定价策略。

采用适中定价策略还有另外一个原因,就是为了保持产品线定价策略的一致性。

与撇脂定价或渗透定价法相比,虽然适中定价法缺乏主动进攻性,但并不是说正确执行它就非常容易或一点也不重要。适中定价没有必要将价格定的与竞争者一样或者接近平均水平。从原则上讲,它甚至可以是市场上最高的或最低的价格。与撇脂价格和渗透价格类似,适中价格也是参考产品的经济价值决定的。当大多数潜在的顾客认为产品的价值与价格相当时,纵使价格很高也属适中价格。

7.4.2　心理定价策略

每一家酒店都能满足顾客某一方面的需求,其价值与顾客的心理感受有着很大的关系。这就为心理定价策略的运用提供了基础,使得酒店在定价时可以利用顾客心理因素,有意识地将产品价格定得高些或低些,以满足顾客生理的和心理的、物质的和精神的多方面需求,通过顾客对酒店产品的偏爱或忠诚,扩大市场销售,获得最大效益。常用的心理定价策略有整数定价、尾数定价、声望定价和招徕定价。

1)整数定价

对于那些无法明确显示其内在质量的酒店产品,顾客往往通过其价格的高低来判断其质量的好坏。但是,在整数定价方法下,价格的高并不是绝对的高,而是凭借整数价格给顾客造成高价的印象。整数定价常常以偶数,特别是"0"作尾数。例如,酒店客房可以定价为 1 000 元,而不必定为 998 元。这样定价的好处表现为,第一,可以满足购买者炫耀富有、显示地位、崇尚名牌、购买精品的虚荣心;其次,省却了找零钱的麻烦,方便酒店和顾客的价格结算;最后,品种繁多、价格总体水平较高的产品,利用产品的高价效应,在顾客心目中树立高档、高价、优质的产品形象。

整数定价策略适用于需求的价格弹性小、价格高低不会对需求产生较大影响的情况,由于其顾客属于高收入阶层,也甘愿接受较高的价格,所以,整数定价得以大行其道。

2)尾数定价

又称"奇数定价""非整数定价",指酒店利用顾客求廉的心理,制定非整数价格,而且常常以奇数作尾数,尽可能在价格上不进位。比如,把一种餐厅菜品的价格定为 19.90 元,而不定为 20 元,可以在直观上给顾客一种便宜的感觉,从而激起顾客的购买欲望,促进产品销售量的增加。

使用尾数定价,可以使价格在顾客心中产生 4 种特殊的效应。第一,便宜。标价 99.97元的商品和 100.07 元的商品,虽仅相差 0.1 元,但前者给购买者的感觉是还不到"100 元",后者却使人认为"100 多元",因此前者可以给顾客一种价格偏低、商品便宜的感觉,使之易于接受。第二,精确。带有尾数的定价可以使顾客认为商品定价是非常认真、精确的,连几角几分都算得清清楚楚,进而会产生一种信任感。第三,中意。由于民族习惯、社会风俗、文化传统和价值观念的影响,某些数字常常会被赋予一些独特的含义,酒店在定价时如能加以利用,则其产品将因之而得到顾客的偏爱。例如,我国南方某市一个号码为"9050168"的电话号码,拍卖价竟达到十几万元,就是因为其谐音为"90 年代我一定一路发"。当然,某些为顾客所忌讳的数字,如西方国家对"13"、日本国对"4",酒店在定价时则应有意识地避开,以免引起顾客的厌恶和反感。

在实践中,无论是整数定价还是尾数定价,都必须根据不同的地域加以仔细斟酌。比如,美国、加拿大等国的顾客普遍认为单数比双数少,奇数比偶数显得便宜,所以,在北美地区,零售价为49美分的商品,其销量远远大于价格为50美分的商品,甚至比48美分的商品也要多一些。但是,日本却多以偶数,特别是"零"作结尾,这是因为偶数在日本体现着对称、和谐、吉祥、平衡和圆满。

当然,酒店要想真正打开销路,占有市场,还是得以优质的产品作为后盾,过分看重数字的心理功能,或流于一种纯粹的数字游戏,只能哗众取宠于一时,从长远来看却于事无补。

3)声望定价

这是根据产品在顾客心目中的声望、信任度和社会地位来确定价格的一种定价策略。声望定价可以满足某些顾客的特殊需求,如地位、身份、财富、名望和自我形象等,还可以通过高价格显示名贵优质,因此,这一策略适用于一些传统的享有盛名的、具有历史地位的和民族特色的以及知名度高、有较大市场影响力、深受市场欢迎的酒店。为了使声望价格得以维持,需要适当控制市场拥有量。

4)招徕定价

招徕定价是指将某几种产品的价格定得非常高或者非常低,在引起顾客的好奇心理和观望行为之后,带动其他产品的销售。

招徕定价运用得较多的是将少数产品价格定得较低,吸引顾客在购买低价产品的同时,购买其他价格比较正常的商品。美国有家"99美分商店",不仅一般商品以99美分标价,甚至每天还以99美分出售10台彩电,极大地刺激了顾客的购买欲望,商店每天门庭若市。一个月下来,每天按每台99美分出售10台彩电的损失不仅完全补回,商店还有不少的利润。

将某种产品的价格定得较低,甚至亏本销售,而将其相关产品的价格定得较高,也属于招徕定价的一种运用。

值得酒店注意的是,应用招徕定价策略的产品,应该与低劣、过时产品明显地区别开来。招徕定价的产品,必须是品种新、质量优的适销产品,而不能是处理品。否则,不仅达不到招徕顾客的目的,反而可能使酒店声誉受到影响。

7.4.3　折扣定价策略

折扣定价是指对基本价格做出一定的让步,直接或间接降低价格,以争取顾客,扩大销量。其中,直接折扣的形式有数量折扣、现金折扣、功能折扣、季节折扣,间接折扣的形式有回扣和津贴。

1)数量折扣

指按购买数量的多少,分别给予不同的折扣,购买数量愈多,折扣愈大。其目的是鼓励大量购买,或集中向本酒店购买。数量折扣包括累计数量折扣和一次性数量折扣两种形式。累计数量折扣规定顾客在一定时间内,购买酒店产品若达到一定数量或金额,则按其总量给予一定折扣,其目的是鼓励顾客经常向本酒店购买,成为可信赖的长期客户。一次性数量折扣规定一次购买某种产品达到一定数量或购买多种产品达到一定金额,则给予折扣优惠,其目的是鼓励顾客大批量购买,促进产品多销、快销。

数量折扣的促销作用非常明显,酒店因单位产品利润减少而产生的损失完全可以从销量的增加中得到补偿。此外,销售速度的加快,使酒店资金周转次数增加,流通费用下降,产品成本降低,从而导致酒店总盈利水平上升。

运用数量折扣策略的难点是如何确定合适的折扣标准和折扣比例。如果享受折扣的数量标准定得太高,比例太低,则只有很少的顾客才能获得优待,绝大多数顾客将感到失望;购买数量标准过低,比例不合理,又起不到鼓励顾客购买和促进酒店销售的作用。因此,酒店应结合产品特点、销售目标、成本水平、资金利润率、需求规模、购买频率、竞争者的手段以及传统的商业惯例等因素来制定科学的折扣标准和比例。

2)现金折扣

现金折扣是对在规定的时间内提前付款或用现金付款所给予的一种价格折扣,其目的是鼓励顾客尽早付款,加速资金周转,降低销售费用,减少财务风险。采用现金折扣一般要考虑3个因素,折扣比例、给予折扣的时间限制和付清全部款项的期限。

由于现金折扣的前提是产品的销售方式为赊销或分期付款,因此,有些酒店采用附加风险费用、管理费用的方式,以避免可能发生的经营风险。同时,为了扩大销售,分期付款条件下顾客支付的款项总额不宜高于现款交易价太多,否则就起不到"折扣"促销的效果。

提供现金折扣等于降低价格,所以,酒店在运用这种手段时要考虑产品是否有足够的需求弹性,保证通过需求量的增加使酒店获得足够利润。此外,由于我国的许多酒店和顾客对现金折扣还不熟悉,运用这种手段的酒店必须结合宣传手段,使顾客更清楚自己将得到的好处。

3)功能折扣

中间商在产品分销过程中所处的环节不同,其所承担的功能、责任和风险也不同,酒店据此给予不同的折扣称为功能折扣。功能折扣的比例,主要考虑中间商在分销渠道中的地位、对酒店产品销售的重要性、购买批量、完成的促销功能、承担的风险、服务水平、履行的商业责任,以及产品在分销中所经历的层次和在市场上的最终售价等。功能折扣的结果是形成购销差价和批零差价。

鼓励中间商大批量预订,扩大销售,争取顾客,并与酒店建立长期、稳定、良好的合作关系是实行功能折扣的一个主要目标。功能折扣的另一个目的是对中间商经营的有关产品的成本和费用进行补偿,并让中间商有一定的盈利。

4)季节折扣

酒店产品和服务的提供是连续的,而其消费却具有明显的季节性。为了调节供需矛盾,酒店便采用季节折扣的方式,对在淡季购买酒店的顾客给予一定的优惠,使酒店产品的销售在一年四季能保持相对稳定。

季节折扣比例的确定,应考虑成本、基价和资金利息等因素。季节折扣有利于加速销售,迅速收回资金,促进酒店均衡生产,充分发挥生产和销售潜力,避免因季节需求变化所带来的市场风险。

5)回扣和津贴

回扣是间接折扣的一种形式,它是指顾客在按价格目录全部付给酒店以后,酒店再按一定比例将款项的一部分返还给顾客。津贴是酒店为特殊目的,对特殊顾客以特定形式所给予的价格补贴或其他补贴。比如,当中间商为酒店产品提供了包括刊登地方性广告的促销活动时,酒店给予中间商一定数额的资助或补贴。

上述各种折扣价格策略增强了酒店定价的灵活性,对于提高酒店收益和利润具有重要作用。但在使用折扣定价策略时,必须注意国家的法律限制,保证对所有顾客使用同一标准。

7.4.4 竞争价格策略

竞争价格策略主要包括低价竞争、高价竞争及垄断定价等形式。

1)低价竞争策略

当战胜竞争者成为酒店的首要目标时,酒店则可以采用以低于生产成本或低于市场的价格在目标市场上销售,其目的在于打击竞争者,占领市场。一旦控制了市场,再提高价格,以收回过去"倾销"时的损失,获得稳定的利润。

2)高价竞争策略

高价竞争是另一种竞争定价策略。但这种策略一般只限于在数量较少、品牌声誉极高的产品中采用。这需要酒店拥有高品质产品、雄厚的资金实力、技术条件等。

3)垄断定价

竞争定价策略的第三种形式是垄断定价。当一家或几家大酒店控制了酒店市场时,它们就可以通过独家垄断或达成垄断协议,将酒店产品价格定得大大超过或低于其价值的高价或低价。这样,垄断酒店及其组织操纵市场,抑制竞争,通过高价获得超额利润,借助低价打击竞争者,将竞争者挤出市场。

7.5 酒店价格调整

酒店制定出价格以后,并不意味着大功告成。随着市场营销环境的变化,酒店必须对现行价格予以适当的调整。调整价格,可采用降价及提价策略。酒店价格调整的动力既可能来自内部,也可能来自外部。倘若酒店利用自身的产品或成本优势,主动地对价格予以调整,将价格作为竞争的利器,这称为主动调整价格。有时,价格的调整是出于应付竞争的需要,即竞争对手主动调整价格,而酒店也相应地被动调整价格。无论是主动调整,还是被动调整,其形式不外乎降价和提价两种方式。

7.5.1 降价策略

酒店削价的原因很多,有酒店外部需求及竞争等因素的变化,也有酒店内部的战略转变、成本变化等,还有国家政策、法令的制约和干预等。这些原因具体表现在以下几个方面。

1)酒店急需回笼大量现金

对现金产生迫切需求的原因既可能是其他产品销售不畅,也可能是为了筹集资金进行某些新活动,而资金借贷来源中断。此时,酒店可以通过对某些需求价格弹性大的产品予以大幅度削价,从而增加销售额,获取现金。

2)酒店通过降价来开拓新市场

酒店的潜在顾客往往由于其消费水平的限制而阻碍了其转向现实顾客的可行性。在降价不会对原顾客产生影响的前提下,酒店可以通过降价方式来扩大市场份额。不过,为了保证这一策略的成功,有时需要以产品改进策略相配合。

3)酒店决策者决定排斥现有市场的边际生产者

对于某些产品来说,各家酒店的生产条件、生产成本不同,最低价格也会有所差异。那些以目前价格销售产品仅能保本的酒店,在别的酒店主动降价以后,会因为价格的被迫降低而得不到利润,只好退出市场。这无疑有利于主动削价的酒店。

4)市场需求不足

产品供过于求,但是酒店又无法通过产品改进和加强促销等工作来扩大销售。在这种情况下,酒店必须考虑降价。

5)酒店决策者预期降价会扩大销售,由此可望获得更大的生产规模

特别是进入成熟期的产品,降价可以大幅度增进销售,从而在价格和生产规模之间形成良性循环,为酒店获取更多的市场份额奠定基础。

6)由于成本降低,费用减少,使酒店降价成为可能

随着对新技术的吸收和酒店经营管理水平的提高,许多酒店的单位产品成本和费用在不断下降,因此,酒店拥有条件适当降价。

7)政治、法律环境及经济形势的变化,迫使酒店降价

政府为了实现物价总水平的下调,保护需求,鼓励消费,遏制垄断利润,往往通过政策和法令,采用规定毛利率和最高价格、限制价格变化、参与市场竞争等形式,使酒店的价格水平下调。在紧缩通货的经济形势下或者在市场疲软、经济萧条时期,由于币值上升,价格总水平下降,酒店产品价格也应随之降低,以适应顾客的购买力水平。此外,消费者运动的兴起也往往迫使产品价格下调。

降价最直截了当的方式是将酒店产品的目录价格或标价绝对下降,但酒店更多的是采用各种折扣形式来降低价格。如数量折扣、现金折扣、回扣和津贴等形式。此外,变相的降价形式有:赠送样品和优惠券,实行有奖销售;给中间商提取推销奖金;允许顾客分期付款;赊销;提高产品质量,改进产品性能,增加产品用途等。由于这些方式具有较强的灵活性,在市场环境变化的时候,即使取消也不会引起顾客太大的反感,同时又是一种促销策略,因此在现代经营活动中运用越来越广泛。

确定何时降价是调价策略的一个难点,通常要综合考虑酒店实力、产品在市场生命周期所处的阶段、销售季节、顾客对产品的态度等因素。比如,进入衰退期的产品,由于顾客失去了消费兴趣、需求弹性变大、产品逐渐被市场淘汰,为了吸引对价格比较敏感的顾客和低收入需求者,维持一定的销量,削价就可能是唯一的选择。由于影响降价的因素较多,酒店决策者必须审慎分析和判断,并根据降价的原因选择适当的方式和时机,制定最

优的降价策略。

7.5.2 提价策略

提价确实能够提高酒店的利润率,但却会引起竞争力下降、顾客不满、中间商抱怨,甚至还会受到政府的干预和同行的指责,从而对酒店产生不利影响。虽然如此,在实际中仍然存在着较多的提价现象。其主要原因是包括:

1)应付经营成本增加,减少成本压力

这是所有产品价格上涨的主要原因。成本的增加或者由于原材料价格上涨,或者由于生产或管理费用提高而引起。酒店为了保证利润率不因此而降低,便采取提价策略。

2)为了适应通货膨胀,减少酒店损失

在通货膨胀条件下,即使酒店仍能维持原价,但随着时间的推移,其利润的实际价值也呈下降趋势。为了减少损失,酒店只好提价,将通货膨胀的压力转嫁给中间商和顾客。

3)产品供不应求,遏制过度消费

对于酒店来说,在需求旺盛而生产规模又不能及时扩大而出现供不应求的情况下,可以通过提价来遏制需求,同时又可以取得高额利润,在缓解市场压力、使供求趋于平衡的同时,为扩大生产准备了条件。

4)利用顾客心理,创造优质效应

作为一种策略,酒店可以利用涨价营造名牌形象,使顾客产生价高质优的心理定势,以提高酒店知名度和产品声望。

为了保证提价策略的顺利实现,提价时机可选择在这样几种情况下:①产品在市场上处于优势地位;②产品进入成长期;③酒店产品处于销售旺季;④竞争对手产品提价。此外,在方式选择上,酒店应尽可能多采用间接提价,把提价的不利因素减到最低程度,使提价不影响销量和利润,而且能被潜在顾客普遍接受。同时,酒店提价时应采取各种渠道向顾客说明提价的原因,配之以产品策略和促销策略,并帮助顾客寻找节约途径,以减少顾客不满,维护酒店形象,提高顾客信心,刺激顾客的需求和购买行为。

至于价格调整的幅度,最重要的考虑因素是顾客的反应。因为调整产品价格是为了促进销售,实质上是要促使顾客购买产品。忽视了顾客反应,销售就会受挫,只有根据顾客的反应调价,才能收到好的效果。

7.5.3 顾客对价格调整的反应

不同市场的顾客对价格变动的反应是不同的,即使处在同一市场的顾客对价格变动的反应也可能不同。从理论上来说,可以通过需求的价格弹性来分析顾客对价格变动的反应,弹性大表明反应强烈,弹性小表明反应微弱。但在实践中,价格弹性的统计和测定非常困难,其状况和准确度常常取决于顾客预期价格、价格原有水平、价格变化趋势、需求期限、竞争格局以及产品生命周期等多种复杂因素,并且会随着时间和地点的改变而处于不断的变化之中,酒店难以分析、计算和把握。所以,研究顾客对调价的反应,多是注重分析顾客的价格意识。

价格意识是指顾客对酒店产品价格高低强弱的感觉程度,直接表现为顾客对价格敏感性的强弱,包括知觉速度、清晰度、准确度和知觉内容的充实程度。它是掌握顾客态度的主要方面和重要依据,也是解释市场需求对价格变动反应的关键变量。

价格意识强弱的测定,往往以顾客对酒店产品价格回忆的准确度为指标。研究表明,价格意识和收入呈负相关关系,即收入越低,价格意识越强,价格的变化直接影响购买量;收入越高,价格意识越弱,价格的一般调整不会对需求产生较大的影响。此外,由于广告常使顾客更加注意价格的合理性,同时也给价格对比提供了方便,因而广告对顾客的价格意识也起着促进作用,使他们对价格高低更为敏感。

顾客可接受的产品价格界限是由价格意识决定的。这一界限也规定了酒店可以调价的上下限度。在一定条件下,价格界限是相对稳定的,若条件发生变化,则价格心理界限也会相应改变,因而会影响酒店的调价幅度。

依据上面介绍的基本原理,可以将顾客对价格变动的反应归纳为:

①在一定范围内的价格变动是可以被顾客接受的,提价幅度超过可接受价格的上限,则会引起顾客不满,产生抵触情绪,而不愿购买酒店产品;降价幅度低于下限,会导致顾客的种种疑虑,也对实际购买行为产生抑制作用。

②在产品知名度因广告而提高、收入增加、通货膨胀等条件下,顾客可接受价格上限会提高;在顾客对产品质量有明确认识、收入减少、价格连续下跌等条件下,下限会降低。

③顾客对酒店降价的可能反应是:产品将马上因式样陈旧、质量低劣而被淘汰;酒店遇到财务困难;价格还要进一步下降;产品成本降低了。而对于酒店产品的提价则可能这样理解:很多人购买这种产品,我也应赶快购买,以免价格继续上涨;提价意味着产品质量的改进;酒店将高价作为一种策略,以树立名牌形象;酒店想尽量取得更多利润;各家酒店价格都在上涨,提价很正常。

7.5.4　竞争者对价格变动的反应

虽然透彻地了解竞争者对价格变动的反应几乎不可能,但为了保证调价策略的成功,主动调价的酒店又必须考虑竞争者的价格反应。没有估计竞争者反应的调价,往往难以成功,至少不会取得预期效果。

如果所有的竞争者行为相似,只要对一个典型竞争者作出分析就可以了。如果竞争者在规模、市场份额或政策及经营风格方面有关键性的差异,则各个竞争者将会做出不同的反应,这时,就应该对各个竞争者分别予以分析。分析的方法是尽可能地获得竞争者的决策程序及反应形式等重要情报,模仿竞争者的立场、观点、方法思考问题。最关键的问题是要弄清楚竞争者的营销目标:如果竞争者的目标是实现酒店的长期最大利润,那么,酒店降低价格,它往往不会在价格上作相应反应,而在其他方面做出努力,如加强广告宣传、提高产品质量和服务水平等;如果竞争者的目标是提高市场占有率,它就可能跟随本酒店的价格变动,而相应调整价格。

在实践中,为了减少因无法确定竞争者对价格变化的反应而带来的风险,酒店在主动调价之前必须明确回答以下问题:

①本行业产品有何特点? 本酒店在行业中处于何种地位?

②主要竞争者是谁？竞争对手会怎样理解我方的价格调整？

③针对本酒店的价格调整,竞争者会采取什么对策？这些对策是价格性的还是非价格性的？它们是否会联合作出反应？

④针对竞争者可能的反应,酒店的对策又是什么？有无几种可行的应对方案？

在细致分析的基础上,酒店方可确定价格调整的幅度和时机。

7.5.5　酒店对策

竞争对手在实施价格调整策略之前,一般都要经过长时间的考虑,仔细权衡调价的利害,但是,一旦调价成为现实,则这个过程相当迅速,并且在调价之前大多要采取保密措施,以保证发动价格竞争的突然性。酒店在这种情况下,贸然跟进或无动于衷都是不对的,正确的做法是迅速地对以下问题进行调查研究。

- 竞争者调价的目的是什么？
- 竞争者调价是长期的还是短期的？
- 竞争者调价将对本酒店的市场占有率、销售量、利润、声誉等方面有何影响？
- 同行业的其他酒店对竞争者调价行动将会有何反应？
- 酒店有几种反应方案？竞争者对酒店每一个可能的反应又会有何反应？

在回答以上问题的基础上,酒店还必须结合所经营的产品特性确定对策。一般来说,在同质产品市场上,如果竞争者降价,酒店必须随之降价,否则大部分顾客将转向价格较低的竞争者;但是,面对竞争者的提价,本酒店既可以跟进,也可以暂且观望。如果大多数酒店都维持原价,最终迫使竞争者把价格降低,使竞争者涨价失败。

在异质产品市场上,由于每家酒店的产品在质量、品牌、服务、顾客偏好等方面有着明显的不同,所以面对竞争者的调价策略,酒店有着较大的选择余地。第一,价格不变,任其自然,任顾客随价格变化而变化,靠顾客对产品的偏爱和忠诚度来抵御竞争者的价格进攻,待市场环境发生变化或出现某种有利时机,酒店再做行动。第二,价格不变,加强非价格竞争。比如,酒店加强广告攻势,增加销售网点,强化服务,提高产品质量。第三,部分或完全跟随竞争者的价格变动,采取较稳妥的策略,维持原来的市场格局,巩固取得的市场地位,在价格上与竞争对手一较高低。第四,以优越于竞争者的价格跟进,并结合非价格手段进行反击。比竞争者更大幅度地削价,或比竞争者小幅度的提价,强化非价格竞争,形成产品差异,利用较强的经济实力或优越的市场地位,居高临下,给竞争者以毁灭性的打击。

【本章小结】

本章共分为5节。第一节分析了影响酒店定价的因素,包括产品成本、定价目标、营销组合策略、市场需求、竞争因素等;第二节介绍了酒店有效定价的基本程序;第三节介绍了酒店主要的定价方法,有成本导向定价法、需求导向定价法和竞争导向定价法;第四节主要分析了酒店的价格策略,其中涉及酒店新产品定价的步骤与策略、心理定价策略、折扣定价策略和竞争定价策略;第五节介绍了酒店价格的调整,包括降价策略、提价策略、消费者及竞争对手对酒店价格调整的反应和酒店应对竞争对手价格调整的策略。

【复习思考题】

1. 分析影响酒店产品定价的因素。
2. 简述酒店定价的方法。
3. 如何正确应用酒店新产品定价策略？
4. 酒店在经营中如何应用心理价格策略、折扣价格策略和竞争价格策略？
5. 分析酒店价格调整的原因。
6. 消费者和竞争者会对酒店价格调整做出什么反应？分析其原因。
7. 分析酒店对竞争者价格调整的对策。

【案例分析】

案例1：反其道而行的价格策略

1997年夏天，香格里拉集团所有的香格里拉酒店及国贸酒店提供正常房价30%～40%的折扣，与正常降价措施不同，香格里拉这种大幅度折扣期正是处于当地的旅游旺季或接近旺季（6月1日至9月30日），这种做法与通常的旺季提价的做法截然相反，属于"反向思维方式"，使香格里拉极具竞争力，有巨大的震撼力与宣传效果，获得了巨大的成功，使香格里拉酒店在此期间的出租率达到85%以上。

为了避免单纯削价竞争带来的收入不足的弊端，在进行折扣期间，香格里拉宣布了具有革命性的新房价的概念。香格里拉所有城市酒店（不包括度假区）为客人和旅行社提供"贵宾服务计划"，即客人要是付给酒店标准房价，将享受以下优惠服务。这已作为香格里拉固定服务的一部分：

- ■ 免费机场接送服务
- ■ 免费市内电话
- ■ 免费早餐
- ■ 免费干洗、熨烫和洗衣服务
- ■ 客房升格的承诺
- ■ 可以到下午6点结账离开

目前尚没有其他酒店能为按门市价付费的客人提供如此昂贵的增值享受。香格里拉确保客人能享受最高标准的服务，让客人感到现在的香格里拉提供的日常服务是酒店业最好并且最受欢迎的。香格里拉致力于减少客人的额外花费，而这正是客人所关注的。酒店的新房价概念不是某个酒店短时间的促销，而是一年365天在所有酒店都推行的经营策略。

香格里拉还推行家庭计划，为18岁以下和父母同住一间客房的小客人提供免费住宿。若还需要更多房间，每间房都按单人间计价，这比假日集团提供儿童床的优惠更进了一步。

（资料来源：广东旅游网）

案例2：决不降价——五星酒店五星价

（背景资料：规范竞争，是中国酒店业走向理性和成熟的必由之路。近年来，由于局部地区的行业规模失控，恶性竞争之风骤然兴起，令不少酒店的合法权益受到损害，也削弱了投资者的积极性，不利于酒店业的进一步发展。在这股恶性竞争风之中，最为突出的就是高回扣、乱降价、宰客等问题，而且愈演愈烈，完全置酒店商誉不顾。于是，众多像凯宾斯基酒店一样的同仁齐声发出呼吁：酒店市场呼唤规范竞争，杜绝不正当竞争之风。）

北京凯宾斯基酒店，五星级，系燕莎实业的核心企业。1992年开业，在京城高星级酒店群体中属于典型的"后来居上者"。但即使是后来者，即使面对日甚一日的白热化竞争，凯宾人也从来没有放弃过对五星级高尚形象的执着追求。在众多知名酒店纷纷通过"降价"手段来寻求生存空间的大环境下，他们始终保持着稳定的价格政策，而没有一头扎进这"先降价格，再降服务"的恶性循环中去。卓越准确的战略定位确保了酒店的双重效益，1994年酒店被评为"全国最佳外商投资企业第2名"，1995年获"全国五十家最佳星级酒店"称号，1996年被接纳为"世界一流酒店组织"成员。下面让我们一起来看看凯宾人是怎样面对"降价风"盛行的现实的。

1992年，由德、中、韩3国合资兴建的北京凯宾斯基酒店正式开业了。开业伊始，正值北京的高星级酒店群体形成之际。京广中心、港澳中心、中国大酒店等现代化酒店相继落成，而王府酒店、北京酒店等老牌名店也完成了硬件的改造，重新加入到大竞争圈中，高档次酒店的队伍迅速得以壮大。

有限的客源总量面临着陡然间猛增的接待规模顿显匮乏，长期以来一直处于供不应求地位的京城酒店界终于也到了"皇帝女儿也愁嫁"的时候。众酒店一时间难以适应，尤其是对于新近开业的酒店来说，更是别无选择，只能披挂上阵，仓促应战。这就是市场的真实面貌。"沧海横流，方显英雄本色"，残酷的客源战终于打响了。各大酒店纷纷施展出自己的看家本领，对准自己的优势客源区域猛下功夫。有以行业背景为依托的，则通过行政手段来确保"肥水不流外人田"，如一些中央机关部门办的宾馆；有背靠国际连锁集团的，则大打集团预订网络的主意，如香格里拉、凯悦等；也有一些百年老店，如北京酒店，则把营销重点放在过去的"回头客"身上，留住一个算一个……实在是既无行业优势，又无历史积累的酒店就只有降价让利，通过拼设备、拼硬件来维持营运。对于1992年前后的北京市场来说，这种不得已而为之的"下下策"竟然成了相当多酒店的选择。凯宾斯基酒店则避实击虚，绕过大家都咬住不松口的国内旅游市场，先行一步进军商务客源市场，率先确定以接待商务客人和国际会议为主，辅以境外旅游客源的营销体系。同时大量优价出租公寓写字楼，以此来带动客房的出租，并明确以高支付高消费型客源为主攻方向，及时退出对中低档客源的争夺。这一点在当时的大气候下，的确是未雨绸缪，也需要足够的勇气和实力。商务客源市场上的不懈努力终于得到了丰厚的回报。开业第一年也就是1993年，酒店全年客房出租率就已达58.31%，营业收入总额高达1.9亿元，经营利润7970万元，位列全国行业50强，并成功地接待了德国总理科尔一行，开创了民间酒店接待国宾之先河。

然而酒店领导层并未因此而停止其对营销的更高追求，考虑到当时固定客源主要局限于欧洲市场，较容易受到政治、经济或外交因素的影响，客源基础相对脆弱，经营风险较大，酒店高层领导又提出了树立国际性大酒店形象的经营思路,放弃"单条腿走路"的老路子。在新思路的指引下,1993 年后,酒店主动参与国际国内的多种旅游促销展览,招聘专人负责对政府部门和国外驻华使馆的销售,组成了一支中外合作、各显神通的销售队伍。迅速开辟了除欧洲外的美洲、东南亚、日韩、港澳和中东等新的地区市场,形成了自己的多元营销网络,彻底扭转了"单条腿走路"的被动局面,这一点在日后的竞争中作用越发地突出。

1995 年年底,由于北京地区高星级酒店总量的持续扩容,市场竞争日趋白热化,并再度引发了商家们最敏感的"价格大战"。少数急功近利的酒店为了眼前的利益而不惜牺牲同行们的利益,又一次扛起了"降价竞争"的大旗,而且来势汹汹。一时间酒店价格开始超大幅度下滑,严重危及到酒店的正常经营利润,也不可避免地造成了服务管理水平的整体跌落。凯宾斯基酒店作为当时经营效益最卓著的排头兵,自然也受到了"降价风潮"的波及。由于一些酒店"自杀式"的不正当竞争的影响,酒店客源组织遇到了前所未有的困难,在跌破成本的低价诱惑下,一些常年客源流失了。但成熟的经营者们处乱不惊,在反复分析形势,仔细斟酌研究后,他们甩出了"杀手锏"——同档酒店同价位"战术",即任何同档次酒店的价格这里都接受。而这一战术的根据就是:五星级酒店,就应该理直气壮地卖五星级的价格。

凯宾斯基对自己的软硬件优势充满信心,同时也深信,明智的客人们在价格相同的同档次酒店中只会选择服务管理更优秀者,与其屈尊去斗价格,损人不利己,不如理直气壮比服务,将行业竞争引入健康合理的轨道。在这样的思想指导下,凯宾斯基酒店不但没有在淡季陷入无休无止的价格战,反而保住了平均房价水平,并进一步在顾客心中树立巩固了自己的形象,脱颖而出,凸显了自己的至尊地位,同时又以现身说法赢得了同行们的称道和认同,客观上制止了"降价风潮"的进一步蔓延。

这就是凯宾斯基人的经营之道,既充分满足顾客们的愿望,又不牺牲自己的利益,同时也兼顾到整个旅游酒店市场的稳定和发展,正所谓"利人,利己,利社会"。用凯宾人的话来说就是:"每一个企业都应该有权根据自己的市场情况来灵活决定自己的价格政策,而这个价格政策应当以既有利于本酒店收入又不损害当地旅游市场为前提。"

(资料来源:广东旅游网)

【案例思考题】

1. 案例 1 中香格里拉集团反其道而行价格策略的依据是什么? 这样做会给酒店带来哪些好处?

2. 案例 2 中凯宾斯基酒店在面临价格战的情况下采取了什么样的价格策略? 它是如何综合应用营销组合策略的?

3. 凯宾斯基酒店的价格策略给我们带来哪些启示?

第8章 酒店营销渠道策略

【主要内容】
◇酒店营销渠道概述
◇酒店营销渠道中介机构
◇酒店营销渠道管理

【学习要点】
◇了解酒店营销渠道的概念、作用和功能
◇了解酒店营销渠道的类型及其特点
◇了解酒店不同的营销渠道机构
◇掌握酒店营销渠道的管理方法

【案例引导】

洲际酒店集团联姻淘宝旅行　拓展直销渠道

2014年8月14日,全球最大的酒店集团洲际酒店集团旗舰店(http://ihg.tmall.com/)入驻淘宝旅行,正式加入网络直销大军。

即日起,游客可通过淘宝旅行在线预订洲际酒店集团旗下洲际、皇冠假日、英迪格和假日酒店在内的各品牌酒店,包括香港、澳门、北京、上海、广州、三亚、厦门、成都、武汉、西安等多个城市的洲际酒店,享受最优惠的价格保证、支付宝预订、最新动态的预订率和更多利益保障。

洲际酒店集团大中华区市场营销副总裁倪轩裕表示:"作为中国最大的国际酒店集团,洲际酒店集团一直致力于为中国旅客提供更优质、更快捷的酒店预订服务,并不断提升酒店分销渠道的行业标准。洲际酒店集团与淘宝旅行的合作,是与在线旅游预订服务公司的合作、推出网络预订和电话预订中心等预订系统后强有力的补充,将极大地便利中国旅客的出行。"

这意味着双方将携手提供最好的在线预订服务,洲际酒店集团将依赖淘宝几亿的稳定用户,以及更多的用户使用信用卡和支付宝的消费习惯,提升洲际酒店集团网上预订业务和

中国消费者的忠诚度。

随着OTA(在线旅行代理)网站竞争的日益激烈,有业内专家指出,未来越来越多的酒店将会拓宽直销渠道。而淘宝旅行拥有庞大的用户群体,将吸纳更多的OTA、酒店连锁集团入驻。

专家认为,酒店通过电子商务进行直销,将减少酒店对于第三方代理机构等的依赖,同时还可以打造知名度,增强自身在旅游市场中的主观能动性。

淘宝旅行平台负责人吹雪表示:"旅游电子商务的崛起大势所趋,淘宝旅行将利用淘宝在网购行业的经验和资源优势,帮助旅游行业各个领域的合作伙伴从这个大时代中获益。与洲际酒店集团平台的合作,能为游客带来更丰富的出行入住选择,满足游客对高品质、个性化的需求。"

据吹雪透露,目前,在酒店领域,淘宝旅行已经与开元酒店、金陵酒店、Booking、艺龙等多个境内、外酒店连锁集团、OTA达成合作。

淘宝旅行平台目前已经入驻4万家酒店客栈,是中国拥有数量最多的在线旅游服务平台。在一年多的时间里,酒店客栈业务快速增长,2011年完成了15亿元的交易额,12月21日淘宝旅行大促当天,预订突破20 000间房间/夜,刷新了淘宝旅行单日预订酒店的最新纪录。布丁连锁酒店,是第一家入驻淘宝旅行的连锁酒店。2011年9月27日,正式对外营业。在淘宝旅行通过酒店试住活动,1天就吸引了3 000人关注。

资料来源:战钊. 洲际酒店集团联姻淘宝旅行 拓展直销渠道[EB/OL]. (2012-08-14) [2015-08-26]. http://tech. gmw. cn/2012-08/14/content_4794234. htm.

营销渠道策略是整个营销系统的重要组成部分,它对降低酒店成本和提高酒店竞争力具有重要意义,是规划中的重中之重。酒店营销渠道的选择将直接影响到其他的营销决策。它同产品策略、价格策略、促销策略一样,也是酒店是否能够成功开拓市场、实现销售及经营目标的重要手段。本章将针对酒店营销渠道概述,酒店营销渠道中介机构和酒店营销渠道管理内容展开论述。

　　营销渠道策略是市场营销组合策略之一。它同产品策略、促销策略、定价策略一样,也是酒店能否成功地将产品打入市场,扩大销售,实现酒店经营目标的重要手段。营销渠道策略主要涉及营销渠道及其结构,营销渠道策略的选择与管理,批发商与零售商等内容。

8.1　酒店营销渠道概述

8.1.1　酒店营销渠道的概念

　　营销渠道,又称为"销售渠道",也称为"分销渠道"或"交易渠道",是营销组合的重要决策元素之一。酒店营销渠道是酒店把产品和服务销售给顾客的途径或者向宾客提供产品过程中经过的各个环节的形式。它主要包括中间商、代理中间商,以及处于渠道起点和终点的酒店与顾客。在商品经济中,酒店产品和服务必须通过交换,发生价值转移的运动,使酒店产品使用权从一个所有者转移到另一个所有者,直至顾客手中,这称为商流,伴随着商流,酒店产品和服务从酒店到达顾客手中,便是营销渠道或分配途径。

　　当今的全球化趋势、竞争和现代信息技术的发展,再加上酒店产品的不可储存性特征使得酒店分销越来越重要,占领新市场和现有的市场需要有创新的方法。全球化意味着酒店必须选择外国合作伙伴联合营销和分销产品。现在国际酒店集团之间通过行业协会等方式展开不同形式的合作。现代信息技术导致不同种类的分销和预订系统的发展。分销的重要性主要是由于酒店产品的不可储存性,迫切要求酒店通过不同的营销渠道销售其产品。

8.1.2　营销渠道的作用

　　由于酒店产品生产与消费同一性的特点,决定了酒店不是通过一定的营销渠道把酒店产品和服务输送给分散的消费者进行消费的,而是通过各种渠道把宾客吸引到酒店来进行消费的。在整个销售、经营过程中它们发挥着下列重要作用:

　　①缩短酒店与消费者在空间上的距离,便于消费者购买。

　　②保证及时向消费者提供他们所需要的产品和服务。

　　③向消费者提供信息,使顾客了解酒店的产品和服务。

　　④寻找潜在顾客并与之沟通,扩大酒店客源市场。

　　⑤减少酒店与顾客之间的接洽次数,尤其是减少跨地区的接洽,节省人力、物力,降低营销成本,提高经济效益。

一家酒店占有市场份额的大小,主要取决于市场与酒店的空间距离、酒店产品、酒店规模、销售渠道等,销售渠道越多,就越能方便顾客购买。

8.1.3　酒店营销渠道的功能

营销渠道执行的任务是将酒店产品和服务从酒店转移到顾客,它弥补了由于酒店产品和服务与顾客在时间、地点和持有权等方面的缺口。营销渠道成员执行了一系列重要的职能。

1）提供信息

收集制定计划和进行销售所必需的信息。中间商作为酒店与顾客双方的桥梁,应负责向酒店和顾客提供市场和产品服务等双方感兴趣的信息,促进酒店与顾客之间的沟通和了解。

2）促销

进行关于酒店产品和服务的说服性沟通。所以酒店应当为中间商的促销提供相应的材料,如宣传手册等。

3）接洽

寻找可能的顾客并与其进行沟通。

4）匹配

使酒店的产品和服务符合顾客需要。

5）购买

中间商在获得顾客预订要求后,向酒店预订客房。在有些酒店客房紧缺的地方,以及酒店营业旺季,中间商为了保证能获得预订的客房,也采取向酒店预订批量客房,然后再组织客源的做法。

6）融资

酒店中间商必须负责筹集用于向酒店预订的资金以及向顾客提供信贷等所需的财务资金。

7）风险承担

中间商对于代理销售过程中可能造成的损失负有承担风险的责任。

8.1.4　酒店利用中间商渠道的必要性

酒店一般都将一部分营销工作授权给中间商进行,例如将一定比例客房的销售权交给旅行社等中间代理机构。事实上,酒店产品如果从酒店直接到消费者手中可以获得最大利益,但是酒店抛开中间商完全进行直销的话,可能因为财力、劳务、广告等方面的局限性,不能实现预期的销售额。因此各种吸引宾客到酒店的销售渠道,应成为市场营销中的主要手段,对酒店营销渠道的正确选择和运用,也就直接关系到酒店产品和服务的价值与使用价值能否顺利实现,也关系到酒店直接营销工作的成败与否。酒店利用中间商渠道的必要性具体体现在以下几个方面。

第一,降低成本,提高经济效益。在现实中,营销包括调研、制定计划、广告、招徕等多重环节,工作繁杂,关系复杂。采用中间商可免去很多重复工作,可以节省时间、人力、物力、财力等,降低营销成本,提高经济效益;还可以代替酒店做一些难以做到的工作,保证酒店销售工作的顺利进行。

第二,有利于扩大销售量。由于中间商具备与消费者的广泛联系、与消费者在特定空间上距离较短、可以将酒店产品组合到整个旅游产品当中等的优势,可以把酒店产品更多地销售给消费者,极大地促进了酒店的销售额度。

第三,有利于扩大市场份额。酒店由于人力和财力的限制,不可能仅靠自身的力量进行推销和宣传活动,而酒店的客源又较分散,宣传、招徕运作起来难度较大。而且即使进行大范围的宣传,也不可能对所有适合自己的细分市场做到面面俱到。所以酒店与其将大量的物力财力投入到效果并不明显的宣传和建设自己的销售网点上,不如与中间商合作,快速稳定地赢得市场份额。

8.1.5 酒店营销渠道的类型

根据有无中间商参与交换活动,可以将酒店营销渠道归纳为两种最基本的营销渠道类型,直接营销渠道和间接营销渠道。间接渠道又分为短渠道与长渠道。

1)直接营销渠道

直接营销渠道是指酒店将产品和服务直接供应给顾客,没有中间商介入。直接营销渠道的形式是:酒店→顾客。

（1）直接营销渠道的方式

①预订销售

预订销售是指酒店通过互联网预订平台、电话、传真或接受客人亲自上门的方式,将产品和服务销售给顾客。

②自开销售网点

自开销售网点是指酒店通常将销售网点设立在用户较集中的地方或商业区。

（2）直接营销渠道的优缺点

①直接营销渠道的优点

• 有利于酒店、顾客双方沟通信息,可以按需定制,更好地满足目标顾客的需要;

• 可以使酒店和顾客双方在营销上相对稳定;

• 可以在销售过程中直接进行促销。

②直接营销渠道的缺点

• 酒店若凭自己的力量去广设销售网点,往往力不从心,甚至事与愿违,很难使产品在短期内广泛分销,很难迅速占领或巩固市场。

• 中间商在销售方面比酒店的经验丰富,这些中间商最了解顾客的需求和购买习性,在商业流转中起着不可缺少的桥梁作用。而酒店自销产品,就拆除了这一桥梁,势必自己去进行市场调查,包揽了中间商所承担的人、财、物等费用。这样会加重酒店的工作负荷,分散酒店的精力。

● 当酒店仅以直接营销渠道销售其产品,致使目标顾客的需求得不到及时满足时,竞争者就可能趁势而进入目标市场,夺走目标顾客。

2)间接营销渠道

间接营销渠道是指酒店利用中间商将产品供应给顾客,中间商介入交换活动。

(1)间接营销渠道的典型形式

酒店→批发商→零售商→顾客

(2)间接营销渠道的优缺点

①优点

● 有助于产品广泛分销。中间商在酒店与顾客之间,从而有利于调节酒店与顾客在品种、数量、时间与空间等方面的矛盾。既有利于满足酒店目标顾客的需求,也有利于酒店产品价值的实现,更能使产品广泛地分销,巩固已有的目标市场,扩大新的市场。

● 缓解酒店人、财、物等力量的不足。中间商购走了酒店的产品并交付了款项,就使酒店提前实现了产品的价值,开始新的资金循环和生产过程。此外,中间商还承担销售过程中其他方面的人力和物力,这就弥补了酒店营销中的力量不足。

● 间接促销。顾客往往是货比数家后才购买产品,而一位中间商通常经销众多酒店的产品,中间商对同类产品的不同介绍和宣传,对产品的销售影响甚大。此外,实力较强的中间商还能支付一定的宣传广告费用,具有一定的售后服务能力。所以,酒店若能取得与中间商的良好协作,就可以促进产品的销售,并从中间商那里及时获取市场信息。

● 有利于酒店的专业化协作。现代生产的日益社会化和科学技术的突飞猛进,使专业化分工日益精细。中间商是专业化协作发展的产物,有了中间商的协作,酒店可以从烦琐的销售业务中解脱出来,集中力量进行生产,以提高生产经营的效率。

②缺点

● 可能形成"需求滞后差"。中间商购走了产品,并不意味着产品就从中间商手中销售出去了,有可能销售受阻。对于酒店而言,一旦其多数中间商的销售受阻,就形成了"需求滞后差",即需求在时间或空间上滞后于供给。

● 可能加重顾客的负担,导致抵触情绪。中间环节的增多会增加顾客的负担。此外,中间商服务工作欠佳,可能导致顾客对商品的抵触情绪,甚至引起购买的转移。

● 不便于直接沟通信息。如果与中间商协作不好,酒店就难以从中间商的销售中了解和掌握顾客对产品的意见、竞争者产品的情况、酒店与竞争对手的优势和劣势、目标市场状况的变化趋势等。

3)长渠道和短渠道

营销渠道的长短一般是按通过流通环节的多少来划分,具体包括以下4层。

(1)零级渠道

由酒店直接到顾客。

(2)一级渠道

由酒店通过零售商到顾客。

（3）二级渠道

由酒店→批发商→零售商→顾客，或者是酒店→代理商→零售商→顾客。

（4）三级渠道

酒店→代理商→批发商→零售商→顾客。

可见，零级渠道最短，三级渠道最长。

4）宽渠道和窄渠道

渠道宽窄取决于渠道的每个环节中使用同类型中间商数目的多少。酒店使用的同类中间商多，产品在市场上的分销面广，称为宽渠道。酒店使用的同类中间商少，营销渠道窄，称为窄渠道。

5）单渠道和多渠道

当酒店全部产品都由自己直接所设的门市部销售，或全部交给批发商经销，称之为单渠道。多渠道则可能是在本地区采用直接渠道，在外地则采用间接渠道；在有些地区独家经销，在另一些地区多家分销等。

■拓展材料阅读8.1

酒店的经营策略：渠道、渠道、还是渠道

由于携程的"最低价格保证"在旅游分销业和酒店业所引起的一场风波尚未平息，与汇通天下进行世博营销合作的上海部分酒店就在携程遭到了封杀，这一切使得分销渠道与酒店供应商之间的定价权之争空前白热化。同样的情况也出现在了美国，如去年 Expedia 和 Choice Hotels 续签协议的风波也反映了直销和分销渠道的尖锐矛盾。

利润哪里去了？——渠道被控制

那么，携程为什么可以做到这样的强势呢，可以看一下图8.1，目前网上旅行预订市场的营收份额就一目了然了。超过50%的份额对酒店供应商来说可能是无法回避的现实问题。

大家应该思考这样一个问题，携程和艺龙每个季度财报中公布的利润从哪里来的？是不是就等于他们所签约的酒店失去的利润？

这个问题大家都能够理解，那为什么又不愿意去改善呢？我想可能是这样一个原因，例如：一家有100间客房的酒店有20间客房来自分销商而保证酒店平均出租率在80%左右，如果这家酒店选择不受分销商控制便意味着将损失掉20间客房的销售，出租率将直接下滑至60%左右，这样就有可能使酒店直接由盈利状态变为亏损，这是任何一个管理人员都不愿意看到的。但是因为不愿意看到而这样的惯性下去就意味着自己将永远无法摆脱这张网而受制于人，酒店供应商的利润永远无法提升。

迅速行动=收益提升——扩展渠道

行动起来，去建立自身的直销网络是势在必行的，建立直销不意味着要完全关闭分销，前面我也说到了，在直销达到边际效益的时候维持分销会是非常不错的选择。而且这样做的核心目的正是要提升收益。所以，酒店方要做的正是去调整直销和分销的有效比例，比方

2009年中国网上旅行预订运营商营收份额

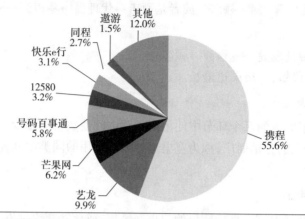

注：2009年中国网上旅行预订市场规模为37.4亿元人民币

Source：上市公司财报及行业访谈。

@2009.12 iResearch Inc.   www.iresearch.com.cn.

图8.1 2009中国网上旅行预订运营商营收份额

说将前文例子中的20%房间下调至10%以内，直至5%以内，价格也就自然不会受到第三方控制，那这15%的客人怎样补充回来呢？如图8.2所示。

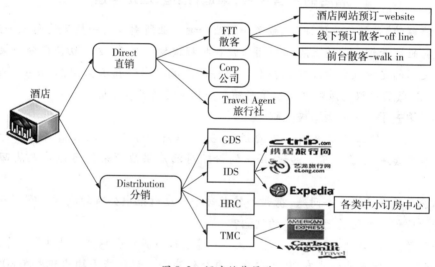

图8.2 酒店销售渠道

通过这张图我们能清楚地看出：携程只是其中的一条渠道而已，还有很多的渠道可供酒店供应商选择，酒店供应商要做的事情其实就是迅速地建立其他的渠道，以降低携程所占的比例。同理我们思考的是，大部分酒店现在其实已经在逐步降低旅行社的比例，那么既然这种方式可以有效调整酒店整体的经营利润，那我们为什么不愿意采取类似的方法，加快自身的直销上面来呢？

我们再来看一下，如果做一个调整，将分销渠道调整到自身的网络上来，会收到什么样的效果。图8.3展示的是各销售渠道的成本问题，使用自身网络可以降低20%的客房成本。

而对于酒店来说最大的问题就在于怎样去有效地推广自身的网络,在目前互联网旅游迅速兴起的状况下可选择的方式方法也越来越多。通用搜索引擎和旅游垂直搜索引擎的应用会迅速帮助酒店打通自身的推广瓶颈。

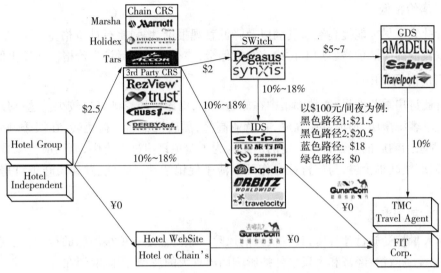

图8.3 各销售渠道成本

[**告别价格战,关注渠道建设**]

酒店的供应商应该是酒店房间销售的主体,他们是控制渠道的人,而不能让渠道控制酒店,这也是为什么国际酒店做得更好的原因。并不是所谓的价格低的网站就是最好的,而是能给消费者带来实实在在实惠的产品才是最好的;不是第三方卖掉多少房就是最好的,而是酒店总体收益切实提高才是最好的;不是只作直销就是最好的,而是能够有效利用分销进行补充才是最好的。

资料来源:张泽.酒店的经营策略:渠道、渠道、还是渠道.环球旅讯.[EB/OL].(2010-04-15)[2015-08-25].http://www.traveldaily.cn/article/39763/0.

8.2 酒店营销渠道中介机构

8.2.1 旅行社

在我国,把以营利为目的,从事旅游业务的企业称为旅行社。在旅行社的业务中,为旅游者提供住宿是其重要的业务之一,所以,旅行社成为酒店销售其产品的重要渠道之一。

由于旅行社在经营中存在风险大、批量大、季节性强等特点,旅行社的订房也会受到上述特点的影响。主要表现在以下几方面。

1)订房数量大

除大型会议外,一般商务酒店、政府组织机构等订房数量受其自身业务规模所限不会太大,但旅行社的订房则不然。通常旅行社的年接待量都比较大,大型旅行社的年接待量甚至几十万上百万。因此,旅行社的订房对旅游酒店尤其是旅游城市或风景区的酒店而言是最主要的生意来源。

2)订房价格低

旅行社为了尽可能提高经营利润以及降低直观报价,增强旅行社价格竞争力,通常会向酒店争取较低的团队价格。加上付给旅行社佣金,旅行社的实际订房价格往往要更低。

3)订房时间集中

旅行社订房季节性强,通常都集中在旅游旺季,而旅游淡季则订房较少。这样便使酒店在旅游旺季客源激增,形成营业高峰,在营业高峰,酒店设施超负荷运转,在淡季,则大量闲置,这种现象给酒店的经营带来一定的困难。为了避免订房过于集中,酒店应当采取相应的措施,如采取淡旺季价格,与旅行社合作开展淡季促销活动,尽可能做到淡旺季订房的均匀分布。

4)订房取消率高

酒店大量接受旅行社订房,具有很大的风险。旅游业是一项很敏感的行业,尤其是组团旅游,极易受到政治、经济和突发事件的影响而出现大的波动,团队取消在行业中非常普遍。

5)订房连续性强

酒店通常与旅行社保持密切的业务联系,因而旅行社的订房也能够连续持久。旅行社一般都将自己的团队安排在有主要业务往来的酒店,而不会随意向其他酒店订房,原因很简单,双方了解,合作容易,且能够达成有利的价格协定。如果酒店能够保持与旅行社的密切合作,对于酒店客源的稳定以及进行客源预测都十分有利。

我国现阶段酒店与旅行社之间的报酬关系主要是采取酒店与旅行社之间报价差的形式,较少给予佣金。随着我国旅游运作与国际标准的接轨,佣金这一形式的使用会越来越普遍,采用以佣金形式为主,可以避免酒店与旅行社之间利益对立的状况,减少相互之间的报价摩擦。因为酒店报价高,旅行社的佣金也高,这样旅行社便不会像目前这样为了自身的利润而拼命压价,而会与酒店一道,协商报出有竞争力的市场价格。

8.2.2　旅游批发商

旅游批发商是酒店重要的中间商,专门从事团队旅游的组织和销售活动。旅游批发商通过与航空公司、客轮及铁路公司、酒店等直接谈判,安排和组织包括各种时间、线路和价格的包价旅游。他们往往事先向酒店预订一批客房,并将其分配给组织的系列团队,待整个旅游活动及行程确定以后,由自己下属的销售处或旅游零售商,将包价旅游项目出售给团队和个体顾客,批发商名下往往有很多旅行社,拥有重要的销售网。

旅游批发商可以组团出境旅行,也可以组织入境旅游团。他们经营的范围可以是本地区,也可以是在全国,甚至在国际范围内进行销售活动,地区性旅游批发商组团到本地区旅游,通过旅行社向旅客销售。国际性旅游批发商可能会在国外设立办事处,也可通过国外代理商,组团到本国旅游。

经营包团旅游,需要一系列技巧,包括销售技巧。旅游批发商必须具有一定的管理能力、宣传能力,他们必须能够预见旅游安排中一系列细节及其可能的变化,善于预见市场的变化,并根据市场需求制定营销计划和策略、产品策略、营销因素组合策略、定价策略等等。

旅游批发商的营业收入,主要包括从交通公司等得到的代理佣金和酒店订房差价所得到的收益。一般酒店要给予其25% ~45%的价格优惠,如果旅游批发商组织的包价旅游,包括在酒店内的膳食,通常可以从酒店得到占包饭价格10%的佣金。

8.2.3　航空公司和其他交通运输公司

航空公司为酒店输送的客源包括飞机乘客、航空机组人员、航空公司组织的包价旅游者或包机游客,航空公司是酒店的重要营销渠道。当然,除了航空公司之外,其他交通设施的办事机构,如出租汽车公司、铁路服务处等,也可成为酒店的营销渠道。

8.2.4　行业协会和预订系统

预订系统,如路易斯国际代理、斯坦伯格预订系统和国际预订与信息联盟都在扩展它们的服务。预订系统为酒店提供一个中心预订系统,它们经常为小型连锁酒店配备这种系统或提供海外预订服务,使国际游客拨打当地电话就可以与酒店取得联系。这些预订系统也为独立的酒店服务,并收取15%的佣金。

行业协会是酒店业为了共同的利益而联合成立的组织。市场营销常是组成行业协会的初衷。行业协会允许其成员酒店独立地拥有资产所有权和经营权,同时使每家酒店都得益于行业协会的整体营销。世界一流酒店组织就是行业协会的一个典型例子。由于有些预订服务正把业务扩展至市场营销领域,使得预订服务与行业协会的区别变得越来越模糊。当使用预订系统的酒店达到一定数量时,它很自然就会增加新的服务。

行业协会和预订系统使酒店业的营销覆盖区域越来越广泛,随着业务的国际化,协会的成员将更多地使用行业协会和预订系统进行营销活动从而获得客源。

8.2.5　全球分销系统

全球分销系统(GDS)是一种计算机化的预订系统,它可以被看作是旅行代理商或酒店集团等的销售目录。这套系统首先是由航空公司为了扩大销售量而开发的,最近经过一系列的联合与兼并,最后形成了六大系统:亚美达斯系统一号、阿波罗/伽利略系统、阿克塞斯系统、凡塔希亚系统、赛伯系统和沃斯本/爱伯克斯系统。美国96%的旅行代理商至少与一套计算机系统相连接,酒店也把自己联在这些系统当中,便于旅行代理商出售。

8.2.6　基于互联网的OTA中介

基于互联网技术的OTA中介正在迅速成为一种高效的酒店分销系统。目前几乎所有的酒店纷纷在网上开展预订客房的服务,其网上预订额逐年飞速增长,顾客逐渐接受并乐意在网上进行酒店预订。

互联网作为酒店的营销渠道,具有很多优势,例如它可以一天24小时、一周7天营业,它可以覆盖全球,它可以传送及时信息,并且可以进行即时的预订和交易,成为当下酒店最重要的销售渠道。

酒店除了可以选择以上几种营销渠道外,还可以选择其他一些营销渠道。如旅游局、旅游协会、旅游信息中心、各国驻华大使馆、进出口贸易公司、大型酒店、各城市的大专院校等,这些组织也将或多或少地为酒店提供客源。

■拓展材料阅读8.2

酒店直销平台涌现,OTA 中介或将被边缘化

很久以来,OTA 网站与酒店之间一直处于又爱又恨的纠结的交织状态中。一方面 OTA 网站依靠自身流量以及用户确实可以为酒店带来不小流量;另一方面 OTA 为抢夺市场大打价格战又强令酒店为价格战埋单,酒店方为此苦不堪言却不敢做声,即使如此还保持相当高佣金水平,有些甚至高达 15%。但最近形式似乎有所扭转,不少酒店纷纷试水直销,欲自建渠道降低其对分销系统的依赖。

酒店直销是否真能成功颠覆长久存在的 OTA 网站,OTA 网站是否真到了被革命的关键时刻是行业最近最关注的问题之一。

团购等本地生活服务平台分流渠道

OTA 过去的迅猛发展很大程度在于对线上渠道的垄断,以用户及流量绑架酒店配合其营销策略甚至价格战。而酒店行业本身在 PC 时代虽然尝试过各种直销方式,诸如电话订房以及会员卡,但对于线上流量而言依然处于可以忽略不计地位。高端五星酒店还好,其顾客的忠诚度往往较高,但一些处于中低端的经济酒店要靠自身吸引新用户几乎不可想象。

但随着团购行业纷纷转型本地生活电商平台,几乎主流团购网站都已经上线酒店团购业务,酒店方已经获得除 OTA 网站之外的第三方流量。仅就结算方式而言,团购网站的提成比例一般在 3% 左右,远远低于一些 OTA 网站,于是最近酒店越来越偏向团购网站导流做活动。团购网站在在线预订方面做了很大的推广和优惠。酒店业可以从团购网站获得用户,而接下来可以通过自己的手段将用户留存为直销创造条件。

微信为酒店直销创造技术条件

目前,几乎所有的酒店都已经开设了自己的微信账号,并且鼓励用户关注微信平台并在微信下单。

酒店行业做直销,过去最多是发会员卡,除去会员办卡要交数额不等押金外,会员卡的使用以及保存都大大阻碍了会员的使用。更奇葩的是即使有会员卡,预订一些酒店房间还是要选择数次,最后发现价格还没有携程便宜,酒店会员卡与鸡肋无异。

而微信甚至一些酒店独立开发的 App 则完全不同,用户通过公众平台可直接了解酒店情况,选择客房以及预订。酒店方只需要一定客服以及将微信数据与后台客房数据库对接即可。在操作便捷性以及实用性方面,酒店微信平台都完胜于传统会员卡。

而随着用户的沉淀积累,以及团购形式为酒店源源不断带来的新用户,酒店方对于 OTA 的依赖感将会急剧降低。技术的发展为酒店直销创造了先决条件,而接下来就到了革命的时刻。

OTA 或到颠覆时刻

OTA 本质只是酒店房间销售的中介而已,用户在线上预订房间,OTA 方则与酒店方进

行确认沟通,随后再反馈用户。在这个环节中,交易双方的所有信息对话均是通过 OTA 方完成,我们也能够想象 OTA 是多么不想看到酒店直销的发生。

但酒店直销最近已经悄然发生很大改变。阿里巴巴以 28.1 亿元投资酒店信息服务商石基科技,而石基科技主要从事高星级酒店后台管理系统的搭建,此次交易涉及酒店系统直连、后付预订产品开发、会员服务平台接入、账单扫码支付 4 项合作领域。再透彻点说,石基科技是为酒店开发直销系统的。

那接下来的故事基本就是这样了。石基科技为酒店开发直销系统,用户可以通过系统直接在酒店预订房间而不再通过中介传话,阿里方面则可以在其各种平台上为各大酒店导流。于是接下来酒店行业可能是向阿里买流量,随后用石基科技系统沉降用户,这里几乎没 OTA 什么事了。

未来第三方平台的系统以及酒店自身的微信号将会在酒店直销业务中扮演极为重要的角色。

虽然前景如此,目前来看 OTA 依然处于强势地位,但仍然难掩衰败气息。本想着 OTA 公司应该痛下决心奋发图强,但最近查下艺龙,在其平台团购酒店客房,总共需 4 步:第一步选择酒店买单;第二步收到艺龙发的券和密码;第三步打电话给艺龙,说明入驻时间,艺龙将券激活;第四步,去酒店确认。依然还是用传统 OTA 方式来做团购。

资料来源:酒店直销平台涌现,OTA 中介或将被边缘化. 品途网[EB/OL].(2014-10-29)[2015-08-25]. http://www.pintu360.com/article/54d701c414ec53c11660ff99.html.

8.3 酒店营销渠道管理

8.3.1 影响酒店营销渠道选择的因素

影响营销渠道选择的因素很多。酒店在选择营销渠道时,必须对下列几方面的因素进行系统的分析和判断,才能做出合理的选择。

1)产品因素

(1)产品价格

一般来说,酒店产品单价越高,越应注意减少流通环节,否则会造成销售价格的提高,从而影响销路,这对酒店和顾客都不利。而单价较低、市场较广的产品,则通常采用多环节的间接营销渠道。

(2)产品的性质

由于酒店产品具有无形性、不可储存性和位置的不可转移性等特征,使得酒店在销售时面临许多困难,所以酒店应该尽量多使用不同的营销渠道来销售其产品。

(3)新产品

为尽快地把新产品投入市场,扩大销路,酒店一般重视组织自己的推销队伍,直接与顾客见面,推荐新产品和收集顾客意见。如能取得中间商的良好合作,也可考虑采用间接销售形式。

2)市场因素

(1)购买批量大小

购买批量大,多采用直接销售;购买批量小,除通过自设销售处销售外,多采用间接销售。这就是酒店为什么要有专门的销售人员负责向旅行社或大型公司销售其产品。

(2)顾客的分布

当酒店市场分布比较集中,适合直接销售。反之,适合间接销售。

(3)潜在顾客的数量

若顾客的潜在需求多,市场范围大,需要中间商提供服务来满足顾客的需求,宜选择间接营销渠道。若潜在需求少,市场范围小,酒店可直接销售。

(4)顾客的购买习惯

顾客的购买习惯有较大的差异,酒店应该根据目标市场的消费习惯而有选择地进行营销渠道决策。

3)酒店本身的因素

(1)资金能力

酒店本身资金雄厚,则可自由选择营销渠道,可建立自己的销售网点,采用产销合一的经营方式,也可以选择间接营销渠道。酒店资金薄弱则必须依赖中间商进行销售和提供服务,只能选择间接营销渠道。

(2)销售能力

酒店在销售力量和销售经验等方面具备较好的条件,则应选择直接营销渠道。反之,则必须借助中间商,选择间接营销渠道。另外,酒店如能和中间商进行良好的合作,或对中间商能进行有效的控制,则可选择间接营销渠道。若中间商不能很好地合作或不可靠,将影响产品的市场开拓和经济效益,则不如进行直接销售。

(3)可能提供的服务水平

中间商通常希望酒店能尽多地提供广告、展览、培训等服务项目,为销售产品创造条件。若酒店无意或无力满足这方面的要求,就难以达成协议,迫使酒店自行销售。反之,提供的服务水平高,中间商则乐于销售该产品,酒店则选择间接营销渠道。

4)经济收益

不同分销途径经济收益的大小也是影响选择营销渠道的一个重要因素。对于经济收益的分析,主要考虑的是成本、利润和销售量3个方面的因素。具体分析如下。

(1)销售费用

销售费用是指产品在销售过程中发生的费用。它包括包装费、运输费、广告宣传费、陈列展览费、销售机构经费、代销网点和代销人员手续费、产品销售后的服务支出等。一般情况,减少流通环节可降低销售费用,但减少流通环节的程度要综合考虑,做到既节约销售费用,又要有利于酒店产品的销售。

（2）价格分析

在价格相同条件下，进行经济效益的比较。目前，许多酒店都以同一价格将产品销售给中间商或最终顾客，若直接销售量等于或小于间接销售量时，由于酒店直接销售时要多占用资金，增加销售费用，所以，间接销售的经济收益高，对酒店有利；若直接销售量大于间接销售量，而且所增加的销售利润大于所增加的销售费用，则选择直接销售有利。

当价格不同时，进行经济收益的比较。主要考虑销售量的影响，若销售量相等，直接销售多采用零售价格，价格高，但支付的销售费用也多。间接销售价格低，但支付的销售费用也少。究竟选择什么样的营销渠道？可以通过计算两种营销渠道的盈亏临界点作为选择的依据。当销售量大于盈亏临界点的数量，选择直接营销渠道；反之，则选择间接营销渠道。在销售量不同时，则要分别计算直接营销渠道和间接营销渠道的利润，并进行比较，一般选择获利多的营销渠道。

8.3.2　选择营销渠道模式的原则

酒店营销渠道管理人员在选择具体的营销渠道模式时，无论出于何种考虑，从何处着手，一般都要遵循以下原则。

1）畅通高效的原则

这是渠道选择的首要原则。任何正确的渠道决策都应符合物畅其流、经济高效的要求。酒店产品的流通时间、流通速度、流通费用是衡量分销效率的重要标志。

畅通的营销渠道应以顾客需求为导向，将产品尽快、尽好、尽早地通过最短的路线，以尽可能优惠的价格送达顾客方便购买的地点。畅通高效的营销渠道模式，不仅要让顾客在适当的地点、时间以合理的价格买到满意的酒店产品，而且应努力提高酒店的分销效率，争取降低分销费用，以尽可能低的分销成本，获得最大的经济效益，赢得竞争的时间和价格优势。

2）覆盖适度的原则

酒店在选择营销渠道模式时，仅仅考虑加快速度、降低费用是不够的。还应考虑是否有较高的市场占有率足以覆盖目标市场。因此，不能一味强调降低分销成本，这样可能导致销售量下降、市场覆盖率不足的后果。成本的降低应是规模效应和速度效应的结果。在营销渠道模式的选择中，也应避免扩张过度、分布范围过宽过广，以免造成沟通和服务的困难，导致无法控制和管理目标市场。

3）稳定可控的原则

酒店的营销渠道模式一经确定，便需花费相当大的人力、物力、财力去建立和巩固，整个过程往往是复杂而缓慢的。所以，酒店一般不会轻易更换渠道成员，更不会随意转换渠道模式。只有保持渠道的相对稳定，才能进一步提高渠道的效益。畅通有序、覆盖适度是营销渠道稳固的基础。

由于影响营销渠道的各个因素总是在不断变化，一些原来固有的营销渠道难免会出现某些不合理的问题，这时，就需要营销渠道具有一定的调整功能，以适应市场的新情况、新变化，保持渠道的适应力和生命力。调整时应综合考虑各个因素的协调，使渠道始终都在可控制的范围内保持基本的稳定状态。

4）协调平衡的原则

酒店在选择、管理营销渠道时，不能只追求自身的效益最大化而忽略其他渠道成员的局部利益，应合理分配各个成员间的利益。

渠道成员之间的合作、冲突、竞争的关系，要求渠道的领导者对此有一定的控制能力——统一、协调、有效地引导渠道成员充分合作，鼓励渠道成员之间有益的竞争，减少冲突发生的可能性，解决矛盾，确保总体目标的实现。

5）发挥优势的原则

酒店在选择营销渠道模式时为了争取在竞争中处于优势地位，要注意发挥自己各个方面的优势，将营销渠道模式的设计与酒店的产品策略、价格策略、促销策略结合起来，增强营销组合的整体优势。

8.3.3　评估选择营销渠道方案

评估标准有 3 个，即经济性、可控性和适应性，其中最重要的是经济标准。

1）经济性的标准评估

主要是比较每个方案可能达到的销售额及费用水平。

①比较由本酒店推销人员直接推销与使用销售代理商哪种方式销售额水平更高。

②比较由本酒店设立销售网点直接销售所花费用与使用销售代理商所花费用，看哪种方式支出的费用大，酒店对上述情况进行权衡，从中选择最佳分销方式。

2）可控性标准评估

一般说，采用中间商可控性小些，酒店直接销售可控性大，营销渠道长，可控性难度大，渠道短，控制比较容易，酒店必须进行全面比较、权衡，选择最优方案。

3）适应性标准评估

如果酒店同所选择的中间商的合约时间长，而在此期间，其他销售方法如直接销售更有效，但酒店不能随便解除合同，这样酒店选择营销渠道便缺乏灵活性。因此，酒店必须考虑选择策略的灵活性，不签订时间过长的合约，除非在经济或控制方面具有十分优越的条件。

8.3.4　管理控制营销渠道

酒店在选择渠道方案后，必须对中间商加以选择和评估，并根据条件的变化对渠道进行调整。

1）控制的出发点

不应仅从酒店自己的观点出发，而要站在中间商的立场上纵观全局。通常酒店抱怨中间商不重视某些特定品牌的销售、缺乏产品知识、不认真使用酒店的广告资料、不能准确地保存销售记录。

但从中间商角度，认为自己不是酒店雇佣的分销环节中的一环，而是独立机构，自定政策不受他人干涉；他销售得好的产品都是顾客愿意买的，不一定是酒店叫他卖的，也就是说，他的第一项职能是顾客购买代理商，第二项职能才是酒店销售代理商；酒店若不给中间商特别奖励,中间商不会保存销售各种品牌的记录。所以,要求酒店要考虑中间商的利益,通过协调进行有效控制。

2）激励渠道成员

酒店在选择确定了中间商之后,为了更好地实现酒店的营销目标,促使中间商与自己合作,还必须采取各种措施不断对中间商给予激励,以此来调动中间商经销酒店产品的积极性,并通过这种方式与中间商建立一种良好关系。激励职能包括的主要内容有:研究分销过程中不同分销商的需要、动机与行为;采取措施调动分销商的积极性;要解决分销商或分销执行者之间的各种矛盾等。激励中间商的方法很多,不同酒店所用方法不同,就是同一酒店,在不同地区或销售不同产品时所采取的激励方法也可能不同。

从总体上说,激励方式的选择要具有针对性。依据酒店销售产品的不同和酒店选择中间商的不同,激励方式也会有所不同。任何一家酒店在选用激励方式之前都要分析激励对象即中间商和其他分支机构的需求,然后设法满足。如果不分析中间商的需求情况随便采取一种激励手段,其激励效果可能不会很好,有时甚至起负面效果。酒店还要确定好合理的激励水平,因为激励可能带来销售量增加,但也需要花费酒店的人力、财力。

此外,在进行激励时,要注意采用多元手段,因为中间商与酒店如果仅仅只有利益关系,在市场不稳定,出现利润下降甚至没有利润时,中间商就可能流失。而如果相互之间的纽带多元化,就可以化解很多危机。如现在有的酒店在自身发展的同时,扶持起一大批一流经销商,酒店不惜花较多的时间指导中间商的经营工作,从提供产品,发展为提供管理、培训人员,合作领域扩大,接触面扩大,与之相随酒店对中间商的影响力也随之扩大。

3）调整渠道成员

在营销渠道管理中,根据每个中间商的具体表现、市场变化和酒店营销目标的改变,对营销渠道需要进行调整。

调整的方式主要有:

（1）增减营销渠道中的中间商

经过考核,对推销不积极或经营管理不善、难以与之合作的中间商;对于给酒店造成困难的中间商,酒店在必要时不得已与其中断合作关系。酒店为了开拓某一新市场,需要在该地区物色一个中间商,经过调查分析和洽谈协商,在符合酒店对中间商的要求和中间商愿意合作的基础上,可以选定其作为酒店在该地区的经销商或代理商。

（2）增减某一种营销渠道

当某种营销渠道出售本酒店的某种产品,其销售额一直不够理想,酒店可以考虑在全部目标市场或某个区域内撤销这种渠道类型,而另外增设一种其他的渠道类型。酒店为满足顾客的需求变化而开发新产品,若利用原有渠道难以迅速打开销路和提高竞争能力,则可增加新的营销渠道,以实现酒店营销目标。

（3）调整整个营销渠道

有时由于市场情况变化太大,酒店对原有渠道进行部分调整已难以实现酒店的要求和市场情况的变化,必须对酒店的营销渠道进行全面的调整。

【本章小结】

本章共分为3节。第一节主要介绍了酒店营销渠道的概念、作用、功能和类型;第二节介绍了酒店营销渠道的主要中介机构,包括旅行社、旅游批发商、航空公司和其他运输公司、行业协会和预订系统、全球分销系统和互联网;第三节分析了酒店营销渠道管理策略,包括影响酒店营销渠道选择的因素、选择营销渠道模式的原则、评估选择酒店营销渠道方案和酒店营销渠道的控制与管理。

【复习思考题】

1. 什么是酒店营销渠道?
2. 解释酒店营销渠道的作用与功能。
3. 酒店营销渠道的类型有哪些? 如何选择不同的渠道?
4. 分析酒店营销渠道的主要中介机构。
5. 分析影响酒店营销渠道选择的主要因素。
6. 选择营销渠道模式的原则是什么?
7. 酒店如何控制其营销渠道?

【案例分析】

案例1:预订系统——酒店重要的营销渠道

在电脑进入酒店之前,酒店与航空公司一样面临着很大的预订工作量,大量的电话、传真、文件需要处理,每个酒店都需要耗费不少人力和时间处理预订,而且错误总是难免的。美国的一些连锁酒店为了解决各酒店繁重的预订文件处理工作成立了中央预订办公室(CRO)专门负责处理所联号酒店的预订,并利用了20世纪60年代中期电信公司推出的免费电话的服务,同一集团的所有酒店宣传册上都只印有中央预订办公室的免费预订电话,而中央预订办公室实际上成为一个电话交换中心(Call Center)。CRO的出现有效地减轻了各酒店的预订压力,同时可以及时了解和合理调配集团下属各酒店的入住情况,如CRO发现某一酒店已订满会自动将预订转到附近的其他酒店。

电脑系统的介入取代了CRO的电话交换中心功能。1965年,假日集团首家推出了Holidex电脑预订系统(CRS)。20世纪70年代初,威斯汀(Westin)酒店集团也开发出酒店版Apollo(美联航机票电脑预订系统),称为Westron,并在非集团下属的酒店推广该系统的授权服务。不久,许多其他酒店集团也纷纷步其后尘,建立自己的电脑预订系统。

最初的CRS与早期的GDS有同样的问题,即电脑上显示的数据信息过于简单不足以说明酒店复杂的设施和功能,经过不断地完善,现在的CRS功能已大大加强了。另外,CRO和CRS在运行中还有一个问题是房间分配问题。最初,酒店集团下属的每个单位酒店都会预留一部分客房给集团的中央预订系统,因此在单位酒店的电脑管理系统(PMS——Property Management System)中会显示这部分预留的客房已被预订出去了,这会造成部分不应有的客房空置,为了解决这一问题,各酒店集团又开发了集团 CRS 和各酒店的 PMS 的预订系统互换和时时更新,即一间客房在 CRS 预订的同时,酒店 PMS 也同时显示该房间被预订,反之亦然,因此不论客户先在哪一个系统预订,另一个系统会同时得到同样的信息。电脑预订系统的应用也极大地方便了旅行代理商,并有效地压缩了预订成本。据英国旅行代理商"托马斯·库克"统计,对于旅行商来讲,电话预订酒店每个预订成本为 3 英镑,而利用 CRS 预订成本仅为 0.76 英镑,另据酒店的相应统计(HSMAI,1995),通过酒店集团 CRO 电话语音预订,每个预订成本在 12 ~ 15 美元之间,而电子预订每个成本仅 3.5 美元。

由于从航空公司源起的 GDS 系统具有功能强大和旅行代理商终端普及率高的优势,有越来越多的酒店 CRS 系统与 GDS 联网,并由此派生出两类专业公司:接口转换公司(Switching Company)和酒店代表公司(Hotel Representative Companies)。接口转换公司的诞生是由于部分酒店集团的 CRS 系统所用的编程语言与 GDS 系统不兼容,因此需要通过编码转换程序才能与 GDS 相连,接口转换公司就从事这种编码转换处理业务,目前世界上主要有两家接口转换公司:THISCo 和 WizCom。酒店代表公司主要是为了满足中小酒店加入 GDS 系统的需求。要加入 GDS 系统,酒店内部首先必须具备电脑中央预订系统(CRS),而建立这种系统的成本较高(据英国酒店技术咨询公司 HSSS 估计,最基础的中央预订系统也要 10 万英镑的投入)。中小酒店虽然希望享受电子化的便捷但往往因规模太小系统投入不经济的缘故被拒之 GDS 门外,而另一方面旅行代理商或旅游服务商希望在 GDS 系统上找到各种档次的酒店而不只大型连锁酒店,因此中小酒店急需在 GDS 系统上找到自己的代言人。问题的解决方案一方面是中小酒店与大酒店在电脑预订系统方面进行联合,另一方面就是利用专业公司作为自己的代表,这样旅行代理商就能在 GDS 系统上找到中小酒店,而中小酒店也可以享受电脑预订系统带来的好处而不必耗费大量资金建立自己的中央预订系统。

(资料来源:根据上海德比思乐软件有限公司网站资料整理)

案例 2:酒店的未来:绕过 OTA 实现直接预订?

前段时间,Google 在移动端推出了酒店直接预订的功能,接下来还将延伸到 PC 端,不过 Google 并未透露在美国可预订的酒店数量。除了美国市场,欧洲的雅高酒店集团也将入驻 Google,并支持用户在 Google 搜索、Google Maps 和 Google+等直接预订,以及 Google Wallet 完成支付。相比 Expedia 和 Booking.com 双寡头,Google 的直接预订能够让品牌酒店支付更少佣金。

另外,TripAdivsor 日前也推出了即时预订平台 TripConnect,用户不再需要跳转到 OTA 或元搜索网站上就能完成预订。要知道,TripAdvisor 一半的收入都来自于 Expedia 和 Priceline,TripConnect 的出现则可能帮助其摆脱对其他平台的依赖,而目前直订业务增长也较快。万豪国际集团最近也宣布加入 TripAdvisor 的即时预订平台,带来的是旗下 4 200 多间酒店。

在今年初的时候,Amazon 也开始抢占旅游市场,宣布推出 Amazon Travel 的酒店预订业务。这些巨头搅局,对于 Expedia 来说可能是件好事——反垄断机构批准收购 Orbitz。不过，Goolge，Amazon 这样的大型网站进入在线旅游领域，再加上 OTA 市场不断整合，小型 OTA 将不断被挤压出局。

对比国外形式，国内的在线酒店行业可谓一片混战——酒店不再是 OTA 们的争夺之物，团购网站也要在这块领域开垦，美团成立的酒店旅游事业部，其酒店团购的市场份额遥遥领先，而糯米在布局 O2O 时也全面接入去哪儿的酒店资源。不过，在缩短中间环节，发力酒店直接预订的这件事儿上，国内外一些酒店预订网站们倒是有着共识。

携程、去哪儿、艺龙这些大型网站在酒店方面的盈利主要来源就是佣金，他们要想实现"直接预订"无疑自己革自己的命，但与酒店方达成友好关系、优化用户预订体验又是趋势所在。其中，携程通过众荟为酒店智能管理提供全方位解决方案，并且投资了实现品牌酒店直连的鹰漠旅行(原快捷酒店管家)，鹰漠旅行还打通了全品牌酒店官网会员体系。

最近在京东众筹超额融资的直订网(58 同程姚劲波领投)，也是想做酒店直接预订并切走 OTA 的那块蛋糕——通过微信平台直连酒店官网，去中介化解决费用过高的问题，提高用户反馈效率并避免酒店无房的情况，而且用户看到的是酒店自主出价价格，透明公正。值得一提的是，直订网的创始人之一戴政曾在去哪儿网，现也在鹰漠旅行董事会成员。

最后，通过 Goolge 在酒店市场的举措，或许我们也能窥见百度接下来的动作。而且酒店也符合百度布局 O2O 中的一类业务，或许接下来，我们可以只通过百度搜索就能直接预订酒店。

(资料来源：环球旅讯[EB/OL]. (2015-07-29)[2015-08-25]. http://www.traveldaily.cn/article/94305.)

【案例思考题】

1. 案例 1 中酒店预订系统在酒店营销渠道中是如何发挥作用的？和其他营销渠道相比，它具有什么特点？酒店预订系统的发展将怎样影响酒店市场营销活动？

2. 案例 2 中在酒店的销售渠道中，OTA 处于什么样的处境？分析原因并预测酒店销售渠道未来的发展趋势。

第9章 酒店促销策略

【主要内容】
　　◇酒店促销与促销组合
　　◇酒店广告策略
　　◇酒店人员销售策略
　　◇酒店销售促进策略
　　◇酒店公共关系策略
　　◇酒店日常推销管理

【学习要点】
　　◇了解酒店促销与促销组合
　　◇掌握酒店广告策略
　　◇掌握酒店人员销售策略
　　◇掌握酒店销售促进策略
　　◇掌握酒店公共关系策略
　　◇掌握酒店电话推销的基本技能
　　◇掌握酒店内部推销的技能
　　◇掌握酒店餐饮推销的基本技能
　　◇掌握酒店宴会/会议推销的基本技能

【案例引导】

"酒店 VIP 俱乐部" 计划

　　俱乐部营销是一种网络会员制营销方式。这种方式无论是在国外,还是在国内都已受到日益广泛的关注与应用。最早启用该计划的是香格里拉酒店管理集团和希尔顿酒店集团。1993 年,北京希尔顿饭店实施运作并大获成功,从而为国内酒店营销掀开了新的篇章,众多酒店纷纷效仿。它是以建立会员制为发展导向的形式;在运作策略上,完全以顾客需求为中心,充分利用好信息资源,从而准确地界定酒店的市场定位,营造酒店的经营特色;以强化酒店品牌效应,并完善激励机制的促销战略;进而通过控制有力、行之高效的电话营销系统,帮助酒店挖掘一批具备高消费能力的忠实客户群体,这些也正是为酒店创造80%利润额的那20%的忠诚客户。据有效数字统计,运作此计划的酒店中,其10%～15%的入住率往往就是此类会员所带来的,并且在餐饮和娱乐方面的收益尤为明显。

通过会员在酒店的频繁消费来提高和稳定酒店的整体收入。在当地商界提高影响及其知名度,既保证客源的巩固与扩充,又能直接体现到酒店总体销售收入的增加,使酒店在当地市场领域占有更高的市场份额。由此,将为酒店打造出符合酒店特色的服务品牌,实实在在做到酒店服务的深入人心,从而大大增强了酒店在当地的主导地位。充分弥补了酒店现有营销策略的单一和不足。"酒店VIP俱乐部"酒店营销实施计划正是从:在观念认识上,利用80/20法则,将顾客占有率和忠实程度放在首位;目标是从酒店特色出发,充分挖掘酒店的最大市场潜力。俱乐部成员之间以及与俱乐部组织者之间往往存在着一种相互渗透、相互支持的结构性关系。他们之间不仅有交易关系,更有伙伴关系、心理关系、情感关系作为关系的坚实基础,因而这种营销体制不是竞争对手可以轻易染指的结构性关系。

酒店VIP俱乐部项目的运作,具备了一整套专业标准化。它对酒店各种营销方式的环境布置,人力资源的招聘、培训、奖励制度,主题词的设计,都有其专业性的操作要求。一个小小的俱乐部具备了作为一个公司的机构编制,从项目总监到销售经理以及财务、秘书、信息管理部、信使、销售人员完全做到了分工明细化,使酒店营销工作有条不紊突破性地发挥出高质高效水平。在20世纪90年代,除美国HMC公司以外,国内有少数酒店俱乐部项目的专业营销代理公司,也已悄然兴起及运营。并且已成为很多高星级酒店,为提高其影响及知名度、创造酒店利润利益最大化、建立忠诚客户资源库的最重要组织形式之一和最佳营销实施方法,符合了我国酒店业国际化发展趋势。

"酒店VIP俱乐部"项目的操作,是以一个地区一家酒店为合作对象。最大的特色是,代理公司进行全方位的策划和直接投资运作,无需酒店进行经济投资,风险基数低。完全依托于酒店的软硬件设施资源,为会员提供个性化的优惠服务,培养酒店的忠诚顾客,为合作酒店获得经济效益最大化。此类营销产业的推出,属于新形势下真正意义上的,现代酒店高效快捷的较新经营理念和最佳"个性营销"实施方案。在其经营、管理、运作的思维模式上所体现的许多新的营销理念及促销策略足以让酒店借鉴和运用。

资料来源:360doc个人图书馆. 酒店"VIP俱乐部"计划[EB/OL]. (2015-08-26)[2015-08-26]. http://www.360doc.com/content/15/0826/18/27360337_495006478.shtml.

促销是在分销基础上的市场营销活动。促销是营销组合四大要素之一,是酒店营销策略的重要组成部分,也是酒店参与竞争、贯彻各项战略意图的重要手段之一。它的任务是配合分销渠道,运用一些特殊手段大力促进产品促销,它的内容包括促销组合、人员推销、广告、营业推广以及公共关系等。本章将围绕上述内容展开论述。

现代市场营销不仅要求酒店发展适销对路的产品和服务,制定吸引人的价格,使目标顾客易于获得他们所需要的酒店产品和服务,而且还要求酒店控制其在市场上的形象,设计并传播有关酒店的形象、特色、购买条件以及酒店产品给目标顾客带来的利益等方面的信息，即进行促销活动。

9.1　酒店促销与促销组合

9.1.1　酒店促销的含义

酒店促销是指酒店通过人员推销或非人员推销的方式，向目标顾客传递产品或服务的存在及其性能、特征等信息，帮助顾客认识酒店产品或服务所带给其的利益，从而引起顾客的兴趣，激发顾客的购买欲望及购买行为的活动。

促销本质上是一种通知、说服和沟通活动，是谁通过什么渠道对谁说什么内容，沟通者有意识地安排信息、选择渠道媒介，以便对特定沟通对象的行为与态度进行有效的影响。

9.1.2　酒店的有效沟通

酒店促销的目的在于与顾客的沟通，多年来形成了一定的沟通模式，它由以下这些要素构成，如图9.1所示。该模式由9个要素构成，其中两个要素表示沟通的主要参与者——发送者和接受者，另两个表示沟通的主要工具——信息和媒体，还有4个表示沟通的主要职能——编码、解码、反应和反馈，最后一个要素表示系统中噪声。

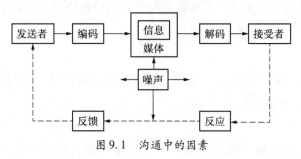

图9.1　沟通中的因素

这一模型指出了良好沟通中的关键因素，发送者必须明确它们所要面对的人群和自己所期望的回应。他们必须善于编码信息，这样的编码应该考虑到目标人群将如何解码。他们必须发展信息反馈的渠道，以便能够了解受众对信息的应答。

因此，酒店要进行一个有效的沟通和传播，必须做好以下几方面的决策。

1）确定目标人群

酒店作为信息的传播者必须一开始就要有明确的目标人群。这些人可能是酒店产品的潜在购买者、目前的使用者、决策者或影响者；也可能是一般个体或特殊的人群。目标人群将决定酒店在进行沟通时有关沟通方式、时间地点等方面的决策。

2）确定沟通目标

当确认了目标人群及其特点以后，酒店营销人员必须明确想得到什么样的沟通反应。当然，最终的反应是购买酒店的产品和服务，但购买行为是顾客进行决策的长期过程的最终结果,酒店营销人员应该知道如何把他们从目前所处的位置推向更高的准备购买阶段。

这就需要酒店营销人员了解顾客的购买行为反应模式,如表 9.1 所示。根据其中的 AIDA 模式,顾客的购买准备大致分为 5 个阶段,即知晓、注意、兴趣、欲望和行动。

表 9.1　顾客的购买行为反应模式

模　式	过　程					
AIDA 模式	注意	兴趣	欲望	行动		
影响的层次模式	知晓	认知	喜爱	偏好	确信	购买
创新采用模式	知晓	兴趣	评价	试验	采用	
信息沟通模式	显露	接收	认识反应	态度	意向	行为

所以酒店营销人员要根据顾客所处的购买阶段来确定其将要进行的沟通任务及其将要得到的沟通反应。

3)设计信息

所期望的目标人群反应明确以后,酒店就应该进行制定有效信息的工作。最理想的情况是信息要能够引起注意、激发兴趣、唤起欲望最后导致购买行为。制定信息需要进行 4 方面的决策。

(1)信息内容

酒店营销人员必须明确能够产生预期沟通反应的信息的诉求点和主题。酒店可以通过理性诉求、情感诉求和道义诉求的方式进行。

(2)信息结构

一个信息的有效性必须依靠它的结构。酒店信息结构的设计可包括提出结论、单面和双面论证、采用不同表达次序等方式完成。

(3)信息形式

酒店必须为信息设计具有吸引力的形式。通过多种信息表达形式,综合应用文字、声音、图像、色彩等方式制作富有特色的信息。

(4)信息源

信息的发布源对信息的有效传播也至关重要。酒店可通过名人、专业人员或专业机构报刊等信息源发布信息,以取得较好的传播效果。

4)选择传播渠道

酒店必须选择有效的信息传播渠道来传递信息。有两种传播渠道可供选择,即人员的信息传播渠道和非人员的信息传播渠道。

(1)人员信息传播渠道

人员信息传播渠道包括两个或更多的人相互之间直接进行信息沟通,可以通过面对面、电话、电视媒介或信函等方式进行。人员信息传播渠道让人们可以表达自己的意见并可以获得反馈,因而是一种有效的沟通形式。

（2）非人员信息传播渠道

非人员信息传播渠道就是传播信息无需人员接触或信息反馈的媒介。它们包括大众性的和有选择的媒体、气氛和事件。

5）收集反馈信息

在发出信息后，酒店还要评价信息对目标市场的影响，其中包括他们是否记住了信息，他们浏览信息的频率，他们能回忆起哪些要点，他们对信息评价如何，他们过去和现在对酒店的看法。同时酒店也要评价信息所引发的行为，多少人购买产品、多少人进行咨询等。

9.1.3　酒店促销组合

酒店促销组合指履行营销沟通过程的各个要素的选择、搭配及其运用。促销组合的主要要素包括：广告策略、人员促销和销售促进以及公共关系。

酒店如何优化促销组合？如何选择、搭配、有效地运用促销组合？必须考虑这样几个抉择：预算抉择、产品抉择、策略抉择、购买阶段抉择、生命周期抉择等。

1）酒店促销预算

在酒店营销人员采用的各种促销工具中，大多数促销工具的使用要花费酒店较大的一笔费用，如广告、人员推销、公共关系等，都要求酒店耗费一定的资金才能进行。因此，营销人员在进行酒店促销前，会面临两个问题：一是酒店预算费用的确定，二是预算费用在各促销工具中的合理分配。一般有4种方法确定酒店的促销预算。

（1）量入为出法

即根据酒店的实际财力安排预算。目前国内大部分内资酒店均采用此法，常常是有多少钱做多大的促销活动。这种方法完全忽视了促销对销售量的影响，它导致酒店年度促销预算的不确定性，给制定长期市场计划带来困难。这种方法既可能导致多支出促销费用，也更可能导致促销费用不足。

（2）销售百分比法

即将促销预算设定为目前销售额或预期销售额的一定百分比，或是将其设定为销售价格的百分比。国外很多酒店和国内部分酒店使用此方法来确定其促销预算。销售百分比法具有下列优点。第一，以此法确定的促销费用可以因酒店的承担能力差异而变动；第二，这种方法鼓励酒店管理层以促销成本、销售价格和单位利润的关系为先决条件进行决策；第三，这种方法可能会实现酒店稳定的竞争，因为竞争对手也可能将其收入的相同百分比用于促销支出。但销售百分比法安排拨款只根据可用的资金，无法根据各种产品和服务或各个地区的市场需求，不能充分利用市场机会，难以实施长期市场计划。

（3）竞争对等法

即酒店的促销费用与竞争对手保持相当，酒店通过观察竞争对手的广告，或是从出版物或商业协会那里得到估算的整个行业的促销支出水平，从而以行业的平均支出水平为基础来制定预算。

（4）目标任务法

这是最合理的促销预算制定方法，用这种方法酒店可以通过以下的方式来制定促销预算。①明确特定目标；②明确为实现这一目标所必须完成的任务；③估算出完成任务的成本。这些成本的总和就是预期的促销预算。目标任务法促使酒店管理人员认清他们对费用和促销结果的预期。由于很难确定为实现特定目标的具体任务，这种方法应用起来也是最困难的。

2）确定促销组合

在确定酒店总的促销预算以后，必须把促销预算分配给主要的促销方式：广告、人员推销、销售促进和公共关系，必须把各种促销工具协调组合起来以实现宣传和营销的目的。

每一种促销方式都有其自身的特点和成本，酒店营销人员应该明确这些特点以正确地选择促销方式。

（1）广告

由于广告的多种形式和用途，作为促销组合的一部分，要对它所具有的独特性进行全面的概括是比较难的。然而广告下面的特性是酒店营销人员应该注意的。

①公开性。广告是一种高度公开的信息传播方式。它的公开性赋予产品一种合法性，同时也使人想到一种标准化的提供。

②普及性。广告是一种普及性的媒体。它允许顾客接受和比较各种竞争者的信息。

③丰富的表现力。广告可通过巧妙地应用印刷艺术、声音和颜色，提供将一个产品戏剧化的展示机会。有时，广告在表现上是很成功的，但是，也可能冲淡和转移对信息的注意。

④非人格化。广告不会像人员推销那样有强制性，受众不会感到有义务去注意或做出反应，广告对受众只能进行独白而不是对话。

广告一方面能用于建立酒店的长期形象，另一方面，它能促进快速销售。广告就其将信息触及到每一位受众的成本是最低的，是一种有效的方法。

（2）销售促进

销售促进有很多方式：赠券、竞赛、赠奖等。它具有以下 3 个特点。

①传播信息。它能引起注意并经常提供信息，把顾客引向产品。

②刺激。他们采取某些让步、诱导或赠送的办法给顾客以某些好处。

③邀请。明显地邀请顾客来进行目前的交易。

酒店使用销售促进方式来产生更强烈、更快速的反应，销售促进能引起对产品的注意，扭转销售下降。但是它的影响常常是短期的，对建立长期的品牌偏好不是非常有效。

（3）公共关系

公共关系具有下列特点。

①高度可信性。新闻报道或特写对读者来说要比广告更可靠，更可信。

②消除防卫。很多潜在顾客能接受宣传，但回避推销人员和广告。作为新闻的方式将信息传递给购买者要比销售导向的信息传播效果更好。

③戏剧化。公共关系像广告那样，有一种能使酒店或其产品和服务成为被关注焦点的潜能。

（4）人员推销

人员推销在顾客购买过程的某个阶段,特别在建立购买偏好、信任和行动时,是最有效的工具。人员推销具有下列特征。

①面对面接触。人员推销是在一种生动的、直接的和相互影响的关系中进行。每一方都能在咫尺之间观察到对方的反应,迅速做出调整。

②人际关系培养。人员推销允许建立各种关系,从注重销售的关系直至深厚的个人友谊。

③反应。人员推销会使购买者面对销售人员有一种感到有某种义务继续听取和做出反应。

3）确定促销组合的影响因素

（1）产品类型与促销组合的选择

产品类型分消费品和投资品。消费品的促销组合次序:广告,销售促进,人员推销,公共关系;投资品的促销组合次序:人员推销,销售促进,广告,公共关系。

（2）购买阶段与促销组合的选择

顾客购买阶段一般包括4个阶段。

①知晓阶段。促销组合的次序是:广告,销售促进,人员推销。

②了解阶段。促销组合的次序是:广告,人员推销。

③信任阶段。促销组合的次序是:人员推销,广告。

④购买阶段。促销组合的次序是:人员推销为主,销售促进为辅,广告可有可无。

（3）产品生命周期与促销组合的选择

促销工具的作用也会因产品生命周期的不同阶段而有所变化。在介绍期,广告和公共关系能够建立顾客良好的认知,销售促进对于促进顾客尝试该产品非常有效;成长期,人员推销应该发挥重要作用,广告和公共关系还会发挥效力;成熟期,销售促进则是此阶段的重要工具,广告只是起提醒的作用;衰退期,广告可以维持在唤醒顾客记忆的水平,公共关系的作用降低,人员推销的力度有所下降,销售促进仍然可发挥重要的作用。

4）促销的基本策略

不同的促销组合形成不同的促销策略,诸如以人员推销为主的促销策略,以广告为主的促销策略。从促销活动运作的方向来分,有推式策略和拉式策略两种。

（1）推式策略

推式策略中以人员推销为主,辅之以中间商销售促进,兼顾顾客的销售促进。把酒店推向市场的促销策略,其目的是说服中间商与顾客购买酒店产品,并层层渗透,最后到达顾客手中。

（2）拉式策略

拉式策略以广告促销为主。通过创意新、高投入、大规模的广告轰炸,直接诱发顾客的购买欲望,由顾客向零售商、零售商向批发商、批发商向酒店求购,由下至上,层层拉动购买。

■拓展材料阅读9.1

威斯汀酒店斥资数百万美元推出威斯汀健康潮活动

作为曾开健康领域诸多先河的行业创新者,威斯汀酒店于2014年3月21日宣布在全球范围内举办"威斯汀健康潮"活动,该活动旨在提高全球顾客及酒店员工的健康水平。投资总额高达9 000万元人民币的这一活动,通过一系列创新的合作项目与计划,深入展现威斯汀品牌的六大健康要素,即:酣然好梦(Sleep Well)、营养美味(Eat Well)、活力运动(Move Well)、舒畅身心(Feel Well)、高效工作(Work Well)和妙趣玩乐(Play Well)。3月21日的开放日活动还恰逢"国际幸福健康日"和标志着昼夜平分及新季节起点的中国"春分日"。

为此威斯汀酒店将热忱欢迎全球各地的宾客、酒店员工及消费者,走进威斯汀,共同体验威斯汀独具特色的各种健康项目。在接下来的一周,全球近200家酒店及度假村面向公众,举办各类健康活动及项目,其中包括为慈善募捐举办的跑步活动、健康潮的讨论与分享、瑜伽,以及由健康专家组织的冥思活动。

威斯汀与Headspace一起在全球启动"威斯汀健康潮"活动。Headspace是威斯汀在2014年为帮助宾客体验"舒畅身心"而携手的首个全新合作伙伴。Headspace的创始人及冥想领域的先行者安迪·普迪科姆(Andy Puddicombe)将成为第一个担任威斯汀品牌"舒畅身心"健康要素的权威专家,并成为"威斯汀健康顾问团"的第一位健康顾问。多元化的"威斯汀健康顾问团"将由多个领域的知名思想领袖组成,他们中的每一位都将代表威斯汀品牌某一特定的健康要素。威斯汀健康顾问团将成为威斯汀健康潮活动的基石,在接下来的一段时间里,他们将会对活动进行指导,同时发起新的活动,并利用自己的研究成果,对各类活动提供信息或引入新的项目。

威斯汀健康顾问团同时也是"威斯汀健康潮"线上活动的一个标志性特点,后者是一个在线网站,促进健康领域创新理念在全球范围内的相互交流,同时也将"威斯汀健康潮"的相关活动引入实践。更多威斯汀健康顾问团成员,将于其后的一年间进行确认,其中包括业界的各类创新人士、成绩斐然的行业高管,以及在全球健康领域久负盛名的专业人士。

"就威斯汀来说,我们的宾客入住威斯汀酒店,以及入住前后的健康顾问,是我们的使命,正是在这种使命的推动下,我们举办了此次'威斯汀健康潮'活动。"威斯汀酒店全球品牌领导人李博恩(Brian Povinelli)表示,"能够与全球健康领域最优秀的品牌和专家携手,一起为入住我们酒店的全球宾客,提供全新的、个性化的服务,是我们引以为豪的事情,这也与我们提升宾客和员工健康水平的目标不谋而合。在提升全球社区的健康水平方面,我们拥有很高的热情,而Headspace正是我们在该领域的第一个合作伙伴。安迪及其团队能够与我们共同努力达成这一目标,我们感到十分振奋。"

资料来源:佚名.威斯汀酒店斥资数百万美元推出威斯汀健康潮活动[J].饭店现代化,2014(3):21.

9.2 酒店广告策略

9.2.1 广告的概念与作用

广告指法人、公民和其他经济组织,为推销商品、服务或观念,通过各种媒介和形式向公众发布的有关信息。大众传播媒介刊播的经济信息和各种服务信息,报道商品、服务的经营者、提供者,凡收取费用或报酬的,均视为广告。

酒店广告是指酒店通过各种大众传播媒体如网络、广播、电台、报纸、杂志等以支付费用的方式向目标市场传递有关酒店信息,展示酒店的产品和服务。广告是酒店促销组合中重要的组成部分,它的作用是长期的,有时甚至是潜移默化的。

广告的作用体现在以下3个层面上:市场、酒店、顾客。

从市场看,广告是传播酒店市场信息的主要工具。酒店市场的一般定义是指酒店与顾客双方相互联系、相互作用的总体表现。那么,双方是如何相互联系、相互作用的呢? 二者的沟通是通过商品流通来实现的。商品流通由3部分组成,商品交易流通、商品货物流通和商品信息流通。信息流是开拓市场的先锋。可以说没有信息,就不能沟通,无法交流。那么大量信息是怎样到达人们哪儿的呢? 靠的是传播。当今世界具有传播商品信息功能的行业或渠道很多,最主要的就是广告信息渠道。

从酒店层面看,广告是酒店竞争的有力武器。酒店如何利用广告这尊大炮轰开市场之门。第一,利用庞大的广告预算开支,多投入多产出。"没有广告就没有市场,没有广告就没有名牌"已成为酒店的共识。第二,利用广告策划制作,吸引受众,以尽可能少的投入获尽可能大的产出。有的酒店利用广告定位,通过具有针对性的广告策略,为自己争取一定的市场份额。利用广告增强酒店的竞争力,不仅见诸大的广告策划,也见于细微的广告文案设计。第三,利用广告策略,树立酒店文化。当今的广告大战,从本质上可以说是不同的酒店文化之间的较量和竞争。

从消费层看,广告可以引导消费,刺激消费,甚至创造需求。

9.2.2 酒店广告决策

在进行广告决策时,酒店管理人员要进行以下5个方面的决策:确定目标、编制预算、决定信息内容、确定媒体和广告评价。

1)确定目标

广告目标是指在一个特定时期对特定观众所要完成的特定的传播任务。一般来说,广告目标可分为3种类型,即通知型、说服型和提醒型。通知型广告主要用于酒店新产品的入市阶段,目的在于树立品牌,推出新产品。说服型广告的目的是培养顾客对酒店品牌的需求,从而在同类型酒店中选择它。提醒型广告在产品进入旺销后十分重要,目的是保护顾客对酒店产品的记忆和连续购买。

2）编制预算

广告目标确定以后,酒店就应该进行广告预算。广告的作用在于影响产品需求。酒店要支付的广告费数额取决于要达到的销售量目标。在上一节中,已经介绍了促销预算的4种方法,即量入为出法、销售百分比法、竞争对等法和目标任务法,他们通常也用于广告预算中。在进行广告预算时,也有一些需要特殊考虑的因素。

（1）产品所处生命周期

新产品通常需要大量的广告预算来唤起顾客的注意力和购买欲,成熟期产品的广告预算通常占销售额很小的一个比例。

（2）竞争与干扰

在一个竞争激烈,广告如海的市场上,要想让酒店脱颖而出,必须频繁地登广告。

（3）市场份额

占市场份额高的酒店的广告费要多于市场份额低的酒店。

（4）广告频率

当需要频繁传递广告信息时,广告预算就要多一些。

（5）产品差异

如果一种产品类别有别于其他产品时,且比较突出时,需要较少的广告预算。

3）广告信息决策

广告信息决策是广告管理过程中的第3个决策环节。不管预算多么庞大,只有广告信息引起人的注意并形成良好的沟通效果时,广告才能成功。通常制作一个有创意的广告信息决策,需要进行以下3方面的工作。

（1）广告信息的产生

酒店与顾客进行沟通时面临酒店产品无形性的挑战,酒店产品只有在购买时或购买之后才能被顾客体会到,服务的这种特点对于广告信息的创意确实是一个挑战。酒店广告信息的创意可通过多种渠道获得,如顾客、经销商、专家以及竞争者都是酒店可以利用的途径。

（2）广告信息的评价与选择

酒店必须依据3方面的标准来评价广告的吸引力。首先,广告信息应该是有意义的,能够向顾客说明酒店所提供的利益是他们所期待和感兴趣的。其次,广告信息要有特色,能反映酒店与竞争者之间的区别。最后,广告信息要具有可信性。

（3）广告信息的实现

广告的效果取决于它在信息中说些什么和怎样说,广告的最终目的就是通过某种方式来赢得目标市场的注意和关注。广告必须以一种适当的风格、音调、文字和形式进行。例如生活片段、生活方式、幻境、音乐、形象代言人、技术专长或科学证据等。

4）广告媒体决策

广告管理过程中的第4步是广告媒体决策。媒体决策主要包括:确定广告的覆盖面、播出频率、选择主要的媒体类型、选择具体的媒介工具和确定媒体的利用时间。

（1）根据广告的覆盖面、频率和影响力选择媒体

为了选择媒体，酒店必须决定用什么样的广告触及面和频率来达到广告的目标。覆盖面是指在特定时间内目标市场人口中触及到该广告宣传的人口的相对比率。频率是一个测定目标市场中的普通个人接触到该广告信息的次数的指标。

（2）选择主要的媒体类型和具体媒介

广告媒体的种类包括以下类型。

①印刷品广告。印刷品广告包括报纸广告、杂志广告、电话簿广告、画册广告、火车时刻表广告等。

• 报纸广告

报纸广告的优势是：覆盖面宽，读者稳定，传递灵活迅速，新闻性、可读性、知识性、指导性和纪录性"五性"显著，便于保存，可以多次传播信息，制作成本低廉等。报纸广告的局限是它以新闻为主，广告版面不可能居突出地位，广告有效时间短，日报只有一天甚至只半天的生命力，多半过期作废。广告的设计、制作较为简单粗糙，广告照片，图画运用极少，大多只用不同的字体编排。

• 杂志广告

杂志广告是指利用杂志的封面、封底、内页、插页为媒体刊登的广告。杂志广告的优势是：阅读有效时间长，便于长期保存，内容专业性较强，有独特的、固定的读者群，有利于有的放矢地刊登相对应的广告。同时，杂志广告也有其局限性：周期较长，不利于快速传播，由于截稿日期比报纸早，杂志广告的时间性、季节性不够鲜明。

②电子媒体广告。电子媒体广告或称电波广告，电子广告。包括电视广告，电影广告，电台广播广告，电子显示大屏幕广告，以及幻灯机广告，扩音机广告等。

• 电视广告

电视广告是指利用电视为媒体传播放映的广告。电视广告可以说是所有广告媒体中的"大哥大"，它起源较晚，但发展迅速。电视的优势很明显。它收视率高，插于精彩节目的中间，观众为了收看电视节目愿意接受广告，虽然带有强制性，但观众一般可以接受。电视广告形声兼备，视觉刺激强，给人强烈的感观刺激。而且看电视是我国家庭夜生活的一项主要内容，寓教于乐，寓广告于娱乐，收视效果佳，其广告效果是其他广告媒体无法相比的。它的局限性也很明显，主要是电视广告制作成本高，电视播放收费高，而且瞬间消失。企业通过电视作广告的费用很高，小型企业无力问津。

• 广播广告

广播广告是指利用无线电或有线广播为媒体播送传导的广告。由于广播广告传收同步，听众容易收听到最快、最新的信息，而且它每天重播频率高，收播对象层次广泛，速度快，空间大，广告制作费也低。广播广告的局限性是只有信息的听觉刺激，而没有视觉刺激。据估计，人的信息来源60%以上来自于眼睛视觉，而且广播广告的频段频道相对不太固定，需要经常调寻，也妨碍了信息的传播。

③户外广告。它主要包括：路牌广告（或称广告牌，它是户外广告的主要形式，除在铁皮、木板、铁板等耐用材料上绘制、张贴外，还包括广告柱、广告商亭、公路上的拱形广告牌等），霓虹灯广告和灯箱广告，交通车厢广告，招贴广告（或称海报），旗帜广告，气球广告等。

④邮寄广告。邮寄广告是酒店以邮寄的方式,传递酒店的信息。它包括酒店目录、宣传小册子、明信片、挂历广告、通知函、征订单、定期或不定期的业务通讯等。邮寄广告是广告媒体中最灵活的一种,也是最不稳定的一种。

⑤网络广告。网络广告就是在网络上做的广告。通过网络广告投放平台来利用网站上的广告横幅、文本链接、多媒体的方法,在互联网刊登或发布广告,通过网络传递到互联网用户的一种高科技广告运作方式。与传统的四大传播媒体(报纸、杂志、电视、广播)广告及近来备受垂青的户外广告相比,网络广告具有得天独厚的优势,是实施现代营销媒体战略的重要部分。网络广告是主要的网络营销方法之一,在网络营销方法体系中具有举足轻重的地位,事实上多种网络营销方法也都可以理解为网络广告的具体表现形式,并不仅仅限于放置在网页上的各种规格的 BANNER 广告,如电子邮件广告、搜索引擎关键词广告、搜索固定排名等都可以理解为网络广告的表现形式。无论以什么形式出现,网络广告所具有的本质特征是相同的:网络广告的本质是向互联网用户传递营销信息的一种手段,是对用户注意力资源的合理利用。Internet 是一个全新的广告媒体,速度最快效果很理想,是酒店扩展壮大的很好途径,对于广泛开展国际业务的酒店更是如此。

以上广告类型繁多,酒店如何选择适合的媒体呢? 可根据下列几方面进行。

①产品因素。由于酒店产品的服务性特征,宜用样本广告,并辅以各种有形展示,它可以较详细地说明产品性能,增加顾客的实感。

②顾客媒体习惯。如针对高级商务客人的广告,应选择专业杂志为媒体,如针对大众客人等最好的媒体是电视。

③销售范围。广告宣传的范围要和产品推销的范围一致。

④广告媒体的知名度和影响力

它包括发行量,信誉,频率和散布地区等。

(3)决定媒体的时间安排

酒店还要对一年当中广告时间进行决策。对于一家酒店来说,有效的广告取决于酒店对客人所在地和客人提前多长时间做预订的充分了解。大多数酒店的广告都是有季节性的。

5)广告评估

广告效果的评估就是指运用科学的方法来鉴定所做广告的效益。广告效益包括 3 方面。一是广告的经济效益,指广告促进产品或服务销售的程度和酒店的产值、利税等经济指标增长的程度;二是广告的心理效益,指顾客对所做广告的心理认同程度和购买意向,购买频率;三是广告的社会效益,指广告是否符合社会公德,是否寓教于销。

广告效果的测定方法,有很多种,可按不同的标准分类。

(1)以广告发布时间为界分类

①预审法。它是广告制作完成以后,在媒体发布以前所进行的广告效果测定和相应分析。

- 模拟销售检验
- 顾客试用
- 邮寄检验

• 仪器检验

②复审法。这是广告发布以后,为了分析广告效果,调整广告策略而进行的测量广告效果的方法。具体可通过以下手段进行。

• 售后检验

这是最直接、也是用处最多的一种方法,它把广告发布后酒店产品的新的销售量和广告发布前的销售额比较,从其中得出广告的促销功能。优点是简便易行,立竿见影,直接和酒店销售量挂钩,不足之处是无法把广告促销的效果和同时作用的其他促销办法(如人员促销、公共关系)的效果区分开来。

• 调查检验

调查顾客,询问顾客,作一些广告并向顾客提供一些好处,鼓励他们对广告做出评价。可以把同一则广告发布在不同的媒体上(电视、报纸、广播等),询问哪一种效果好;也可以同时发布在报纸上,准备两则广告,今天刊登一则广告,明天刊登另一则广告,然后询问哪一种广告效果比较好,再决定取舍。

• 回忆检验

一般来说,不给对方任何提醒或暗示,只是在受试者记忆的汪洋大海中检查所做广告深入人心的程度。其优点在于:它能提供有关广告深入人思想的程度方面的材料,而且还可以检测顾客是否领会了广告制作人员企图表达的广告主题,广告设计意图和受众的接受认同程度是否一致,缺点是费用大,受试者记忆兴趣和记忆程度有差别。

(2)以具体操作工具的不同分类

可分为统计法、实验法、历史法、评分法、邮寄法、问答法、机械法、采访法、媒体组合法等许多具体操作手段。

9.3　酒店人员销售策略

人员销售是推销人员通过面对面洽谈业务,向客户提供信息,劝说客户购买酒店产品和服务的过程。它具有直接联系、机动灵活、现场洽谈、双向交流、反馈及时、选择性强的特点,有利于培养与客户良好的人际关系,与其他促销活动相比,人员销售费用高,效率低,覆盖面小。因此要科学地运用人员销售策略,尽量避免成本高而效果小。

9.3.1　酒店人员销售的作用

人员销售的主要特点是人与人之间面对面的直接接触,它具有其他任何销售方式无法比拟的优势,特别在竞争激烈的酒店市场中,其作用更加明显。

1)人员销售是联系酒店与顾客的纽带

人员销售能够帮助顾客认识酒店,并主动解决顾客在购买中遇到的种种问题。良好的人员销售可以在顾客心目中树立酒店的形象,奠定坚实的销售基础。

2)人员销售克服了广告无法达到的立即购买的不足

人员销售可以直接面对顾客进行有针对性的推销,并可达到立即签订合同或确定预订

的结果。

3）人员销售是网络时代不可缺少的销售环节

人员销售可以利用个人之间的感情与顾客保持长久稳定的关系,满足顾客的需要。

9.3.2 酒店人员销售的类型

在酒店的人员销售中,由于每次推销的功能和特点不同,销售拜访的类型也不同,一般包括以下 5 种类型。

1）试探推销

试探推销通常是销售人员初次接触顾客,经过认真的信息分析和市场预测之后进行的试探性拜访。其目的是为了证实已获得的信息,或收集更多的信息。这种推销方式多用于开发潜在市场,联系新客户。由于试探性销售的时间较短,可以不需要预约,所以,其冒险性较大。

2）公关拜访

公关拜访是指销售人员对酒店固有顾客进行的礼节性拜访。其目的主要是征求顾客的意见,加强酒店与客户的感情沟通。许多酒店特别将公关拜访安排在节假日或重要日期,并给客户赠送礼品。

3）预约推销

预约推销一般是指销售人员和顾客在约定的地点和时间对某项提案进行确认或磋商。由于之前双方已有过接触,因而预约推销也叫跟进推销。预约推销的时间性很强,因为关系到双方的利益,气氛也比较严肃,它要求推销人员必须做好充分准备。

4）呈现推销

呈现推销是销售人员向顾客介绍酒店并努力证明顾客利益的商洽过程,也是酒店销售迈向成功的关键一步。销售人员可以借此机会充分施展公关的才能和推销技巧。呈现的内容一般都是一些新产品和新项目,因此,无论对新顾客或者老顾客,多采用主动上门拜访为宜。良好的呈现效果往往一次很难成功,销售人员必须善于创造机会,争取呈现拜访的连续性和完整性。

5）店内推销

店内推销指顾客主动来酒店进行有关合作的咨询访问。由于店内推销的偶然性,销售人员要不失时机地向顾客展开实地推销,必要时可以宴请招待,争取顾客的信任和好感。店内推销的成功概率比较高,有时可以获得直接预订。

9.3.3 酒店人员销售的任务及其销售过程

1）人员销售的任务

（1）探寻市场

推销人员应该寻求机会,发现潜在顾客,创造需求,开拓新的市场。

（2）传递信息

推销人员要及时向顾客传递有关酒店产品和服务的信息,为顾客提供购买决策的参考资料。

（3）销售产品

推销人员应该积极地与顾客接洽、展示酒店产品与服务,解惑答疑,竭力促成交易。

（4）收集情报

推销人员在推销过程中还要收集情报,反馈信息。

（5）服务

推销人员为顾客所咨询的问题提供各种各样的服务。

2）人员销售的过程

一般来说,酒店的人员销售包括以下几个步骤:寻找顾客、访问准备、走访顾客、达成交易、处理异议、售后服务和维持。

（1）寻找顾客

销售人员有很多种办法来寻找顾客,如地毯式访问法、连锁介绍法、个人观察法、广告开拓法、市场咨询法、资料查阅法等。寻找顾客的目标是找到潜在顾客。潜在顾客是指一个既可以获益于酒店推销的产品,又有购买能力的个人或组织。

（2）访问前的准备

①筛选顾客。从平常收集的公司资料、新闻报道等途径中选择适当的潜在顾客,根据近期酒店的销售目的选取。列出重点顾客、普通顾客名单。绝对禁止对访问的公司或其他顾客一无所知就盲目上门拜访。

②做好计划。根据现有顾客和新顾客的重要程度做好销售访问计划。

③准备资料。顾客档案资料、酒店简介、酒店宣传册、特别推广单张、图片册、价格表、销售访问报告、名片、记事本等。

④确认见面时间、地点。

⑤准备洽谈提纲(问题、推销内容、推销方式)。

（3）走访顾客

①事先做好预约;

②初次见面,自我介绍,诚恳地双手送上名片,直截了当说明拜访目的,顺便说一句:"我不会占用您太多时间";

③取出酒店宣传册,递上准备送给对方的宣传材料,同时介绍酒店产品,以得体的言词将自身产品的优势与对手产品的不足作类比;

④如果是老客户,或有过哪怕一次预订的客户,首先表示感谢;

⑤尊重对方的谈话兴趣,尽量让对方多开口介绍自己的公司或个人,甚至可以谈个人的兴趣爱好等,但注意适当控制谈话方式;

⑥如有投诉,即表歉意,做好记录,保证改进;

⑦尽量争取顾客明确的预订或承诺,并确定下一次见面的时间、地点,但不要强行推销;

⑧应简短明了把谈话时间限制在半个小时之内,除非对方确有兴趣再谈。

（4）处理异议

在推销人员介绍时，顾客往往会对酒店提出异议，要解决这些异议，推销人员要保持自信，设法让顾客明确陈述反对的理由，再向顾客提出问题，让他们在回答问题中自己否定这些理由。同时向顾客作详细的解释以消除顾客的疑虑和异议。

（5）达成交易

推销人员需要了解如何辨别来自购买者的交易信号，包括身体行为、声明、评论以及问题等。推销人员有很多达成交易的技巧可以利用，如要求对方预订，重复合同的要点，建议帮助对方填写预订单，提出给对方价格折扣、优惠等。

（6）售后服务和维持

如果推销人员想要确保顾客再次预订的话，这一最后的步骤是必需的。交易达成后，推销人员必须保证交易合同的完全履行，确保顾客的满意。

9.3.4 人员销售的技巧

1）建立良好的第一印象

销售人员普遍重视第一次客户拜访，因为第一次拜访的目的并不是希望得到直接的预订，而是为了给顾客留下一个良好的印象，增加销售的机会，为再一次拜访奠定基础。一个专业的销售形象是创造良好第一印象的基本保证。职业形象包括许多内容，如整洁的外表、自然的微笑、清楚的称呼、坚实的握手、简练的介绍等，就连随身携带的文件夹也需要内外整洁有序，表现出一种有备而来的征兆。为此，销售人员在出发之前需要进行一次自我检查，如表9.2所示，做好充分的准备工作，如表9.3。

表9.2 良好第一印象自我检查表

检查项目	具体内容	自我检查	
		合格	不合格
自信	• 对酒店研究透彻，对推销的产品充满自信 • 对销售活动充满信心和自尊 • 充分做好访问的心理准备		
外表	• 整理好自己的服装和仪容 • 随身物品必须简洁美观 • 文件夹内外井然有序		
表情	• 保持良好的体能状态 • 努力发掘对方的长处 • 在镜子前检阅一下自己的表情		
问候	• 使用优美的寒暄言辞 • 自我介绍简洁有力 • 介绍酒店时必须简明并富有魅力		
告别	• 由衷地感谢对方与你会面 • 称赞对方或公司的长处 • 表达明朗、口齿清晰		

续表

检查项目	具体内容	自我检查	
		合格	不合格
动作	• 熟悉基本动作 • 留心机敏的动作 • 尊重顾客		

表9.3 拜访前准备事项检查表

准备项目	准备内容	自我检查	
		合格	不合格
约定面谈	事先约好访问时间		
面谈对象	约好面谈对象		
谈判计划	制定好面谈的程序		
服装仪表	照镜检查服装和仪容		
推销资料	准备好所需的推销资料		
见面话题	事先选好顾客需要和感兴趣的话题		
称赞用语	事先准备好恰当的称赞用语		
创造机会	想好如何制造下一次访问的机会		
问题内容	整理出想知道的事情并准备好问话		
决定事项	解决前一次未决定的事项		
车辆整理	保持车辆整洁		
随身物品	检查推销必备的随身物品		

另外,建立良好的第一印象还包括销售人员的心理准备,如表9.4所示。

表9.4 接近顾客的心理准备检查表

准备项目		自我检查	
		合格	不合格
初次拜访	放松心情,不要紧张		
	积极为酒店和个人做广告宣传		
	了解顾客状况		
	问话不要穷追不舍		
	约好下一次访问的时间再告辞		
	多使用称赞、道谢的言辞		
	掌握顾客所关心的事物范围		

续表

准备项目		自我检查	
		合格	不合格
再次拜访	不可忽视应有的礼貌		
	问候的方式和上回不同		
	经常提起顾客的姓名		
	准备好顾客感兴趣的话题		
	带给顾客有用的信息		
	解决上回约定的事情		
	兼顾周围的人		
	明确来访的目的,制造下一次访问机会		

选择最佳的访问时间,制造积极的会见气氛是取得第一次拜访成功的关键。在初次拜访中,销售人员很难预料顾客的情绪,但是可以克制自己的情绪,避免不愉快的话题,虚心聆听,察言观色,在表情上给顾客极大的尊重。

2)了解顾客需求技巧

一些推销人员在推销中急于求成,喜欢在顾客面前滔滔不绝地推销,不考虑顾客的需求和利益,引起顾客反感,导致推销失败。因此,只有先收集顾客信息,了解顾客需求,才能进一步呈现产品,提出方案,获得推销成功。收集顾客信息的方法如表9.5所示。

表9.5 收集顾客信息的技巧

步 骤	会面技巧
准备	• 先决定要收集什么样的情报 • 如果能够事先调查,就等调查之后再进行访问 • 携带做好的调查表前往 • 问题内容、问题顺序以及措辞都须事先想好 • 把自己设想成对方,练习会面的一切情况
基本行动	• 找一个对方心情平静的时间去访问 • 行为要合乎礼仪,获得对方的好感 • 制造愉快的气氛,直接说明调查的目的 • 做一个良好的听众 • 得知对方很忙,尽可能在短时间内完成访问
会面的原则及技巧	• 不要一开始就提出问题,应努力营造气氛 • 让对方畅所欲言,遗漏部分再发问或者请求补充说明 • 一开始必须问一些比较容易回答的问题 • 一次只问一个问题 • 用浅显易懂、不会被误解的话发问

续表

步　骤	会面技巧
会面的原则及技巧	• 一边谈话,一边观察你的周围 • 在谈话中套出数字 • 一边听对方讲话,一面探出对方的真心话 • 不只是表面的,要知道事情的本质 • 正确掌握对方话里的重点 • 要区分事实,意见及推测 • 当场记录所听到的详细情况和资料 • 对方提出警戒时,要牢记重点
告别	• 诚心道谢 • 有礼貌地离去

3）提问的技巧

提问是销售人员发掘和收集信息的主要方法。那么,使用哪些种类的提问方式比较实用? 在推销实践中,提问方法划分为两类,即中和式提问和肯定式提问。

（1）中和式提问

中和式提问属于广泛性的发问,多采用特殊疑问句,如什么、怎么样、哪里、多少等疑问词。例如:

• 您还需要其他资料吗?

• 我们要为您准备多少间房间呢?

• 您的理想价格是多少?

• 您喜欢在哪儿用早餐?

中和式提问的最大好处是能够创造比较友好的谈话气氛,他的广泛性和中和性给顾客的回答让出了一定的选择余地。中和式提问有利于收集更多的信息,不至于给会谈造成尴尬紧张的局面。但是,也正是由于问题过于广泛往往会偏离谈话的主题,甚至失控。另外,中和式提问对于捕捉关键信息具有一定风险。

（2）肯定式提问

肯定式提问属于具体性的发问,以一般疑问句为主,也就是"是"或"不是"的简单问话,常用的疑问词有:是吗、对不对、会不会、或者……或者、如果……那么等。例如:

• 您需要一个单人间,是吗?

• 看来您已经接受了这个价格,对不对?

• 您喜欢咖啡还是茶?

• 这间客房会不会离电梯太远?

使用肯定式提问很容易得到顾客明确的回答,能够迅速抓住有价值的信息。但是肯定式提问的不足之处是回答面不够广,信息量有限。

可见,两种提问方法各有优点和不足。但是,综合起来合理应用,就可以达到理想效果。在访谈前期多应用中和性的问题,制造积极的谈话气氛,向顾客收集更多的信息。在谈话结束时,则要利用肯定式提问来收尾,总结和确认商谈的要点。

4)呈现的技巧

(1)呈现的实质

呈现是指推销过程中向顾客介绍酒店产品的过程,也是推销过程的中心部分。呈现的内容主要是通过推销人员生动地描述,将酒店产品的功能、特征、使用价值和利益等信息传达给顾客。另外还包括一些看得见的宣传资料,如酒店的照片、宣传册、价目单及其他宣传纪念品等作为内容的补充材料。

呈现的目的是向顾客传达产品能够带给顾客的好处,能够满足顾客的需求。呈现的内容也不单单是产品特征的介绍,而必须转升为证明酒店产品能够满足顾客利益的论述。

当然在呈现之前,努力将产品的利益理解清楚,准备好适当的表达词语,对每一个酒店推销人员都非常必要。下列是酒店产品特征所具有的利益表现。

产品特征	产品利益
结实的大床	安稳舒适的睡眠
健康矿泉浴池	消除工作的疲劳
公司合同价	物有所值
电子门锁	安全方便的感觉
优质的风味餐厅	留下难忘的印象
快速登记/结账服务	省时、避免争论
奖励顾客	重视顾客
机场接送	方便、省钱
无烟楼层	健康、舒适
开床服务	满意、温馨、周到
送餐服务	方便,不受时间限制

(2)呈现的顺序

和整个推销一样,呈现也是按照一定的逻辑顺序进行的,它要经历以下几个发展阶段。

①开始阶段。征求顾客的同意,声明呈现的主题。

②引入阶段。有计划地引导和启发顾客的思路。

③介绍阶段。简单明了地展开,并出示资料依据。

④讨论阶段。努力证明产品的利益能够满足顾客的需求。

⑤结束阶段。帮助顾客消除顾虑,达成共识。

(3)呈现的准则

为了保证获得一个良好的呈现,推销人员需要遵循以下准则。

• 根据真实情况制作呈现

• 表达简练

- 善于使用顾客的姓名
- 利用数据
- 使用视觉器材或资料
- 预先克服异议
- 常常检查理解
- 注意购买信号
- 避免强行推销
- 及时总结利益
- 提供充足有力的证据
- 充满热诚和自信

（4）DAPA 定律

DAPA 定律是呈现过程中用于论证产品利益的一种组合销售技巧，主要分顾客需求论证和产品利益论证两大步骤进行，具有从广泛到具体，从表面到实质的逻辑推销特点。

①确认需求（Define guest's needs）。推销人员首先要清楚顾客需要的是什么。

②认同确认（Acceptance of the defined needs）。确认得到顾客的认同。

③证明产品（Proof that product can meet guest's needs）。证明酒店产品能够满足顾客的需求。推销人员根据顾客的需求，介绍产品的利益，呈现给顾客解决问题的方案，做到有的放矢。

④认同产品（Acceptance of the proof）。产品销售方案得到顾客的认同。销售的呈现目的得到实现。

（5）报价的技巧

价格是关系到买卖双方的根本利益，是十分敏感的问题。报价一定要选择成熟的时机，准确的价位，以及容易让顾客接受的呈现方法。酒店销售中常见的报价方式有：

①自高向低。这是酒店提倡的一种报价方式。这种方式虽有利于酒店的高收入，但也具有一定的风险，会给顾客造成一定的压力。因此，这种方法一般用于上门顾客。

②自低向高。这种方法由低价逐渐向高价报价，具有一定的安全性，尤其在淡季有一定的效果。

③分列式。分列式报价方法是根据酒店服务项目的性质来分别报价，如房价、餐饮价格、会议室或娱乐等项目的收费，都列在一张价目单上，为追求单项服务要求的顾客提供了选择的余地。

④综合式。综合式报价也称包价。比如，许多酒店报给团队的房价中就包含了早餐或其他娱乐服务，一些商务房价还包括免费机场接送、当日免费报纸、洗衣、午茶等。综合式价格一般比较优惠，它不仅可以扩大酒店的销售范围，而且还具有一定的竞争力，特别有利于那些有多项服务需求的顾客。

5）处理异议的技巧

（1）异议的产生

在接受产品呈现的过程中，顾客随时都会对推销员的观点提出疑问或者反对意见，经常使推销人员措手不及,处境尴尬。仔细分析,一位正常的顾客应该具备资金、资金支配权和消费需求3个购买要素。只要根据这3个要素为基本出发点,顾客产生异议的原因就有据可循了。顾客产生异议的原因一般包括3种。

①理智原因。可能是顾客缺少认识和经验,或者推销人员介绍不清楚,甚至可能是误解等因素。

②私人感情因素。它包括酒店的声誉、顾客以往不好的经历、朋友的建议,甚至是习惯或偏见等因素。

③战略性原因。顾客以种种挑剔来得到理想的价格折扣。

（2）异议的形式和焦点

顾客的异议一般通过发问、情绪和其他形体语言表现出来,其形式有:

• 购买的抗拒

• 购买的兴趣

• 想知道多些

在实际推销中,顾客异议的形式往往不是单独表现的,在内外种种因素的影响下甚至还会出现相互转化的可能。因此,推销人员不要惧怕异议,避免过早产生悲观。

顾客的异议虽然具有突然性和未知性,但是,顾客异议的范围也是有一定限制的。常见的致异焦点有以下几个方面:

• 需求方面:"我们会议团人数多,你们酒店标准间不够。"

• 证明方面:"你们会议室设备陈旧,我们无法使用。"

• 应用的可能性:"你们前台工作效率太低,客人要等很长时间。"

• 价值方面:"这个价格是比较优惠,可是我们综合消费大。"

• 竞争方面:"我们只考虑有信贷业务的酒店。"

（3）化解异议的方法

①缓和气氛

• 耐心聆听:不要打断顾客说话,注意形体语言的信号

• 关注表情:尊重顾客,不断证明你了解顾客的需求

• 认真说服:重复利益,呈现资料和依据

②控制范围

• 直接答复:"关于这一点,我们可以保证满足你。"

• 利益补偿:"如果你推迟开会,我们将免费提供茶点。"

• 间接拒绝:"我们非常理解你,我们一定努力争取。"

③回避要点

• 不可随顾客的观点理解异议

• 不能轻易表态或与顾客争执

• 切忌草率处理或者放弃努力

④克服异议的技巧

• 询问法

针对顾客的意见,提出问题。如:"这是什么时候的事情呢?"

- 引例法

对于顾客的反对或疑问,举例说明。如:"关于这一点,我可以举个实例。"

- 肯定法

先肯定地接受顾客的反对,再转折说:"但是……",如:"您说的没错,但是……"

- 逆转法

把顾客反对理由作为推荐的理由。如:"就是因为如此,我才想为您介绍……"

- 资料转换法

用资料来说明顾客的提问和反对意见。如:"可以请您看一下这份资料吗?"

- 否定法

坚决否定顾客的反对意见。如:"没有这回事。"

- 置若罔闻法

不理睬顾客的反对意见。如:"是开玩笑吧!"

6)完成交易的技巧

(1)把握成交的时机

推销人员全部的努力就是为了实现最后的交易。对于顾客来说,每一次决定购买酒店这种特殊的无形产品之前,一定程度上会出现胆怯、不定和怀疑的心理状态。

作为一名出色的推销人员,在决定完成交易的时刻应该提醒自己"为什么我不能达成更多的交易呢?"但是,由于没能处理好顾客的心理状态,也可能会出现尝试过早或过迟,或根本没有机会去尝试就失去了交易的时机。

因此,密切留心顾客的心理状态,努力尝试成交的时机。努力越大,成功的概率也就越大。

(2)判断购买的信号

推销人员在接近完成交易时另一件重要的事情就是判断顾客购买的信号。这些信号来自语言,或者形体语言。下面是一些常见的购买信号。

①语言信号

- "太好了!"
- "你给我们解决了很大的问题。"
- "他们也一定会喜欢。"
- "你们还提供什么保障吗?"
- "我可以帮助你,只是时间还待确认。"

②形体语言信号

- 主动拿起电话,叫具体操作人员。
- 有诚意的握手。
- 起身为你敬酒。
- 专门告诉你手机号码。
- 展示活动计划。

(3)完成交易的方法

完成交易的方法多种多样,没有固定方式。酒店推销中通常用如下方法。

①肯定式提问法:"我可以为您填写订单吗?"

②选择式提问法:"你是决定用自助式,还是围餐式就餐呢?"

③假定式提问法:"如果我们不收服务费,你会不会接受呢?"

④帮助顾客分析法:"围餐经济实惠,但品种少,就餐时间需集中;而自助餐价格贵些,但品种丰富,就餐时间比较自由。你准备选择哪一种呢?"

⑤警戒故事法:"还等什么,旺季很快就要到了。"

⑥排除过程法:"你还有其他要求吗?"

⑦怀疑法:"我是不是有没说清楚的地方?"

9.3.5　推销人员管理

1)推销人员的甄选

成功的推销管理的核心是选择优秀的推销人员,一个优秀的推销人员应具备的条件包括:知识面广,有一定的业务知识,文明经商,富有进取心,反应灵敏,吃苦耐劳。

2)推销人员的培训

对推销人员的培训是极其重要的,它是酒店拥有一支优秀销售队伍所必备的。推销培训过程不是一次性的,相反,这一努力跟职业生涯一样长,不断地培训应该成为酒店经营文化哲学的一部分。

对推销人员需要进行3种类型的培训。

(1)产品/服务培训

酒店业中新技术的应用引起酒店不断的变化。预订系统、设备、服务等都处在变化中,这些变化要求酒店对其销售人员进行正规的和经常的培训。

(2)政策、程序和计划培训

由于酒店组织机构的规模变化与复杂性增加,对正规化系统和程序的需要也增加。推销人员由于不能遵照已经制定的程序或遵守政策行事而受到其他部门的抨击。培训对于确保人们理解所有政策和办事程序是最重要的。

(3)推销技能的培训

虽然有些推销人员在推销技能方面拥有天赋,但大部分的推销技能通过学习获得,酒店在推销技能方面的培训,可涉及以下内容:

- 调查能力
- 获得第一个推销访问机会
- 进行推销谈话
- 售后服务

3)推销人员的结构设计

推销人员的结构可分为:

(1)地区结构式

每个推销人员被指派负责一个地区,作为该地区酒店产品销售和服务的代表。这种结构有以下优点。第一,推销人员的责任明确。由于一个地区只设一个推销员,所以他就必须承担由于他个人推销努力的差别所带来的不同后果。第二,地区责任能促使推销人员与当地客户加强联系,这种联系有助于提高推销人员的推销效果。第三,由于每个推销人员只在一个很小的地区内活动,因而其差旅费开支较少。

（2）产品结构式

即每个（组）推销人员负责一种或几种产品的推销业务。由于推销人员了解酒店产品的重要性,加之现在许多酒店采用产品事业部管理,所以酒店可以按照其产品线组织推销人员的结构。特别是对于酒店一些产品技术复杂,或产品间关联度较小的情况下,按产品专门化组成销售队伍就显得特别适合。

（3）顾客结构式

根据顾客的行业、规模、分销渠道的不同而分别配备推销人员。酒店对不同行业安排不同的推销人员,按大客户或一般客户安排推销人员,或按现有业务或新业务发展安排不同的推销人员。这种客户专门化结构的最大好处是每位推销人员对客户的特定需求非常熟悉,其缺点是如果各类顾客分布较广时,那么酒店的每位推销人员的差旅开支将很高。

（4）综合结构式

以上几种的综合组织。通常情况是酒店经常组合应用以上几种推销人员的组织结构形式,因为酒店所面临的情况是比较复杂的,综合应用以上推销人员结构方式会取得较好效果。

4）推销人员的业绩评估

对推销人员业绩的评估,酒店可通过定性和定量两个方面进行。

对推销人员的评价首先要从其销售业绩的指标方面进行衡量,比如每天平均访问次数,每次推销访问的时间,每次推销访问的收入,每次推销访问的成本,每时期失去的顾客数量,每时期新增的顾客数量等。另外,还可对推销人员之间进行比较,排列酒店销售人员的业绩。不过,这种比较可能使人误解,只有当销售地区的市场潜力、工作量、竞争、酒店促销努力等没有差别的时候,相对的销售业绩才有意义。而且,当前的销售量并不是成功的唯一标准。酒店还可通过顾客的满意度来评价其销售人员。某个推销人员也许非常有效地为酒店带来了销售额,但并没有得到顾客的好评,越来越多的酒店不仅用他们的产品和服务来赢得顾客的满意,而且通过他们的推销人员的表现来使顾客满意。满足顾客需要,得到顾客好评的推销人员应该得到酒店的奖励。

酒店对推销人员也可进行定性评价。对推销人员的评价也包括评价其对酒店、产品、顾客、竞争者、销售地区和职责等方面的认识。个性特征可以被评价,例如一般态度、外表、演讲和气质等。

9.4　酒店销售促进策略

销售促进是酒店促销不可缺少的一种手段。销售促进又称营业推广,是指那些不同于人员推销、广告和公共关系的销售活动,它旨在激发顾客购买和促进经销商的效率,诸如陈列、展出与展览、表演和许多非常规的、非经常性的销售尝试。

酒店通过销售促进活动,试图冲破酒店与潜在客源之间的障碍,将产品推销给顾客。广告能使顾客了解产品,但在顾客真正来购买时往往还是觉得有风险,对于实物产品来说,顾客希望试一试,对酒店产品而言,顾客希望能亲眼看到酒店的设施和服务的图片,以减少风险。有些顾客因购买产品动力不足而犹豫不决,销售促进活动可以给顾客带来一些优惠、奖品或其他利益促使其前来购买。在市场营销工作中,销售促进和广告相互依存。仅仅依靠销售促进活动来推动销售工作尚不足以奏效。销售促进与广告配合,常常会收到更佳效果。

9.4.1　销售促进的类型

根据市场特点、销售目标、推广目标的不同,销售促进大致可分为对顾客的销售促进、对中间商的销售促进和对推销人员的销售促进 3 种类型。

1)针对顾客的销售促进

销售促进可以鼓励老顾客继续使用,促进新顾客使用,动员顾客购买新产品或服务。引导顾客改变购买习惯,或培养顾客对酒店的偏爱行为等。可以采用下列方式。

(1)赠送

向顾客赠送样品或试用样品,赠送样品是介绍一种新产品最有效的方法,费用也最高。

(2)优惠券

给持有人一个证明,证明他在购买酒店产品时可以免付一定金额的钱。

(3)奖励

根据顾客消费酒店产品的情况,酒店将给予一定的奖励,促使顾客继续消费酒店产品,进而成为酒店的忠诚顾客。如表 9.6 所示的一些国际酒店集团的奖励计划。

表 9.6　国际著名酒店集团的奖励计划

香格里拉酒店与度假酒店集团:金环计划	• 标准级:金环成员楼层,免费配偶入住、免费早餐,免费拨打本地电话,信用卡现金预支 • 行政级(每年 10 晚及以上):除上述外,还包括延时离店、25% 奖励分数、升档 • 豪华级(每年 25 晚及以上):专用酒廊、提前入住登记、50% 奖励分数
Loews 酒店集团:Loews 第一计划	• 48 小时内保证订房、礼品、升档、每个合格房夜次获 500 英里里程数 • 入住 3 次或 10 晚后可升档为 Loews 第一黄金计划,包括每次 35 美元升档和 1 000 英里里程数 • 入住 10 次或 25 晚后可升档为 Loews 第一白金计划,包括 24 小时内预订保证、商务级客房和每次第一晚 1 000 英里里程数,其余 500 英里里程数
凯悦酒店集团:金护照计划	• 以合格房价的每元消费记 5 分,可折合为免费房间、免费机票 • 快速入住登记、免费咖啡和茶、私人电话线、积分混合和积分购买
希尔顿酒店集团:希尔顿 Honors 计划	• 成员入住希尔顿、Flamingo、Bally's 和希尔顿国际酒店可享受累积里程或点数 • 可折合为免费房间、免费机票、游船旅行、度假及美国部分地区的赌场筹码

Bass酒店与度假酒店： **全球优先俱乐部**	• 在假日、假日皇冠、假日快线和 Staybridge 全套间酒店每元消费合计 10 分 • 积分可用于免费住店、航空里程数、包价旅行、购物礼品券 • 每元消费计 2.5 英里航空里程数 • 每年住宿 20～59 个合格房夜次为黄金级会员，可获得 10% 奖励点数 • 白金级成员为每年住宿 60 个合格房夜次，可获得 30% 奖励点数 • 所有成员均可享受优先登记权（美国、加拿大酒店）、免费报纸、延时离店及选择累积里程或点数

（4）现场示范

酒店派人将自己的产品在销售现场当场进行使用示范表演，把一些富有特色的产品介绍给顾客。

（5）组织展销

酒店将一些能显示酒店优势和特征的产品资料集中陈列，进行促销。

2）针对中间商的销售促进

针对中间商的销售促进的目的是动员有关中间商积极推销酒店产品。可以采用下列方式。

（1）批发回扣

酒店为争取中间商多购进自己的产品，在某一时期内可给予购买一定数量本酒店产品的中间商以一定的回扣。

（2）推广津贴

酒店为促使中间商购进酒店产品并帮助酒店推销产品，还可以支付给中间商一定的推广津贴。

（3）销售竞赛

根据各个中间商销售本酒店产品的实绩，分别给优胜者以不同的奖励，如现金奖、实物奖、免费旅游、度假奖等。

（4）交易会或博览会、业务会议

酒店可通过参加交易会、博览会等方式和中间商进行业务洽谈，达成合作协议。

3）针对销售人员的销售促进

鼓励销售人员热情推销产品，或促使他们积极开拓新市场。其方式可以采用：销售竞赛，如有奖销售、比例分成；免费提供人员培训、技术指导等。

9.4.2　销售促进的特点

1）直观的表现形式

许多销售促进工具具有吸引注意力的性质，可以打破顾客购买酒店产品的惰性。它们告诉顾客这是永不再来的一次机会，这种吸引力，尤其是对于那些精打细算的人是一种很强的吸引力，但这类人对于任何一种品牌的产品都不会永远购买，是品牌转换者，而不是品牌忠实者。

2）灵活多样,适应性强

可根据顾客心理和市场营销环境等因素,采取针对性很强的销售促进方法,向顾客提供特殊的购买机会,具有强烈的吸引力和诱惑力,能够引起顾客的广泛关注,立即促成购买行为,在较大范围内收到立竿见影的功效。

3）有一定的局限性和副作用

有些方式显现出酒店急于出售的意图,容易造成顾客的逆反心理。如果使用太多,或使用不当,顾客会怀疑酒店产品的品质、酒店的品牌或产品的价格是否合理,给人以"推销的是劣质产品"的错误感觉。

9.4.3　销售促进的实施与评估

1）制定销售促进目标

就顾客而言,目标包括鼓励顾客更多地使用酒店和促进大批量购买;争取未使用者试用,吸引竞争者品牌的顾客。就中间商而言,目标包括吸引中间商们经营新的商品品目和维持较高水平的购买,建立中间商的品牌忠诚和获得进入新的零售网点的机会。就销售队伍而言,目标包括鼓励他们支持一种新产品,激励他们寻找更多的潜在顾客和刺激他们推销的努力。

2）选择销售促进方法

（1）价格优惠

当价格是激发顾客购买行为的主要因素时,使用价格优惠往往能收到很好的效果。目前各大酒店均在淡季或特殊时期推出优惠价格项目,以期招徕顾客。价格优惠的方式多种多样,第8章中已进行了论述,这里不再赘述。

（2）奖券和抽奖

奖券和抽奖都是刺激顾客消费行为的诱因。奖券可以附在报纸杂志广告中,也可以直接邮寄给顾客,或在顾客消费时赠送以吸引其下次光临。抽奖的形式也多种多样,目前许多酒店餐厅在顾客就餐时均采用幸运抽奖方式。奖品既可以是实物,也可以是一次免费用餐或旅行。

（3）提供酒店产品样品

如先让顾客试用或品尝,下榻酒店或消费,也是一些酒店的竞争高招。这种方法对于消除顾客不了解酒店的顾虑有很大帮助,尤其对于中间代理商和大宗宴会的经办者,是十分有效的方法。

（4）退款和折让

给予未得到满意顾客以全部或部分退款和折让,是使顾客对酒店质量充满信心的一种保证,同时也是吸引顾客的一大有利条件。

（5）优先照顾

酒店对于特殊顾客,如重要客人、酒店俱乐部成员、长期客户等实行的特殊服务,如优先订房权、特别礼品、支票兑换现金等。

（6）红利

酒店为了刺激中间商经销的积极性，有时采取销售分红的形式，使之共享一定比例的红利。通过红利形式，将酒店与中间商的利益紧密地联系在一起。

（7）鼓励重复购买

这是对经常下榻酒店和与酒店有长期业务关系的顾客所给予的各种优惠和激励形式，以提高顾客对酒店的忠诚度。

（8）酒店俱乐部

酒店举办俱乐部是稳住客源的一种有效手段。目前酒店俱乐部形式多种多样。顾客加入俱乐部既可以以缴费形式，也可以是酒店给予某类顾客的特殊优惠。

（9）特殊活动

举办各种酒店活动，形成酒店"活动中心"的形象，是酒店进行促销的又一形式，也是酒店促销的一大优势。

（10）赠送礼品

向客人和中间商赠送特别礼品也是加强与顾客感情交流和联系的有效途径。设计精良的赠品也是酒店的促销手段，它能够使礼品接收者了解酒店，并对酒店留下深刻印象。赠品并非越贵越好，作为业务赠品，主要应为带有酒店标志的物品，如公文包、充气枕头、胸针、筷子、刀叉等。

3）制定销售促进方案

销售促进方案应该包括这样几个因素。

（1）费用

营销人员必须决定准备拿出多少费用进行刺激。

（2）参加者的条件

刺激可以提供给任何人，或选择出来的一部分人。仔细地选择和确定参加者条件，可限制那些不大可能成为经常使用者的人参加。但是如果限制过严，参加者将局限在忠诚者这个小范围内，不利于进一步开拓市场。

（3）销售促进措施的分配途径

营销人员必须确定怎样进行销售促进和分发销售促进方案。销售促进的途径主要有：广告、直邮、帐篷式推销卡、人员推销、电话推销、新闻稿、广告传单，以及每月给酒店俱乐部成员寄账单时，给予他们的特殊利益，等等。

（4）销售促进时间

根据实践经验，最佳的频率是每季有3周的销促活动，最佳持续时间是产品平均购买周期的长度。

（5）销售促进的总预算

销售促进总预算可通过下列两种方法进行。①由基层营销人员估计一年内计划进行的各种销售促进的费用。销售促进费用包括管理费用、奖励费用以及在促销期预计可售出的产品和服务的成本。②根据以往广告费和销售促进在促销总预算中所占的比例来确定。

4）销售促进计划的测试与实施

只要可能,都应该对销售促进的各种工具进行测试,以便弄清它们是否合适。面向顾客市场的营业推广能轻易地进行预试,可邀请顾客对几种不同的、可能的优惠办法作出评价和分等,也可以在有限的地区进行试用性测试。

实施的期限包括前置时间和销售延续时间。前置时间是从开始实施这种方案前所必需的准备时间。它包括最初的计划工作、设计工作,以及包装修改的批准或者材料的邮寄或者分送到家;配合广告的准备工作和销售点材料;通知现场推销人员,为个别的分店建立地区的配额,购买或印刷特别赠品或包装材料,预期存货的生产,存放到分配中心准备在特定的日期发放。销售延续时间是指从开始实施到大约95%的采取此促销办法的商品已经在顾客手里所经历的时间。

5）评估销售促进的效果

酒店为了控制和调整销售促进的实施效果,必须进行效果评估。

（1）比较销售促进前后销售额的变动情况

在其他条件不变的前提下,酒店可以对销售量的增加额与销售促进成本进行比较,得出净效果,然后依次来评价销售促进计划的得失。利用这种方法,必须注意销售促进结束后一段时期的市场占有率。

（2）顾客调查

顾客调查包括3方面。首先是对销售促进期间的顾客动态进行调查,用现场记录、查阅原始资料等手段分析顾客数量、购买量、重复购买率等指标;其次对顾客构成进行调查,包括新老顾客的比例、不同年龄层次顾客的比例等;第三是对顾客意见进行调查,包括顾客动机、建议要求、评价等等,从而了解顾客在销售促进期间的购买行为。

（3）实验法

酒店在开展大规模销售促进之前,可选择一定的地区或顾客进行试点,通过改变规模、水平、媒介、持续时间等了解顾客的不同反应,如果使用得当,这种方式还能收到宣传效果。

9.5　酒店公共关系策略

9.5.1　酒店公共关系

公共关系是酒店另一个重要的促销工具。酒店不仅要建立与顾客、供应商、经销商之间的关系,而且还要与公众建立关系。公众是指任何一组群体,它对酒店达到其目标的能力具有实际或潜在的兴趣或影响力。酒店公共关系是指酒店为改善与社会公众的关系,促进公众对酒店的认识、理解及支持,达到树立良好酒店形象、促进商品销售的目的的一系列促销活动。公共关系的本意是酒店必须与其周围的各种内部、外部公众建立良好的关系。它是一种状态,任何一家酒店都处于某种公共关系状态之中。它又是一种活动,当一家酒店有意识地、自觉地采取措施去改善自己的公共关系状态时,就是在从事公共关系活动。作为促销组合的一部分,公共关系的含义是指这样一种管理职能:评估社会公众的态度,确认与公众利益相符合的个人或组织的政策与程序,拟订并执行各种行动方案,以争取社会公众的理解与接受。

9.5.2　酒店公共关系的营销职能

公共关系在酒店营销活动中的应用是逐步发展起来的,最初公共关系是作为树立酒店形象的一个主要工具,在酒店营销发展的过程中逐渐为酒店营销活动所利用。现在有些酒店要求设立一个营销公关的专门部门,直接帮助酒店进行酒店销售或产品服务销售以及塑造形象。因此,营销公关将服务于酒店的营销部门。

营销公关以前被称为公众宣传,公众宣传的任务被认为是在各种印刷品和广播媒体上获得不付费的报道版面,以促销或赞美某个产品。而营销公关的内容远远超过了单纯的公众宣传。营销公关有助于酒店完成下列任务。

- 协助开发新产品;
- 协助成熟期产品的再定位;
- 建立对某一产品种类的兴趣;
- 影响特定的目标群体;
- 保护已出现公众问题的产品;
- 建立有利于表现产品特点的酒店形象。

9.5.3　酒店公共关系的主要工具

1)公开出版物

酒店可以依靠各种宣传材料去接近和影响其目标市场。它们包括年度报告、小册子、文章、视听材料以及酒店的商业信件和杂志。

2)事件

酒店可通过安排一些特殊的事件来吸引对其新产品和酒店其他事件的注意。这些事件包括记者招待会、讨论会、展览会、竞赛和周年庆祝活动,以及运动会和文化赞助等接近目标公众。比如参加一个展览会,就会给酒店提供一个邀请、招待它们的供应商、经销商和顾客的机会。

3)新闻

公关人员的一个主要任务是发展和创造对酒店或其产品有利的新闻。新闻的编写要求善于构思出故事的概念,广泛开展调研活动,并撰写新闻稿。但公关人员的技巧应超过制作新闻的技巧,争取宣传媒体录用新闻稿和参加记者招待会,这需要营销技巧和人际交往技巧。公关人员必须尽可能多地结识新闻编辑人员和记者。与新闻界的交往越多,酒店获得较多较好的新闻报道的可能性也就越大。

4)演讲

演讲是创造产品及酒店知名度的另一项工具。酒店负责人应经常通过宣传工具圆满地回答各种问题,并在行业会议或销售会议上演说。

5)公益服务活动

酒店可通过向某些公益事业捐赠一定的金钱和时间,以提高其公众信誉。

6)形象识别媒体

在一个高度交往的社会中,酒店不得不努力去赢得注意。酒店至少要努力创造一个公众能迅速辨认的视觉形象。视觉形象可通过酒店持久性媒体——广告标识、文本、小册子、招牌、业务名片、建筑物、制服标记等来传播。

9.5.4　酒店公共关系的基本原则

1)真实和准确的原则

真实和准确是公共关系的生命。在公关宣传、信息传播等活动中,当然要宣传酒店的宗旨、酒店的良好形象。要扬善但不能隐恶,既报喜也报忧。凡公关涉及的信息均应做到"客观、真实、全面、公正",方能博得社会公众的真正信赖。

2)互惠互利的原则

对于自己所服务的酒店与社会公众的利益,必须一视同仁,公平对待,而且强调公共关系活动要以公众的利益为出发点,以维护公众的利益为己任。这在利益倾斜度总是自觉不自觉而倾向本组织一边的经济单位,实非易事一桩,公关人员要甘冒"吃里扒外"的闲言碎语。然而公共关系学的原则要求从更高的层次上思考问题。只有坚持互惠互利的原则,自觉维护公共利益,才能使酒店更长久地得益于公众。

3)信誉与诚实的原则

利润诚可贵,信誉价更高。而良好的信誉又必须建立在诚实的基础上。一个言而无信、口是心非的酒店决策人或公关人员,要想取得公众的真正信赖,是不可思议的。纵然可得逞于一时,终究会真相大白,陷入身败名裂的境地。

4)依法办事原则

强调依法办事,丝毫也不意味着我们在处理人际关系以及与各类公众关系时,企求用具有强制性质的"法"来调节本来应用公关手段解决的各类关系;更不是要把各类关系搞得剑拔弩张,等候司法部门裁决,而是在于强调公关人员要有较强的法制观念和法律意识。这对于法制尚不健全、法律意识仍较淡薄的人来说,尤为重要。

5)正直与廉洁的原则

秉公办事,廉洁奉公,既是公关的职业要求,也是公关人员应具有的最基本素质。对于职业公关人员来说,正直与廉洁还应有特殊的要求,即"4 不准"。

- 不准为了本酒店或个人利益,有意识传播虚假信息;
- 不准从事腐蚀新闻界和政府机构的活动;
- 不准损害其他单位或其他公关人员的名誉和工作;
- 不准以权谋私,损人利己。

6）注重以科学为指导的原则

公共关系的科学化主要要求将定性分析与定量分析结合起来,特别注重在量的层次上考察公共关系,考察酒店与环境的相互影响和相互作用,考察酒店各类公众的构成及变化,从而获得各种具体的资料和数据,用以指导现实的公共关系工作,力戒想当然、瞎指挥等不科学的工作方法的再现。

9.5.5 酒店公共关系的主要决策

1）建立营销目标

公共关系在酒店营销中对实现下列目标发挥重要意义:

①树立知晓度。公共关系可利用媒体来讲述一些情节,以吸引人们对酒店产品、服务、人员或构思的注意力。

②树立可信性。公共关系可通过社论性的报道来传播信息以增加可信性。

③刺激销售队伍和经销商。公共关系对于刺激销售队伍和经销商的热诚非常有用。在新产品投放市场之前先以公共宣传方式披露,就便于帮助销售队伍将产品推销给零售商。

④降低促销成本。公共关系的成本比直接邮寄和广告的成本要低得多,越是促销预算少的企业,运用公共关系就越多,以便能深入人心。

酒店对于每次公共关系活动都应该确定具体的目标,以利评估其最后的结果。

2）选择公共关系信息和载体

公共关系目标确定后,酒店就要确认该产品是否具有有趣的经历可作报道。如果新闻性信息数量不足的话,公关人员就应该提出一些酒店能予以资助的有新闻价值的活动事项。公关人员此时面临的不是发现新闻而是制造新闻。公关创意包括举办重大学术会议、邀请知名演讲人士、组织新闻发布会等。每一项活动都有大量的事情可以报道,它们分别受到不同群体的关注。

3）实施营销性公关计划

宣传活动要求谨慎地进行。例如通过媒体传播信息这一问题。激动人心的信息很容易得到报道,但是,大多数新闻发布会都可能缺少吸引力,难以引起那些编辑的注意。公关人员的一个主要任务就是发展与媒体编辑的良好关系。

4）评估公共关系的效果

由于公共关系经常与其他促销工具一起使用,故其使用效果很难衡量。但如果公共关系使用在其他促销工具之前,则其使用效果较容易衡量。有效公共关系常用 3 种衡量方法:展露度,知名度、理解和态度方面的变化,销售额和利润贡献。

（1）展露度

衡量公共关系效果的最简易的方法是计算出现在媒体上的展露次数。这种衡量法也有其缺点,它不能指明实际上到底有多少人读了或者听到某种信息以及后来他们又想了什么。无法知道信息触及的受众的净人数,因为出版物的读者是有重复的。

（2）知名度、理解和态度方面的变化

一个较好的衡量方法是由公共关系活动引起的产品的知名度、理解、态度方面的变化。

这需要调查这些变动的前后变化水平。

（3）销售额和利润贡献

如果可以得到的话，销售额和利润的影响是最令人满意的一种衡量方法。

9.6 酒店日常推销管理

9.6.1 电话推销

现代社会，电话已成为人们日常生活中不可缺少的通信工具，对酒店而言，电话也是其最重要的推销工具之一。

1）电话推销常识

（1）电话礼节

电话推销虽然看不到顾客，但推销人员的语气、语调、音量，甚至微笑都可以通过电话传递给顾客一个印象。因此，电话推销首先离不开基本的电话礼节。

①做好通话前的准备。在给顾客打电话之前，一定要准备一些有价值的信息，要经过思考和组织后在传达给顾客，从而避免浪费顾客的时间。

②保持充足的谈话时间。通话时，要计划好谈话的步骤，保证谈话时不受干扰。中途打断电话，无论有意或无意，都是不专心的表现，常常会令顾客反感，甚至会丢失推销的机会。因此，一些酒店制定了特别的规定，推销人员在通话时不允许任何人打断。

③电话交谈是一种直接接触，推销电话切忌让别人代拨，这样会引起顾客的不满情绪。

④礼貌和尊重。打电话同样也存在着对顾客的礼貌和尊重问题。任何傲慢或过激的言语都会减少和顾客联系的机会。关于这一点，酒店的其他员工，如秘书、文员和前台接待员等也不例外。

⑤表达需简练。电话交谈一定要简短扼要，除非顾客主动寒暄。通话结束后，要等顾客先放电话，避免给顾客造成匆匆忙忙的感觉。千万不能当顾客没放下电话时就挂断电话，顾客会感觉你对他不满，也是极不礼貌的行为。

⑥合理安排通话时间。考虑顾客的通话时间也是对顾客的尊重。一般来说，一大早或下午下班前都不宜打推销电话。

总之，以上这些打电话常识对于建立一个良好的通话习惯还远远不够。要做好推销，还必须懂得如何有效地进行电话表达，增加销售机会。

（2）电话交谈技巧

推销人员需要经常检查自己是否具备以下的电话交谈技巧。

①语调。推销人员的语调要传递给顾客一种积极的合作情绪和态度，如反映亲切、愉快、兴趣和自信等感觉，尤其是在通电话时那种自然的微笑所达到的效果，我们称这种感觉为"语言微笑"。在电话交谈时，不要怕对方听不见，对着话筒大喊大叫，而是要想象顾客就坐在办公桌对面，语调必须自然放松。

②音量。理想的音量不宜过高,目的是让顾客得到一种愉快的收听效果。

③语调变化。通话的语调不能过于死板,平淡乏味。陈述时要清晰,关键词还要加重语气。征求意见时则要降低音量,语气要委婉。

④理解力。打电话时不要有吃口香糖、咬铅笔或抽烟等动作,语速也不宜过快,以免造成顾客的误解或遗漏。

(3)电话聆听技巧

由于电话交谈的环境比较特殊,电话聆听更需要一定的技巧。

①克制谈话。在电话里,几乎没法做到边谈边听。在顾客发表自己的观点时,推销人员应该认真聆听,不可以中间轻易打断、插话,或是提前下结论。一般来说,顾客说得越多,推销人员得到的信息就越多,对于推销自然也就越有利。

②提高注意力。一般情况下,坐着听电话往往十分投入,反应也很机敏,而站着或仰着背靠在椅子上就显得不太专心了。在推销电话中,推销人员要经常将自己摆在顾客的位置,沿着顾客的思路,才能够从中悟出顾客的需要,而不受顾客表达方法的限制。成功的推销人员善于对顾客投入感情。"我非常理解您的感受"。这句话并不复杂,却让顾客感到他的话对你是多么重要。

③合理提问。电话交谈时,适当的提问不仅会引起顾客的注意力,也可以表示出你的兴趣。它是一种激励顾客说话,从而收集更多信息的有效方法。如"这件事情为什么对你这么重要呢?""关于这方面,你还能告诉我些什么吗?"之后,推销人员只需要聆听,及时做好记录。顾客的这些回答对以后的推销都是有用的参考来源。

2)打出电话

我们把主动打给顾客的电话成为打出电话。打出电话分为许多种类,如试探电话、识别电话、预约电话、推销电话、服务电话和公关电话等。由于电话交流的局限性,推销人员多偏重用电话预约顾客,而不是做推销。因此,重点介绍几种以预约为目的的打出电话。

(1)试探/识别电话

试探电话是收集信息、结识决策人的手段。然而,许多试探电话在结束时往往又转变成识别电话,用来了解顾客的需要是否值得酒店去满足。识别电话不同于推销电话,其目的是用来发现个别的顾客或公司,为将来的人员推销提供依据。

试探和识别电话多采用提问方式,例如:

"你们公司有住宿、开会或宴会的需要吗?"

"你们公司有多少人经常旅行? 他们大多数下榻在哪家酒店?"

"谁负责安排公司员工旅行的住宿预订?"

如果这位试探的顾客有可能是人员推销的候选对象,就可以继续提问。例如:

"你们公司一年要举办多少次会议? 一般在哪些月份? 多长时间?"

"你们公司举办哪几种形式的会议? 你们需要哪些设施?"

"你们如何选择会议地点? 选择的标准是什么?"

"你们会议的地点什么时候确定? 由谁决定?"

处理试探电话较有效的方法是应用5W1H疑问形式。如表9.7所示。一般可以先设计一张识别问询表,如表9.8所示。这些提问所得到的答案都是将来推销的必要材料。推销员也正处在回答顾客酒店如何满足顾客需要的位置,适当的时间,可以在通话结束前提出预约的请求。

表9.7　推销中的疑问形式

提　问	信息跟进
谁 Who	顾客资料(姓名、地址、电话)
什么 What	顾客需要(客房、餐饮、娱乐)
时间 When	使用时间(月份、日期)
地点 Where	使用酒店
理由 Why	使用原因
方法 How	合作方式

表9.8　电话客户识别问卷

公司名称:

地　　　址:　　　　　　　　　　　　　邮　　　编:

联 系 人:　　　　　　　　　　　　　电话/传真:

1.自我介绍

"我是＿＿＿＿＿＿,代表＿＿＿＿＿＿＿＿,你可以告诉我贵公司由谁负责旅游和会议的安排吗?"

_____

_____

2.确定联系人后,说明电话来意。对方接受后可以问:

"您熟悉我们酒店吗?"

_____

3."你们有代理机构吗?"_____

4."如果有,您能告诉我代理机构的名称吗?"

_____

5."您能估计出每年的客房预订数量吗?"

_____

6."除了零散客人,你们还举办会议吗?"

_____

7."您有兴趣和酒店谈谈有关你们会议的优惠价格方案吗?"

_____

8."谢谢您给了我一次宝贵的时间。如果您答应约我再谈,那将是我的荣幸。"

_____

_____

（2）预约电话

预约电话是用来向顾客简单介绍酒店,借机询问顾客并提出预约面谈的请求,预约电话的目的就是促使顾客同意或接受预约,而不是推销。预约电话对推销人员和顾客都节省了时间,因为双方都需要为准备以后的面谈留出更多的时间。在打预约电话时同样不能受到干扰。

在拨打预约电话之前,需要准备好一切需要的资料,客户记录表、价格、预订日期等。同时,也需要拟订呈现的要点,和人员销售访问一样,有以下几个步骤。

①接触决策人;

②营造谈话气氛;

③呈现销售内容;

④克服异议;

⑤决定预约面谈。

（3）推销电话

推销电话一般由推销人员或市场部文员来完成。许多连锁酒店还特别加强培训一支推销队伍,利用电话来开发市场,接受预订或收集顾客的反馈意见。与预约电话不同的是推销电话的目的就是进行快速的推销,顾客在接到电话后如果不感兴趣的话,要么拒绝,要么中途打断,要么安排改日再谈。

由于受时间的限制,推销电话在呈现产品时,更需要突出产品的利益。同时还要有一定的耐心去消除异议,甚至接受顾客的回绝。

3）打入电话

由于酒店的广告宣传,人员推销,以及社会口碑的宣传,一些顾客也会主动打来电话,主要目的有以下3个方面。

（1）咨询信息

顾客对酒店非常感兴趣,需要一个全面的认识和了解,并且希望建立一个长期合作的关系。由于对酒店的陌生,顾客的问题常常十分广泛、无序,甚至稀奇古怪。在回答电话时必须礼貌耐心。如果时间有限,也可以用问话方式转为预约电话,创造一个人员推销的机会,转被动为主动。当然,还必须根据问题的内容和讲话的语气识别顾客,同时还要警惕竞争对手的探听电话。

（2）了解广告

酒店的各种广告都是为了吸引顾客,其宣传的焦点通常是顾客最敏感的问题,具有极大的诱惑力。为了确认自己能够得到最大限度的满足,一些顾客也会主动打来电话了解广告的内容。在回答这类电话时,要根据顾客的心理需要做有重点的说明,千万不能言过其实。

（3）直接预订

有相当一部分的打入电话都是直接预订,虽然在这之前顾客并不太了解酒店。对于上门的生意,要首先放下手中的一切工作,仔细聆听、认真记录,不时用问话确认,最好手边准备一份预订单,如表9.9所示,以免遗漏要点。预订电话处理程序如下:

①电话铃响3声内接起话筒,礼貌招呼。

②"请告诉我您的姓名好吗?"

③"您是个人预订还是公司预订?"

④"请告诉我住店客人的姓名、人数。"

⑤"请告诉我客人住店的日期,好吗?"

⑥"您能告诉我客人入店的时间吗? 是不是需要安排接机?"

⑦"请问您需要什么类型的客房? 我们的酒店目前有……。"

⑧"您需要……间房,对吗?"

⑨"×××先生/小姐,这种客房的价格是……,您接受吗?"

⑩"×××先生/小姐,您和酒店有协议吗?"

⑪"您是入公司账,还是个人结账呢?"

⑫"如果没有别的要求的话,我可以重复一遍您的预订吗?"

⑬"谢谢您的预订。欢迎您光临酒店。再见!"

⑭在顾客之后挂断电话。

表9.9　酒店客房预订单

客房预订单	
	□订房
	□更改
	□取消
先生/小姐＿＿＿＿＿＿	编　　号＿＿＿＿＿＿
入店日期＿＿＿＿＿＿	离店时间＿＿＿＿＿＿
入店时间＿＿＿＿＿＿	接机航班＿＿＿＿＿＿
房间保留时间＿＿＿＿	入住人数＿＿＿＿＿＿
房间种类＿＿＿＿＿＿	用房间数＿＿＿＿＿＿
房间价格＿＿＿＿＿＿	加　　床＿＿＿＿＿＿
代 订 人＿＿＿＿＿＿	电　　话＿＿＿＿＿＿
公司名称＿＿＿＿＿＿	地　　址＿＿＿＿＿＿
押　　金＿＿＿＿＿＿	贵　　宾＿＿＿＿＿＿
付款方式＿＿＿＿＿＿	信 用 卡＿＿＿＿＿＿
	支　　票＿＿＿＿＿＿
	其　　他＿＿＿＿＿＿
备　　注	
经 手 人＿＿＿＿＿＿	确 认 人＿＿＿＿＿＿
日　　期＿＿＿＿＿＿	日　　期＿＿＿＿＿＿

9.6.2　酒店内部推销

1)酒店内部推销的实质

酒店内部推销是指酒店的所有员工在各自的服务范围内向住店顾客开展的推销活动。

因此,内部推销也叫全员推销。对于入住酒店的顾客来说,不同服饰的员工可以提供不同项目的服务。每一位见客的员工就如同一个活动的广告,影响或诱导着顾客的店内消费。所以,现代酒店管理者认为,内部推销的市场并不是顾客,而应是全体酒店员工,即内部推销实际上就是如何使用和发挥全体员工的推销技能和潜力。其内容包括:

(1)创造一个融洽的人际环境

在实现内部销售的过程中,酒店员工首要职责就是努力消除住店顾客的陌生感。自然的微笑,亲切地称呼,主动的服务等礼貌表现,都会给顾客心理上极大的安慰和满足。这种员工和顾客之间和谐友好的气氛,正是许多酒店所追求的"家的感觉"。

(2)建立员工的自豪感

酒店的内部推销很大程度上是通过员工热情的服务得以实现的,它贯穿于员工每一个细小的服务环节。因此,要做好内部推销,重要的是要员工产生对工作的信心和自豪感,能发现工作的乐趣,真正体会到当接受顾客的赞扬时的那句礼貌语:"这是我乐意做的事。"

(3)加强员工的销售意识

员工的服务质量也依赖于员工的销售意识。销售意识越强,服务的效果也就越好。因此,加强员工的销售知识和技巧的培训,能更加激励员工主动服务顾客,促进内部销售。

2)内部推销的条件

内部推销虽然包括酒店内部营业区域的宣传标志、印刷品和广告牌等,但起决定因素的还是人员推销,这些内容也只能属于人员推销的辅助材料。既然如此,员工的素质的提高便成为酒店管理人员和基层员工的首要工作。

(1)高层经理

酒店的高层经理是酒店市场营销的决策人,他们起着挑选和培养员工的决定作用,具体表现如下。

①录用有推销意识的员工。经理在面试营业区域的员工时,不但要重视员工的外表,还需要测试员工的推销意识。酒店希望每一位员工既是一名服务员,同时又是一名推销人员,这也是当前市场竞争的发展趋势。

②培训员工的推销技能。员工不仅要具有推销意识,还必须学会推销的基本方法和技巧。经理要有计划地培训员工,并且在实际工作中随时指导员工,传授经验。

③组织和激发员工推销。在每日工作前的班会上,经理必须让每一位员工明确当日推销的项目和目标,施加一定的压力。下班前,经理需要做一个简单的评定和总结,让每一位员工了解当日的营销效果。一个优秀的经理既是一名严格的管理者,也是一个善于推销的榜样。因为组织并鼓励员工积极推销往往比监督或评价员工更有效。

(2)基层员工

基层员工主要是营业区域的员工,构成了酒店内部推销的主体,他们的推销效果,直接影响酒店的整体受益。因此,任何一名上岗的员工必须经过严格的推销技能培训,并具有以下基本素质。

①熟悉酒店设施和服务项目。虽然酒店员工的工作范围受营业区域的限制,但及时了解酒店整体的销售信息对于更好地内部推销有极大的帮助。例如,登记入住的顾客有可能

会询问餐厅的情况;而就餐的顾客也许会关心娱乐设施的服务等。另外,员工还必须清楚酒店现行的酒店销售政策,以及当天的重大销售活动。多数的酒店本着"员工就是财富"的原则,对员工进行一系列的培训,如入职培训、在岗培训和交叉培训,使员工尽快掌握酒店所销售的产品信息。

②主动接触顾客。主动接触是员工推销意识的具体表现,他不仅能够制造一种友好的气氛,还可以增加推销的机会。例如,主动称呼顾客的姓名就是一种最有效的接近方法,前台接待员、行李员、电话员、餐厅服务员和收银员等都是利用此方法作为进一步内部推销的过渡。

③应用销售技巧。普通员工的销售技巧虽然没有专业推销人员那么复杂、老练,但基本方法是相同的。例如,前台员工在销售客房时,对主动上门的顾客就采用自高向低的推销法,以提高当日的平均房价;淡季时,则采取低价推销法,以扩大入住率等。推销技巧的应用和发挥必须有一定的销售理论知识为基础,更需要从实践中不断积累和总结。

3)内部推销的方法

事实上,每一位员工的推销悟性和技巧发挥都是各有差异的,推销的方法也多种多样。为了保证酒店内部推销的有效进行,我们推荐两种简单而又常用的方法。

(1)交叉推销法

交叉推销是指酒店借用某一区域的员工或其他宣传品,在不影响该区域正常经营的情况下,同时推销其他营业区域的设施和服务。例如,前台的广告栏里是健康中心的服务内容,顾客入住的欢迎卡上面却印有餐厅的销售信息。寄给顾客的预订确认书也许还会提醒顾客别忘了带运动衣,借机推销酒店的俱乐部生意。

员工之间也经常展开交叉销售活动。例如,前台的员工可以向刚登记的顾客介绍酒店的特色餐厅,甚至还可以在柜台上摆上最新的菜单,来引起顾客的注意。行李员也可以利用短暂的时间向顾客介绍酒店的租车服务等。这些有推销目的的介绍恰好也是顾客的需要。这样做,不仅为酒店创造了效益,同时也表示对顾客的关心和欢迎。

因此,交叉推销需要每一位员工熟悉和掌握酒店的知识和销售信息。例如,一名行李员向顾客介绍餐厅的内容时,只说出餐厅的名称和地点,不知道餐厅的特色和价格,又怎么能引起顾客的兴趣呢?所以员工对酒店产品了解得越多,越具体,呈现产品的利益就越明显,也就更容易达到交叉推销的效果。

(2)建议推销法

建议推销法指酒店员工根据顾客需要主动向顾客提出某种消费建议的内部推销方法。建议推销法需要员工以顾客利益为原则,站在顾客的立场上说话,因此,它深受顾客的欢迎。我们可以通过以下的实例来观察建议推销法在酒店各部门的使用。例如:

在前台,对于早上抵店的顾客我们可以说:"我们酒店有 1 小时洗衣服务。您只需要休息一会儿。您的外套就会熨好送到您的房间。"对于晚上抵店的顾客则可以说:"您喜欢西班牙音乐吗?我们今晚请来了本市最优秀的钢琴师在咖啡厅表演。"

在餐厅,顾客上过主餐后,便可以这样推销:"您想试一试我们新推出的餐后咖啡吗?我们在咖啡里掺了一点白兰地和奶油。我们还供应爱尔兰咖啡。"

当然,建议推销法也适合推销人员。酒店在旺季时,推销人员不只是简单地推销客房,还需要根据酒店的客房预订状况调整顾客的入住日期。例如,星期五酒店出现客满情况,推销人员就建议顾客更改入住的日期。监视竞争酒店的预订情况同样关系到建议推销的应用。假如由于另一家酒店的会议造成大量顾客外流,就会引起本酒店在某一天内出现客满的可能,推销人员就必须建议预订顾客提前或推迟一天住店,从而为酒店创造最大程度的盈利。

4)内部推销的应用

大多数能有机会和顾客接触的员工都存在着推销的潜力,如果员工对酒店所推销的产品一无所知或不具备一定的推销能力,这种接触的机会也只好白白浪费。下面介绍几个内部推销应用最广泛的营业区域,以强调内部推销给酒店整体销售带来的巨大作用。

(1)总机

总机接线员往往是第一个与顾客接触的人,那清脆悦耳的回答声表达着酒店对顾客的热情欢迎。对顾客来说,电话员就是酒店的信息中转站,或"求助中心"。顾客的所有需求都会得到接线员迅速热情的答复,或准确无误地帮助顾客接通能够满足顾客需求的部门。

同时,接线员还担负着内部推销的重任。晚餐时间,接线员可以利用电话向顾客推荐酒店的餐厅或送餐服务。早上叫醒服务,接线员又可以建议顾客用酒店的自助早餐。

(2)预订部

预订部的基本功能就是将预订顾客转变为真正的顾客。一般来说,预订部的员工都受过良好的推销和公关培训。一名优秀的预订员不但态度和蔼、信息丰富,还具有娴熟的推销技巧,不仅房间推销得多,房价也卖得高。

对于预订员来说,最重要的是搞清楚酒店所有种类的客房,客房的门市价、季节价和特殊包价。同时在推销中还必须具备顾客利益至上的意识,让顾客感到物有所值。此外,预订员还必须了解客房的结构、面积、装饰风格、客房配品和位置。例如,家庭顾客可以推荐连通房,年轻夫妇则推销海景房,年迈的顾客可建议山景房等。总之,一切技巧的应用都是为了满足顾客的利益,增加酒店的销售。

预订员还要有一种永不放弃的精神。即使在酒店预订满的情况下,只要还有顾客订房,预订员总会努力尝试,为顾客提供一份选择。为此,预订部通常会采用客房待定系统,将预备预订的顾客列入等候名单。预订员经常这样回答顾客:"对不起,王先生。我们的客房已经预订满了,但是常常在最后一分钟会出现取消的现象。假若您能告诉我您的姓名和电话号码,一旦有空房我会立即通知您。"如果预订部工作实在太忙,无法给顾客回电话,预订员就需要留给顾客一个电话号码,以便顾客在客房最后保留时间(一般为下午6点)打回电话咨询。

(3)前台部

前台接待员的服务通常会使顾客对酒店产生第一印象,因为前台是顾客真正享受酒店服务的起点。每一位顾客都期望受到热情的款待,如亲切的招呼和真诚的微笑,而不希望一个冷冰冰的问语"你有预订吗?",对于经常来住酒店的顾客还需要称呼他们的姓名,热情地说一声"欢迎您又一次光临我们酒店。"因此,要使顾客感到受尊重,记住顾客的姓名比记住房号更重要。

前台办理入住登记拖时间过久最容易引起顾客的投诉,他们甚至会怀疑其他员工的工作效率。为了使顾客感情感到受尊重,前台接待员需要关心顾客的要求,而不是埋头操作电脑或忙于整理表格。为了节省时间,接待员有时也要主动帮助顾客完成一些复杂的表格的填写。

前台接待员经常有机会对顾客进行升级式推销,但最好低调处理。例如,"虽然您已经有预订,但是我们还有两种更好的客房供您选择,一种是行政间580元/天,另一种是安装按摩浴缸的商务间680元/天,您有兴趣挑选一种吗?"这样的建议往往会诱发顾客的欲望,因为推销给顾客的是更好的享受,而不仅仅是比较昂贵的客房。

对于前台接待人员来说,顾客办理登记的时候,也可以乘机进行建议推销。例如,前台接待员在询问顾客是否需要叫醒服务时,可以问:"刘小姐,我们早上7点整准时为您叫醒服务。您需要一份美式早餐在7:30送到您的房间吗?"

所以,前台接待员不仅是处理订单的操作员,更应该是酒店直接见客的推销员,他们几乎可以向住店顾客推销从客房到餐厅等所有可能销售的产品。同时,由于他们良好的服务经常带给住店客人满意的经历。因此,他们在顾客中间也产生一些个人魅力,从而培养出一批忠实于酒店的回头客。

(4)餐饮部

餐饮部服务员除了具备和善的态度和敏捷的点单技能之外,关键还要有推销技巧。

要做到有效的推销,服务员必须了解菜品的许多知识,如菜的原料、配料、烹制方法以及食用的讲究等,利用菜品的特色来吸引顾客。当然,提问式推销通常比较节省时间,冒险性也小。

餐饮服务为员工推销技巧的发挥提供了许多机会,尤其在顾客点菜时,推销技巧就显得十分重要。"您尝过我们的奶酪蛋糕吗? 优质的奶酪上加了一层新鲜的草莓。"显得要比"您需要点什么?"有效得多。服务员还可以同时给顾客介绍几种食品,但建议顾客只选择其中一种,并道出选择的理由。"您喜欢基围虾做头道菜,还是新鲜的洋葱汤呢? 基围虾今天上午刚运到,绝对新鲜。当然,新鲜的洋葱汤也是酒店大厨的一绝,这道菜闻名全市。"看来,建议推销不仅对顾客而且对酒店和员工都受益匪浅。

餐饮服务员也有机会使用交叉推销方法。送餐服务员可以向客房的顾客推销特别的自助早餐。风味餐厅的服务员还可以向需要快餐的顾客推销咖啡厅的旅行午餐。这些软推销技巧都是为其他营业点推荐顾客,扩大酒店销售的好方法。

9.6.3 酒店餐饮推销

1)餐饮推销的种类

酒店餐饮推销是指在酒店内的餐厅、酒吧等餐饮服务场所的推销。餐饮推销的主要目的有增加客流量、加速顾客的周转率、提高顾客的平均消费等。

餐饮推销的特点是时间短、见效快。非常适合餐厅或酒吧新产品的上市,或者针对某种积压产品的突击推销。此外,餐饮推销还可以活跃餐厅气氛,刺激顾客消费,有利于吸引回头客。酒店餐饮推销从功能上可分为3类。

（1）人员推销

餐饮的人员推销和客房的人员推销方法基本相同,包括电话推销和人员销售拜访以及附带的宣传资料。餐饮推销的基本程序也是从接触、呈现、克服异议、最终到决定和跟进。因此,餐饮的销售代表在开始电话推销或人员销售拜访之前,也必须经过推销基本知识的培训,按一定的方法去进行,方能获得一定效果。

餐厅的主要客源一般分住店客和非住店客两种。餐厅的领位员每日在记录本上记录下预订、就餐人数、重要客户等有用信息,为以后电话推销和人员推销提供依据。对于住店顾客,一些酒店根据前台提供的住房名单安排专人在用餐时间向顾客进行电话推销。

人员推销另一条重要的推销途径就是直接邮寄,给顾客有关餐饮销售信息和宣传物品,邮件既可以是广告宣传,也可以起到电话推销和人员拜访的补充或跟进作用。但是,推销宣传资料一定要有针对性,不能够将相同的宣传资料寄给不同性质的顾客。

（2）内部推销

餐饮内部推销是餐厅或酒吧根据自己市场目标的特点进行的各种促销活动,一般只限于餐厅的内部。任何一种促销活动都必须以满足顾客的利益为目的,要具有吸引顾客参加的充足理由。一种有创意的促销活动,不仅能够给酒店增加收益,而且还能在顾客中建立信誉和宣传口碑。内部促销活动的另一大特点是给顾客制造参与的机会,打破了单调的背景音乐下的就餐气氛,这种热闹的场面使顾客得到用餐之外的享受,同时也激发了服务员的工作热情。

餐饮内部推销常见的方法有以下几种。

①餐券。餐券是餐厅赠送给顾客的一种优惠或免费用餐证明。餐厅为了推广某种新上市的菜品,或推动某一项新的服务,以不同的折扣和优惠的餐券对特定的市场顾客进行有计划的发放,从而达到短期内促进销售的效果。餐券是一种餐饮内部推销常见的方法。常见的餐券形式包括:买一赠一餐券、经济实惠的套餐餐券、不限时的保期餐券、招揽回头客的反弹式餐券。

餐券推销虽然具有见效快、操作方便的优点,但值得注意的是餐券的期限和内容必须明确、醒目,在进行多种餐券发放时,要克服重复推销的缺点,避免造成顾客的误解。

②有奖销售。有奖销售是餐厅利用成本价格或免费赠送的奖励手段进行的内部促销活动。大多数成功的有奖销售活动都利用节日期间,或在某个就餐高峰时段开展一系列的奖品赠送。

有效的有奖销售还必须结合餐厅的市场定位和经营状况而决定。例如,一个高档的餐厅就不适宜赠送一些廉价的玩具或小饰品,相反,大众餐厅也承担不起高档的奖品。

③竞赛销售。竞赛销售是餐厅通过某项游戏或竞赛的方法向优胜顾客进行奖励的推销方法。比如,足球比赛有奖竞猜或幸运抽奖等。

④特别日期俱乐部。这是一种利用顾客生日、纪念日或某个特别重要的日期等机会向餐厅的荣誉顾客提供特别优惠或免费赠送的促销手段。餐厅可以通过电话、邮件等方法提前向顾客发出邀请,或者直接用广告公开宣传。这种特殊的推销方法有一定的人情味道,前来就餐的荣誉顾客往往还带来一些庆祝的朋友,因此,餐厅也获得了推销的机会。

⑤礼品券。礼品券是餐厅奖励有一定消费标准顾客的金额式餐券,这种餐券只限于顾客在餐后买单时使用,但不能兑换成现金。这种明显让利餐券是吸引回头客有效的推销方法。

⑥样品推销。样品推销是指餐厅让顾客免费品尝样品的推销手段。他特别适合新产品或特色产品的推广。由于顾客能当场评价出产品的质量和价值,这种方法往往可以得到立竿见影的推销效果。

⑦食品节/特别活动促销。食品节是餐厅根据某个民间节日或传说,或以某个纪念日为背景的特色食品促销活动。例如:端午节的"粽子宴",中秋节的"月饼展",还有异国风味的"意大利馅饼周"等。

详细的计划是举办特别促销活动的关键。促销活动开展的时间不宜过长,一般不超过一个月。另外,食品节或特别活动不能落入俗套,要具有独具匠心的创意。

⑧特别折扣。餐饮中最常见的折扣是献给第一批最早用餐的顾客。这样做既可以让顾客得到实惠,也可以调节餐厅生意淡旺季的时间。其他折扣的优惠对象还有像老人、残疾人、学生和军人等。

⑨送餐推销。酒店的送餐服务是将预订好的食品送至顾客房间的推销方法。送餐服务的特点是 24 小时全天候营业,顾客可根据自己的需要现点现做,并且有专人服务。

(3)外部推销

餐饮的外部推销主要是指酒店以外的餐饮广告宣传,一般分为两大类:一是付费广告,其中包括广播、报纸、电视、广告牌、新闻发布会等;二是辅助促销,主要有印刷宣传品、内部广告牌以及配合人员推销的辅助材料。

2)餐饮推销计划

开展餐饮推销确实能够刺激和促进餐厅的效益。因此,越来越多的酒店都掀起了积极频繁的促销活动。然而,这种短期的效益行为也会使餐厅失去一些老顾客,他们面对繁多的折扣选择就会更加倾向于打折最多的餐厅,而放弃曾经令他们满意的餐厅。为了抵御这种风险,餐饮经理必须认真研究市场,制定系统的促销计划,其主要步骤有以下几方面。

(1)分析生意结构

使用多种方法来分析客流量和收入,从而确定促销的区域。例如,每周的酒水和食品的销售量比、午餐和晚餐的客流量比以及每日的生意状况,都需要仔细分析。

(2)判断近期的高产区域

餐饮促销的方向往往取决于最出效益的区域。比如,风味餐厅深受本地顾客的青睐,或许咖啡厅、周末鸡尾酒会吸引了大批休闲顾客。但是,这些获利的营业区域是否还有潜力呢?而这些有潜力的区域最大限度的利润又会有多大呢?

（3）判断消费者

餐厅促销的目标是什么呢？哪种促销方法最适合餐厅拟订的目标市场呢？

（4）明确指标

一旦餐厅判断出最大促销潜力的营业区域,那么该区域的收入、收入比率、客源比率和促销项目都需要分别建立指标。

（5）评估促销

促销的手段涉及宣传、广告、内部销售、人员推销或是综合使用。每一种方法在实施之前都要做可行性评估。

（6）决定优惠项目

实施哪一种优惠项目对促销更有成效？奖金？免费餐？打折？……

（7）扩大预算

餐饮促销的成本预算一般要考虑到印刷、广告、奖品、特别优惠和员工奖励等多项成本的费用。如果没有足够的经济财力来满足这些需要,餐厅必须调整促销方案,保证一定的推销效果。一个筹备成熟的促销活动,即使规模很小,也会取得成功。

（8）监控促销

餐厅经理要定期监督促销的效果,一旦不奏效,便立即中断。

（9）发动员工

一个充满工作激情的员工队伍对于餐厅内部的有效促销往往比广告更有帮助,而且成本也低得多。但是,达到这一目标的前提是,员工必须熟悉所有促销的内容。

9.6.4 宴会/会议推销

1）宴会/会议推销的特点

宴会和会议的推销从性质上看,都属于餐饮推销的范畴。但是,在人员组织、服务形式和推销方法等方面,宴会、会议推销都区别于普通的餐厅,其主要特点是:

- 顾客人数和营业面积都超过普通餐厅;
- 从价格来看,宴会和会议的收费有一定的可调性;
- 食品和酒水用量大,材料成本相对降低;
- 高度的集中服务,降低了酒店的劳动力成本。

由于这些特点,许多大酒店根据市场要求纷纷成立了独立的宴会部,专门负责宴会和会议市场推销、管理和服务。宴会/会议部的工作任务有两大目标:一是接待酒店销售部的宴会和会议预订;二是直接面向社会进行宴会/会议的推销和接待服务。

2）宴会/会议的推销计划

（1）竞争市场分析

在分析竞争市场中,首先要确定几家强有力的竞争对手,从各酒店宴会/会议的设施和服务等具体项目中找出自己的优势和不足。这项基本的市场调查工作是制定销售计划的重要前提,如表9.10所示。

表9.10 宴会/会议竞争市场分析表

	本酒店			酒店 A			酒店 B			酒店 C			酒店 D		
地　　址															
预订电话、传真															
面　　积 宴 会 厅 会 议 厅 包　　间															
价　　格 最 低 价 最 高 价 平 均 价	早	中	晚	早	中	晚	早	中	晚	早	中	晚	早	中	晚
酒水促销 批　　发 零　　售 自　　制															
客源档次 　高 　中 　低															
联 系 人															
职　　务															

（2）确定主要客户

明确本酒店宴会/会议竞争市场的定位后,宴会/会议部必须迅速开发并确立酒店的主要客户,其基本类型有 3 种:

①本地商务公司;

②本地社会组织机构;

③本地民间组织或活动。

为了获得稳定的客源市场,酒店还专门给一些高产量的重要客户提供信贷服务。

（3）制定销售指标

宴会/会议销售指标必须根据销售的季节或参考以往同期的经营状况来决定。只要监控内容包括:

①多功能厅的利润率;

②宴会和会议的功能类别;

③营业区域单位面积的平均收入;

④宴会和会议的人数;

⑤宴会和会议的人均收入；

⑥利用率(淡季、旺季的时间)；

⑦常用的菜单种类；

⑧带动的客房销售量。

(4)计划的实施

计划的实施必须围绕各项确定的指标来进行。例如,酒店在实施婚礼市场销售计划时就通常采用以下3种手段;

①举办婚礼表演。通过举办婚礼表演,邀请婚事市场的有关商界人物,如珠宝商、新婚用品专卖店、花店、摄影室、发行设计室、蛋糕放和旅行社等,展出期间,吸引新婚夫妇在酒店举办婚礼,进而销售酒店客房及婚宴。

②发放婚礼宣传品。联合社会有关机构,在结婚登记处、公证处或其他地点,向新人发放宣传品,帮助和建议他们如何计划、预算和操办婚事。一些酒店还专门设立了婚礼顾问。

③实行婚礼包价。多数的新人在婚礼上都追求一流,他们愿意接受全套的综合服务。因此酒店要抓住顾客的"人生仅此一回"的心理,制定豪华的婚礼包价。

行动日历表是宴会和会议推销有效的实施方案。详细的行动日历表几乎规划出每天的促销活动安排,它时刻提醒推销工作的重点,是实现销售指标的保证。

此外,每月或每季度的销售会议能总结和评估推销的效果,根据市场的需求,及时调整推销计划。

3)宴会销售程序

与客房销售相同,宴会推销也具有自己的销售程序标准。为了争取回头客,宴会推销也需要经过客户存档、跟踪、拜访和预订等基本程序。其具体操作还包括宴会安排指令、日期和地点预订政策,确认和取消程序、场地租金和摆台费用、押金和退款政策、信贷程序和保证书等。

首先,将一张宴会咨询表,如表9.11所示,通过信函、电话或访问等方式向顾客了解详细的需要,判断顾客的预订可能。

表9.11 宴会咨询表

组织单位_____			
地　址_____		电话/传真_____	
联系人_____		职　务_____	
意　向:			
功　能_____		时　间_____	
人　数_____		日　期_____	
候选日期_____			
客房用量_____		房　价_____	
预订状况			
_____暂定			
_____已定			
_____未定			

续表

菜单形式＿＿＿＿＿＿＿＿＿＿＿＿＿＿＿＿＿＿＿＿＿＿＿＿＿＿＿＿＿＿

跟进日期＿＿＿＿＿＿＿＿＿＿＿　　　　　　保留日期＿＿＿＿＿＿＿＿＿＿

跟进结果：

场地问题＿＿＿＿＿＿＿＿＿＿＿＿＿＿＿＿＿＿＿＿＿＿＿＿＿＿＿＿＿＿

价格问题＿＿＿＿＿＿＿＿＿＿＿＿＿＿＿＿＿＿＿＿＿＿＿＿＿＿＿＿＿＿

不满理由＿＿＿＿＿＿＿＿＿＿＿＿＿＿＿＿＿＿＿＿＿＿＿＿＿＿＿＿＿＿

其　　他＿＿＿＿＿＿＿＿＿＿＿＿＿＿＿＿＿＿＿＿＿＿＿＿＿＿＿＿＿＿

＿＿＿＿＿＿＿＿＿＿＿＿＿＿＿＿＿＿＿＿＿＿＿＿＿＿＿＿＿＿＿＿＿＿

提供资料：

□酒店宣传册　　□价目表　　□保证书　　□菜单

□宴会厅面积图　□信贷书　　□包价介绍　□其他

接下来必须根据部门的预订安排表来确认宴会的具体时间和地点。如表 9.12 所示。

表 9.12　每日宴会安排表

场地	上午		下午	
会议厅	组织单位		组织单位	
	功能		功能	
	时间	人数	时间	人数
	暂定	确定	暂定	确定
	担保人		担保人	
	预订人	摆台	预订人	摆台
多功能厅	组织单位		组织单位	
	功能		功能	
	时间	人数	时间	人数
	暂定	确定	暂定	确定
	担保人		担保人	
	预订人	摆台	预订人	摆台
……	……		……	

最后和顾客商定宴会的功能和具体安排,用宴会预订单来确认最终预订。如表 9.13 所示。

表9.13 宴会预订单

组织单位_____	日 期_____
地 址_____	预订号码_____
联 系 人_____	电话/传真_____

时间	功能	场地	人数	场地租金_____
				信纸/铅笔_____
				讲 台_____
				欢迎台_____

菜单:	用餐摆台_____
	蜡 台_____
	桌 号_____
	舞 池_____
	乐 队_____
	投影仪_____
	屏 幕_____
	麦克风_____
	电 话_____
	地板装饰
	更衣室

酒水:	客房用量_____
矿泉水_____ 咖啡_____	房 价_____
汽水_____ 香烟_____	入住日期_____
葡萄酒_____ 小吃_____	离店日期_____

4)会议推销的特点

会议推销一般是在酒店的客房推销带动下进行的。会议推销的关键是要了解会议场地的价值,良好的会议销售意识包括:

①相同功能的会议活动尽可能安排在相同的地点,这样有利于周转。

②先推销难销的场地,以增加其他场地的销售机会。

③灵活处理保留时间,善于利用空间时间。

④旺季重视场地的价值,淡季促销场地的使用率。

此外,会议推销要根据会议功能的要求进行合理的摆台,最大限度地利用空间。从容纳人数上可分为剧院式和教室式两大类。

5)宴会/会议检查要点

由于宴会/会议属于酒店服务中最复杂的一项工作,所以,事先制定一张活动要点检查表有助于完善宴会/会议的准备工作。其检查要点如下：

(1)时间

(2)地点

(3)预计人数

(4)摆台

- 剧院式

- 教室式

- 回形式

- U形式

- 讲台

- 舞台

- 座次签

- 记录本/铅笔

- 座次图

- 横幅

(5)发言要求

- 立式讲台

- 坐式讲台

- 主席台

(6)签到登记

- 签到时间

- 签到台

- 签到本

- 信息板

- 指示牌

- 电话

- 废纸篓

(7)视听要求

- 安装时间

- 立式麦克

- 台式麦克

- 无线麦克

- 白板

- 录音机

- 录像机

- 幻灯机

- 投影仪

- 银幕

- 投影电视

- 电视监视器

- 射灯

- 背景音乐

(8)咖啡间休憩时间

- 时间

- 人数

- 地点

- 价格

(9)特殊安排

- 司机餐

- 演员

- 摄影师

- 鲜花

(10)餐类

- 套餐

- 自助餐

(11)费用

- 会议场地费

- 每位费用

- 酒水价格

- 房价

- 付款方式

(12)保安要求

(13)场面装饰

6)跟进服务

跟进服务是建立回头客的必要程序。每次会议活动结束后,酒店要及时给顾客寄上一封感谢信和一份意见书,为建立长期合作关系打下良好的基础。见表9.14。

表 9.14　客户意见书

服务意见书

团队名称 _____

会议日期 _____

功　　能 _____

	很好	好	一般	差	评语
办理登记					
员工态度 　宴会厅员工 　销售员工 　餐厅员工 　前台员工 　电话员 　行李员 　客房服务员					
餐厅 　食品质量 　服务质量					
酒吧 　酒水质量 　服务质量					
宴会厅 　大厅外观 　食品质量 　服务质量					
会议厅 　大厅外观 　会议设备 　灯光 　温度 　客人反应					
补充评语					

【本章小结】

　　本章共分为 6 节。第一节介绍了酒店促销及促销组合,同时指明了酒店促销的本质是沟通以及酒店如何进行有效沟通;第二节是酒店广告策略,首先界定了什么是广告,然后论述了酒店广告决策;第三节是酒店人员销售策略,主要涉及酒店人员销售的任务、类型、技巧、过程以及酒店人员销售管理;第四节是酒店销售促进策略,阐述了酒店销售促进的类型、特点、实施与评估;第五节是酒店公共关系策略,涉及公共关系的概念、酒店公共关系的营销职能、主要工具、基本原则和主要决策;第六节主要介绍了酒店日常推销管理,包括电话推销、酒店内部推销、餐饮推销和宴会/会议推销。

【复习思考题】

1. 什么是酒店促销?
2. 酒店如何进行有效的沟通?
3. 酒店如何进行促销组合决策?
4. 分析酒店促销组合工具的特点。
5. 什么是酒店广告? 酒店如何进行广告决策?
6. 什么是酒店人员销售? 酒店如何进行人员销售决策?
7. 酒店销售人员如何面对顾客的异议?
8. 酒店销售人员应具有哪些销售技巧?
9. 什么是酒店销售促进? 酒店如何进行销售促进决策?
10. 什么是酒店公共关系? 酒店如何进行公共关系决策?
11. 简述酒店电话推销常识。
12. 酒店打出电话的种类有哪些? 进行打出电话推销时应该注意什么?
13. 顾客打入酒店电话的目的有哪些? 如何处理酒店打入电话?
14. 酒店内部推销的方法有哪些?
15. 酒店餐饮推销的种类有哪些? 如何制定酒店餐饮推销计划?
16. 酒店宴会/会议推销的特点是什么?
17. 酒店宴会销售的程序有哪些?
18. 如何检查酒店宴会/会议销售的要点?

【案例分析】

案例1:喜来登酒店的促销策略

促销是市场营销不可缺少的一种工具,它是酒店为了使目标顾客尽早且尽可能大量购买而采取的一系列鼓励性促销活动。通过促销活动,可以冲破酒店与潜在客源之间的障碍,将产品推销给顾客。

喜来登酒店集团采取的促销策略有广告、人员推销、价格优惠、设立国际俱乐部、特殊活动项目,利用酒店内部的文体娱乐设施为顾客提供方便、周到的服务。在喜来登酒店集团众多的促销手段中有两点是国际酒店业上的创举:一是设立国际俱乐部,其目的是为了吸引高端市场,并且鼓励他们经常到酒店来住宿;二是开辟"喜来登塔",提供特殊的服务,从而在世界酒店业中加强了喜来登高级、豪华的形象。正是由于喜来登酒店集团在激烈的竞争中不断推出新的促销活动,吸引新老顾客,使它多年来保持在世界大酒店联合中排行第二的位次。下面详细介绍喜来登酒店采取的促销策略。

喜来登酒店很注重促销工作,除了发布有效的广告之外,更重要的是发动"喜来登销售闪电战"。集团总部设"攻坚销售部",每个喜来登酒店都有专职的销售人员,总部需要时可随时抽调。这些销售人员负责发掘所在地的宴会、公务会议、社会团体聚会等市场。而喜来登集团会用他们吸引来的活动的预订数来评价销售成绩。集团被美国国际电话电报公司兼并后,重视促销的传统保留了下来。国际电话电报公司还利用集团的财力、技术与业务的优势,进一步加强了酒店的促销。它充分发挥总部、分部、地区与酒店的各种优势,开展有新意的广告宣传和促销活动,以扩大其在个人旅馆、消遣旅游与会议旅游市场上的份额。集团特别注意开展对一般公众和特别市场有吸引力的活动,以花有所值、质量优良而取胜。

1986 年 6 月,喜来登联号首次在全世界范围内推出一项优惠常客的活动——喜来登国际俱乐部,这是在国际旅馆业上的一个创举。顾客根据在喜来登酒店的花费获得一定积分,而这些积分可以用来在喜来登联号酒店中度假,或换成自己需要的商品。俱乐部成员还可以受到优待,如自动提高住房等级,延长离店结账时间到下午 4 点和快速结账等。总之,客人在喜来登的花费越多,积分越多,享受的优待也就越多。实际上,这是喜来登集团与其他酒店联号进行竞争的一种新武器。

为了取悦世界各地经常外出的公务旅行者,喜来登还推出一种叫喜来登公务旅行社计划。凡参加这一活动的人,集团保证提供一个在一年中不变的优惠价格,在美国、加拿大可 24 小时使用免费电话预订世界各地的喜来登酒店,每天提供免费报纸,使用同一间客房的配偶免费等优惠。

除此之外,喜来登还举办多种特别的销售项目。其中有"喜来登家庭旅行计划",17 岁以下的儿童与父母同住一房间不另收费;"政府计划",对各级政府官员因公旅行时在喜来登享受政府优惠价;"退休人员计划",60 岁以下的退休人员住店享受 25% 的优惠;设立方便团体预订的中心,以最快的方式预订喜来登任何一家酒店内 10 间或 15 个人的住处;对航空公司与旅行社职员的优惠,凡与喜来登有业务往来的,住在喜来登酒店均可以得到 50% 的优惠。它还向大旅行社老板、各国旅游界的首脑和喜来登联号内的馆主颁发"喜来登金证书",持证者在各联号酒店享受住宿免费待遇。喜来登还和世界上的国际航空公司合作,共同作奖励促销。

凡到喜来登酒店下榻并付全费的客人,可享受像泛美、快达、西北航空等大型航空公司 500 英里航程的免费待遇,如住套房,免费里程提高到 750 英里。这样既可增加客房的全价销售,也为航空公司赢得了更多的乘客。

为了便于各地旅游者对喜来登酒店的预订,集团在世界 33 个国家和地区设立了国际预订中心,并在 5 大地理区域设立了 29 个专门销售点。它还充分利用国际电话电报公司的优势,在美国、加拿大、巴西、芬兰、丹麦、法国、荷兰、日本、瑞士、英国、德国、墨西哥和新西兰等国开设预订世界各地喜来登酒店的免费电话,客人可以直接预订和获得有关信息。

为了赢得更多的顾客,提高酒店的吸引力,喜来登还采取了许多新措施。它在许多酒店里开设了"无烟客房""残疾人客房"。特别考虑到公务旅游者的需要,各酒店增设了现代化的健身与体育活动场所与设施。现在喜来登联号有 30 多家酒店设有高尔夫球场,150 多家酒店设有网球场,绝大部分设有游泳池与健身娱乐中心,有 60 多家酒店建在机场附近,对商务客人或中转客人十分方便。在绝大部分喜来登酒店里,世界上主要的信用卡都可以被接受,如 Access Express, American Torch Club, Diner's Club, Discover, Carte Blanche, Chargex

Barclay Card，en Route，Eurocard，JCB，Master Card，VISA 等。近年来，和其他大的联号酒店一样开设了"商务中心""商务楼层"，以取悦于商务旅游者。它还在世界40多家喜来登酒店开辟了"喜来登塔"专用高级套房。这种"喜来登塔"是为客人提供一种更加豪华、舒适的"酒店中的酒店"。(a-hotel-within-a-hotel)。"塔"中有单独的服务台办理各种手续，有专用休息处，有人为客人安排各种业务与社会活动，客房有特殊的用品和特殊的服务等。这一新产品的推出，更加强化了喜来登在世界酒店之林中的高级、豪华的形象。

（资料来源：谷慧敏，秦宇. 世界著名酒店集团管理精要［M］. 沈阳：辽宁科技出版社，2001.）

案例2：东方会议大酒店世界商业巨头峰会宴会接待计划

（1999年9月）

一、目的

世界商业巨头峰会期间(10月11日)有一次盛大宴会(150桌)，这次宴会由东方会议大酒店承担，对酒店来说，既是机会又是挑战。

虽然中国是一个发展中国家，但世界上最有实力的企业首脑仍愿意聚集在这里，一方面对我国悠久的历史和文化感兴趣，另一方面也是看好中国的发展前景。所以，成功举办好这次宴会，既能让客人体验中国饮食文化的魅力，又能使酒店有机会向世界展示其菜肴特色、服务技术和管理水平，从而树立起一个优质的市场形象，并努力让其中一部分客人成为酒店未来的客人。

二、客人需求分析

出席宴会的VIP客人约20位，有应邀而来的外国资深政界人士、国际商业组织的首席执行官、国际会组织的策划人等，他们尝遍了世界上的美味佳肴，要想让他们对东方会议大酒店留下深刻印象，唯有民族的东西才能打动他们。其余宾客都是商业企业的巨头，其中35%是欧美人、20%是日本人、15%是东南亚人、5%是韩国人，尽管他们口味差异很大，但如果将中国菜的烹饪方法、口味特点结合欧美等国的特点作些改良和选择，相信他们会有兴趣品尝的。

对于东方会议大酒店来说，他们是陌生的，但宴会过后，他们就会认识酒店。作为一家五星级酒店，这些贵宾将是主要的目标顾客，所以这次宴会一定意义上也是一次营业推广活动，客人们将通过本次体验，作出是否再次光顾的决定。

三、宴会方案

1. 宴会主题

中国有着5 000年的悠久历史。在岁月的长河中，中国人民用勤劳和智慧为世界文化和科技发展作出了巨大贡献。在饮食文化方面，更有其特有的魅力和底蕴。因此，酒店将从食文化这一特殊的视角向世人展示中国人民的智慧和创造力，以及蕴含在其中的无限活力和自信。

2. 宴会标准

人民币250元/人(含酒水)。宴会使用饮料为软饮料(可乐、七喜、矿泉水、果汁)、青岛啤酒、张裕红葡萄酒。

3. 现场布置

现场的整体布置风格以传统、简洁、温馨为主。在现场的几个不同方位放置一些历朝历代的餐具,并配有文字说明。在现场周围挂一些体现中国人民勤劳与智慧的历史故事的图画,以激发外宾的兴趣。在现场配备一些专业人员,对古代餐具和历史故事进行讲解。

主桌 20 人,放席卡;其他 149 桌是 10 人圆桌,不放席卡,但编制桌号,出席宴会者按桌号入席。主桌上每位贵宾一份中英文菜单;其他每桌放两份中英文菜单。

主桌后面设置一背景板,上印此次会议的 LOGO。背景板前右侧(面向大家)搭建 4 m×4 m 的舞台。上置一讲台及两支立式话筒。背景板左侧放两支立式话筒,供翻译用。乐队位置在背景板对面。

4. 餐具选用

菜碟选用在现场陈列的古代餐具的仿制品,体现中国的传统特色。建议主桌酒杯可用仿制的古代樽,让喝惯了美酒的外宾也能体会到"葡萄美酒夜光杯"的特有韵味。其他酒具、筷子等要随宴会的进行而有计划地更换,一方面符合宴会主题的开展,另一方面也让来宾保持不间断的新鲜感。

5. 菜单设计

按照宴会主题,菜单既是中国菜的精品,又是照顾欧美客人的食用习惯,尽可能方便食用。此外,考虑到同时供应 1 500 多份菜,菜的品种不宜太多。

菜名应显示中国特有的文化韵味,每一菜名都是一个历史故事或民族意境。菜单的包装以中国古代的书籍——卷轴为样式,可选用纸、丝绸或竹制品,同专门的搁架放置。

宴会菜单分一般与素食两种,素食者人数将由会议接待单位提供,素食餐桌需有明显标志。

6. 服装要求

宴会服务人员准备三套服装:两套传统服装和一套正式工作服,根据宴会进行的顺序更换。安排两批服务员进行更换,以确保服务质量和充裕的时间。

7. 礼仪服务

所有通道及 VIP 引领由礼仪小姐负责。

8. VIP 休息室布置

5A 贵宾厅要求内圈 12 个单人沙发加茶几,茶几上放置鲜花,外圈约 15 个沙发加茶几,提供茶水、毛巾。

9. 活动进程

18:25—18:45　　宾客车辆陆续到达

18:45—18:55　　宾客进入宴会厅

19:00　　　　　　中方、外方 VIP 进入宴会厅

19:00—20:00　　宴会

20:30　　　　　　宾客退场

10. 停车安排及宾客进出线路

(1)VIP 停车安排及进出线路

中方 VIP 车辆由海丰路至 VIP 通道停,人员进入 VIP 通道后由 VIP 梯至 5A 贵宾厅会见外方 VIP,会见后一起进入宴会厅,退场原路返回。

外方 VIP 分坐两辆车由海丰路停酒店正门,人员由酒店正门经大堂乘 2 号梯至五楼,在 5B 休息后,至 5A 与中方 VIP 见面,然后与中方 VIP 一起进入宴会厅,退场自原通道至 2 号电梯,经大堂出酒店正门。

(2)一般宾客

一般宾客在展示厅进入,经自动扶梯至宴会厅,退场原路返回。大巴士停海丰路两侧。

(3)车辆总数

共计中方 VIP 车辆 12 辆、停车场小车 150 辆,大巴士 40 辆。

四、广告策略

利用本次宴会主要宣传酒店的形象。

1. 形象

远东最豪华的会议酒店之一,位于世界瞩目的最有发展生机的城市,周围环境优美,是国际重要商务会议和商务活动的首选场所。

2. 传播过程

凭着出席宴会贵宾们对世界的影响,宴会的过程和效果本身就是一次最好的广告活动。

10 月 5 日,举行记者招待会,发布信息。

10 月 11 日,国内各新闻机构及经许可的外国新闻媒体现场报道和宴会后的采访。

五、行动计划

酒店各部门应严格按照下表规定的工作内容和完成日期完成相应的工作:

部 门	工作内容	完成时间
市场营销部	■负责背景板及指示牌的制作 ■负责现场协调 ■负责现场摄影	10 月 10 日 10 月 11 日 10 月 11 日
餐饮部	■餐饮台型布置及服务方案 ■菜单设计 ■5A 贵宾厅布置 ■礼仪小姐安排方案	10 月 9 日 10 月 1 日 10 月 9 日 13:00 前 10 月 10 日
客房部	■各场馆的清洁工作 ■宴会厅、5A、5B 布置绿化	10 月 11 日 10:00 前 10 月 11 日 10:00 前
工程部	■宴会厅安装话筒 ■5A 贵宾室安装 4 支话筒 ■负责照明、空调等设备运转正常	10 月 10 日 10 月 10 日
保安部	■做好路面疏散和保安工作	
车库管理部	■做好停车场的停车安排 ■配合做好司机休息时的安排	

(资料来源:王怡然.现代酒店营销策划书与案例[M].沈阳:辽宁科技出版社,2001.)

【案例思考题】

   1.案例1:喜来登酒店都采用了哪些促销策略? 其促销的创新性体现在哪些方面?

   2.案例1:选择不同促销方式时酒店主要考虑哪些因素? 喜来登是如何做的?

   3.案例1:你对喜来登酒店的促销活动有何建议?

   4.案例2:请评价东方会议大酒店的此次宴会计划。

   5.案例2:如果你是此次宴会计划的制定者,你将如何借助此次机会推销酒店的宴会服务?

第 10 章　酒店信息化营销

> 【主要内容】
> ◇网络营销理论及其内涵
> ◇网络营销的特点及与传统营销的关系
> ◇酒店网络营销战略
>
> 【学习要点】
> ◇了解信息化营销的理论及其内涵
> ◇认识信息化营销的特点及与传统营销的关系
> ◇掌握酒店信息化营销战略

【案例引导】

喜达屋酒店微信营销案例

喜达屋集团是全球最大的饭店及娱乐休闲集团之一,以其饭店的高档豪华著称。集团的品牌包括喜来登酒店、圣·瑞吉斯酒店、威斯汀酒店、福朋酒店、至尊精选、W 饭店(W Hotels)、雅乐轩。现在喜达屋已成为中国最大的五星级和四星级酒店运营商,喜达屋在中国目前已开设了 63 家酒店,中国成为仅次于美国的喜达屋第二大酒店市场。但在高端酒店竞争日益激烈的大趋势下,喜达屋集团希望通过随视传媒的网络营销经验帮助其提升服务优势口碑。

在传播前,随视对喜达屋酒店进行深入的调查,发现目前酒店用户具有网购习惯移动化的趋势,于是果断建议喜达屋客户看准商机,利用快速成长的移动客户端微信进行社会化营销。率先提出在微信平台开展真人客户服务,提供及时应答沟通服务。并通过微信,吸引更多高端精英人群关注和加入 SPG 俱乐部,同时也为其会员提供更加尊享移动化服务,争取在同类型酒店营销市场占领先机。

通过两大阶段实现招募粉丝到口碑分享、优化服务目标,占领了同类型酒店的营销先机。

第一阶段:资源整合,立体招募价值粉丝/会员

用喜达屋自有资源(酒店内宣传物料、官网、官方微博、百度搜索品牌专区等),以二维码作为导入口,吸引品牌兴趣粉丝;同时借助微信的周边功能覆盖酒店附近高价值用户,成为微信平台第一个同时运用"摇一摇""附近的人"功能的企业。微信用户一旦与SPG俱乐部微信账号建立好友关系,不仅可以收到最新活动信息、酒店优惠、在线预订等服务,还有机会抽奖赢得澳门免费酒店住宿以及参与"欢享之夜"预订酒店赢积分活动。

第二阶段:动静结合,智能维护

静:内容吸引,口碑分享。贴合SPG会员尊贵身份和阶层品位,软性传递SPG酒店和会员活动,让每一条传递信息做到具有价值性而不是打扰。让微信好友在获得利益信息的同时,不断增强对SPG俱乐部以及喜达屋集团的品牌好感。为了更好地激发SPG好友在微信分享,前期招募期通过澳门免费酒店住宿大奖吸引,刺激和激发粉丝主动分享给自己手机及社交朋友。

动:真人客服。SPG俱乐部官方微信实现与喜达屋强大的客服中心对接,率先实现真人化专业客户服务,让SPG尊享服务始终伴用户身边。

智能:定制化技术开发,智慧管理数据

①官方会员注册引导。开放官方微信接口,用户通过微信即可注册成为SPG俱乐部会员,让潜在需求在第一时间实现转化。

②关键词自动应答。基于微信公众账号的自定义接口开发,实现关键词自动应答信息的菜单式管理设置,实现精准便捷的客服响应,优于现有公众账号后台手动管理。

③数据智能化管理。基于微信的消息接口开发,实现客人咨询提问批量导出、好友分组管理等多重数据管理技术,为品牌后续推广提供数据化支持。

从2012年10月中旬开始,运营上线54天后,增加微信号好友超20 000人,访问酒店会员活动网站超过60 000人,吸引新注册会员达5 930人,用户微信咨询超过6 000次,共达成1 192份意向订单。并且喜达屋酒店集团成为首家运用微信客服的国际酒店品牌,明显提升品牌忠诚度、喜好和体验度、参与度。

资料来源:随视传媒.喜达屋酒店微信营销案例[EB/OL].(2013-04-01)[2015-08-27].http://www.adsit.cn/html/2013/weixin_case_0401/213.html.

随着信息技术的发展和普及,酒店营销进入到了网络营销的时代,而网络营销也凭借其诸多优点正在逐渐成为各类酒店企业最重要、最有效的营销推广方式。喜达屋酒店微信营销的做法及取得的成绩给我们提供了非常好的启示。本章将围绕网络营销的概述、网络营销的特点及优势、酒店网络营销战略等内容展开论述。

随着信息技术在酒店业的广泛应用,网络营销以其难以想象的发展速度成为酒店最有效、最经济、最便捷的营销手段之一。尤其是酒店网络销售系统是具有革命性的酒店营销创新。它的优势主要在于能够有效展示酒店形象和服务,建立与客户良好的互动关系,高效率管理销售过程,还能显著降低销售成本,提高经济效益和管理水平。

10.1　网络营销理论及其内涵

10.1.1　网络营销理论

1）直复营销理论

根据美国直复营销协会（ADMA）为直复营销（Direct Marketing）下的定义，直复营销是一种为了在任何地方产生可度量的反应和达成交易而使用一种或多种广告媒体的相互作用的市场营销体系。网络作为一种交互式的可以双向沟通的渠道和媒体，它可以很方便地为企业与顾客之间架起桥梁，顾客可以直接通过网络预订和付款，企业可以通过网络接收订单、安排生产，直接将产品送给顾客。基于互联网的直复营销将更加吻合直复营销的理念。这表现在以下4个方面。

第一，直复营销作为一种相互作用的体系，特别强调直复营销者与目标顾客之间的"双向信息交流"，以克服传统市场营销中的"单向信息交流"方式的营销者与顾客之间无法沟通的致命弱点。互联网作为开放、自由的双向式的信息沟通网络，企业与顾客之间可以实现直接的一对一的信息交流和直接沟通，企业可以根据目标顾客的需求进行生产和营销决策，在最大限度满足顾客需求的同时，提高营销决策的效率和效用。

第二，直复营销活动的关键是为每个目标顾客提供直接向营销人员反映的渠道，企业可以凭借顾客反应找出不足，为下一次直复营销活动做好准备。互联网的方便、快捷性使得顾客可以方便地通过互联网直接向企业提出建议和购买需求，也可以直接通过互联网获取售后服务。企业也可以从顾客的建议、需求和要求的服务中，找出企业的不足，按照顾客的需求进行经营管理，减少营销费用。

第三，直复营销活动中，强调在任何时间、任何地点都可以实现企业与顾客的"信息双向交流"。互联网的全球性和持续性的特性，使得顾客可以在任何时间、任何地点直接向企业提出要求和反映问题，企业也可以利用互联网实现低成本的跨越空间和突破时间限制与顾客的双向交流，这是因为利用互联网可以自动地全天候地提供网上信息沟通交流工具，顾客可以根据自己的时间安排任意上网获取信息。

第四，直复营销活动最重要的特性是直复营销活动的效果是可测定的。互联网作为最直接的简单沟通工具，可以很方便地在企业与顾客进行交易时提供沟通支持和交易实现平台，通过数据库技术和网络控制技术，企业可以很方便地处理每一位顾客的订单和需求，而不用管顾客的规模大小、购买量的多少，这是因为互联网的沟通费用和信息处理成本非常低廉。因此，通过互联网可以实现以最低成本最大限度地满足顾客需求的同时了解顾客需求，细分目标市场，提高营销效率和效用。

2）网络关系营销理论

关系营销是1990年以来受到重视的营销理论，它主要包括两个基本点。首先，在宏观上认识到市场营销会对范围很广的一系列领域产生影响，包括顾客市场、劳动力市场、供应市场、内部市场、相关者市场,以及影响者市场(政府、金融市场);在微观上,认识到企业与顾客的关系不断变化,市场营销的核心应从过去的简单的一次性的交易关系转变到注重保持长期的关系上来。企业是社会经济大系统中的一个子系统,企业的营销目标要受到众多外在因素的影响,企业的营销活动是一个与消费者、竞争者、供应商、分销商、政府机构和社会组织发生相互作用的过程,正确理解这些个人与组织的关系是企业营销的核心,也是企业成败的关键。

关系营销的核心是保持顾客,为顾客提供高度满意的产品和服务价值,通过加强与顾客的联系,提供有效的顾客服务,保持与顾客的长期关系。并在与顾客保持长期关系的基础上开展营销活动,实现企业的营销目标。实施关系营销并不是以损伤企业利益为代价的,根据研究,争取一个新顾客的营销费用是老顾客费用的 5 倍,因此加强与顾客关系并建立顾客的忠诚度,是可以为企业带来长期利益的,它提倡的是企业与顾客双赢策略。互联网作为一种有效的双向沟通渠道,企业与顾客之间可以实现低费用成本的沟通和交流,它为企业与顾客建立长期关系提供有效的保障。这是因为,首先,利用互联网企业可以直接接收顾客的订单,顾客可以直接提出自己的个性化需求。企业根据顾客的个性化需求利用柔性化的生产技术最大限度满足顾客的需求,为顾客在消费产品和服务时创造更多的价值。企业也可以从顾客的需求中了解市场、细分市场和锁定市场,最大限度降低营销费用,提高对市场的反应速度。其次,利用互联网企业可以更好地为顾客提供服务和与顾客保持联系。互联网的不受时间和空间限制的特性能最大限度方便顾客与企业进行沟通,顾客可以借助互联网在最短时间内以简便方式获得企业的服务。同时,通过互联网交易企业可以实现对整个从产品质量、服务质量到交易服务等过程的全程质量的控制。

另一方面,通过互联网企业还可以实现与企业相关的企业和组织建立关系,实现双赢发展。互联网作为最廉价的沟通渠道,它能以低廉成本帮助企业与企业的供应商、分销商等建立协作伙伴关系。

3)网络整合营销

在当前后工业化社会中,第三产业中服务业的发展是经济主要的增长点,传统的以制造为主的正向服务型发展,新型的服务业如金融、通信、交通等产业如日中天。后工业社会要求企业的发展必须以服务为主,必须以顾客为中心,为顾客提供适时、适地、适情的服务,最大程度满足顾客需求。互联网络作为跨时空传输的"超导体"媒体,可以为顾客提供及时的服务,同时互联网络的交互性可以了解顾客需求并提供针对性的响应,因此互联网络可以说是消费者时代中最具魅力的营销工具。

互联网络对市场营销的作用,可以通过对 4Ps(产品/服务、价格、分销、促销)结合发挥重要作用。利用互联网络,传统的 4Ps 营销组合可以更好地与以顾客为中心的4Cs(顾客、成本、方便、沟通)相结合。

(1)产品和服务以顾客为中心

由于互联网络具有很好的互动性和引导性,用户通过互联网络在企业的引导下对产品或服务进行选择或提出具体要求,企业可以根据顾客的选择和要求及时进行生产并提供及时服务,使得顾客跨时空得到所要求的产品和服务;另一方面,企业还可以及时了解顾客需求,并根据顾客要求组织及时生产和销售,提高企业的生产效益和营销效率。

（2）以顾客能接受的成本定价

传统的以生产成本为基准的定价在以市场为导向的营销中是必须摒弃的。新型的价格应是以顾客能接受的成本来定价，并依据该成本来组织生产和销售。企业以顾客为中心定价，必须测定市场中顾客的需求以及对价格认同的标准，否则以顾客接受成本来定价是空中楼阁。企业在互联网上则可以很容易实现，顾客可以通过互联网提出接受的成本，企业根据顾客的成本提供柔性的产品设计和生产方案供用户选择，直到顾客认同确认后再组织生产和销售，所有这一切都是顾客在公司的服务器程序的引导下完成的，并不需要专门的服务人员，因此成本也极其低廉。

（3）产品的分销以方便顾客为主

网络营销是一对一的分销渠道，是跨时空进行销售的，顾客可以随时随地利用互联网络预订和购买产品。

（4）压迫式促销转向加强与顾客沟通和联系

传统的促销是企业为主体，通过一定的媒体或工具对顾客进行压迫式的加强顾客对公司和产品的接受度和忠诚度，顾客是被动的和接受的，缺乏与顾客的沟通和联系，同时公司的促销成本很高。互联网上的营销是一对一和交互式的，顾客可以参与到公司的营销活动中来，因此互联网更能加强与顾客的沟通和联系，更能了解顾客和需求，更易引起顾客的认同。

10.1.2 网络营销的内涵

网络营销是以互联网为载体，以符合网络传播的方式、方法和理念实施营销活动，以实现组织目标或社会价值。网络营销产生于 20 世纪 90 年代，发展于 20 世纪末至今。网络营销产生和发展的背景主要有 3 个方面，即网络信息技术发展、消费者价值观改变、激烈的商业竞争。

网络营销概念的同义词包括：网上营销、互联网营销、在线营销、网络行销、口碑营销、视频营销、网络事件营销、社会化媒体营销、微博营销、博客营销等。

网络营销作为新的营销方式和营销手段实现企业营销目标，它的内容非常丰富。一方面，网络营销要针对新兴的网上虚拟市场，及时了解和把握网上虚拟市场的消费者特征和消费者行为模式的变化，为企业在网上虚拟市场进行营销活动提供可靠的数据分析和营销依据。另一方面，网络营销在网上开展营销活动来实现企业目标，而网络具有传统渠道和媒体所不具备的特点，即信息交流自由、开放和平等，而且信息交流费用非常低廉，信息交流渠道既直接又高效，因此在网上开展营销活动，必须改变传统的营销手段和方式。网络营销作为在互联网上进行的营销活动，它的基本营销目的和营销工具是一致的，只不过在实施和操作过程中与传统方式有着很大区别。下面是网络营销中一些主要内容。

1）网上市场调查

主要利用互联网的交互式的信息沟通渠道来实施调查活动。它包括直接在网上通过问卷进行调查，还可以通过网络来收集市场调查中需要的一些第二手资料。利用网上调查工具，可以提高调查效率和调查效果。在利用互联网进行市场调查时，重点是如何利用有效工具和手段实施调查和收集整理资料,获取信息不再是难事,关键是如何在信息海洋中获取想要的资料信息和分析出有用的信息来。

2)网上消费者行为分析

互联网用户作为一个特殊群体,它有着与传统市场群体截然不同的特性,因此要开展有效的网络营销活动必须深入了解网上用户群体的需求特征、购买动机和购买行为模式。互联网作为信息沟通工具,正成为许多兴趣、爱好趋同的群体聚集交流的地方,并且形成一个个特征鲜明的网上虚拟社区,了解这些虚拟社区的群体特征和偏好是网上消费者行为分析的关键。

3)网络营销策略制定

不同企业在市场中处于不同地位,在采取网络营销实现企业营销目标时,必须采取与企业相适应的营销策略,因为网络营销虽然是非常有效的营销工具,但企业实施网络营销时是需要进行投入和有风险的。同时企业在制定网络营销策略时,还应该考虑到产品周期对网络营销策略制定的影响。

4)网上产品和服务策略

网络作为信息有效的沟通渠道,它可以成为一些无形产品和远程服务的载体,改变了传统产品的营销策略,特别是渠道的选择。作为网上产品和服务营销,必须结合网络特点重新考虑产品的设计、开发、包装和品牌的策略,如传统的优势品牌在网上市场并不一定是优势品牌。

5)网上价格营销策略

网络作为信息交流和传播工具,从诞生起就实行自由、平等和信息免费的策略,因此网上市场的价格策略大多采取免费或者低价策略。因此,制定网上价格营销策略时,必须考虑到互联网对企业定价的影响和互联网本身独特的免费思想。

6)网上渠道选择与直销

如果说互联网对企业营销影响最大的是什么,那就应该是对企业营销的渠道影响了。戴尔公司借助互联网的直接特性建立的网上直销模式获得巨大成功,改变了传统渠道中的多层次的选择和管理与控制问题,最大限度降低渠道中的营销费用。但企业建设自己的网上直销渠道必须进行一定投入,同时还要改变传统的整个经营管理模式。

7)网上促销与网络广告

互联网作为一种双向沟通渠道,其最大优势是可以实现沟通双方突破时空限制直接进行交流,而且简单、高效和费用低廉。因此,在网上开展促销活动是最有效的沟通渠道,但网上促销活动开展必须遵循网上一些信息交流与沟通规则,特别是遵守一些虚拟社区的礼仪。网络广告作为最重要的促销工具,主要仰赖互联网的第四媒体的功能,目前网络广告作为新兴的产业得到迅猛发展。网络广告作为在第四类媒体发布的广告,具有传统的报纸杂志、无线广播和电视等传统媒体发布广告无法比拟的优势,即网络广告具有交互性和直接性。

8)网络营销管理与控制

网络营销作为在互联网上开展的营销活动,它必将面临许多传统营销活动无法碰到的新问题,如网络产品质量保证问题、消费者隐私保护问题,以及信息安全与保护问题等。这些问题都是网络营销必须重视和进行有效控制的问题,否则网络营销效果或适得其反,甚至会产生很大的负面效应,这是由于网络信息传播速度非常快而且网民对反感问题反应比较强烈而且迅速。

10.2　网络营销的特点及与传统营销的关系

10.2.1　网络营销的特点

市场营销最重要的是组织和个人之间进行信息传播和交换,正因如此,互联网络具有营销所要求的某些特性,使得网络营销呈现出以下一些特点。

1)跨时空

企业能有更多时间和在更大的空间进行营销,可每周7天,每天24小时随地提供全球性营销服务。

2)多媒体

互联网被设计成可以传输多种媒体的信息,使得为达成交易进行的信息交换可以以多种形式存在和交换,可以充分发挥营销人员的创造性和能动性。

3)交互式

互联网可以展示产品功能、联结资料库提供有关产品信息的查询、可以和顾客进行互动双向沟通、可以收集市场情报、可以进行产品测试与消费者满意调查等,是产品设计、商品信息提供,以及服务的最佳工具。

4)拟人化

互联网上的促销是一对一的、理性的、消费者主导的、非强迫性的、循序渐进式的,而且是一种低成本与人性化的促销,避免推销员强势推销的干扰,并通过信息提供与交互式交谈,与消费者建立长期良好的关系。

5)成长性

互联网使用者数量快速成长并遍及全球,使用者多属年轻、中产阶级、高教育水平群体,由于这部分群体购买力强而且具有很强市场影响力,因此是一项极具开发潜力的市场渠道。

6)整合性

互联网上的营销可由发布产品信息至收款、售后服务一气呵成,因此也是一种全程的营销渠道。另一方面,企业可以借助互联网将不同的传播营销活动进行统一设计规划和协调实施,以统一的传播资讯向消费者传达信息,避免不同传播中不一致性产生的消极影响。

7)超前性

互联网是一种功能极强的营销工具,它同时兼具渠道、促销、电子交易、互动顾客服务,以及市场信息分析与提供的多种功能。它所具备的一对一营销能力,正是符合定制营销与

直复营销的未来趋势。

8）高效性

电脑可储存大量的信息，代消费者查询，传送信息数量与精确度远远超过其他媒体，并能因应市场需求，及时更新产品或调整价格，因此能及时有效了解并满足顾客的需求。

9）经济性

通过互联网进行信息交换，代替以前的实物交换。一方面可以减少印刷与邮递成本，可以无店面销售，免交租金，节约水电与人工成本；另一方面可以减少由于迂回多次交换带来的损耗。

10）技术性

网络营销是建立在以高技术作为支撑的互联网的基础之上的，企业实施网络营销必须有一定的技术投入和技术支持。

10.2.2　网络营销对传统营销的冲击

网络营销作为一种全新营销理念，具有很强的实践性，它的发展速度是前所未有的。随着我国市场经济发展的国际化、规模化，国内市场必将更加开放，更加容易受到国际市场开放的冲击，而网络营销的跨时空性无疑是一枚"重型炮弹"，将对传统营销产生巨大冲击。

1）网络营销对传统营销策略的影响

（1）网络营销对传统产品品牌策略的冲击

首先，是对传统的标准化产品的冲击。通过互联网企业可以迅速获得关于产品概念和广告效果测试的反馈信息，也可以测试顾客的不同认同水平，从而能更加容易地对消费者行为方式和偏好进行跟踪，从而对不同的消费者提供不同的产品和服务。怎样更有效地满足各种个性化的需求，是每家上网企业面临的一大挑战。

其次，适应品牌的全球化管理。对上网企业的一个主要挑战是如何对全球品牌和共同的名称或标志识别进行管理。是实行统一形象品牌策略还是实行有本地特点的区域品牌策略，以及如何加强区域管理是上网企业面临的现实问题。

（2）网络营销对定价策略的影响

相对于目前的各种媒体来说，互联网的先进的网络浏览和服务器会使变化不定的且存在差异的价格趋于一致。这对执行差别化定价策略的企业来说是一个严重问题。

（3）网络营销对传统营销渠道的冲击

通过互联网，企业可与最终用户直接联系，中间商的重要性因此有所降低。这造成两种后果。一是由跨国公司所建立的传统的国际分销网络对小竞争者造成的进入障碍将明显降低；二是对于目前直接通过互联网进行产品销售的企业来说，其售后服务工作是由各分销商承担，但随着他们代理销售利润的消失，分销商将很有可能不再承担这些工作。

（4）网络营销对传统广告障碍的消除

首先，相对于传统媒体来说，由于网络空间具有无限扩展性，因此在网络上做广告可以较少地受到空间的局限，尽可能地将必要的信息一一罗列。其次，迅速提高的广告效率也为网上企业创造了便利条件。

2）网络营销对传统营销方式的冲击

随着网络技术迅速向宽带化、智能化、个人化方向发展，用户可以在更广阔的领域内实现声、图、像、文一体化的多维信息共享和人机互动功能。它将导致大众市场的终结，并逐步体现市场的个性化，最终应以每一个用户的需求来组织生产和销售。

另外，实行网络营销的企业竞争是一种以顾客为焦点的竞争形态，如何与散布在全球各地的顾客群保持紧密的关系并能掌握顾客的特性，再经由教育顾客与企业形象的塑造，建立顾客对虚拟企业与网络营销的信任感，是网络营销成功的关键。

3）网络营销对营销战略的影响

首先，对营销竞争战略影响。互联网具有的平等、自由等特性，使得网络营销将降低跨国公司所拥有的规模经济的竞争优势，从而使小企业更易于在全球范围内参与竞争。另一方面，由于人人都能掌握竞争对手的产品信息与营销行为，因此胜负的关键在于如何适时获取、分析、运用这些来自网络的信息，来研究并采取极具优势的竞争策略。同时，策略联盟将是网络时代的主要竞争形态，如何运用网络来组成合作联盟，并以联盟所形成的资源规模创造竞争优势，将是未来企业经营的重要手段。

其次，对企业跨国经营战略影响。任何渴望利用互联网的公司，都必须为其经营选择一种恰当的商业模式，并要明确这种新型媒体所传播的信息和进行的交易将会对其现存模式产生什么样的影响。

4）对营销组织的影响

互联网相继带动企业内部网的蓬勃发展，使得企业内外部沟通与经营管理均需要依赖网络作为主要的渠道与信息源。

10.2.3 网络营销与传统营销的整合

网络营销作为新的营销理念和策略，凭借互联网特性对传统经营方式产生了巨大的冲击，但这并不等于说网络营销将完全取代传统营销，网络营销与传统营销是一个整合的过程。

网络营销与传统营销是相互促进和补充的，企业在进行营销时应根据企业的经营目标和细分市场，整合网络营销和传统营销策略，以最低成本达到最佳的营销目标。网络营销与传统营销的整合，就是利用整合营销策略实现以消费者为中心的传播统一、双向沟通，实现企业的营销目标。

传播的统一性是指，企业以统一的传播资讯向消费者传达，即用一个声音来说话，消费者无论从哪种媒体所获得的信息都是统一的、一致的。其目的是运用和协调各种不同的传播手段，使其发挥出最佳的作用，最终实现在企业与消费者之间建立长期的、双向的关系。与消费者的双向沟通，是指消费者可与企业展开富有意义的交流，可以迅速、准确、个性化地获得信息、反馈信息，如果说传统营销理论的座右铭是"消费者请注意"的话，那么整合营销所倡导的格言即是"请消费者注意"。虽然只是两个词之间位置的转换，但是消费者在营销过程中的地位发生了根本的改变，营销策略已从消极、被动地适应消费者向积极、主动地与

消费者沟通、交流转化。

另外,整合营销已从理论上离开了在传统营销理论中占中心地位的4Ps理论,逐渐转向以4Cs理论为基础和前提,其所主张的观念是:①先不急于制定产品策略,而以研究消费者的需求和欲望为中心,不要再卖你所生产、制造的产品,而卖消费者想购买的产品。②暂时把定价策略放到一边,而研究消费者为满足其需求所愿付出的成本。③忘掉渠道策略,着重考虑给消费者方便以购买到商品。④抛开促销策略,着重于加强与消费者沟通和交流。

10.3 酒店网络营销战略及网络营销应用

10.3.1 酒店网络营销的竞争优势

由于酒店产品及其经营的独特性,使得酒店在其营销过程中使用网络具有得天独厚的优势,具体表现在以下方面。

1)成本控制

开展网络营销给酒店带来的最直接的竞争优势是酒店成本的控制。网络营销采取的是新的营销管理模式,它通过互联网改造传统的酒店营销管理组织结构与运作模式,并通过整合其他相关业务部门,实现酒店成本费用最大限度的控制。利用互联网开展网络营销可以从两个方面控制酒店费用。

(1)降低营销及相关业务管理成本费用

互联网通过开放的统一标准将不同类型的计算机连接在一起,可以实现最大限度的计算机资源和信息共享,同时还可以实现远程的信息交流和沟通,这一切都是互联网技术发展和使用的结果。许多酒店已经将互联网应用到酒店管理中来,并且取得了很大经济效益,利用互联网降低管理中的交通、通信、人工、财务、办公室租金等成本费用,可最大限度提高管理效益。

(2)降低销售成本费用

销售对酒店来说是非常重要性,因此许多酒店不惜花费巨额费用投入到销售环节,也导致许多酒店对销售成本不堪重负。销售成本主要有销售人员费用、销售管理费用、广告等促销费用等。互联网的出现给酒店带来了新的销售模式和管理方式,如网上预订和网上促销等新的销售模式大大降低了销售成本。

第一,利用网上预订降低销售渠道费用。互联网的信息交换可以跨越时间和空间限制,能以低廉的费用实现任何地点任何时间的一对一交流。借助互联网进行直销,一方面可以将其服务市场拓展到全球,另一方面借助互联网用户可以自由访问酒店网站,查询产品信息和直接进行预订。酒店借助自动的网上预订系统,可以提高销售效率,减少对销售人员的需求。

第二,利用网上促销的高效性来降低促销费用。互联网作为第4类媒体,具有传统媒体无法具有的交互性和多媒体性,可以实现实时传送声音、图像和文字信息,同时可以直接为信息发布方和接收方架设沟通桥梁。如网上广告比同样效果的电视、报纸广告费用低廉,而且可以将广告直接转换为交易,吸引消费者通过广告直接产生购买行为。

第三,降低销售管理费用。利用互联网进行网上直销,可以实现预订、结算的自动化管理,提高销售管理效率。

2)创造市场机会

利用互联网从事市场营销活动可以远及过去靠人进行推销所不能达到的市场。网络营销可以为酒店创造更多新的市场机会。

第一,利用网络酒店可以突破时间限制。利用互联网可以实行7/24(每周7天,每天24小时)营销模式,同时不需要增加额外的营销费用,因为利用互联网,酒店的顾客可以自助进行咨询、预订和购买,无须人工干预只需要利用计算机自动完成即可。如现在许多酒店都通过自己的网络系统实现了网上预订和销售。

第二,可以突破传统市场中地理位置分割。世界上的著名酒店集团均通过其网络系统将其市场开拓到世界各地。

第三,吸引新顾客。作为新的营销渠道,互联网对酒店传统的营销渠道是一个重要补充,它可以吸引那些在传统营销渠道中无法吸引的顾客到网上预订。由于网上订购比较方便快捷,而且不受时间和地理位置的限制,对那些在传统营销渠道中受到限制,但又需要酒店产品的顾客无疑可以增加很大吸引力。

第四,开拓新产品市场。利用网络营销酒店可以与顾客进行交互式沟通,顾客可以根据自身需要对酒店提出新的产品和服务需求,酒店可以及时根据自身情况针对消费者需求开发新产品或提供新服务。

第五,进一步细分和深化市场。前面提到几种机会都是拓展市场的宽度和广度,利用网络营销酒店可以为顾客提供定制营销,最大限度细分市场,满足市场中每一位顾客的个性化需求。

3)让顾客满意

利用互联网酒店可以将其产品介绍、技术支持和预订情况等信息都放到网上,顾客可以随时随地根据自己需要有选择地了解有关信息,这样克服了在为顾客提供服务时的时间和空间障碍。一般说来,利用互联网可以从下面几个方面让顾客更加满意。

第一,提高顾客服务效率。利用互联网公布酒店有关信息和技术支持等信息,顾客可以根据情况自行寻求帮助,这样酒店的客户服务部门可以有更多时间处理复杂问题和管理客户关系,而且能有针对性地解决顾客提出的问题,增加顾客的满意程度。

第二,为顾客提供满意的订单执行服务。对于一个顾客来说,没有什么事情比不能确定订单是否有效到达更令人担心的。经常是给酒店一个电话导致一系列的电话查询,一个部门问另一个部门,然后再把电话打回客户。这种方式对双方来说都是既费时又费钱的事。利用互联网客户可以自行查找订单的执行情况。

第三,为顾客提供满意的售后服务。许多顾客在消费后经常遇到许多技术上的问题和使用方面的难题,因此售后服务就显得尤为重要。利用互联网将酒店的一些产品信息资料和技术支持资料放到网上,允许客户自行在网站进行查找,寻求自我帮助,客户服务只需要

解决一些重要的问题。

第四，提供顾客满意的产品和服务。由于不同顾客有不同需求，为满足顾客的差异性需求要求酒店能够及时了解顾客的需求，并根据顾客的特定需求提供产品和服务。利用互联网，酒店可以很容易知道客户的特定需求，然后根据客户的特定需求提供服务，最大限度满足顾客的需求，保持顾客的品牌忠诚度。

4）满足顾客个性化需求

第一，网络营销是一种以消费者为导向，强调个性化的营销方式。网络营销的最大特点在于以消费者为主导。消费者将拥有比过去更大的选择自由，他们可根据自己的个性特点和需求在全球范围内找寻满足品，不受地域限制。通过进入感兴趣的酒店网址，消费者可获取产品的更多的相关信息，使购买更显个性。这种个性消费的发展将促使酒店重新考虑其营销战略，以消费者的个性需求作为提供产品及服务的出发点。此外，网络营销的出现节省了庞大的促销费用，为酒店满足消费者个性化需求提供了可行的解决途径。

第二，网络营销具有极强的互动性，是实现全程营销的理想工具。传统的营销管理强调4P（产品、价格、渠道和促销）组合，现代营销管理则追求4C（顾客、成本、方便和沟通），然而无论哪一种观念都必须基于这样一个前提，酒店必须实行全程营销，即必须由产品的设计阶段就开始充分考虑消费者的需求和意愿。但是，在实际操作中这一点往往难以做到，而在网络环境下，这一状况将有所改观。即使是中小酒店也可通过电子布告栏和电子邮件等方式，以极低成本在营销的全过程中对消费者进行即时的了解，消费者则有机会对产品从设计到定价和服务等一系列问题发表意见。这种双向互动的沟通方式提高了消费者的参与性和积极性，更重要的是它能使酒店的营销决策有的放矢，从根本上提高消费者的满意度。

第三，网络营销能满足消费者对交易方便性的需求，提高消费者的交易效率。现代化的生活节奏已使消费者用于外出交易的时间越来越短。在传统的交易方式中，从酒店买卖过程来看，一般需要经过了解—选择—确定所需的产品—付款结算—消费等一系列过程。这个买卖过程使消费者为购买酒店产品必须在时间和精力上都有很大的付出。利用网络即可解决这一系列问题。

第四，网络营销能满足价格重视型消费者的需求。网络营销能为酒店节省巨额的促销和交易费用，使产品成本和价格的降低成为可能。而消费者则可在全球范围内找寻最优惠的价格，因而能以更低的价格实现购买。

10.3.2　酒店网络营销战略的实施与控制

网络营销作为信息技术的产物，具有很强的竞争优势。但并不是每家酒店都能进行网络营销，酒店实施网络营销必须考虑到酒店的业务需求和技术支持两方面因素，业务方面如酒店目标、酒店规模、顾客数量和购买频率、产品类型、产品周期以及竞争地位等；技术方面如酒店是否支持技术投资，决策时技术发展状况和应用情况。由于互联网作为大众型的信息技术，它的使用发展非常迅猛，而网络营销技术作为专业性技术依赖于酒店的技术力量。

酒店网络营销战略的制定要经历3个阶段。首先确定目标优势，网络营销是否可以促使市场增长，改进实施策略的效率来增加市场收入，同时分析是否能通过改进目前营销策略和措施，降低营销成本。其次是分析计算网络营销的成本和收益，须注意的是计算收益时要考虑战略性需要和未来收益。最后是综合评价网络营销战略,主要考虑的 3 个方面:①成本效益问题,成本应小于预期收益;②能带来多大新的市场机会;③考虑酒店的组织、文化和管理能否适应采取网络营销战略后的改变。

酒店在确立采取网络营销战略后,要组织战略的规划和执行。网络营销不是一种简单的新营销方法,它是通过采取新技术来改造和改进目前的营销渠道和方法,它涉及酒店的组织、文化和管理各个方面。如果不进行有效的规划和执行,该战略可能只是一种附加的营销方法,它不能体现出战略的竞争优势,相反只会增加酒店的营销成本和管理复杂性。策略规划分为下面几个阶段。

①目标规划。在确定使用该战略同时,识别与之相联系的营销渠道和组织,提出改进目标和方法。

②技术规划。网络营销很重要的一点是要有强大的技术投入和支持,因此资金投入和系统购买安装,以及人员培训都应统筹安排。

③组织规划。实行数据库营销后,酒店的组织需进行调整以配合该策略实施,如增加技术支持部门,数据采集处理部门,同时调整原有的推销部门等。

④管理规划。组织变化后必然要求管理的变化,酒店的管理必须适应网络营销需要,如销售人员在销售产品时,还应记录顾客消费情况,个人推销应严格控制以减少费用等。

网络营销战略在规划执行后还应注意控制,以适应酒店业务变化和技术发展变化。网络营销战略的实施是一个系统工程,应加强对规划执行情况的评估,评估是否充分发挥该战略的竞争优势,评估是否有改进余地;其次是对执行规划时的问题应及时识别和加以改进;再次是对技术的评估和采用,目前的计算机技术发展迅速,成本不断降低的同时功能显著增强,如果跟不上技术发展步伐,很容易丧失网络营销的时效性和竞争优势。采取新技术可能改变原有的组织和管理规划,因此对技术控制也是网络营销中的一个显著特点。

网络营销是有别于传统的市场营销的新的营销手段,它可以在控制成本费用方面、市场开拓方面和与顾客保持关系等方面有很大竞争优势。但网络营销的实施不是简单的某一个技术方面的问题,某一个网站建设的问题,它还涉及从酒店整个营销战略方面、营销部门管理和规划方面,以及营销策略制定和实施方面都应该进行调整。

10.3.3　酒店网站营销

酒店网上营销窗口可以分别设计为外部连接和内部连接两大系统,外部连接是指酒店营销主页与其他酒店网页、旅游网站、酒店所在地区其他网站、搜索引擎网站的连接;内部连接是指主页上酒店营销信息内容的布局与打开形式。网上酒店营销信息体系外部连接直接影响上网者接触并访问该酒店站点机会的多少,须精心解决好酒店营销主页与其他酒店网页、旅游网站、酒店所在地区网站、搜索引擎网站的关系。酒店营销信息的内部连接,关系到营销信息内容布局的合理性,即符合人们观看习惯,以及访问者获取相关信息的方便性。

1)酒店网站的开发和设计

(1)确定域名

域名的确定十分重要。酒店网站的生存主要取决于它们被认知的程度。所有的域名必须在网络解决方案注册服务器上进行注册,注册的过程简单,可以在网上完成。如果可能的话,酒店的域名中应该包括酒店名称中的一些关键词,以方便顾客查找酒店的网址。例如下列酒店的网址均包含了该酒店的名称。www. whiteswanhotel. com(白天鹅宾馆)、www. holidayinn. com. cn(假日酒店)。关键词是开发网站时要考虑的重要因素,因为访问者是使用关键词来查找酒店的网址的。

(2)酒店网页设计

根据网站的设计需要确保访问的简易性并满足顾客的需求原则,酒店的网页设计应该体现出酒店的经营重心、主要针对的目标受众和为顾客提供的特别服务。

具体讲,应注意下列问题。

①网页给顾客比较强烈和突出的印象,使顾客对酒店网站产生兴趣。

②网页内容结构合理、层次清楚。

③网页的内容要全面,包含顾客普遍所需的信息。

④网页的链接应方便浏览,传输速度和下载图片的速度要快,酒店应尽量节省顾客的时间,从而吸引顾客,为酒店营销创造机会。

(3)网站资料的准备和展示

酒店网站资料的准备和展示不同于其他类型的市场营销资料,应注意以下问题。

①网站面对的是普通人。在开发网站的时候,要尽力使其简易化,以便每个浏览网站的人都能够看得懂。与传统的市场营销资料不同,网站上的资料其语言变得更加平民化,而一些非传统的写作方式,如流行短句等变得更加普遍。

②保持紧凑。注意不要罗列太多的信息。保持段落简短,使用简报和大字号,尽可能多地使用图片和动画等。这些都有助于酒店实现信息的沟通。

③争取回馈。注重他人对酒店网站的评价,最好是业外人士。酒店必须认真对待这些意见,并在需要的时候对网页进行调整。

④注意网站的不连贯性。网站的内容不像书本那样很连贯。由于不同的网页之间往往没有联系,因此很关键的一点就是在每一个网页上重复重要的信息。

⑤表达的信息要有意义。网站上所有的信息都应该具有实质性的内容而不是简单的图片和文字堆积。

2)酒店网站营销

(1)产品

酒店可以利用电脑和互联网技术制作网上虚拟产品和服务,让浏览者提前感受酒店的产品和服务。例如虚拟客房便是其一。酒店可以通过虚拟客房让顾客对酒店客房和服务有一个全方位的了解,顾客还可以对虚拟客房进行设计。

(2)促销

在酒店网站促销中,关键的问题是如何提高网站的访问量。具体方法包括:

①在访问量较大的搜索引擎和目录上加入自己的网址。

②考虑与其他网站之间相互链接、赞助和广告。

③在网上进行新闻发布。

④在每一个可能的地方加上酒店的网址。

⑤了解电子邮件讨论小组或者与行业有关的目录,并成为其中积极的参与者。

⑥在电子邮件的结尾处使用签名功能来提供个人的联络信息以及与酒店有关的信息,将这短短的几行内容做得引人注目。

（3）广告

网络广告的目的在于获得及时的、容易测量的结果。对于广告来说,互联网既有其优越性,也有不可克服的缺点,如点击率低。

然而对于酒店的网络广告来说,很重要的一个特征并不是能够带来受众的及时行动,而是仅能带来未来的商业机会。那些受到广告的影响而采取后续行动的人数无法被跟踪。这种广告叫做品牌广告,与在其他媒体上的同类广告相比,互联网广告更难以追踪。

在网络上做广告的形式包括在自己的网站上进行、在其他网站上进行和其他组织在自己的网站上进行。

网络广告最常见的形式是横幅广告,是指在某个网站上销售给他人供其使用的空间。可采用静态的或结合视频声音的动态广告。在设计广告时应注意:

①短小简洁;

②提供相关利益;

③获取注意力;

④激发好奇心;

⑤使用促销或竞赛手段;

⑥号召人们采取行动,提醒人们点击;

⑦提供的信息要与目的相符。

（4）电子商务

为了使酒店网站变成一个利润中心,应该鼓励访问者购买某种形式的产品或服务。如果酒店没有掌握信息技术的员工为酒店经营这个部分,酒店可以选择其他网络公司的外包服务。这些公司提供的是某种购物车式服务。酒店方不需要任何附加程序,并且有使仅需支付很少的费用。

（5）网上调查

了解访问者的类型与监控网站和计算访问者数量同等重要。如果酒店了解自己网站的访问者和他们的人口统计要素,酒店就可以更为直接地向目标受众进行网站的营销。调查是完成这个任务的最为有效的方法之一。问题的类型取决于酒店要了解的内容。要尽力保证调查的简短,这是调查成功的关键,同时要询问一些背景资料,但不要涉及私人问题。

（6）电子邮件

电子邮件不仅意味着效率,它还是进行信息交流的有效方法之一。从营销的角度来说,电子邮件可以帮助酒店营销者检验各种信息、建立对酒店网站的链接、在网上收集信息、鼓励更快和更高的回复率,并节约成本。

使用电子邮件营销时要注意:

①确保每一次和每一封邮件都得到了及时的回复,一旦一个电子邮件地址在广告中出现,它就会面临蜂拥而至的邮件,难以应付。但是对潜在消费者的回复决不能被忽

略或推迟。

②要发送积极的和具有信息价值的邮件。每一封由酒店办公室发出的邮件都是整个市场营销的一部分。

③不要发送不必要的邮件。这些邮件常常被忽略,或得到负面的答复。

10.3.4　酒店 B2B 电子商务平台营销

B2B 平台是电子商务的一种模式,是英文 Business-to-Business 的缩写,即商业对商业,或者说是企业间的电子商务,即企业与企业之间通过互联网进行产品、服务及信息的交换。

1)B2B 电子商务平台的优势

(1)降低采购成本

企业通过与供应商建立企业间电子商务,实现网上自动采购,可以减少双方为进行交易投入的人力、物力和财力。另外,采购方企业可以通过整合企业内部的采购体系,统一向供应商采购,实现批量采购获取折扣。如沃尔玛将美国的 3 000 多家超市通过网络连接在一起,统一进行采购配送,通过批量采购节省了大量的采购费用。

(2)降低库存成本

企业通过与上游的供应商和下游的顾客建立企业间电子商务系统,实现以销定产,以产定供,实现物流的高效运转和统一,最大限度控制库存。如戴尔公司通过允许顾客网上订货,实现企业业务流程的高效运转,大大降低库存成本。

(3)节省周转时间

企业还可以通过与供应商和顾客建立统一的电子商务系统,实现企业的供应商与企业的顾客直接沟通和交易,减少周转环节。如波音公司的零配件是从供应商采购的,而这些零配件很大一部分是满足它的顾客航空公司维修飞机时使用。为减少中间的周转环节,波音公司通过建立电子商务网站实现波音公司的供应商与顾客之间的直接沟通,大大减少了零配件的周转时间。

(4)扩大市场机会

企业通过与潜在的客户建立网上商务关系,可以覆盖原来难以通过传统渠道覆盖的市场,增加企业的市场机会。如戴尔公司通过网上直销,有 20% 的新客户来自中小企业,通过与这些企业建立企业间电子商务平台,大大降低了双方的交易费用,增加了中小企业客户网上采购的利益动力。

(5)规模大竞争力强

企业网站提供的是一个信息发布平台,信息内容由网上的各类厂家提供,内容相当丰富。这类网站年轻,再加上结构很复杂,所以这类网站往往有十分强大的技术研究团队,对于 SEO 的技术实施还是比较有保障。这类网站的竞争对手往往是一些企业站,规模不在一个档次上。

2)B2B 电子商务平台的现状

在中国电子商务应用与发展的过程中,企业的作用相当重要,但是国内已上网的企业中,对如何开展网络营销和商务活动,缺乏详细的规划。虽然大部分企业已接通互联网,但多数仅在网上开设了主页和电子邮件地址,很多网站内容长期不更新,更谈不上利用网络资源开展商务活动。究其原因,主要有以下几个方面:

①"商务为本"的观念薄弱。由于中国电子商务是由主导信息技术的 IT 业界推动的,使得中国电子商务在发展之初就带有过度技术化倾向。很多企业在没有了解自己的商务需求时就匆忙上网,以为只要 IT 厂商技术支持到位一切自然成功。结果上网企业花了巨资却赚不到钱。

②对为什么需要 B2B 中介服务网站,企业的认识是模糊的。让陌生的买卖双方在互联网上相互沟通、查询和匹配,将是一个大问题。就会在买卖双方之间产生 4 个问题:一是因为信息沟通不畅,必然造成生产和需求不对称,出现商品短缺和过剩并存的局面;二是由于一个卖家对应的买家有限,众多买家和卖家就会形成多层销售链,因而产生许多中间环节,致使销售费用越来越高;三是由于买家与卖家选择余地的限制,造成买、卖竞价不充分,既影响交易效率又不能营造一个公平的市场环境;四是由于信息不畅,对市场反应迟钝,从而造成库存积压,生产成本加大的现象。而要解决上述四大问题,必然需要建立一个公共的信息交流与交易平台。

③对如何有效开展 B2B 电子商务,行动是盲目的。普遍的现象是:企业网站的内容定位不准确,或设计得过于简陋,只有主页和 E-mail 地址;或片面追求大而全,发布信息不分主次;或片面追求网站功能的强大,企图"一站通"。经营方式不正确,对网站挂接在何处才有利于企业网上商务的开展缺乏本质上的把握,以为有了一个已注册域名的网址,商家就会通过 Internet 自动找上门来。

3)酒店 B2B 电子商务平台的现状

旅游 B2B 市场争议一直很大,早期的 B2B 平台仅停留在信息传递状态,只给企业们增加了一条获取信息的渠道,没能真正发挥聚合供应商与分销商的作用,市场呈现"粗糙"状态。尤其是旅游 B2B 酒店业务,由于传统酒店业的 B 端市场在线化程度较低。大量的旅行社、会展公司等 B 端用户与酒店之间的交易及预订过程还局限于电话、社交传统方式进行。更多酒店只有依靠批发商、包房商等中间商来弥补自身销售覆盖能力有限的问题。而中间商的存在不但降低了酒店的利润空间,还催生了酒店渠道价格体系混乱等诸多问题。

目前市场上,携程已经拿下艺龙,重点发展其酒店业务,大众点评、美团酒店业务也成发展主业务。企业和商家都有巨大的市场,但以携程为首的在线旅游企业们,获得酒店资源,拿下直签酒店,都还是依靠大量的地推人员运作,战线长效率低。所以最近比较活跃的 B2B 平台,都看准这片"中介"市场,比如融资的蜘蛛旅行网,就是希望提升酒店销售的工作效率同时也解决酒店空房问题。

在旅游"大散客时代",B2B 平台就是旅游经济运转的效率放大器,打破供应和分销信息不对称的弊端,能够解决离时化动态管理和分销压力,让资源有效地利用起来。而且能抓住市场的需求就是 B2B 最好的风口,也是旅游 B2B 市场摆脱粗糙,优化细分的最佳时期。

4)酒店 B2B 电子商务平台营销发展对策

(1)引入数字酒店概念,提升酒店整体协作的能力

电子商务不是简单地建立一个属于酒店自己的网站,而是通过酒店内部的各种部门整

合为一个有机的统一体,最大程度发挥酒店的潜能。酒店开展电子商务,应当依照自身的特点,建立自身的局域网并与因特网连接,建立自己的共享数据库,将酒店的业务流程组织、整合在酒店内部网上,将具体的业务信息化。通过 Internet 的及时性、便捷性,在第一时间处理主要业务。最终形成数字酒店系统,最大限度节约费用,提高效率。这是酒店全面电子商务化的关键,如果未建立相关系统,即使旅游酒店建立自己独立的网站,充其量也仅仅是建立一个信息发布,只供客人浏览的网页而已,电子商务功能无法全面发挥其优势。

(2)利用优良的电子商务中介,提高运作水平

电子商务作为中介的计算机互联网起着巨大的作用。一句话,没有计算机互联网网络参与不可能实现全面电子商务化,即使酒店建立强大信息管理系统,也不过只是将企业信息化而已,距离电子商务还有一段距离。由于电子商务将旅游酒店中各种中介做得专业化程度较高,这就要求必须整合各种电子商务中介,只有将电子商务中介整合于电子商务网站,才能使酒店具有交易功能。整合电子商务中介必须注意将酒店内部信息化的成果整合到商务网站上。尤其是中小酒店,自身运作电子商务的能力不足,所以充分利用优良的电子商务中介,达到事半功倍的效果。

(3)培养多层次酒店电子商务专业人才,保障信息化可持续发展

开展人才培训计划,酒店电子商务化效果关键在于专业技术人员,一般计算机专业技术人员要占酒店总员6%左右,同时还要培养多层次技术人员。要大力培养既懂得旅游电子商务的技术,又具备商贸、金融、管理等多方面知识的复合型人才。酒店员工基本计算机应用素质也影响电子商务系统发挥效果。应对操作人员进行明确分工,可以把操作人员类型分为初学型、熟练型、专家型。将掌握一定专业技术,并有综合应用相关知识进行创新能力的员工培养纳入高校教学计划中。在开展人才培养时,采用在职培训、远程教育等多种形式。

(4)搭建优良可靠的网络支付体系,提高电子商务交易的效率

旅游酒店应积极与银行合作,普及信用卡、电子现金、电子支票等电子方式,使网上付款变得安全、方便、高效。同时,结合旅游电子商务的实际需要,对现有相关的法律法规进行修订,形成行规;对旅游电子商务发展中亟待解决的有关问题,如数字签名、电子支付、税收管理、安全认证、网络与信息安全、知识产权保护、消费者权益保护等,可先由有关部门制定规章试行;借鉴国外立法的经验,注意和国际接轨,但同时也要注意结合中国国情。

建设酒店的网上论坛和网上黑名单。建立饭店的网上论坛,加强企业间的沟通。定期上传企业黑名单,让消费者对这些企业有所预防。同时,消费者也可以作为过客参与进来。共同促进旅游电子商务信用度、安全度的建立,共同改变传统的消费观念,增加消费者网上消费的信心,加大宣传网上交易力度。

(5)畅通旅游一条龙服务,增加产品附加值

旅游酒店公司要想实现真正的电子商务必须与交通部门积极合作,推行电子票务,占领市场份额。电子票务的出现可以提高供需双方的效率,我国应积极研究适合我国国情的电子票务,建立新的订票系统,并尽快与国际接轨。

■拓展材料阅读 10.1

酒店 B2B 直销平台"蜘蛛旅游网"获得亿元 A 轮投资

2015 年 7 月,酒店 B2B 在线直销交易撮合平台蜘蛛旅游网获得亿元人民币 A 轮投资。由联想控股下属的君联资本领投。这是继芝麻游、票管家之后,旅游 B2B 领域内的又一重磅消息。

据《创投时报》数据显示,蜘蛛旅游网公司于 2014 年 8 月在深圳成立,隶属于上海万丰文化传播有限公司,是第一个中国酒店业 B2B 在线直销交易撮合平台,目前同许多旅行社、企业客户、会展公司等建立了合作关系。

"蜘蛛旅游网"是一款服务于酒店端注册用户的抢单 APP,酒店销售人员可以通过该 APP 随时随地查看订单,并在手机上实现抢单、报价等全部销售过程。酒店用户即旅行社、企业客户、会展公司等在其平台上输入酒店预订需求及预算,即可发出邀标单,平台上的所有符合要求的酒店会在规定时间内针对订单发出报价,用户可以从中选出满意的酒店并在线上完成预付,入住后在酒店完成尾款支付及发票索取等。蜘蛛旅游网核心是平台不会介入或影响任何交易的达成,蜘蛛旅游网将专注于通过移动互联网技术和在线交易机制的创新,帮助解决传统酒店产品线下 B2B 交易的种种问题和弊端,提高交易效率、减少交易环节进一步降低交易成本。

近期旅游 B2B 领域的融资消息频繁爆出且都数额不菲,2015 年 6 月 23 日在线旅游 B2B 平台"票管家"获得 3 000 万元人民币的 Pre-A 轮融资,2015 年 6 月 24 日,旅游 B2B 运营服务平台"芝麻游"获得 A 轮 5 000 万元融资,融资后估值达 3 亿元人民币。尽管如此,旅游 B2B 领域普遍被业界认为其发展速度依然不能满足 2C 市场的疯狂生长,因此不少初创公司盯上了 2B 领域在信息化建设、整合行业资源、提高交易效率和保障供应链管理等方向的创业机会。相信未来这个领域的还将涌现一大批新型团队。

资料来源:搜狐网. 酒店 B2B 直销平台"蜘蛛旅游网"获得亿元 A 轮投资[EB/OL].(2015-07-08)[2015-08-27]. http://mt.sohu.com/20150708/n416381664.shtml.

10.3.5 酒店搜索引擎营销

搜索引擎营销,是英文 Search Engine Marketing 的翻译,简称为 SEM。简单来说,搜索引擎营销就是基于搜索引擎平台的网络营销,利用人们对搜索引擎的依赖和使用习惯,在人们检索信息的时候尽可能将营销信息传递给目标客户。搜索引擎营销追求最高的性价比,以最小的投入,获得最大的来自搜索引擎的访问量,并产生商业价值。搜索营销的最主要工作是扩大搜索引擎在营销业务中的比重,通过对网站进行搜索优化,更多地挖掘企业的潜在客户,帮助企业实现更高的转化率。

1)搜索引擎营销的基本情况

搜索引擎营销的基本思想是让用户发现信息,并通过点击进去网站/网页进一步了解他所需要的信息。在介绍搜索引擎策略时,一般认为,搜索引擎优化设计主要目标有 2 个层次:被搜索引擎收录、在搜索结果中排名靠前。这已经是常识问题,多数网络营销人员和专业服务商对搜索引擎的目标设定也基本处于这个水平。但从目前的实际情况来看,仅仅做到被搜索引擎收录并且在搜索结果中排名靠前还很不够,因为取得这样的效果实际上并不一定能增加用户的点击率,更不能保证将访问者转化为顾客或者潜在的顾客,因此只能说是搜索引擎营销策略中两个最基本的目标。

搜索引擎营销主要实现方法包括:竞价排名、分类目录登录、搜索引擎登录、付费搜索引擎广告、关键词广告、tmtw 来电付费广告、搜索引擎优化(搜索引擎自然排名)、地址栏搜索、网站链接策略等。

搜索引擎的应用很简单,绝大多数上网用户都有过使用搜索引擎检索信息的经历,理解搜索引擎营销的基本原理也不复杂,只要对用户利用搜索引擎进行检索的过程进行简单的分析并进行推广即可发现其一般规律。简单地说,企业利用这种被用户检索的机会实现信息传递的目的,这就是搜索引擎营销。

在搜索引擎营销的过程中,包含了 5 个基本要素:信息源(网页)、搜索引擎信息索引数据库、用户的检索行为和检索结果、用户对检索结果的分析判断、对选中检索结果的点击。对这些因素以及搜索引擎营销信息传递过程的研究和有效实现就构成了搜索引擎营销的基本内容。

2)搜索引擎营销的特点

(1)搜索引擎营销与企业网站密不可分

一般来说,搜索引擎营销作为网站推广的常用方法,在没有建立网站的情况下很少被采用(有时也可以用来推广网上商店、企业黄页等),搜索引擎营销需要以企业网站为基础,企业网站设计的专业性对网络营销的效果又产生直接影响。

(2)搜索引擎传递的信息只发挥向导作用

搜索引擎检索出来的是网页信息的索引,一般只是某个网站/网页的简要介绍,或者搜索引擎自动抓取的部分内容,而不是网页的全部内容,因此这些搜索结果只能发挥一个“引子”的作用,如何尽可能好地将有吸引力的索引内容展现给用户,是否能吸引用户根据这些简单的信息进入相应的网页继续获取信息以及该网站/网页是否可以给用户提供给他所期望的信息,这些就是搜索引擎营销所需要研究的主要内容。

(3)搜索引擎营销是用户主导的网络营销方式

没有哪个企业或网站可以强迫或诱导用户的信息检索行为,使用什么搜索引擎、通过搜索引擎检索什么信息完全是由用户自己决定的,在搜索结果中点击哪些网页也取决于用户的判断。因此,搜索引擎营销是由用户所主导的,最大限度地减少了营销活动对用户的滋扰,最符合网络营销的基本思想。

(4)搜索引擎营销可以实现较高程度的定位

网络营销的主要特点之一就是可以对用户行为进行准确分析并实现高程度定位,搜索引擎营销在用户定位方面具有更好的功能,尤其是在搜索结果页面的关键词广告,完全可以实现与用户检索所使用的关键词高度相关,从而提高营销信息被关注的程度,最终达到增强网络营销效果的目的。

（5）搜索引擎营销的效果表现为网站访问量的增加而不是直接销售

了解这个特点很重要，因为搜索引擎营销的使命就是获得访问量，因此作为网站推广的主要手段，至于访问量是否可以最终转化为收益，不是搜索引擎营销可以决定的。这说明，提高网站的访问量是网络营销的主要内容，但不是全部内容。

（6）搜索引擎营销需要适应网络服务环境的发展变化

搜索引擎营销是搜索引擎服务在网络营销中的具体应用，因此在应用方式上依赖于搜索引擎的工作原理、提供的服务模式等，当搜索引擎检索方式和服务模式发生变化时，搜索引擎营销方法也应随之变化。因此，搜索引擎营销方法具有一定的阶段性，与网络营销服务环境的协调是搜索引擎营销的基本要求。

3）酒店搜索引擎营销策略

根据上述搜索引擎营销的 5 个环节，酒店如果要想充分利用网络营销来达到树立品牌知名度和美誉度，为酒店带来经济效益和社会效益的目的，酒店应该做好以下工作。

（1）建设好自己的网站

应该建立自己网站，网站内容要丰富新颖，有足够吸引客户东西。酒店无论是想通过网站进行品牌宣传还是建立销售渠道，都要从品牌的角度去用心建设，不能仅仅是为了宣传酒店的产品，一定要从广告的层次上升到品牌层次。因为搜索引擎的网络营销价值不仅表现在网站推广和产品促销等直接体现网络营销效果的方面，也表现在酒店网络品牌的创建和提升，对于大型酒店，更应该重视搜索引擎的品牌推广价值，品牌推广和销售都是促进搜索引擎营销的主要目标。另外，搜索引擎对酒店品牌产生直接影响，用户可以方便地通过搜索引擎获取酒店网站的信息已经成为建立酒店网络品牌的基本策略之一，即网站的搜索引擎可见度对网络品牌产生直接影响，尤其对于大型酒店和知名酒店，有必要对网站在搜索引擎中的表现给予充分关注。

（2）维护好网站

维护网站，定期对网站内容进行更新，并有专业人士对网站内容优化。搜索引擎优化就是考虑被优化网站的用户体验度，在突出核心竞争力的原则基础上，在搜索引擎所认同的规则下，依靠所掌握的技术和方法，完整的为网站选择正确的策略并加以实施，从中为网站所有者创造价值、为搜索引擎的用户带来最好的搜索结果、为酒店本身带来经济利益的过程。搜索引擎优化是指针对特定搜索引擎对网站从结构合理性、内容相关性及外部链接数量和质量等因素着手进行优化。酒店网站在建立初，就要树立优化意识，这样才能获得搜索引擎的青睐，提高在搜索引擎网站的排名，如果酒店缺少搜索优化人才，就要借助专业搜索优化公司，这样酒店可以通过低成本策略获得高回报，同时酒店在建立搜索引擎的过程中还应与传统的营销理论相结合，分析目标客户群，研究不同消费阶层心理、分析他们对关键词的界定，可以使酒店在关键词的选择上有的放矢。在建立搜索引擎优化的过程中，不仅要面向搜索引擎友好，还要面向客户友好，所以整个网站不仅从形式上还是从内容上都要对两者有足够的吸引力，这样不仅能提高酒店网站在搜索引擎网站的排名，关键是在顾客通过搜索引擎搜索到酒店网站时，能够立即被他所寻找的信息吸引，使潜在顾客转化真实收益，所以网站

内容的良好优化可以改善网站对产品的销售力度或者是宣传力度。

（3）提高酒店在搜索引擎中的排名

在被知名搜索引擎网站收集后，并且网站内容也很精美的情况下，如何提高网站的点击率，应该从两点着手：一方面网站内容要能够抓住消费者的心理，让他们流连忘返；另一方面要尽量提高网站在知名搜索引擎的排名。根据搜索引擎营销公司的研究发现，超过80%的使用者使用搜索引擎时，不会看第三页以下的搜索结果，所以，必须尽可能地提高酒店网站在专业搜索网站上的排名，除了对网站进行优化外，还可以通过付费的方式，比如百度的竞价排名。

（4）以顾客为导向，建立完善的酒店服务体系

酒店要使点击率转化为经济效益，要给予顾客网上体验，要有配套的付款系统，产品的质量一定要名副其实，网上交易牢记以诚信为本，一旦出现质量问题，或者是服务问题，后果将不堪设想。美国专业搜索引擎服务公司 i-Prospect 的执行总裁 Frederick Marckini，他还说："搜索引擎营销这个行业已经忘记了其最终目标。搜索引擎营销服务的未来还应当是营销，而成功营销的前提是：你要知道你的客户群以及他们的行为模式。这样你才能够诱使他们对你的电话或举动做出反应。"所以酒店一定要以顾客为导向，深入分析客户心理，生产出适合客户内心需求的产品，做到真正为客户带来价值，才是搜索引擎营销的终极目的。

（5）建立网站的搜索引擎的分析评估体系

首先要针对目标客户群体进行详尽的分析，掌握其消费心理、文化层次、生活习惯以及爱好，等等，据此建立顾客友好界面的网站，同时对顾客群体的分析也是对关键词的选择的根据；其次要对竞争对手以及行业状况进行分析，要清楚同行业竞争者、潜在的新参加竞争者、替代品、购买者和供应商5种外在威胁；另外还要建立投资回报跟踪体系，进行对点击率的统计，以及最终顾客的转化率、投资回报率等都要有一个详细的评估体系，从而在未达到预期目标时候可以检查每一个环节，以便及时修改。

■拓展材料阅读10.2

7天酒店借搜索引擎营销抢占市场

2010年，中国连锁经济型酒店经过以往几年的高速发展，几大品牌初见端倪，而2005年才创立的7天连锁酒店，却能在短短5年间，在全国70个城市开设超过600家分店。为何比如家、锦江之星、莫泰成立晚的后起之秀，会成为第一家在美国纽交所上市的中国酒店集团呢？而其他连锁酒店却基本浑然不知，未见有大的营销推广举措？

其原因在于7天不但会创造新市场，而且更会比竞争对手做市场，抢市场。

向7天连锁酒店学习抢逼围策略

通过在网络搜索引擎搜索：酒店、连锁酒店、经济型酒店等关键词，排在首要前面几个位置的往往是7天，如图10.1所示。

关键字：连锁酒店

百度

连锁酒店 首选速8快捷酒店加盟电话01059348008
自2004年速8中国应运而生，速8的连锁酒店标志如雨后春笋般在中
出来 经过近几年的发展 速8中国已经成为了中国连锁型经济酒店
www.super8.cn 2010-11 - 推广

预订7天连锁酒店 官网更便宜 77元抢18米大床房
7天酒店 国内首家在纽交所上市的酒店集团 五星标准 主从价格 卫
独立空调 有线电视 免费上网等设施 免费睡前牛奶油 营养早餐等7天
www.7daysinn.cn 2010-11 - 推广

7天连锁酒店官网
7天连锁酒店集团酒店预订已建立覆盖全国超过360家分店的经济型
型连锁订房系统 让您预订酒店客房更加轻松快捷 是您出差 旅游
www.7daysinn.cn/ 2010-11-3 - 百度快照

锦江之星首页

第1页第十、十一条

Google

Google 连锁酒店

获得约 8,680,000 条结果（用时 0.10 秒）

所有结果
新闻
更多

网页
所有中文网页
简体中文网页

时间不限
最新结果
一天内

更多搜索工具

上海 快捷假日酒店
www.hexpress.cn 最低价格保证 网上

7天连锁酒店首页
www.7daysinn.cn 7天连锁酒店是国内性价比最高的经济

如家酒店连锁官网-中国最大的经济型
如家全国订房电话400-820-3333 如家酒店连锁
球自主预订酒店第一名 全国30个省150家

7天连锁酒店首页
7天连锁酒店集团酒店预订已建立覆盖全国超

第1页赞助商链接、第二条

图 10.1

　　当然这一点，不少酒店都能做到，但 7 天连锁酒店，在网络推广上做到更进一步，当将其他连锁酒店名称输入搜索时，7 天的网站链接基本上紧随其后，甚至排在其之前，如图 10.2 所示。

　　很明显 7 天连锁酒店是想通过这一点，抢夺这些酒店的市场份额，而这些酒店却丝毫没有任何举措应对，客户被 7 天带走都浑然不知。值得注意的是，当打入搜索："如家"关键词时，搜索页面里 7 天在首页没有，但是右侧的推广链接中出现。可见 7 天除了把如家这一行业第一的对手暂时搁置外，将其他所有的连锁酒店当作抢逼围的主要对手，抢下他们的市场份额，就能远远将他们甩开，从当时行业第四名，跃升为行业第二名，与如家一起成为行业双寡头！如表 10.1 所示。

关键字：**锦江之星**

百度

锦江之星酒店官网欢迎您入住 官网预订优惠10元起
首次注册即送10元全国通用电子抵用券，会员更有96元独享超值体验
活动的首选，将提供您健康 安全 专业 舒适的酒店服务！
www.jinjianginns.com 2010-11 - 推广

住酒店 选宜必思 注册享优惠 登陆官网 参与活动赢好礼
7*24小时在线预订 加入宜友会 赢积分住酒店 并启更高礼遇网上预
多！超值低价 赶快加入宜友会club！
www.IBIS.cn 2010-11 - 推广

锦江之星快捷酒店2-7折在线预订 订酒店·微验客·嘉汽车
同程网提供全国234家锦江之星快捷酒店2-7折预订，为锦江之星打
新快捷预订，快来体验便宜实惠的锦江之星快捷酒店预订服务吧！
www.17u.cn 2010-11 - 推广

7天快捷酒店 网上预订更优惠 77元抢18米大床房
7天酒店 国内首家在纽交所上市的酒店集团 五星标准 主从价格 卫
独立空调 有线电视 免费上网等设施 免费睡前牛奶油 营养早餐等7天
www.7daysinn.cn 2010-11 - 推广

锦江之星首页
上海锦江之星酒店？北京锦江之星酒店？天津锦江之星酒店？
江之星酒店？苏州锦江之星酒店？武汉锦江之星酒店？无锡
www.jj-inn.com/ 2010-11-4 - 百度快照

锦江之星首页
锦江之星官方网站——中国经济型连锁酒店品牌先锋！官方订房网

7天排在锦江之星中间，紧挨锦江之星

图 10.2

表 10.1

梯　队	公司名称	市场占有率	上市地
	如家	17.30%	美国纳斯达克
	锦江之星	10.64%	上海
	莫泰	9.01%	无
第一梯队	7 天	8.03%	美国纽交所
	汉庭	7.49%	美国纳斯达克
	合　计	52.47%	

续表

梯 队	公司名称	市场占有率	上市地
第二梯队	格林豪泰	4.40%	无
	速8	2.95%	美国纽交所(温德姆集团)
	宜必思	1.61%	巴黎证交所(雅高集团)
	维也纳	1.14%	无
	中州快捷	0.76%	无
	合　计	10.86%	—
第三梯队	其　他	36.65%	无

　　7天连锁酒店与排名第二、第三的锦江之星、莫泰差距微小,在网络上直接截留他们的客户,效果将非常明显。同时与后面的汉庭进一步拉开距离。这种抢逼围的营销策略,不仅显示了7天的主动营销能力,而且也说明了对手在这方面远远不如7天,同时,7天连锁酒店在关键词优化、排序、网站说明等方面也远远好过竞争对手,其他酒店基本上网络活动性和推广信息较少,打开7天连锁酒店的网站,各种吸引眼球的推广活动和介绍扑面而来,对许多商务及旅行者通过网络订房,看到这样的内容,怎么能不心动呢? 可见7天短期内上升到第二名不是一件困难的事情。

　　当然7天连锁酒店抢逼围不仅仅是在网上,在线下更是如此,2010年世博会期间,7天连锁的会员办卡点进入了世博会地铁站附近,进行免费办理会员的业务,通过这一聚集7000万人次的盛会,不但树立了品牌形象,而且会员数量节节攀升。其他酒店却还是以坐店模式等着客户上门或者来电,这就是意识上的差距。同样在做一个市场,是依赖以往的经验和模式去操作,还是主动积极的开发市场,结果或许是天差地别! 更难能可贵的是,世博会期间,酒店生意火爆,根本不缺客源,7天连锁酒店在生意旺盛之际,放下架子,来到潜在客户身边,急客户所急提供贴身服务,做的不是眼前的生意,而是关注客户的终身价值,做长久的生意。这不仅仅需要眼光,更需要一种全心全意为客户服务精神的支撑。

向7天不断学习塑造品牌的核心价值

　　目前许多企业都在搞品牌建设,但是对于品牌的理解和应用,仅仅停留在口号和广告传播的层面,7天连锁酒店却明白品牌要建起来,要靠全方位的品牌管理,全员的参与,始终围绕品牌定位做系统的产品研发、服务、管理、运营、推广,让品牌体现在各个方面,让消费者感觉得到、闻得到、听得到,甚至是吃得到。

　　7天连锁酒店提倡的"天天睡好觉"这一朴素的品牌理念,为了让广大的消费者能够真正体验和感动到,不仅仅提供有助睡眠的热牛奶,还提供10秒速热,恒温恒压淋浴,以及1.8米大床,在全国多个乡村分店已启用了宝洁、高露洁等高端品牌,并供给了包罗具有3项安康舒睡设想并有凹凸软硬可供客挑选的荞麦枕头,更为此投入巨资提供更加促进睡眠的床垫。

　　7天联手的战略合作伙伴雅兰集团,提供高品质的床垫,该品牌是拥有45年悠久的历史,以其卓越产品连续 15 年为注重品质的香港家庭选用最多,并享誉北美、欧洲、东南亚,深得消费者喜爱。

旨在为 7 天会员提供高品质睡眠的雅兰护脊床垫具有 4 项护脊专利技术,包括精钢弹簧分区设计,给脊骨和腰椎更好的承托;复合棉垫采用抗菌面料,平衡与舒适兼顾;分层裥花贴身舒适,带来与众不同的按摩感受;360 度透气网布围边,兼有防潮透气性能。

雅兰集团董事兼深圳雅兰家具有限公司总经理施莉琳表示,凭借 40 多年的床垫研发和生产历史,雅兰深刻地理解良好舒适的睡眠环境对人的重要性,此次与 7 天达成联合推广,一定能够为广大 7 天顾客打造出更高的睡眠品质。

有业界评论认为,此次雅兰和 7 天的战略合作,不仅有着雅兰集团历经 45 年时间验证的高品质保障,也是 7 天连锁打造高品质酒店、引领全行业品质提升的一项重大创举,更可视为中国经济型酒店迈向高品质时代的一个里程碑式事件。

郑南雁对媒体表示,"人的一生有三分之一的时间在睡眠中度过。7 天连锁深知一张好床对旅途中的顾客同样至关重要,因此,7 天特别定制了拥有多项专利技术的雅兰护脊床垫。7 天将以推出雅兰护脊床垫为新的契机,继续围绕高品质的酒店产品、直销低价的创新模式、快乐自主的服务流程,进一步帮助会员获得舒适、干净、低价、快捷、自主、快乐等多重利益。7 天会一直坚持自己的策略,将更多的钱花在客户最能直接受益的地方。"

可见 7 天为了让品牌价值深入人心,感动到每一位住店消费者,进行了全方位的设计和规划,满足了众多出门在外睡不好觉的商旅人士的根本需要,并为此在网站上开通论坛,倾听消费者心声,2010 年 8 月会员点评量超过 12 万份。不仅赢得了会员的喜爱,更赢得了会员的钟爱。

7 天连锁酒店的品牌建设告诉我们:根据市场和潜在消费者,找到最需要或者未被满足的需求,进行品牌定位与诉求,并对此进行全方位的推进和管理,不但让消费者感觉到,联想到,并注意消费者反馈和意见进行修正。持续精进、持续改善、不偏离、不游离、不放弃,那么就能获得丰厚的回报,将企业品牌成为消费者离不开的,日常生活不可替代的帮手和朋友,即便中途遇到一些问题也会成为基业长青的强势品牌。

通过以上对比对主要几家经济连锁酒店分析发现,如图 10.3 所示:

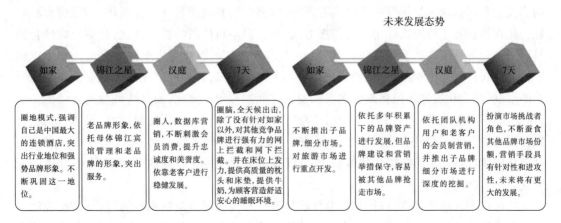

图 10.3

7天酒店连锁与竞争对手的比较优势相当明显,他山之石,可以攻玉,7天采用的深入市场的抢逼围策略,以及全面、持久、以人为本的品牌建设和推广,值得我们每一位从事营销人员学习和借鉴。

资料来源:环球旅讯网.7天酒店借搜索引擎营销抢占市场[EB/OL].(2010-11-11)[2015-08-27].http://www.traveldaily.cn/article/45592/4.

10.3.6 酒店社会化媒体营销

1)社会化媒体营销概述

(1)社会化媒体营销概念

社会化媒体的崛起是近些年来互联网的一个发展趋势。不管是国外的 Facebook 和 Twitter,还是国内的人人网或微博,都极大地改变了人们的生活,将我们带入了一个社交网络的时代。社交网络属于网络媒体的一种,而营销人员在社交网络时代迅速来临之际,也不可逃避地要面对社交化媒体给营销带来的深刻变革。社会化媒体营销就是利用社会化网络、在线社区、博客、百科或者其他互联网协作平台和媒体来传播和发布资讯,从而形成的营销、销售、公共关系处理和客户关系服务维护及开拓的一种方式。一般社会化媒体营销工具包括论坛、微博、微信、博客、SNS 社区、图片和视频通过自媒体平台或者组织媒体平台进行发布和传播。

(2)社会化媒体营销的特点和优势

在当今的营销环境中,可以发现越来越多的企业使用社会化媒体工具进行营销。社会化媒体具有以下的特征。

首先,社会化媒体营销具有互动性。社会化媒体具有强大的互动沟通的特性,在社会化媒体的平台上,个体与个体之间能够毫无阻碍地进行交流。不管是企业和受众之间还是受众和受众之间,社会化媒体的沟通方式都是双向的,内容提供者可以提供需要传达的信息,内容接受者可以快速地接受内容提供者所传达的信息,并且通过社会化媒体对其进行反馈。社会化媒体摒弃了传统媒体单向的传播方式,具有双向对话的特性。其次,社会化媒体营销具有公平公开性。在社会化媒体时代,任何人都能够参与到社会化媒体的互动沟通中。由于社会化媒体互动沟通的特性,使越来越多的人参与进来,并且社会化媒体的交流没有对受众的限制,社会化媒体不但将媒体本身和受众之间的界限模糊化,而且这种快速互动的交流方式也能够将交流的内容完全地公开,实现零障碍的个体参与。再次,社会化媒体营销具有媒体联通性。大部分社会化媒体之间都是联通的。通过链接的方式,可以将社会化媒体与社会化媒体联通,甚至将社会化媒体和传统媒体联通,实现信息的共享和信息传播的最大化。

通过以上3点概述,可以得知社会化媒体有着和传统媒体截然不同的特征,这也造就了在社会化媒体语境下,企业通过社会化媒体进行营销具有极大的优势,这些优势主要体现在以下几方面:

①实现目标受众的精准营销。在以电视、报刊和广播媒体为王的传统媒体营销时代，企业基本不能实现品牌广告的精准营销。在社会化媒体平台上，具有相同兴趣点、相同阶层属性的受众会聚集在一起，除此之外，大部分社会化媒体的注册用户都会或多或少地对自己的相关信息进行公开，媒体甚至能够追踪用户的行为和习惯，所以企业可以通过社会化媒体快速、精准地找到对自身产品具有消费需求的潜在消费者，通过一些用户信息判断受众的消费偏好、消费能力和购买意愿等要素，实现针对于目标受众的精准营销。

②减少企业和受众之间的隔阂。强大的互动沟通的特性是社会化媒体的一个显著特征，在现在的社会化媒体营销的大环境下，社会化媒体互动沟通的特性越来越明显。正因为这样，企业和受众之间的隔阂也日趋减少。在传统媒体营销时代，企业无法获得受众对品牌和产品信息的反馈，这种单向的传播方式即便能够艰难地获取少许受众的意见，也是不及时的，企业获得受众的反馈跟不上市场的变化。互动的效率低下，且持续性差。社会化媒体的发展使得企业可以和受众一样，在社会化媒体的平台上自由发布信息、发表言论，这种平等性和社会化媒体的互动性使得企业和受众之间的关系更加亲密。

③信息传播的快速性和持久性。企业通过社会化媒体进行营销可以带来病毒营销的效应。企业发布在社会化媒体上的品牌和产品的信息可以像病毒一样具有爆发式的影响效果，社会化媒体强大的信息扩散能力能够使企业发布的信息在最短的时间内快速地在受众之间传播。除此之外，社会化媒体上的信息传播还具有持久性，企业发布的信息会永远停留在社会化媒体上，只要受众点击浏览，就能够为企业的营销带来长尾效应。

④营销策略的灵活性。通过社会化媒体，企业可以针对不同特点和需求的受众使用不同的社会化媒体工具，执行不同的社会化媒体营销策略。通过不同的社会化媒体营销方式，适时调整营销策略，企业可以实现更高效的销售转化率。

⑤低廉的成本。相对于传统媒体上高额的广告投放费用，社会化媒体营销的成本大大降低。通过社会化媒体，企业可以低成本地与受众进行交流和沟通，并且可以低成本地对社会化媒体上的信息传播进行监控，从而实现企业营销利润的最大化。

虽然社会化媒体的出现较晚，但是社会化媒体正随着互联网技术的日趋成熟而不断发展壮大，企业社会化媒体营销还有极大地上升空间和发展空间。现今，中国本土企业是否能够真正认识社会化媒体营销，是否能够正确使用社会化媒体营销以达到营销效果，是否能够衡量社会化媒体营销的效用，这些问题值得进一步探究。既然我们已经身处社会化媒体的大环境下，企业就必须尽快地掌握全面的社会化媒体营销方法，熟知企业社会化媒体营销模式，巧用企业社会化媒体营销策略，借助社会化媒体这一利器，在激烈的市场竞争中开拓一片蓝海。

2）酒店实施社会化媒体营销的必要性

酒店业的快速发展虽然有力地保障着我国旅游业的持续健康发展，但由于受行业特性和环境的约束，我国酒店难以形成竞争的优势。此外，消费者对酒店的了解和认知大多停留在当前的旅游消费上，没有形成较强的认同感和忠诚度。这固然有旅游活动的特性制约和酒店产品过强的同质化，但更多在于消费者与酒店缺乏必要的沟通，消费者对酒店的了解局限于在过去自身的体验和传统的媒体营销。酒店要想在竞争中脱颖而出，形成消费者对企业的信赖和关注，社会化媒体营销是一种不错的途径。通过社会化媒体营销，酒店可以获得

以下益处：

（1）提升消费者对酒店的关注度

酒店应用社会化媒体，可以在微博、博客、社交网络等拥有注册用户的社交媒体上发布相关的产品和服务信息，利用社交媒体的粉丝关注效应和社群效应，可以增加酒店的产品与服务信息在社交网络上的曝光量。同时，社会化媒体的热点聚焦效应，使得酒店能够通过社交媒体实现与潜在用户之间进行广泛的沟通。

（2）增加对酒店的访问流量

传统的网络营销是基于信息上网为特征的，企业通过在自己的官方网站上或是垂直门户里的资讯频道上发布信息，然后通过关键词搜索，由搜索引擎带来相关的流量和点击量。社会化媒体的应用改变了以往过于依赖搜索引擎的网络营销模式，通过社会化媒体不仅可以直接将社交媒体上的用户流量转化为企业官方网站的流量，而且还可以通过企业在社交媒体上的信息吸引与服务互动来发展用户。

（3）提升酒店品牌知名度

酒店在社会化媒体上发布的内容被越来越多的人关注，就会让更多的用户对该酒店产生兴趣，从而了解该酒店的具体情况。另外，如果有人已经参与到酒店的消费中，就会分享其使用后的经验和感受，如果这些感受都比较良好的话，就会促进其他用户来体验，从而产生口碑，久而久之品牌知名度就会提升。

（4）有效降低酒店的营销费用

社会化媒体营销需要投入，如果应用得好，企业的整体营销预算反而会大大减少。这是因为社交媒体有着其他传统媒体和网络广告所不可替代的传播效应。一方面社交媒体的开放性吸引了大量的用户；另一方面有关产品与服务的信息可以利用社交媒体以更低的成本、更快的速度来进行传播。如果企业能够将社交媒体与视频营销、病毒营销结合起来，常常能够取得意想不到的营销效果。

3）酒店社会化媒体营销策略

（1）分析目标市场和受众行为，获得精准定位

传统媒体营销的受众范围广、层次复杂，会降低酒店营销效果。酒店社会化媒体营销与传统营销相比更加精准。精准营销可以使信息传播更加顺畅，使信息交互的效果更加明显，并且，精准的营销诉求还可以让品牌信息在传播中更具有持久性。

①分析目标市场，选择社会化媒体。社会化媒体的用户构成了酒店社会化媒体营销的目标市场。每一种社会化媒体的用户群都有相对差异化的群体特质，正所谓"物以类聚、人以群分"，社会化媒体的用户也是如此。例如，人人网的用户是以大学生为主，开心网的用户以企业白领为主。除此之外，新浪微博、腾讯微博、视频网站这些社会化媒体的用户大都具有相对独立的群体特质。每一个社会化媒体的注册用户都会登记自己的个人信息，如年龄、身份、职业、学历等。酒店可以充分挖掘这些用户数据，并且对这些用户的相关好友进行分析，从而推断出某一用户群体的共同特质，了解他们的习惯、兴趣等要素，并找出与酒店自身品牌和产品最相符合的受众群体，以此选择相对应的社会化媒体营销平台实现精准定位。

②分析受众行为，设置品牌接触点。品牌接触点指消费者有机会面对一个品牌信息的

情景,它是品牌信息的来源之一,包括人为的接触点和自发的接触点。人为的品牌接触点是指大部分经过设计的信息,诸如广告、促销、公关信息等;自发的品牌接触点则是指那些因为购买产品或者服务等过程自动生成的情景。

酒店社会化媒体营销是一种分众式、碎片化的精准营销。在传统媒体营销中,酒店的广告投放和品牌传播等营销活动是以媒介为中心,然而酒店社会化媒体营销必须以受众为中心。这就需要酒店的营销人员在社会化媒体营销之前,着重研究社会化媒体平台上的目标受众的行为和习惯等要素,从而深刻地把握目标受众的需求,设置与目标受众的行为最能契合的品牌接触点,让目标受众感受到酒店品牌所传递出的信息与自己的行为习惯息息相关,是自己生活中的一部分,并由此产生对酒店品牌和产品的情感共鸣。另外,酒店社会化媒体营销的品牌接触点内容应该最真切地表达、传递出酒店品牌的核心理念和精神,提高受众对品牌的正确认知。分析受众的行为和线上生活习性是酒店社会化营销精准诉求的重中之重。

通过上述两个步骤,酒店才能在社会化媒体平台上优化酒店和受众的互动渠道,把适合的品牌信息传达给适合的目标受众,实现社会化媒体营销的精准传播。

(2)重视受众体验和意见领袖,强化互动沟通

社会化媒体互动营销主要体现在两个方面,酒店与受众之间的互动(包括受众给酒店的反馈)、受众与受众之间的互动。社会化媒体互动营销的核心是互动沟通、体验分享,这其实就是一种关系营销的传播过程,利用社会化媒体的优势进行营销。但是这一系列的互动营销的基石则是酒店品牌和产品的内容,只有优秀的、符合受众心理的营销内容才能够演绎精彩的社会化营销。

另外,发挥社会化媒体营销最大化价值的基础是社会化媒体受众的高参与度。受众的参与不但需要酒店提供能满足受众需求的营销内容,酒店还应该利用社会化媒体用户之间的关系,实现关系营销。

①注重受众体验,共同创造内容。在社会化营销中,酒店要以受众的体验作为第一考虑因素。酒店在社会化媒体上的营销内容应该融入受众创造(UGC)的内容元素。在本土酒店的社会化营销中,酒店忽视了用户创造内容这一环节。而在成功的社会化营销案例中,受众可以为企业提供他们对品牌和产品的想法。如深谙社会化营销之道的星巴克公司,受众就可以在 My Starbuck Idea 平台上参与星巴克的品牌互动。香港著名创意营销专家陈亮途先生说道:“成功的社会化媒体营销,内容应该交给用户,让用户更多地参与到酒店经营中来。”

②善用意见领袖,实现关系营销。传统媒体的营销是一种干扰式的营销方式,信息的灌输并不能引起消费者的好感与关注。在社会化媒体环境下,酒店需要与受众对话,而社会化媒体也使酒店和受众之间这种会话式的互动沟通非常便利。意见领袖是指在人际传播网络中经常为他人提供信息、意见、评论,并对他人施加影响的“活跃分子”,是大众传播效果形成过程的中介或过滤的环节。社会化营销的核心在于互动,互动的关键在于关系营销,而关系营销的中坚力量则来源于意见领袖。

在社会化媒体的用户群中,每个人都想成为意见领袖,这种心态是参与社交的一种内在的需求,社会化媒体上的沟通、交流也不例外。意见领袖在社会化营销中扮演着非常重要的

角色。在他们接收到酒店传达的品牌和产品信息之后,会迅速地将信息再次传递出去,分享给身边的每一个人,实现信息的二次传播。意见领袖使酒店社会化营销信息传递更加迅速,影响更加广泛。

意见领袖相较于酒店更加"亲民"。意见领袖可以将酒店传递出的信息转化为其他受众更容易接受的信息元素;意见领袖的传播可以对酒店传递的信息进行二次创造,增强信息接收的效果。意见领袖在社会化营销中充当着大众传播中的"把关人"的角色,所以,酒店如能通过与意见领袖的有效合作开展社会化营销,可以提高受众对品牌和产品认知的信任度。这种基于社会化媒体的关系营销将人与人连接,达到了口口相传的营销目的。

（3）整合营销平台和营销策略

整合营销传播理论的倡导者有句格言:"营销就是传播"。整合营销理论在社会化媒体营销中应用的精髓在于整合各类资源、渠道,以及传播的策略。

①社会化媒体平台整合。当多个社会化媒体的用户群与酒店品牌和产品的受众相符合时,酒店应该将这些平台进行整合,在不同的平台上使用不同的,但相辅相成、互相补充的营销策略。根据不同社会化媒体的不同特征,制订出一套系统化、多元化的营销传播组合,促使酒店营销的影响力发挥出最大的价值。本土酒店目前还尚未充分使用多元化的社会化媒体营销工具。即时通信和签到/位置服务在本土酒店中的使用率非常低,而一些嗅觉敏感的外资酒店已经意识到即时通信中的微信和签到/位置服务 LBS 营销的作用。例如,星巴克于2012 年 8 月开通腾讯微信账号,开启"移动新媒体+二维码"的新兴社会化营销组合。星巴克将目标受众从传统渠道引至线上,再通过线上社会化媒体与目标受众不断地互动和沟通,在传达信息的同时,培养受众新的消费习惯。由此可见,酒店将多种社会化媒体平台进行有效的组合,能够实现优势互补。社会化媒体平台整合意味着酒店品牌和产品的营销在多种社会化媒体之间的联动。例如,微博是现在非常流行的一种社会化工具,也是非常有效的社会化营销平台。但是,一个酒店的社会化媒体营销如果仅仅只使用微博这一工具是远远不够的。单一的微博营销效果一定是有限的,正如单一的电视广告投放、杂志广告和软文推广、单一的户外广告投放一样,如果没有其他渠道配合,传播效果会很有限,甚至会适得其反。不同社会化媒体之间的整合传播能够有效提升酒店社会化媒体营销的价值、效果。每一种社会化媒体营销工具都有两面性,优势与劣势并存,在分众碎片化传播的时代,酒店的受众虽然不等同于所有社会化媒体的用户,但也不会局限存在于某一种社会化媒体之下,这就需要酒店在受众分析之后选择使用一些最适合自身酒店受众情况的社会化媒体营销工具,并将这些社会化媒体进行整合,交叉联动,提升营销的影响力。

另外,除了整合线上平台,酒店社会化营销要想获得更大的收益还需要融入线下媒介,综合运用于酒店社会化媒体的营销战略中。

②社会化营销策略整合。营销策略是实现销售目标的原则、指导思想、措施和手段。酒店社会化营销策略的整合是通过多元的营销方式实现酒店的营销目标。一套完整的整合营销策略需要贯穿于社会化媒体甚至是产品销售的各个环节、各个平台,实现营销联动。

酒店与受众之间关于品牌的互动是酒店社会化营销的核心。但是,酒店营销的目的终究是为了获得更好的销售业绩。所以,酒店社会化营销需要融合产品的销售策略。例如,酒店在社会化媒体上传递出的产品活动信息、优惠信息、品牌互动活动中发放的产品优惠券等,都需要酒店产品销售策略的支持。酒店的产品销售策略是社会化营销的铺垫,将产品销售策略融入其中,才能真正转换为销售回报。社会化媒体营销是一种关系营销。要想在顾客和品牌之间建立良好的关系,就必须借助于可以交流的多重传播职能,这正是整合营销传播的特征和职责所在,也就是说整合营销传播是建立品牌关系的最佳手段,而通过建立关系实现品牌价值本身也就是整合营销传播的终极价值追求。

总体而言,社会化媒体整合营销要以品牌为导向,创意为核心,多种媒介平台相融合,以覆盖目标受众的不同接触点,从而形成立体、多维化的营销体系。

(4)优化页面设计,将艺术与营销融合

除了以上3点所提到的精准营销、互动营销和整合营销的策略之外,酒店社会化媒体营销还应该注重品牌接触点的设计,优化页面,提升视觉营销。

酒店社会化媒体营销内容设计的优劣,很大程度上决定受众被吸引和参与的概率。以往很多传统营销的影像和版面的内容设计都十分的艺术化。所以,社会化媒体营销要想使受众获得更好的体验,必须将艺术设计与社会化媒体营销相融合,追求各种社会化营销品牌接触点的个性化、人性化、艺术风格化。现今的社会化媒体用户非常注重使用体验、浏览体验和参与体验,优化的社会化媒体营销页面可以吸引受众的注意力,有助于酒店与受众之间的互动,达到关系营销的效果。

■拓展材料阅读10.3

四季酒店的社会化营销启示

社会化营销正在改变着很多行业的营销策略和手段,尤其对于旅游酒店等服务行业而言。

用户对于服务有了更多的发言权,服务的有形化可以通过社交媒体的传播和点评来实现。SAS和宾夕法尼亚大学的研究报告指出:用户点评对酒店消费者的购买决策影响最大,UGC的存在显然让我们从一个价格透明的环境转移到一个价值透明的环境,如果酒店要保持竞争优势,那酒店经营者就必须将内容整合到其策略和战略决策过程当中。因此,旅游酒店服务行业如何利用大数据,了解消费者在意什么,并借以思考如何提供给他们独特的价值就成为酒店服务行业品牌塑造极具挑战的一件事情。

四季酒店从事社交媒体营销的Felicia Yukich这样说道:"我们相信在大数据时代能胜出的品牌一定是和他的消费者一块创造的。四季酒店一直以消费者为中心的企业文化能让公司在迅速适应以消费者为主导的交流体系中去。"四季酒店作为一家世界性的豪华连锁酒店集团,通过在数字渠道讲故事和利用一体化的内容策略来与用户进行交流,以使其沉浸在品牌体验当中。通过四季酒店如何利用社会化媒体进行营销,我们来探讨如何在酒店旅游服务性行业当中发挥社交媒体的力量,如何采取策略树立卓越的品牌。

一、社会化营销在品牌战略中的地位

NetAffinity曾经预测2014年酒店营销的趋势中,社交媒体增加流量是一大趋势,酒店营销应将更多的资源转移到线上和移动端,让旅客在行前、行中和行后都参与到社交网络中,而且基于位置的服务,多屏化,视频互动等也成为几个明显趋势。

四季酒店在社交媒体平台上也进行了很多尝试和营销努力。

比如,在 Twitter 上的虚拟品酒会;在 Facebook 上及时与粉丝互动对话,充满活力;积极参与 Foursquare 和 Gowalla 基于位置服务的 App 应用;在 Youtube 发布信息让四季酒店成为重要的搜索关键词。这都是四季酒店在社交媒体上的尝试,基于酒店营销在社交媒体上的重视。

数字媒体平台占到了四季酒店品牌推广努力的50%,以用来方便与消费者进行互动,培养消费者忠诚。四季酒店集团总裁兼 CEO 泰勒:"我们在数字营销上的投入超过了营销总支出的50%。每家酒店都有一名社交媒体经理。有些酒店不止一名。他们的职责不光是解答客人的投诉,还要与客户交流他们感兴趣的东西。有时在社交媒体上与我们交流的可能就是楼上房间里入住的客人。他们过去直接给前台打电话,现在他们发推特信息(Tweeter)或写博客。他们在哪里,我们的服务就得跟到哪里。"

营销努力加上高层战略重视让四季酒店能与消费者进行实时交流,拓展他们的服务范围和方式,并且在全球范围的连锁酒店里,这种社会化营销来推广品牌的策略也一视同仁,进行本土化适应,让四季酒店迅速发展起它的线上粉丝数,在业内先发制人。酒店营销在社会化媒体上虽然策略有所不同,但战略上的共识就是整个企业,而不是某个人或某个部门,都必须参与到社会媒体的管理之中。

二、专业团队运营管理社交平台

自 2009 年起,四季酒店集团就已经开始在社交媒体平台打造其品牌度。也正是在 2009 年,消费者开始期待品牌能在一天 24 小时内的任何时间与其进行互动。因此,四季酒店设有一个专门的部门来运营社交平台,管理内容,将内容传达到所有数字传播渠道。目前四季酒店在主流的社交平台都开设了自己的账户,并投入足够的资源与消费者互动。比如,Facebook, Youtube, Twitter, LBS, Tumblr, Blogs&Microsites, Google + 和 Four Seasons Magazine。这些社交平台会让四季酒店与消费者可以随时互动和了解。

四季酒店抓住社交媒体平台成功的核心:"真实性""参与度"。

像他的数字营销高级副总裁 Elizabeth Pizzinato 所说:"这不是简单地创建 Twitter 账号或者 Facebook 页面的问题;社交媒体渠道所依靠的是即时性、参与度和真实回应。所以企业要准备好面对配置社交渠道关键资源时带来的额外管理压力。"有专业的部门进行平台运营,管理用户的评分和点评,通过数据分析,提高在线声誉和盈利能力,对于豪华酒店尤为重要。

所以,四季酒店能给消费者提供个性化服务的前提是关注用户在社交平台上发出的信息,通过不同渠道收集客户反馈信息,持续地与消费者对话沟通,发掘他们的需求,捕捉行业趋势和消费行为趋势,优化在线声誉和点评。

三、极具效果的内容策略

四季酒店集团能提供高度定制化服务与它的内容策略是相辅相成的。

专业化的运作部门通过内容倾听消费者心声,将其付诸行动,为消费者提供更好的体验。四季酒店社交平台的内容策略分为两个部分:一是用户生成内容;二是在线上和线下渠道提供引人入胜的体验。消费者会在不同的活动当中与品牌进行互动。比如四季酒店集团进行的婚礼筹划专题策划,开设专门的 Twitter 和 Pinterest 账号向消费者提供来自酒店员工的专业建议和在四季酒店举行婚礼的新娘所分享的故事,以互动的方式来为消费者提供一体化和专业的体验。

再比如,2013年四季酒店的Maxine畅游曼哈顿竞猜活动,这是一个针对订单来源是商旅群体,推出的家庭周末旅行的活动方案。它启用了所有社交平台用于此次活动的营销,包括Pinterest、Twitter、Instagram和Vine。通过照片和酒店为每个家庭定制的照片和个性化服务,入住酒店的小朋友可以获得与Maxine交流的机会。这次活动帮助四季酒店通过社交媒体寻找定位目标客户群的方式,并将竞猜活动弄得十分诱人。活动实现了所预期的商业效果:酒店在周末的收入同比增长了5%,Facebook的粉丝数增长了10%,Twitter粉丝数增长了19%。

同时在社会媒体营销中,四季酒店还专注于"打造其视觉资产",他们将其内容在新的平台(例如Instagram和Tumblr)上赋予了新的用途。酒店与服务业中的餐饮和夜生活中的"超级明星"进行合作也可以为客户带来令人难忘的体验。Felicia Yukich说:"我们提供的内容是有趣味性和相关性的,这样的互动性给我们带来的回报收益非常明显。最有效的内容是我们的多媒体内容,比如在YouTube,我们的浏览总量达到了280 000次,比去年的这个时候的关注量提升了30%,这些多媒体的内容可以让消费者看到我们的产品,更好地理解四季酒店的服务体验。"

当然,作为奢侈豪华的四季酒店集团,这一切都离不开它个性化服务,待人如己的法则和极具创新的品牌文化,并且能够提供完美睡眠,纯正独特的当地体验,让客人能休养生息。继而通过社交媒体讲故事和利用一体化的内容策略来与用户进行交流,向消费者传递这种体验,以使其沉浸在品牌体验当中,这才是关键。如Pizzinato说:"酒店公司必须将其自身看做是内容、媒体和出版公司。"

资料来源:中华广告网.四季酒店的社会化营销启示[EB/OL].(2014-03-27)[2015-08-28].http://www.a.com.cn/info/al/2014/0327/265593.html.

---

4)酒店社会化媒体营销的运作

(1)酒店社会化媒体营销的操作方式

①创造酒店的网络曝光量。酒店应用社交媒体,可以在社交网络、微博、博客、微信等拥有海量注册用户的社交媒体网络上发布相关的服务信息和产品资讯,利用社交媒体网络上的粉丝关注效用和社群效应,可以大大增加酒店的产品与服务信息在社交网络上的曝光量。

社交媒体的热点聚焦效应,使得酒店能够通过社交媒体实现与潜在用户之间更为广泛的沟通。社交媒体还具有平等沟通的特性,更利于酒店与潜在客户之间发保持亲和的沟通,持续深化关系。

②增加网站流量和注册用户。传统的网络营销是基于信息上网为特征的,酒店通过在自己的官方网站上或是垂直门户里的资讯频道上发布信息,然后通过关键词搜索,由搜索引擎带来相关的流量和点击。

社交媒体的应用改变了以往过于依赖搜索引擎的网络营销模式,通过社交媒体不仅可以直接将社交媒体上的用户流量转化为酒店官方网站的流量,而且可以通过酒店在社交媒体上的信息吸引与服务互动来发展注册用户。

③吸引更多业务合作伙伴。社交媒体在吸引个人用户的同时,也吸引了越来越多的酒店用户。统计显示,美国有72%的酒店在利用社交媒体提供各种类型的服务。这也给许多酒店提供了寻求合作的机会,通过社交媒体来找到更多适合的合作伙伴。

社交媒体的属性特征使得用户在社交媒体上能够获得比搜索引擎更加全面和完善的资讯,也更容易判断合作伙伴的经验和能力,从而帮助酒店带来更多潜在的合作机会。

④提升搜索排名。传统的官方网站和产品网站是以信息发布为主,内容多是静态信息和资讯,内容更新频率比较低,主要通过关键词来被搜索引擎收录。

而社交媒体上的信息更新与内容互动要频繁得多,酒店在社交媒体上频道页面的更新率非常高,更容易在搜索中排在更靠前的位置。

⑤带来高质量的销售机会。包括不同类别、不同等级的酒店在 Facebook 上的成功应用已经证明了社交媒体对于销售机会的促进效应。

在美国的许多酒店已经通过 FacebookAds 发布消息,利用网络下载优惠券,在微博上发起与产品有关的话题,监控感兴趣的客户行为,结合邮件营销和博客营销,带来了大量的销售机会。

⑥减少整体营销预算投入。社交媒体营销当然也需要投入,但是应用得好,酒店的整体营销预算反而会大大减少。这是因为社交媒体有着其他传统媒体和网络媒体所不可替代的传播效应。一方面社交媒体网络的开放性吸引了大量的注册用户;另一方面有关产品与服务的信息可以利用社交媒体网络以更低的成本、更快的速度来进行传播。

如果酒店能够将社交媒体与视频营销、病毒营销结合起来,常常能够达到意想不到的营销效果。荷兰皇家航空公司(KLM)就在2011年3月新开航的迈阿密航线上,成功地运用社交媒体营销传播,利用 Twitter 发起话题,通过 Youtube 实现视频分享,就以极低的投入对于这条新航线的推广起到了意想不到的传播效果,同时也大大增加了 KLM 的品牌美誉率。

⑦促进具体业务成交。社交媒体的特性不仅是利用社交网络、微博、微信等发布信息,更重要的作用利用社交媒体平台发起与潜在用户的互动。

酒店的社会化营销团队不仅可以关注在社交媒体上的用户,监控用户对于相关产品与服务的关注,并且可以实时发起与潜在用户的互动,持续深化与潜在用户的关系,促进对酒店产品与服务的兴趣,并且适时的发起社会化营销活动来促进成交。

(2)建立社会化媒体营销的关系链

①社会化媒体营销的基础是关系链。社会的构成元素是人和组织,而社会能够称之为社会的关键则是人与人、人与组织及组织与组织之间的关系链。我们处于网络社会时代,那么在社会化属性日益增强的互联网中,关系链自然是社会化媒体最重要的组成部分。社会化媒体营销的一个显著优势就是用户对于信息的信任度高,而信任度高的原因就是社交关系链。只有很好地利用了用户的社交关系链,才能发挥社会化媒体营销的优势。

②社会化媒体营销一定要增大营销内容的传播动力。既然知道了关系链对于社会化媒体营销成败的关键作用,酒店就要考虑如何利用关系链。可以考虑建立与目标受众之间的关系链,但是关系链的建立需要艰难而漫长的过程,显然,更好的手段是利用用户之间既有的关系链,在关系链的某一个点注入信息,通过关系网迅速传播。然而就像电流需要电压才能传输一样,没有传播动力的内容即使投入关系网中,也激不起一丝涟漪。对于社会化媒体

营销来讲,最困难和最重要的就是增大营销内容的传播动力。

(3)酒店社会化媒体营销的着重点

社会化媒体营销要在自主信息时代走向成熟关键的几点有:

◇如何做到让目标客户触手可及并参与讨论;

◇传播和发布对目标客户有价值的信息;

◇让消费者与酒店的品牌或产品产生联系;

◇与目标客户形成互动并感觉产品有他一份功劳。

(4)酒店社会化媒体营销的评估

酒店社会化媒体传播效果的评估方式主要分两种:定量评估与定性评估。

①定量评估。定量评估指标主要包括如下几项:

◇曝光次数(Impression):指总体发布量、阅读数量(点击数量)、转载数量、回复数量等常规内容数据。

◇广告当量:总结统计出每次 campaign(营销活动)中,加精华、加置顶这些内容的总量,可以折合成多少对应的传播网站对外报价的费用,可得出此次 campaign 附加价值。

◇单人点击成本(CPC):计算每次 campaign 的平均 CPC 值,将其与 IT 行业常规平均4~5 元人民币的 CPC 值进行对比,即可评估此次 campaign 效果。

◇转化率(Conversion):在一次 campaign 中,对比前后用户的使用、关注、参与的数据,例如线上活动的注册人数、参与人数、网站 PV/UV 值、销售量等,即可得出转化率数据。

◇第三方数据:在一次 campaign 实施前后,对比 Google 趋势、百度指数等数据,或者委托第三方调研公司,调查品牌或者产品的知名度及美誉度变化情况。

②定性评估。定性评估方式也主要分为两个角度:网络舆论分析和影响力分析。

网络舆论分析:

在一次 campaign 实施中,需要从如下一些角度分析网络舆论情况:

◇分析网络舆论的评论比率:包含网络舆论的正面、负面、中性的评论比率,即可评估出舆论引导效果。其中,搜索引擎首页的负面率等也在网络舆论的分析范围之内。

◇分析微博、论坛、博客、SNS 等社会化媒体传播通路中的跟帖评价比率。

◇分析网民关注点(关注的产品是什么? 关注的产品功能有哪些? 是否关注售后服务? 关注服务哪个环节等):同样需要从正面、负面、中性 3 个方面对评价内容进行分析。

影响力分析:

◇名人博客/微博:有无名人博客/微博自发撰文讨论或引用相关内容,有无博客频道显著位置推荐、博客圈加精。

◇媒体跟进:有无其他非合作媒体进行话题的跟进及二次传播放大。(尤其要留意平面、电视、广播等传统媒体)。

(5)酒店社会化媒体营销的误区

①向粉丝过度推销。如果几乎所有你的帖子都是向你的粉丝兜售什么,那么你就犯下了贪欲罪。这个错误也可能出现在直销的情况下,而不是利用你的声誉、知识和社区来服务你的销售。

②贪图数据表现。大多数社交媒体营销者利用大量时间的工作来聚集或鼓励在自己页面

上的互动。这可能涵盖了所有营销的误区,通常情况下这意味着渴望得到评论、赞或转载。

③强调自我。真正能做好社交媒体的酒店是那些强调参与他们平台的用户。聆听受众的心声要比酒店自己的独白重要而有趣的多。不要太过于强调你是谁,你就是酒店而已——应该更多地去融入你的粉丝表达你独特的个性。

④懒惰,行动迟缓。一个常犯的错误是发帖数太少。粉丝们喜欢媒体访问你的页面,发现一些新的东西,即使数量不多。

⑤引起公众愤怒。在社交媒体的领域你必须非常重视,不要忘记低调谦虚的意义。太多负面的报道,或者太多对愤怒评论者的敌视——无法提升公众眼中你的形象。通过邮件平息事态,也可以运用一些优惠承诺,激励或者客户服务至少让当事人冷静下来。

⑥因嫉妒而抄袭。如果你的竞争对手正在从事一些很棒的事情,而你却总是想去抄袭他们,记住做一件有价值的工作是需要付出努力的。如果你真的按照你的想法这样实施,那么你可能会赶走已有的粉丝。去发现你适合怎样的内容,可以运用一些分析系统,并且不断在你的活动中进行一些试验或调整。

⑦刚愎自用。在社交媒体,需要有一个团队来做好即使只是设计网页的工作,所以不要太自负不去寻求别人的帮助。通过粉丝来获得灵感、知识甚至是帮助,这都能提升页面以至于不会过时。

【本章小结】

本章共分为3节。第一节介绍了网络营销理论及其内涵;第二节分析了网络营销的特点及与传统营销的联系,涉及网络营销对传统营销的冲击与整合;第三节阐述了酒店网络营销的策略,包括酒店网络营销的竞争优势、酒店网络营销战略的实施与控制、酒店的网站营销、酒店 B2B 电子商务平台营销、酒店搜索引擎营销、酒店社会化媒体营销。

【复习思考题】

1. 网络营销理论包括哪些理论?
2. 网络营销的内涵是什么?
3. 网络营销具有哪些特点?
4. 网络营销对传统营销策略会产生哪些影响?
5. 如何进行网络营销与传统营销的整合?
6. 网络营销具有哪些竞争优势?
7. 酒店如何实施网络营销策略?

【案例分析】

马里奥特酒店集团的网络营销战略

在美国成千上万的公司中,马里奥特酒店是最早在网上建立互动式主页的少数公司之一。用户利用先进的搜索工具,可以轻而易举地找到适合自己需要的马里奥特酒店。用户还可以迅速找到比如凤凰城里拥有的商务中心、房内资料库和附近地区设有的高尔夫球场的全部酒店名单。当然,用户也可以向任何一家马里奥特酒店顾客服务部发出电子邮件,请他们提供用户所需要的信息。

与马里奥特酒店联网的公司网页会向用户介绍酒店附近的商店、餐馆和其他吸引物。一种综合性图片系统使用户能够了解全世界 600 万个企业与景点的情况。如果你自己能开车,详细的驾驶指导会把你从住宿的酒店准确无误地送往你所需要去的任何一个地点,道路图清一色使用彩色照片。如果你要去一家中餐厅,或者你想找最近的一家复印商店,图片系统会向你介绍 20 英里半径范围内的 6 种选择,自然也有图片介绍。

在你找到适合自己需要的酒店之后,你可以迅速了解客房的情况,包括是否有房和房间价格,随后即可预订。如果你愿意,你也可以通过其他网上分销系统服务公司,如 Travel Web 或 Microsoft Espedia 预订客房。马里奥特公司的网页总共和 1 000 多家公司网页联结在一起。只要你在网上预订酒店客房,马里奥特酒店总在你的视野之内。

马里奥特酒店通过其网络为每一个用户提供个性化服务。马里奥特公司的网页能为每一位用户提供个性化服务。网页的全部信息都储存在一个数据库中,根据每个客人的具体搜索标准提供信息。网页目前平均每天接受的访问者为 15 000 人次,1997 年每月创造 200 万美元的网上营业收入。马里奥特公司很难判断,如果完全用传统的销售方式,这些收入中有多少百分比成交。但是公司十分清楚,因特网页主要吸引的是那些愿意在档次较高的酒店下榻的富人。网上顾客支付的平均房价较马里奥特的一般客人要高。

许多公司现在刚开始设计互动网页,马里奥特公司则已朝更先进的方向前进:多媒体将使潜在客人和旅游策划者对酒店有一种视觉方面的经历。他们在网页上看到的将不是静止的平面图,而是大厅和其他设施的鸟瞰图。

马里奥特公司发现,网页的互动性越强,它所带来的业务活动就越多,营业收入与利润也就越高。公司目前打算增加"顾客档案"这一项目。比如说客人希望在离西雅图开车前往不太远的地方度过一个轻松的周末,则可以在网页上打入自己特别喜欢的去处的两三家马里奥特酒店的名称。网页就会向客人介绍西雅图附近的几家类似的酒店,并介绍曾经在这些酒店住宿过的客人的评价。

公司负责网页的迈可·普萨塔利说:"我们的网页已经从唱独角戏转为为与客人对话。现在我们要从对话走向论坛。建立顾客档案将使我们不仅能够更好地为客人服务,为他们提出他们喜欢的东西与地点方面的建议,而且使马里奥特的顾客能够相互联系。当然,为大家做这一切的是电脑软件。"

马里奥特公司相信,上述"增加价值"的做法将把公司和别的酒店集团区分开来。公司对在网上成立"因特跳蚤市场",让顾客在网上搜索最低房价毫无兴趣。马里奥特公司从来不以价廉见长。它愿以 Nordstrom 公司为榜样,在为顾客提供的产品与服务中加以更多的非价格要素,用更多更新的实质内容来强化顾客的忠诚度。

欢迎中间商。马里奥特公司对中间商不采取绕开的策略,而是把他们融合到为客人服务中去。公司在自己的网页中腾出专门的地方,共旅行社和会议策划者使用,这样就使他们能更好地为最终的顾客服务。公司网页的"旅行商"部分,有关于旅行社怎样从大部分旅游预订网络接入马里奥特公司的方法介绍,也有关于会议策划者如何根据地点、设施、客房与会议场所、会场大小与接待能力等来寻找合适的酒店。网页也向他们介绍各类活动的合适场所。目前,网页使用的是会议平面图,将来可能会利用视听设备进行介绍。

成千上万的会议策划者现在不再像过去一样,必须亲自出去一趟,察看酒店会议设施,才能决定是否使用某一酒店开会。他们需要了解的一切都可以在网页上了解得一清二楚。至于旅行社,马里奥特公司向他们传递的信息是,旅行社对连锁酒店至关重要。这一信息受到旅行社的欢迎。公司网页启用不久,旅行社行业刊物便登载文章,肯定马里奥特公司的态度。网页的旅行社业务从一开始起便相当活跃,则不足为奇了。

马里奥特公司是怎样知道访问网页的会议策划者和旅行商数量足够,值得花大笔钱在软件商投资呢?公司使用了必要的技术来做这件事。网页刚投入使用,马里奥特公司便做了一次网上调查,一个月之内得到 7 000 余个反馈。其中许多来在旅游商,这让人有点吃惊。公司还发现,进行反馈的一般用户中,商务旅游者与休闲旅游者大致各占一半,但两者的兴趣大相径庭。商务旅游者要在网上节省时间;休闲旅游者则愿意在网上花时间。于是公司对网页重新进行了设计,使之对两者更有帮助。现在,主页上有一个红色"预订"按钮,商务旅游者与其他急于预订客房的旅游者可以迅速完成预订。休闲旅游者需要目的地的实质情况,但不愿已从网上大篇"下载",网页便减少图片数量,增加地图与说明。

为与客人保持联系,马里奥特公司现在仍每年进行一次网上调查,并随时分析客人发来的电子邮件,每天约 1 000 封。

(资料来源:王怡然.现代酒店营销策划书与案例[M].沈阳:辽宁科技出版社,2001.)

【案例思考题】

1. 网络营销的应用给马里奥特酒店带来了什么变化?你如何看待这些变化?

2. 马里奥特酒店是如何实施网络营销的?

3. 你觉得网络营销未来的发展趋势是什么?

第11章 酒店营销组织的设置及运营管理

【主要内容】

◇酒店营销组织

◇酒店营销计划制订

◇酒店市场营销计划的执行和控制

【学习要点】

◇了解酒店营销组织的构成及主要岗位的职责

◇掌握酒店营销计划的制订

◇掌握酒店营销计划的执行和控制

【案例引导】

"互联网+"助推酒店管理思维变革

在这个快速发展的互联网时代,酒店管理如逆水行舟,不进则退。学习是酒店管理的第一生命力,关注宾客体验并反馈整改是第一生产力。

2015年年初,"去哪儿网"发布高星级酒店大数据报告。该报告指出,用户在无线端的一些预订消费习惯也显示出了这种相互依赖性。2014年全年高星级酒店预订量最高的峰值节点TOP 5,无线端和PC端均有3个国庆酒店预订节点入选,但无线端的这3个时间点为10月1日、2日、3日,PC端则为9月25日、28日、29日。方便快捷的APP和高星级酒店用户偏好即时、随性的预订习惯不谋而合。"去哪儿网"用户以25～35岁年龄段居多,占比56.5%,其次为25岁以下和35岁以上的用户,分别占比22.3%和21.2%,高星级酒店用户年龄分布与之基本保持一致,"去哪儿网"用户的中坚力量为80后,同时也是高星级酒店消费绝对主力。

此外,高星级酒店越来越注重口碑传播,根据报告数据,高星级酒店点评覆盖率是酒店整体点评覆盖率的2.4倍,四星、五星酒店点评覆盖率均在90%以上。而高星级酒店点评人群同样呈现年轻化趋势,女性点评用户更多。

"互联网+"是对创新2.0时代新一代信息技术与创新2.0相互作用共同演化推进经济社会发展新形态的高度概括。在互联网+的时代背景下,酒店管理思维将发生颠覆性的变革。网络经济时代已经到来,在高度发达的互联网经济时代,传统酒店管理思维正在面临极大的考验,作为酒店管理者需要更深刻地认知互联网对酒店管理的巨大影响力。

传统的营销模式需待改变。和上门拜访销售模式相比,网络预订更方便,下飞机、坐车,甚至上厕所都能用手机端进行预订,结算更方便,这样可以省去送单子的时间,大大提高了效率。它也给我们的酒店管理思维带来一些新的启示:①传统的营销方式需要与时俱进。②要高度重视互联网。

传统的宣传方式要改变。传统的高炮广告、车站广告、LED等固定广告作用正在逐步弱化。手机终端的飞速发展将改变我们的生活,互联网广告已然成为时代急先锋。除了团购网站、微信、官网、OTA等,我们的网络时代宣传需要全方位的网络包装。酒店管理过程中,宣传费用预算支出要向互联网倾斜,并使之成为"主战场"。

用大数据工具来提升宾客体验感。互联网+思维落实到酒店管理过程中就是用数据说话,用互联网大数据来更深入了解我们的客人。增加与客人的接触点,有针对性地进行宾客体验的整改工作。酒店管理过程是一个动态发展的过程,酒店不会没有问题,但最为可悲的是,很多酒店管理者找不到影响宾客选择的共性问题所在。宾客的关注点找不准,客人关注和在乎的并不是酒店管理者所能给的。客人要求快速整改的,不是酒店管理所优先安排的。

互联网市场是酒店经营管理的重中之重。从2014年看,细数OTA各类罪过的文章很多,与OTA脱离的想法也很多,然而,现实的情况是,更多的酒店更大的份额有意无意之间都被OTA所占领。客房销售,携程、艺龙、去哪儿网等各类网站都掀起了前所未有的促销力度,它们的优惠促销是酒店公司协议价无法相比的。餐饮、康体销售,美团、糯米等各类团购网站成为宾客选择的重点。五年前,没有多少人能够想象团购会有今天这般迅猛的发展。客源群的改变成就了这样的改变,1980年后出生的人群已经成为消费的主力军,他们是随着互联网成长起来的一代人,他们的脑海中深深地扎入了互联网的"DNA"。

针对互联网时代的消费特点,订制酒店产品。这就要求我们首先关注大数据分析,收集OTA客人的消费喜好,关注他们的消费心理,根据这个对象心理来制定我们的管理策略。如果需要超高性价比,我们可以在淡日、淡月、淡季推出性价比促销产品。老的酒店管理是让客人选择酒店推出各类Package。在互联网+的背景下,我们需要结合他们的特点来定制酒店产品,这是理念上的一大转变。

想法决定思维,思维改变行为,行为产生效益。中国酒店千千万,区域不同,客源不同,差异太大,不可能有哪个具体的方法能够解决许多的不同之处。在今天这个时代背景下,有一点是大家要认同的——强化酒店的互联网思维。对于管理而言,所有工作的启动源于想法,有了想法才能触动思维,最后才能改变行为。重视与轻视一念间,带来的结果却是完全不同。

资料来源:环球旅讯."互联网+"助推酒店管理思维变革[EB/OL].(2015-08-22)[2015-08-22].http://www.traveldaily.cn/article/90276.

酒店行业经过这么多年的发展,在营销管理方面基本形成了比较固定的管理模式。营销管理组织机构的设置、营销工作的计划和执行方面每家酒店均有自己比较固定的做法。

但是,随着全球市场的发展变化和信息技术的飞速发展,给酒店在营销管理方面提出了不同的挑战,需要酒店在营销管理方面展开相应的变革和改进。本章将围绕酒店营销组织机构设置、酒店营销计划的制订、酒店营销计划的执行和控制等内容展开论述。

酒店的营销管理过程,也就是市场营销的计划、执行和控制过程,是酒店结合自身资源特点,根据外部环境变化,不断地制定、调整和修正营销战略,以实现营销目标的管理活动。具体地说,酒店的营销管理过程包括以下步骤:营销组织与计划(包括分配营销部门职能和制订营销计划,其中,营销计划的制定包括分析和评价市场机会、细分市场并选择目标市场、确定市场营销组合、分配市场营销预算,等等);营销计划的执行;营销计划的控制。

11.1 酒店市场营销组织的设置

11.1.1 酒店市场营销组织概述

酒店市场营销部由销售部、公关部组成,是酒店总经理经营决策的顾问、参谋和信息中心,也是酒店对内对外形象的总策划。市场营销部的主要任务是在总经理的领导下,通过各种公关、销售活动,树立酒店形象,为酒店招徕客源,创造经济效益和社会效益。市场营销部通过确定营销战略,制定长、中、短期公关和销售计划,开展各种行之有效的促销活动,力争获得较高的市场占有率,完成总经理下达的年、季、月度经济指标。市场营销部在酒店管理中起着龙头作用,其工作业绩大小关系酒店的经济效益和社会效益。

11.1.2 酒店市场营销组织结构

1)酒店营销组织结构

因为不同的酒店提供的产品和服务、市场重点以及规模都存在较大的差异,酒店营销部门的设置不可能千篇一律。酒店产品和服务范围的大小,市场类型的多少以及酒店规模的大小都会影响到营销部门在酒店中的地位和作用,以及职责的多少。究竟哪种组织形式适合酒店,这取决于酒店的整体规模和人员规模,酒店和产品的类型的丰富程度,酒店市场特点,酒店中间商在市场营销中所发挥的作用和酒店与中间商的关系,酒店雇用的销售人员的技术能力和知识以及酒店各种财产因素。

图11.1 显示的是典型的酒店营销组织机构图。

销售总监——在酒店中是整个销售力量的最高层领导,有的酒店,甚至是酒店副总经理兼任该职,一般为酒店高级行政管理委员会成员,有的直接参与销售,有的则侧重行政管理。

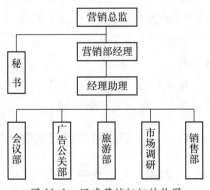

图11.1 酒店营销组织结构图

会议部经理——对一些有足够能力接待大型会议及展览的酒店,通常为加强这一业务的管理而设会议部经理,对会议的预订,协调各部门组织好会议,搞好服务工作。

广告公关部经理——负责统筹所有促销材料并致力于树立酒店的良好形象,负责选择传播及广告媒介等工作。

市场调查联络员——负责掌握所有客户的历史、现状及各方面相关信息,研究目前市场趋势,各竞争企业目前的战略与策略、消费者的趋势,为酒店制订营销路线提供参谋意见。

上述职能则构成了酒店营销与销售部的核心岗位——销售办公室。

2)酒店营销部门的职能

酒店营销部门也称"销售与市场营销部",负责协调和计划酒店的市场营销活动,收集酒店市场营销信息,开发酒店市场,制定酒店的产品价格,并具体负责酒店客房和其他产品的销售。

酒店营销部门的主要职责包括以下内容。

①开展市场营销调研工作,重点收集酒店市场及客源动态信息,了解竞争对手销售活动和价格情况,预测和分析酒店客源市场规模和特征,并编制酒店销售趋势报告。

②制定市场营销战略和计划,确定酒店的目标市场,并计划组织整个销售活动。其中包括:a. 有计划、有组织地对潜在客户和重点客户进行销售访问,向客户介绍和推销酒店产品,征询客户对酒店产品和服务的意见,争取与之达成交易,签订销售合同。b. 制定酒店的广告促销计划,包括制作酒店客房、餐饮、会议设施、康乐设施、商务服务设施等的宣传册,制定服务指南、电话使用指南、闭路电视节目单、店内公共区域广告、招牌广告、制作房价单、明信片、幻灯片、年历及特别促销活动的宣传资料等。c. 与酒店其他相关部门一起规划特别促销活动,如与餐饮部一道规划推出圣诞新年晚餐及各种食品节,与客房部一道推出特别住房包价项目。d. 制作酒店客房的标准价格、组合产品价格、长包房价格、淡季客房推销价格、特殊活动的促销价格、价格的折扣、价格的调整、预订金及佣金的标准和支付办法等。

③开展对外公关活动,负责与新闻界、地方政府及社团组织,以及其他社会公众的联系,组织和安排各种店内外大型活动,与酒店高层管理当局一起处理各种突发性事件,并收集有关酒店形象方面的信息,为管理决策提供咨询,以树立和维护酒店良好的形象,为酒店创造和保持"人和"的经营环境。

④负责日常性的销售工作,处理业务往来信函、电报、电传、传真,回答客户关于酒店价格、产品和服务等询问,向旅行社报价及自行组团。

⑤负责安排和处理团队客人,尤其是旅行团和大型会议等的团队预订及与组团单位签订合同。

⑥该部门管理人员还负责编制酒店市场营销计划,协调全酒店的营销工作,并对本部门的业务营运和人员实施管理。

11.1.3 酒店营销部门主要岗位的职责说明

1)营销部经理(营销总监)

①根据酒店的经营目标,负责提出和参与制定酒店对外销售、招揽客源的计划,其中包

括年度、季度和月度营销计划,并负责营销计划的实施。

②编制酒店的营销预算报告,并于预算确定后在工作实施中控制各项费用的使用。

③组织市场调研工作,定期提出市场调研报告,同时编制客源预测报告。

④与酒店总经理配合,确定酒店产品的价格,以及调价和价格折扣的幅度。

⑤组织销售部的全部工作,合理安排销售人员的工作,并明确规定其职责和权限;组织安排销售人员的销售访问工作,计划对新老客户访问的次数和时间,并编写部门销售访问工作动态;督导销售人员的日常通信和业务函电往来工作;组织销售办公室日常工作,包括销售档案和设施的管理工作;负责销售部工作人员年度工作或成绩的考评工作。

⑥对一些重要客户,特别是旅行社、航空公司和重要的业务单位进行有关签订销售合同方面的销售访问。

⑦参加主要的博览会,以开拓客源市场,并发展和巩固销售渠道网络。

⑧与人事部一起选择并培训酒店的销售队伍。

⑨与公关部经理密切合作,为酒店各种庆祝活动及促销活动制定促销计划;配合公关部组织新闻报道、会见旅游界重要人物并参与其他一些公关活动。

2)销售经理

在小酒店中,这一职务相当于营销总监,它要向营销总监报告工作,他负责向销售人员分派地区或客户,监督检查销售工作进度,处理他们所分管的客户。

3)销售副总监

负责管理销售办公室,作为总监的助手,管理销售队伍,并负责部分客户。

4)酒店销售人员

酒店销售人员又称销售代表,是从事酒店推销工作的主体。他们在销售部经理的领导下,负责对客户进行推销及受理团队的大宗预订工作。具体包括:

①开展市场调研工作,寻找潜在的客户和市场。

②了解、掌握酒店产品情况,了解酒店客房、餐饮及其他设施和服务等销售信息。

③对旅行社、航空公司及其他企事业组织进行销售访问,与之建立业务联系,争取获得订单。销售人员在销售访问结束后,应撰写销售访问报告或连续访问报告。

④认真处理客户的业务函电往来。

⑤做好各种订房资料、合同、客人资料等档案工作。

⑥受理团队用房的预订,并填写团队客房预订的各种报表。

⑦参加旅游展销会,开展酒店推销工作。

⑧完成销售部经理安排的其他工作。

5)办公室职员

负责销售的文秘工作,以方便销售人员更多地接触并招徕客户,好的职员需要管理好文件卷宗,且要作适当的调研工作,他们要同销售人员一样对酒店产品了如指掌,以便于销售。

11.2　酒店营销计划的制订

制订营销计划是酒店根据自身所处的营销环境,整合营销资源,制定营销战略和营销策略的过程。因此,营销计划包括两个部分:即营销战略的制定,包括营销战略目标、战略重点和实施步骤的确定;以及营销策略的制定,包括进行市场细分、选择目标市场、产品定位和营销组合的确定。

11.2.1　酒店营销战略的制定

制定营销战略的依据包括两个方面:即外部环境分析和内部环境分析。外部环境分析的主要目的是找出外部环境中的机会和威胁,可以分为宏观、中观和微观3个层次。宏观环境分析涉及国家有关经济产业政策;中观环境指行业环境分析,这是制定酒店营销活动的关键因素;微观环境指具体的行业竞争对手分析。内部营销环境主要是指酒店自身的优势和劣势。内部环境分析主要包括:酒店基本经营状况分析、酒店具备的优势、酒店存在的弱点、酒店存在的机会、酒店面临的威胁。在对环境进行了分析之后,就可以制定酒店的营销战略了,这一战略包括:

1)酒店市场营销目标的确立

通过内外环境分析,就可以将外部机会与威胁同内部优势、劣势加以综合权衡,利用优势,把握机会,降低劣势,避免威胁。这个过程就构成了市场营销战略的选择过程。有3种提供成功机会的战略方法,可以使酒店成为同行业中的佼佼者。①总成本领先战略;②差别化战略;③集中战略。通过这3种基本战略方法的特征分析及酒店所处行业的结构特点分析、竞争对手分析及酒店具备的优势、存在的弱点、面临的机会与威胁分析,可以确定酒店自身的基本战略模式,并可根据酒店的现有条件如市场占有率、品牌、经销网络确定酒店的营销战略目标。酒店营销战略目标通常包括产品的市场占有率、酒店在同行业中的地位、完成战略目标的时间。

2)酒店的营销战略重点

根据酒店已确定的市场营销战略目标结合酒店的优势如品牌优势、成本优势、销售网络优势、技术优势、形象优势确定酒店的营销战略重点。

3)酒店的营销战略实施步骤

为建立保持当前市场和开发新市场双重目标,可以把酒店的营销战略实施分为3个步骤。即可以分为短期战略、中期战略及长期战略3种情况。短期战略要点包括保持传统市场不被挤出及扩大新市场潜入能力。中期营销战略要点包括:①扩大新市场潜入能力和开辟未来市场;②开发新产品可行性;③克服竞争威胁。长期市场开发战略要点包括:①调整酒店的产品结构和改变市场组成;②预测潜在的竞争对手。

11.2.2　酒店营销策略的制定

酒店的市场营销策略制定过程,是同酒店的市场营销战略制定过程相交叉的。在酒店的市场营销确定后,市场营销策略就必须为市场营销战略服务,即全力支持市场营销战略目标的实现。市场营销计划的制订过程包括5个组成部分:发现、分析及评价市场机会,细分市场与选择目标市场,市场定位,市场营销组合,市场营销预算。

1)发现、分析及评价市场机会

所谓市场机会,就是市场上存在的尚未满足的需求,或未能很好地被满足的需求。寻求市场机会一般有以下几种方法:①通过市场细分寻求市场机会。②通过产品/市场发展矩阵图来寻找市场机会。③通过大范围搜集意见和建议的方式寻求市场机会。

对市场机会的评价,一般包括以下工作:①评审市场机会能否成为一个拥有足够顾客的市场。②当一个市场机会能够成为一个拥有足够顾客的现实市场时,要评审酒店是否拥有相应的生产经营能力。

2)细分市场和选择目标市场

所谓细分市场,是指按照消费者欲望与需求把一个总体市场划分成若干个具有共同特征的子市场。因此,分属同一细分市场的消费者,他们的需要和欲望极为相似;分属于不同细分市场的消费者对同一产品的需要和欲望存在着明显的差别。细分市场不仅是一个分解的过程,也是一个聚集的过程。所谓聚集的过程,就是把对某种产品特点最易做出反应的消费者集合成群。这种聚集过程可以依据多种标准连续进行,直到识别出其规模足以实现企业利润目标的某一个消费者群。"矩阵图"是酒店细分市场的有效方法。此内容在前面已论述过,这里不再赘述。

在市场细分的基础上,酒店可以从中选定目标市场,同时制定相应的目标市场范围战略。由于不同的细分市场在顾客偏好、对酒店市场营销活动的反映、盈利能力及酒店能够或愿意满足需求的程度等方面各有特点,营销管理部门要在精心选择的目标市场上慎重分配力量,以确定酒店及其产品准备投入哪些市场部分,如何投入这些市场部分。

3)市场定位

目标市场范围确定后,酒店就要在目标市场上进行定位了。市场定位是指酒店全面地了解、分析竞争者在目标市场上的位置后,确定自己的产品如何接近顾客的营销活动。

市场定位离不开产品和竞争,所以市场定位常与产品定位和竞争性定位的概念交替使用。市场定位强调的是酒店在满足市场需要方面,与竞争者相比,应处于什么位置;产品定位是指就产品属性而言,酒店与竞争者的现有产品,应在目标市场上各处于什么位置;竞争性定位是指在目标市场上,和竞争者的产品相比,酒店应提供什么样有特色的产品。可以看出,3个概念形异实同。

4)市场营销组合

所谓市场营销组合,就是酒店根据可能的机会,选择一个目标市场,并试图为目标市场提供一个有吸引力的市场营销组合。市场营销组合对酒店的经营发展,尤其是市场营销实践活动有重要作用:它是制定酒店市场营销战略的基础,能保证酒店从整体上满足消费者的需求,是酒店对付竞争者的强有力的武器。

市场营销组合包括:①产品策略,是指酒店为目标市场提供的产品及其相关服务的统一体,具体包括产品的质量、特色、外观、式样、品牌、包装、规格、服务、保证、退款条件等内容。

②定价策略,是指酒店制定的销售给消费者产品的价格,具体包括价目表中的价格、折扣、折让、支付期限和信用条件等内容。③分销策略,是指酒店选择的把产品从酒店转移到消费者的途径及其活动,具体包括分销渠道、区域分布、中间商类型、营业场所等内。④促销策略,是指酒店宣传介绍其产品的优点和说服目标顾客来购买其产品所进行的种种活动,具体包括广告、人员推销、销售促进和公共宣传等内容。

市场营销组合中可以控制的产品、价格、分销和促销4个基本变数是相互依存、相互影响的。在开展市场营销活动时,不能孤立地考虑某一因素,因为任何一个因素的特殊优越性,并不能保证营销目标的实现;只有4个变数优化组合,才能创造最佳的市场营销效果。

5)市场营销预算

一定的市场营销组合决策需要一定的营销费用开支,而且总的营销费用支出还要合理地在市场营销组合的各种手段间进行预算分配。酒店总的营销费用预算一般是基于销售额的传统比率确定的。最后,酒店要分析为达到一定的销售额或市场份额所必须要做的事以及计算出做这些事的费用,以便确定营销费用总开支,并将营销费用在各职能部门或各营销手段之间进行分配。

11.3　酒店市场营销计划的执行和控制

即使是最优秀的市场营销计划,不执行也等于零。所以,有了市场营销计划后,就要积极执行,合理控制,努力实现计划目标。执行和控制市场营销计划是市场营销管理过程的最后一个步骤,也是市场营销管理过程的一个关键性的、极其重要的步骤。

11.3.1　市场营销计划的执行

执行市场营销计划,是指将营销计划转变为具体营销行动的过程,即把酒店的经济资源有效地投入到酒店营销活动中,完成计划规定的任务、实现既定目标的过程。酒店要有效地执行市场营销计划,必须建立起专门的市场营销组织。酒店的市场营销组织通常由一位营销副总经理负责,他有两项任务:一是合理安排营销力量,协调酒店营销人员的工作,提高营销工作的有效性;二是积极与生产、财务、研究与开发、采购和人事等部门的管理人员配合,促使酒店的全部职能部门和所有员工同心协力,千方百计地满足目标顾客的需要,保质保量地完成市场营销计划。实践上,营销部门在开展营销工作时的有效性,不仅依赖于营销组织结构的合理性,同时还取决于营销部门对营销人员的选择、培训、指挥、激励和评价等活动。只有配备合格的营销管理人员,充分调动他们的工作积极性和创造性,增强其责任感和奉献精神,把计划任务落实到具体部门、具体人员,才能保证在规定的时间内完成计划任务。可见,高效合理的营销组织和德才兼备的营销人员是执行计划的必备条件。

11.3.2　市场营销计划的控制

在执行市场营销计划的过程中可能会出现许多意外情况,酒店必须行使控制职能以确保营销目标的实现。即使没有意外情况,为了防患于未然,或为了改进现有的营销计划,酒店也要在计划执行过程中加强控制。控制市场营销计划包括年度计划控制、盈利能力控制和战略控制3种类型。

1)年度计划控制

年度计划控制是指由酒店高层管理人员负责的，旨在发现计划执行中出现的偏差，并及时予以纠正，帮助年度计划顺利执行，检查计划实现情况的营销控制活动。一个酒店有效的年度计划控制活动应实现以下具体目标：①促使年度计划产生连续不断的推动力；②使年度控制的结果成为年终绩效评估的依据；③发现酒店潜在的问题并及时予以解决；④酒店高层管理人员借助年度计划控制监督各部门的工作。

一般而言，酒店的年度计划控制包括销售分析、市场占有率分析、市场营销费用对销售额的比率分析、财务分析和顾客态度追踪等内容。

（1）销售分析

销售分析就是要衡量并评估酒店的实际销售额与计划销售额之间的差异情况。

（2）市场占有率分析

根据酒店选择的比较范围不同，市场占有率有全部市场占有率、服务市场占有率、相对市场占有率等测量指标。

（3）营销费用率分析

营销费用率是指营销费用对销售额的比率，还可进一步细分为营销费用、人员推销费用率、广告费用率、销售促进费用率、市场营销调研费用率、销售管理费用率等。

（4）财务分析

财务分析主要是通过一年来的销售利润率、资产收益率、资本报酬率和资产周转率等指标了解酒店的财务情况。

（5）顾客态度追踪

顾客态度追踪是指酒店通过设置顾客投诉和建议系统、建立固定的顾客样本或者通过顾客调查等方式，了解顾客对本酒店及其产品的态度变化情况。

2)盈利能力控制

盈利能力控制一般由酒店内部负责监控营销支出和活动的营销会计人员负责，旨在测定酒店不同产品、不同销售地区、不同顾客群、不同销售渠道以及不同规模订单的盈利情况的控制活动。它包括各营销渠道的营销成本控制、各营销渠道的营销净损益和营销活动贡献毛收益的分析，以及反映酒店盈利水平的指标考察等内容。

营销渠道的贡献毛收益是收入与变动性费用相抵的结果，净损益则是收入与总费用配比的结果。没有严格的市场营销成本和酒店生产成本的控制，酒店要取得较高的盈利水平和较好的经济效益是难以想象的。因此，酒店一定要对直接推销费用、促销费用、折旧费、其他营销费用，以及生产产品的材料费、人工费和制造费用进行有效控制，全面降低支出水平。盈利能力的指标包括资产收益率、销售利润率和资产周转率、现金周转率、存货周转率和应收账款周转率、净资产报酬率等。此外费用支出必须要与相应的收入结合起来分析，才能了解酒店的盈利能力。

3）战略控制

战略控制是指由酒店的高层管理人员专门负责的,营销管理者通过采取一系列行动,使市场营销的实际工作与原战略规划尽可能保持一致,在控制中通过不断的评价和信息反馈,连续地对战略进行修正。与年度计划控制和盈利能力控制相比,市场营销战略控制显得更重要,因为酒店战略是总体性的和全局性的。而且,战略控制更关注未来,战略控制要不断地根据最新的情况重新估价计划和进展,因此,战略控制也更难把握。在酒店战略控制过程中,主要采用营销审计这一重要工具。

营销审计是对一家酒店或一个业务单位的营销环境、目标、战略和活动所作的全面的、系统的、独立的和定期的检查,其目的在于决定问题的范围和机会,提出行动计划,以提高酒店的营销业绩。一次完整的营销审计活动的内容是十分丰富的,概括起来包括 6 个大的方面:①营销环境审计;②营销战略审计;③营销组织审计;④营销系统审计;⑤营销生产率审计;⑥营销功能审计。

【本章小结】

本章共分为 3 节。第一节介绍了酒店营销部门的组织形式和组织结构,酒店营销部门主要岗位的职责;第二节主要论述了酒店营销计划的制定,包括酒店营销战略合影销策略的制定;第三节论述了酒店营销计划的执行和控制。

【复习思考题】

1. 酒店如何组织其营销部门?

2. 分析酒店营销部门的职能有哪些?

3. 酒店如何制订其营销计划?一份完整的营销计划应包括哪些内容?

4. 酒店如何执行和控制其营销计划?

【案例分析】

上海达华宾馆1999年市场营销计划书

营销计划书目录

一、酒店概况与任务

二、市场分析

三、竞争分析

四、酒店优势、劣势和机会、威胁分析

五、市场营销目标

六、酒店营销策略

七、营销预算

八、营销计划的实施与控制

一、酒店概况与任务

达华宾馆位于延安西路918号,介于市中心和虹桥开发区之间,交通便利,适合商务、都市旅游活动。延安路高架江苏路出入口就在酒店旁边,给酒店带来了便利的交通条件。

酒店楼高10层。客房总数96间套,其中,标房88间、套房8套;多功能会议厅1个,可容纳80个座位;零点餐厅1个;咖啡屋1个。

酒店硬件按三星级标准配置。酒店内部装饰布置由美国著名设计师乔奇设计。客房内的装饰很有特点:房顶大胆地饰以蓝色圈边,与深蓝色间白色图案的地毯遥相呼应,给人以宁静的感觉;所有家具呈棕色,床头挂有富有中国特色的水彩画。所有客房配置:一台冰箱、两部电话、一台信息彩电、E-mail插口。

酒店为客人提供的主要服务有:

■24小时客房服务

■叫醒服务

■洗涤、熨烫衣服

■商务中心服务时间:6:00—24:00

■预订机票、代叫出租车

■零点餐厅营业时间:7:00—22:00

■咖啡屋营业时间:7:00—24:00

酒店于1978年开始对外营业。由于受酒店建筑结构的影响,以及目标市场的反复多变,酒店开业至今,尚未建立起一个明确的市场形象,也没有稳定的购买客源。

1998年,酒店改制为锦江国际管理公司教育培训中心实验酒店,同时用一年的时间,停业对酒店进行了全面装修改造。改制后的酒店除了完成经营指标外,还要承担起公司中层管理人员的培训见习任务。要实现改制后的目标,酒店的管理方式必须符合公司的管理模式,服务水平必须能体现公司的水准,而这些"必须",同时也为酒店赢得顾客、完成经营指标提供了机遇和条件。

1999年重新开业的酒店,将给顾客以全新的形象。

二、市场分析

1. 中国的酒店市场

■供给过剩:近年来在建酒店项目持续增加;房地产市场不景气,一些写字楼、公寓纷纷转向酒店经营;社会旅馆升级;所有这些,使酒店数量的增加远远超过客源的增长速度。下表是全国近3年的统计数据。

年　　度	境外旅客增长	酒店客房增长
1994	5.20%	5%
1995	6.20%	19.60%
1996	10.20%	22.60%

■国内外需求明显不足:受东南亚金融风波的影响,这些地区出游的人数减少,有些国家的政府甚至采取限制国民出境旅游;1997年下半年以来,俄罗斯客源市场增长较快,但俄

罗斯市场影响的地区主要是华北和东北的部分地区,数量的增长也是以边境游带动的,往往与购物联系在一起;欧美客人来华旅游数量在增长,但增长的幅度令人难以乐观。国内旅游受宏观经济形势、三资企业发展乏力、居民消费转向住房等因素影响,对酒店需求也受到影响。

2. 上海酒店市场

受东南亚经济危机的影响,1998 年全市三星级酒店的平均客房出租率为 50%,平均房价是 350 元。1999 年亚太经济合作会议将在本市召开,到时可能会吸引一些中外旅游者,但这些客人入住三星级酒店的机会很小。预计 1999 年的入境客人数与今年持平。

内需市场是一个有潜力的市场。受政府拉动内需政策的激励,预计 1999 年国内居民旅游需求将有较大增长,来上海旅游购物的人数将增加。他们中为数可观的人将入住二、三星级酒店。

国内一些中小企业也开始寻找相对经济的酒店来举办促销会、公司会议。他们需要设施完备、卫生整洁而价格便宜的酒店。

在餐饮市场,去年社会餐馆的成功者都体现了这样一些特点:设施设备都达到了星级酒店的水平,重视环境气氛的营造,消费者无论是自己用餐还是宴请客人,这些场所让他们觉得体面,而价格很有吸引力。这些就是内需顾客的主要需求特点。

三、竞争分析

1. 竞争对象

确定竞争对象的方法有许多,这里主要以一定范围内的星级相同、提供产品相似的酒店作为确定竞争对象的依据。

由华山路以西、中山西路以东、中山北路以南、衡山路以北所构成的地区内的二、三星级酒店。在这一区域内,静安寺是酒店集中的地区,但无论是区域氛围还是酒店档次,多数在装修改造后的达华之上。

我们以客户的身份分别走访了这一区域内的近十家酒店。考虑到酒店的客源市场、设施设备等因素,我们选择了 A,B,C,D 4 家酒店作为达华宾馆的竞争对象。

2. 竞争酒店 1998 年 1 月至 10 月客房出租率和平均房价(见下表)

单位:RMB

月份	酒店 A		酒店 B		酒店 C		酒店 D	
	平均房价	出租率/%	平均房价	出租率/%	平均房价	出租率/%	平均房价	出租率/%
1	280	50	200	70	300	80.3	290	65
2	200.8	30	180	43.3	282.2	35.4	210.2	50.1
3	300	50.5	210.6	72	310.2	84.2	268	56.6
4	300.8	49.6	234	63.2	293.2	83	297	67.9
5	320	64	265.6	70.2	353	97.5	340	72.1
6	290.2	55.3	240	73.6	310.4	90	310	55.6

月份	酒店 A		酒店 B		酒店 C		酒店 D	
	平均房价	出租率/%	平均房价	出租率/%	平均房价	出租率/%	平均房价	出租率/%
7	280.5	40.8	230	70.2	300.1	88.7	280.3	56.7
8	290.2	57	260	68	346	99	278.4	63
9	295.6	58.6	267	67.5	325	93	321	66
10	320.3	66	290	72	356	92.2	332	70.1

3. 争酒店设施设备比照（见表）

项　目		酒店 A	酒店 B	酒店 C	酒店 D	达　华
房务	客房设施	齐全 （新）	齐全 （陈旧）	齐全 （新）	齐全 （较旧）	齐全 （新）
	标房（套间）	367	397	25	166	96
	商务中心	有 设备新	有 较旧	有	有	有 设备新
餐饮	宴会厅 （多功能）	400 （座位）	50 （分四间）	250 （座位）		60 （分四间）
	零点餐厅 （餐位）	300	300	80	300 （承包）	150
	会议厅 （座位）	200 10×20	30	150	厅 200 室 30	会议 80 教室 300
健康娱乐	健身房	有				有
	桑拿	有(承包)				
	歌舞厅	有(齐全现 代、承包)	有 （承包）		有 （承包）	
	KTV 包房	有 （承包）	4 间 （容 50 人）		有 （承包）	有
	棋牌室	有	有	有	有	有
其他	停车场	有		有	有	有

4. 竞争酒店主要客源市场

酒店 A:以内宾为主,商务、会议、旅游客人。

酒店 B:以内宾为主,商务、会议、旅游客人。

酒店 C:中外学术界人士,会议客人,商务客人。

酒店 D:以内宾为主,商务、会议客人。

四、酒店优势、劣势和机会、威胁分析

1. 酒店优势、劣势分析

(1)优势:

■酒店地理位置较好,处于世贸商城与上海展览中心中间,延安路高架在附近有出入口;酒店周围有较多公寓和写字楼。

■酒店转制为锦江国际管理公司教育培训中心实验酒店,这对目标市场而言,其管理和服务水平将代表锦江的水准,因为它是锦江国际管理公司未来中层管理人员的摇篮;作为实验酒店,享有税收优惠,价格相对有吸引力;作为实验酒店,可利用公司厨师优势和国际交流的机会,经常举办餐饮演示,丰富餐饮产品,吸引顾客。

■客房、商务中心和会议的设施设备新、齐全、先进,在竞争对手中处于领先位置。尤其是会议设施设备,在全市同星级酒店中也处于领先位置。

■依托锦江集团酒店管理的美誉度,具有品牌优势。

■有比竞争对手更长的经营历史,有一些长包户老顾客。

■在长期的经营中,与当地区政府建立了较好的关系。

■有较强的酒店业培训师资队伍,可以为酒店经营管理提供建议,有利于新产品的开发。

■酒店的仿膳菜沪上闻名。

■酒店建筑历史较长,是市级保护建筑。

(2)劣势:

■酒店自 1978 年对外营业以来,尚未建立起一个较好的市场形象,也没有稳定的购买客源。

■客房设施能满足商务客人要求,但娱乐设施不全。

■客房数少,不能同时接待多个会议。

■只有零点餐厅而没有宴会厅,且就餐位置少。

■酒店周围缺少商业网点,对于旅游客人的购物不方便。同时也影响到餐厅的上门客生意。

■酒店老员工的比例较高,他们有良好的服务意识和服务技能,但外语会话能力差,接受新产品的意识不强。

2. 酒店的机会、威胁分析

(1)机会:

■培训中心与瑞士洛桑酒店学院进行合作培训,将带来许多学术交流机会,也因此会提升酒店的形象。

■酒店周围目前尚无市场影响力大的餐厅,有婚宴、家庭宴、商务宴,甚至外卖等潜在的市场需求。

■利用与区政府的良好关系,进一步加强合作,争取成为区政府政务活动的首选酒店。

■酒店周围尚无气氛好的咖啡室,而商务会谈、会友休闲等又需要有这样的场所。

■周边有较多的科研、医疗机构,他们需要又学术气氛浓、价格优的交流场所。

■受东南亚经济危机的影响,这些地区商务客人开始寻找价格相对低的酒店。

(2)威胁:

■竞争对手有较稳定的客源,有灵活的经营手段。如 C 酒店有上海图书学术协会的依托,各种学术会议为酒店带来很多客人。

■竞争酒店的资金来源充足,负债较低。

■新的竞争对手不断出现,如兴国酒店正在建造的新楼、即将开业的华山路江苏路口的天堂酒店等。

五、市场营销目标

1. 目标市场

根据上述分析,酒店的目标市场主要是国内高级商务客人和教学、医疗、科研界人士,兼顾一些小型学术会议、商务会议和境外旅游团队。

■商务客人:本地区三星级以上的商务酒店已显过剩,但由于酒店的硬件优势和价格优势,可吸引国有企业高级商务客人、合资企业中方雇员及其他商务客人。

■教学、医疗、科研界人士:酒店是锦江国际管理公司培训中心的实验酒店,本身具有较好的学术气氛,产品质优而价格优惠,这对他们有亲切感。

■会议客人:酒店会议设施齐全,适应中小型商务会议、公司董事会议、学术会议。

■境外旅游团队:酒店在需要补充不足的客源时,可以吸引一些境外旅游团队。

2. 销售目标

鉴于对今年的市场分析,国内客人将是主要的目标市场,相应的平均房价会有所下降。同时因为酒店重新装修和改制,新的市场形象尚未确立,所以建议销售目标以保本为主。根据酒店的各项成本开支,客房的营收目标约 700 万元。

六、酒店营销因素组合

1. 产品策略

(1)提高餐饮质量、创立特色产品:餐饮在酒店经营中的作用越来越重要,餐饮带动酒店其他产品销售的作用已成共识,而酒店在这方面恰是弱项。应充分利用培训中心优势,定期举办国内外名厨技艺展示活动;发掘原有的"仿膳菜",推出诸如窝窝头、小米粥等绿色食品;精心制作商务套餐、会议套餐、家庭套餐;半成品、中西点外卖。

(2)重视产品组合:产品组合的目的是增强产品的吸引力、增加销售量。合理计划餐饮产品与客房、娱乐等的组合,以及酒店产品与周边娱乐设施的组合,充分利用周边资源。具体设想有:

■产品组合一:商务组合

酒店客房主要按商务客人的需求进行设计,客房宽敞,有 E-mail 接口。客人除了能享受到三星级同类酒店的所有设施外,本酒店还为商务客人准备了"VOD"系统,该系统能准确、及时地传输声音、图像信息,可以进行远程商务谈判、转播远程会议等。依据市场定位,国内中档商务客人是酒店的主要目标市场。

为了表示酒店对目标商务客人的热忱欢迎,每在酒店住一个房夜,酒店除了包双早外,还将免费提供一份商务套餐。当商务客人支付 RMB 380 元一个房夜后,会感到非常值得。

■产品组合二:会议组合

酒店作为洛桑——锦江合作培训的示范酒店,有技术先进、配备合理的会议和教学设施,适合中小型学术会议、商务会议。"VOD"系统的支持,更使得会议策划者毫不犹豫地做出选择。

酒店的规模和酒店的服务理念,决定了会议客人在整个会议期间将成为全酒店瞩目的贵宾。

如果在会议期间,使用本酒店 30 个房夜的客房(每个房夜 RMB 300 元),就可以免费使用会议设施及服务,或者酒店优惠提供 30 人的会议用餐(每人标准 30 元)。

■产品组合三:婚宴组合

酒店在这方面的差异性有时并不明显。主要市场是中低档婚宴(每桌 RMB 1 000 元左右)。

消费满 7 桌(每桌 RMB 1 000 元),免费提供一个房夜标准间婚房,免费摄像服务,并可选择:a. 赠送婚礼 VCD 片一张;b. 赠送营养早餐两份。

消费满 7 桌(每桌 RMB 1 500 元),免费提供一个房夜套间婚礼,其余与上述相同。

■产品组合四:周末包价

每周五、六、日 3 天,享受此包价。

适应对象主要是来自上海购物游的家庭,需要在江浙二省或上海各入境口做广告。

产品优势:延安路高架江苏路口下来就是酒店,有停车场,客房宽敞可免费加床。

包价内容:RMB 300 元一个房夜,包早餐、免费停车、OK 房免费点歌三首、午餐、晚餐和咖啡厅消费均 7 折优惠。

(3)不放过任何可能的节日,不断推出新产品。

(4)创造轻松、温馨的气氛:"气氛"在组成酒店产品诸要素中起着重要的作用。气氛是服务态度、服务技术、服务员的形象、酒店的建筑装潢、设施设备的布局、色彩、背景音乐等因素的综合。体现了一种文化品位。酒店的某些硬件上的劣势可由良好的气氛加以弥补,而这不需要投资太多的资金。可以通过:建立并严格执行科学高效的管理制度、建立酒店文化形成统一的价值观、提高服务员的审美修养和业务能力、注意设施设备布局的艺术审美效果等方法实现。

2. 价格策略

酒店原有的固定资产大多已折旧完,现仅以投资装修的 1 000 万元计算。其中,用于客房装修的是 800 万元。

■按保本点定价法:

公式:保本平均房价 = (固定成本 + 变动成本) ÷ 保本店销售量

一年固定成本:

工资福利 = [(2 300 × 140) + (800 × 50)] × 12 = 4 344 000

折旧费 = 8 000 000 × 10% = 80 000(按 10 年折旧)

保险、税金等略。

总固定成本 = 4 344 000 + 800 000 = 5 144 000

一年变动成本:设每出租一间房夜的变动成本为 35 元

年平均出租率为 50%、房间数 100

则变动总成本 = 100 × 50% × 365 × 35

= 638 750

保本平均房价 = (5 144 000 + 638 750) ÷ 100 × 50% × 365

= 316.9

■通过上述计算,建议标房的门市价制定为 480 元(60 美元),最低卖价为 288 元(6 折)。这一价格既能保本,又与竞争酒店的价格相仿,有一定的竞争力。

■按照这一定价,全年平均房价可达到 300 元,若平均出租率为 65%,则客房营收是 7 117 500 元,实现保本。

3. 销售渠道策略

依据酒店客房少的特点,宜采用直接销售和一级销售渠道两种形式,以前者为主。

■直接销售:酒店的销售人员直接与目标顾客接触,建立关系,形成较为稳定的客源。

■一级销售:选择一至两家旅行社,提供小型国外团队;与科技教育机构建立关系,请求提供会议客人。

■建立电脑预订系统,与国内有关旅游定房网络订立合约,接受电脑定房。

4. 促销策略

(1)广告策划

■建立酒店形象:利用改制之机,结合公司品牌,推出"锦江——洛桑合作培训的示范酒店,让您获得超值享受"的酒店形象。

都市景象:繁华、忙碌

酒店气氛:轻松、温馨

■媒体选择:由于酒店近年来多次装修改造,资金紧张,营销费用适度从紧,宜选择上海卫视旅游栏目、有关报刊作宣传性介绍;广告媒体可选择电台的商业栏目、教学及学术刊物。

■广告计划

一季度:10 点当卫视旅游栏目,每月 4 次;

二季度:有关教学、学术刊物专访,介绍培训中心;

三季度:电台商业信息栏目插播广告(延续至年底);

四季度:卫视旅游栏目专访,介绍达华宾馆的"仿膳菜"。

(2)人员销售:这是最有效的销售方法,需要训练有素的销售员,销售人员应熟悉业务、酒店产品,并有与商业企业、教学科研等行业找到共同语言的基础。

利用原有的销售渠道,走访和争取老客户。

(3)内部促销:在酒店的大堂、电梯等场所,宣传酒店产品,指示消费场所;培养全体服务员的促销意识,奖励主动促销且受顾客欢迎的服务员。

七、营销预算

单位:万元

内　容	一季度	二季度	三季度	四季度
广告				
报刊		2		2
电视	3			
广播电台		2	2	
宣传册(放客房、公共场所)	5			
邮寄(访老客户)	0.05	0.03	0.03	0.03
营业推广				
公司促销会	20			
中间商促销		10		
公共关系				
人工费	1	1		1
招待费	0.2	0.2		0.5
材料费	2			
销售访问				
人工费	2	2	2	2
管理费	1	1	1	1
差旅费	3	1	0.5	2
通信费	0.02	0.02	0.02	0.03
总　计	37.09	17.25	5.55	10.56

八、营销计划的实施与控制

1. 营销计划的实施

■营销计划的实施需要各部门(生产、销售、财务、人事等)的协调和配合。

为了鼓励前台接待人员主动促销,建议给予门市价的 7 折的决定权;各生产部门根据产品策略的意见,设计、生产好产品,并及时了解顾客的想法。

■根据营销目标,平均每月要完成 60 万元的客房收入。考虑到季节差异,各月份的营收指标分配如下:

单位:万元

月　份	1	2	3	4	5	6	7	8	9	10	11	12
营收指标	30	30	50	80	80	80	50	60	80	80	60	50

2. 销售控制

■各细分市场的业绩评估

采用下表的形式,每月进行一次评估,及时分析完不成相应销售指标的原因(是产品、服务? 还是促销方式、价格问题?),提出相应的措施。

细分市场	目标销售额	实际销售额	绝对差额
商务市场			
会议市场			
旅游团队			

■统计市场占有份额

以前面确定的竞争对手作为参照,每月统计出各细分市场的总销售额,然后用本酒店的该市场的销售额与之比较,得出所占有的市场份额。预计理想的市场份额目标是:商务市场占20%、会议市场占30%、旅游团队占15%。

(资料来源:王怡然.现代酒店营销策划书与案例[M].沈阳:辽宁科技出版社,2001.)

【案例思考题】

1. 本案例中的营销计划主要包括哪些内容? 其书写格式如何?

2. 你觉得本营销计划制订的如何? 你有何建议?

3. 结合你比较熟悉的某一家酒店,为其制订一份比较切实可行的营销计划书。

参考文献

[1] [美]加里·阿姆斯特朗(Gary Armstrong),[美]菲利普·科特勒(Philip Kotler).市场营销学[M].11版.赵占波,译.北京:机械工业出版社,2013.

[2] [美]菲利普·科特勒(Philip Kotler).旅游市场营销[M].谢彦君,译.北京:中国旅游出版社,2002.

[3] 郭国庆,姚亚男.服务营销学[M].北京:高等教育出版社,2012.

[4] [美]朱迪·斯特劳斯(Judy Strauss),[美]雷蒙德·弗罗斯特(Raymond Frost).网络营销[M].7版.时启亮,陈育君,译.北京:中国人民大学出版社,2015.

[5] [美]迈克尔·所罗门,卢泰宏,杨晓燕.消费者行为学[M].8版.北京:中国人民大学出版社,2009.

[6] [美]纳雷希·马尔霍特拉(Naresh K. Malhotra).市场营销研究:应用导向[M].5版.涂平,译.北京:电子工业出版社,2009.

[7] 胡宇橙,王文君.饭店市场营销管理[M].北京:中国旅游出版社,2004.

[8] 谷慧敏,秦宇.世界著名饭店集团管理精要[M].沈阳:辽宁科技出版社,2001.

[9] 王楠.经济型酒店核心竞争力分析——以锦江之星为例[J].中国市场,2009(9):45-46.

[10] 尚一特连锁酒店网站.酒店市场营销与顾客关系管理[EB/OL].(2014-12-09)[2014-12-09]. http://setinns.cn/list/xwzx/hyxw/info_736.html.

[11] 张宇庆.宾至如归——希尔顿饭店独特的营销文化理念[J].中外企业文化,2001.(2):27-29.

[12] 刘叶飙.酒店营销学[M].北京:高等教育出版社,2004:85.

[13] 百度百科.菲利普·科特勒[EB/OL].(2014-12-14)[2014-12-14]. http://baike.baidu.com/view/175448.htm? fromtitle=%E8%8F%B2%E5%88%A9%E6%99%AE%E7%A7%91%E7%89%B9%E5%8B%92&fromid=1346680&type=syn.

[14] 赢商网.成都酒店业竞争加剧[EB/OL].(2012-07-07)[2014-12-21]. http://www.winshang.com.

[15] 金融危机给酒店带来的影响如何应对.搜狐旅游[EB/OL].(2009-04-20)[2014-12-21]. http://travel.sohu.com/20090420/n263496135.shtml.

[16] 移动互联网营销时代来临 酒店行业面临改革.网时代微新营销平台[EB/OL].

（2014-12-21）［2014-12-21］. http://www. wangshidai. com/zixun/201404/00000320. html.

［17］携程为何封杀格林豪泰？品牌互动网［EB/OL］.（2009-12-20）［2014-12-21］. http:// www. pinpaihudong. com/greentreeinn/news51639. html.

［18］7天连锁酒店集团的SWOT分析与五力模型. 百度文库［EB/OL］.（2009-12-20）［2014-12-21］. http://wenku. baidu. com/view/410ff62eb4daa58da0114a2b. html.

［19］佚名. 在线声誉管理满足客户关系管理：酒店运用评论实现个性化客户体验［J］. 饭店现代化. 2014（12）.

［20］酒店集团为何要开发独立的顾客点评系统［EB/OL］.（2015-08-16）［2015-08-16］. http://www. traveldaily. cn/article/82312.

［21］佚名. 中国酒店招聘网. 知己知彼-设立客户档案卡［EB/OL］.（2015-08-16）［2015-08-16］. http://www. hoteljob. cn/a/20070827/1478388. shtml.

［22］三亿文库. 消费者行为学案例［EB/OL］.（2014-12-20）［2014-12-20］. http://3y. uu456. com/bp-cea02fea524de518964b7d87-14. html.

［23］希尔顿瞄准时间匮乏的消费者. 百度文库［EB/OL］.（2014-12-21）［2014-12-21］. http://wenku. baidu. com/link？url＝tdhNj5FRvSHcKMLjSZbDDVOml60yuAZdG86M580 Cv8J56bzXFz0bRZEizaspS0n9OnjpA4Br8bpB19BS9quvtwn5v9X5P8wQWVNhlDyL3Ci.

［24］代保管剩酒的酒店. 金羊网［EB/OL］.（2005-05-11）［2014-12-21］. http://www. ycwb. com/gb/content/2005-05/11/content_899344. htm.

［25］针对酒店女性客源市场的营销. 安徽酒店网［EB/OL］.（2010-12-20）［2014-12-21］. http://www. ah778. com/News/NewsInfo. aspx？NewsID＝3907.

［26］丁宁. 细分酒店，"小荷才露尖尖角"［N］. 中国旅游报. 2015-03-04（005）.

［27］Doris. 国内首个女性视角酒店品牌发布［EB/OL］.（2015-08-22）［2015-08-22］. http:// epaper. dfdaily. com/dfzb/html/2014-08/11/content_915109. htm.

［28］陈奕先. 老爷酒店海外拓点，锁定新兴市场［EB/OL］.（2015-02-16）［2015-08-22］. http://www. chinatimes. com/cn/realtimenews/20150216001829-260410.

［29］百度百科. 艾尔·里斯［EB/OL］.（2015-08-22）［2015-08-22］. http://baike. baidu. com/link？url＝jSWWi5J14 AdoCrYjaGL5b96grTRGx_80xsL7W0iUTbjnt9-lW4nh-1Z19_dQlREnh2bo0RmhRJSSKluUozcy_15GqdO7_Akv4DVQs-WENBoCF6WfjwE-FxUV—xqnTG P51sKhAmcLRK7b1m5k8cpP_.

［30］芮新国. 市场细分永不停息——来自万豪酒店的启示［J］. 开放潮，2002（5）：46-47.

［31］百度百科. 迪士尼酒店［EB/OL］.（2015-08-22）［2015-08-22］. http://baike. baidu. com/link？url＝WuVAQxTBGt7FxeNB6oyMw17ZBVfWzf0JTQAJ7b7UqsTNZXHSswId06Axx SuSiDd3Z-o2Dcd1ed4xd5qbRWSno_.

［32］陈承龙. 酒店产品组合的开发. ［EB/OL］.（2015-08-24）［2015-08-24］. http://dyzx. dyteam. com/news/bencandy. php？fid＝27&id＝89679&page＝2.

［33］迈点网. 7天细分三大新产品　服务升级引领新潮［EB/OL］.（2014-04-17）［2015-08-24］. http://info. meadin. com/Industry/99859_1. shtml.

［34］新浪网.酒店的生命周期取决于你希望它生存多久［EB/OL］.（2014-09-14）［2015-08-24］.http://sydc.sina.com.cn/fangtan/2014-09-14/8199/2014/0914/13131.shtml.

［35］迈点网.Expedia 迫于压力修改酒店价格一致协议［EB/OL］.（2015-07-05）［2015-08-25］.http://info.meadin.com/Industry/117586_1.shtml.

［36］刺激旅游业　暑期香港星级酒店价格不升反降.环球旅讯［EB/OL］.（2015-07-22）［2015-08-25］.http://www.traveldaily.cn/article/94089.

［37］百度百科.巴哈马天堂岛亚特兰蒂斯酒店［EB/OL］.（2014-12-01）［2015-08-25］.http://baike.baidu.com/link?url=5-fpzWC_dE6hTEp1y-mEy3utr_DlyC5SH9VQ-JhSGW0gGMhhSSPve15_Nd5MLZ57ciVUCeZlBwRa0nLRMM471K.

［38］战钊.洲际酒店集团联姻淘宝旅行　拓展直销渠道［EB/OL］.（2012-08-14）［2015-08-26］.http://tech.gmw.cn/2012-08/14/content_4794234.htm.

［39］张泽.酒店的经营策略:渠道、渠道、还是渠道［EB/OL］.（2010-04-15）［2015-08-25］.http://www.traveldaily.cn/article/39763/0.

［40］品途网.酒店直销平台涌现,OTA 中介或将被边缘化［EB/OL］.（2014-10-29）［2015-08-25］.http://www.pintu360.com/article/54d701c414ec53c11660ff99.html.

［41］环球旅讯.酒店的未来:绕过 OTA 实现直接预订［EB/OL］.（2015-07-29）［2015-08-25］.http://www.traveldaily.cn/article/94305.

［42］360doc 个人图书馆.酒店"VIP 俱乐部"计划［EB/OL］.（2015-08-26）［2015-08-26］.http://www.360doc.com/content/15/0826/18/27360337_495006478.shtml.

［43］佚名.威斯汀酒店斥资数百万美元推出威斯汀健康潮活动［J］.饭店现代化,2014（3）:21.

［44］随视传媒.喜达屋酒店微信营销案例［EB/OL］.（2013-04-01）［2015-08-27］.http://www.adsit.cn/html/2013/weixin_case_0401/213.html.

［45］搜狐网.酒店 B2B 直销平台"蜘蛛旅游网"获得亿元 A 轮投资［EB/OL］.（2015-07-08）［2015-08-27］.http://mt.sohu.com/20150708/n416381664.shtml.

［46］环球旅讯网.7 天酒店借搜索引擎营销　抢占市场［EB/OL］.（2010-11-11）［2015-08-27］.http://www.traveldaily.cn/article/45592/4.

［47］中华广告网.四季酒店的社会化营销启示［EB/OL］.（2014-03-27）［2015-08-28］.http://www.a.com.cn/info/al/2014/0327/265593.html.